अतीत होती सदी और स्त्री का भविष्य

अतीत होती सदी
और
स्त्री का भविष्य

सम्पादक
राजेन्द्र यादव : अर्चना वर्मा

राजकमल प्रकाशन

ISBN : 978-81-267-0149-0

मूल्य : ₹995

पहला संस्करण : 2001
चौथा संस्करण : 2018
This book is printed on **Print on Demand** Technology : 2026

प्रकाशक : राजकमल प्रकाशन प्रा.लि.
1-बी, नेताजी सुभाष मार्ग, दरियागंज
नई दिल्ली-110 002
शाखाएँ : अशोक राजपथ, साइंस कॉलेज के सामने, पटना-800 006
पहली मंजिल, दरबारी बिल्डिंग, महात्मा गांधी मार्ग, प्रयागराज-211 001
1, अनमोल सोराबजी संतुक लेन, धोबी तलाव, मरीन लाइंस, मुम्बई-400 002
वेबसाइट : www.rajkamalprakashan.com
ई-मेल : info@rajkamalprakashan.com

ATEET HOTI SADI AUR STREE KA BHAVISHYA
(Essays Collection) Edited by Rajendra Yadav & Archana Verma

संकल्प

बड़ा था तो क्या, था तो आँगन ही।
दीवारें थीं। छत नहीं थी, ग़नीमत
वरना इतना-सा आकाश भी
मेरे हिस्से में न होता।

आकाश था तो क्या, पंख तो नहीं थे
थे तो दो पाँव ही
जितनी-सी भूमि पर टिके थे
उतनी भर मेरी थीं।

सूखी फटी धरती की दरारों से
अनगिनत निशान
माथे पर धूप ने खोद दिये

खड़ी रहीं आस-पास
क़द से ऊँची दीवारें
काँच के टुकड़ों में कौंधते सूर्य लिये।
सोच और संकल्प में झूमते
बड़ी देर बाद मैंने जाना—
आँखें सिर्फ़ तब देखती हैं आकाश
जब दीवारों के पार नहीं देख पातीं।

— अर्चना वर्मा

स्त्री-दर्शन : स्त्री-छवि

'अतीत होती सदी और स्त्री का भविष्य' **हंस** के जनवरी-फरवरी, मार्च महीने के दो विशेषांकों के रूप में प्रकाशित रचनाओं से किया गया चुनाव है। अंकों की पूरी परिकल्पना और सामग्री का चयन अरविंद जैन और वीना उनियाल के सहयोग से अर्चना वर्मा ने किया। यह आयोजन इतना स्वायत्त था कि संपादकों ने स्वयं मेरा लेख **होना/सोना एक खूबसूरत दुश्मन के साथ** छापने से इनकार कर दिया—मेरे लाख तर्कों और आग्रहों के बावजूद वह **हंस** में नहीं ही आया। हारकर उसे अपनी पुस्तक **आदमी की निगाह में औरत** में देना पड़ा। इसलिए प्रस्तुत संकलन का सारा श्रेय संपादकों को ही है। हाँ, आत्मकथ्यों को छोड़कर रचनात्मक लेखन को यहाँ शामिल नहीं किया गया है।

अलग से पुस्तक रूप में इस सामग्री को प्रकाशित करने के दो कारण हैः एक तो हमें लगा कि स्त्री-विमर्श के लिए जिन ज़रूरी मुद्दों पर बात की जानी चाहिए उन्हें ये रचनाएँ प्रभावी ढंग से रेखांकित करती हैं और कि उन्हें सिर्फ एक मासिक पत्र की तात्कालिकता में ही नहीं खो जाना चाहिए। दूसरे, इस प्रकार के विशेषांकों की माँग देखते हुए **हंस** की नियमित मुद्रण-संख्या से पाँच सौ प्रतियाँ अधिक छापी गयी थीं—मगर स्थिति यह हो गयी कि आज एक भी प्रति सुलभ नहीं है। पाठकों के दबाव में लगा कि उसे पुनः उपलब्ध होना चाहिए।

बहरहाल, अब इसे एक स्वतंत्र पुस्तक के रूप में प्रस्तुत करते हुए मुझे प्रसन्नता है।

—राजेन्द्र यादव

क्रम

जनम-पत्री

स्त्री का भविष्य

अर्चना वर्मा

31 दिसंबर की आधी रात को फ़ोन की घंटी बजी और उधर वाले को मौका दिए बिना ही मैं बोल उठी, "विश यू ए हैपी मिलेनियम, ऐ हैप्पी सेंचुरी, ऐ हैप्पी न्यू इयर एँड ए हैप्पी टुमारो।" हिंदी अनुवाद की ज़रूरत नहीं। करूँ भी तो प्रसन्न सहस्राब्दि, प्रसन्न शताब्दी, प्रसन्न नववर्ष और प्रसन्न कल के लिए शुभकामनाएँ जैसी शब्दावली की आदत अभी हमारी भाषा को नहीं और सुनने के आदी, कम से कम इसी दिल्ली शहर में तो, कान भी नहीं हैं।

उधर वाले ने कहा, "अरे ज़रा ठहरो तो माँ, मेरा स्केल इतना बड़ा नहीं है।" तो फिर मैंने कहा, "विश यू ए हैप्पी टुमारो फार ए थाउजेंड इयर्स।" यानी हजार बरस तक एक प्रसन्न कल के लिए शुभकामनाएँ! आप सबको भी।

एक-एक दिन करके हजार बरस। यानी छोटी-छोटी किस्तों में भविष्य! भविष्य को अनुमान-संभव बनाने के लिए उसे इतनी ही छोटी-छोटी किस्तों में तोड़ना ज़रूरी है जितनी अतीत को वर्तमान में और वर्तमान को भविष्य में संक्रमित करती हुई हमें प्रत्यक्ष दिखाई दे सकें। इसके आगे या पीछे जो होगा वह अनुमान से अधिक कल्पना होगी और वर्तमान को ही खींच-तानकर अतीत और भविष्य में फैला रही होगी।

इसलिए अतीत होती सदी और स्त्री के भविष्य का संदर्भ है। अतीत सदी ने अपने आरंभ से ही आरंभ करके सबसे ज़्यादा महत्त्वपूर्ण, लगभग युगांतरधर्मी जो परिवर्तन घटित किया वह स्त्री की दशा में है। कौन सी स्त्री की? मूल्य, मर्यादा, शील इत्यादि को लेकर अपने यहाँ सब टंटा मध्यवर्ग का ही है। सवा सौ साल पहले का श्रद्धाराम फिल्लौरी का उपन्यास 'भाग्यवती' एक मध्यमवर्गीय परिवार में पढ़ी-लिखी बहू के आ पहुँचने से होने वाले परिवर्तनों की कहानी कहता है। उसके आने से पहले परिवार की दशा दारुण है। पुरुष व्यापार में व्यस्त हैं और स्त्रियाँ पर्दानशीन। घर में आगतों-अभ्यागतों का हाल-चाल पूछने से लेकर सौदा-सुल्फ़ लाने तक कुछ भी करने-धरने वाला नौकरों के सिवा कोई नहीं और बहुओं का एक मात्र काम है एक दूसरे की निंदा और आपस में लड़ाई। नौकरों ने जमकर लूट मचा रखी है। साग-सब्जी, इक्का-ताँगा,

राशन-पानी, फूल-मिठाई सबका दाम कम-से-कम भी कई गुना से अधिक और घर में किसी को इल्म तक नहीं कि असली दर है क्या। कमाया-धमाया सब घर चलाने में स्वाहा। भाग्यवती आकर सँभालती है और स्त्री-शिक्षा के पक्ष में एक वक्तव्य बन जाती है। भाग्यवती के लगभग बीस-पच्चीस वर्ष बाद बंगमहिला की 'दुलाई वाली' में भी दिखता है कि मध्यवर्गीय पर्दानशीनें तो रेल के डिब्बे से खुद उतर आने के लायक भी नहीं जबकि मेहनतकश मजदूर औरतें आराम से गाड़ी पकड़ती, चढ़ती-उतरती एक स्टेशन से दूसरे तक जाती हैं और गाड़ी के बारे में न जाननेवालियों की हँसी भी उड़ाती हैं। यानी वे तब भी वहीं थीं जहाँ आज हैं। तो जो भी हुआ, इसी मध्यवर्गीय औरत का हुआ पर कौन सा मध्यवर्ग? भारतीय संदर्भों में जातीय विभाजनों के कारण एक ही आर्थिक वर्ग के भीतर मौजूद अनेक सांस्कृतिक सामाजिक वर्ग हैं, उनकी अलग-अलग जातीय जीवन पद्धतियाँ हैं, अलग-अलग प्रगति के पैमाने हैं। शपथपूर्वक तो शायद आज भी नहीं कहा जा सकता कि भाग्यवती के जैसा परिवार अब कहीं नहीं है कि जो जहाँ पर जैसा था, उस जगह से आगे के कदम उसने उठाए ही हैं, छलांग भले ही न लगाई हो। अलग-अलग पैमानों पर सही, प्रगति हुई ही है। कैसी प्रगति? केवल सजावटी, बनावटी, दिखावटी या सचमुच की?

माल हर तरह का मौजूद है और पैमाने यहाँ भी अलग-अलग हैं, इस उलझन के साथ कि सचमुच की प्रगति क्या होती है। बल्कि यहाँ तो वे इतने अलग-अलग हैं कि पूरी तरह से निजी और वैयक्तिक कहे जा सकते हैं। यह बात दीगर है कि ये अकेली निजताएँ और त्रुटित वैयक्तिकताएँ नहीं, उनके समुच्चय हैं और कुछ शामिलाती पैमानों का सृजन करते हैं। इन पैमानों के एक छोर पर अगर 'भाग्यवती' के परिवार की बहुएँ और स्वयं भाग्यवती है तो सदी के अंत में दूसरे छोर पर आ-खड़ी वह स्त्री जिसकी स्वाधीनता के प्रमाण आसपास चारों ओर बिखरे-ही-बिखरे पड़े हैं—आर्थिक आत्मनिर्भरता, व्यावसायिक उपलब्धियाँ, सूचना संचार माध्यमों पर स्त्री छवियों का आधिपत्य, सौंदर्य उद्योग का चमकीला संसार और स्वेच्छा से संबंधों का चुनाव। लेकिन यह पैमाने का अंतिम छोर है—विशिष्ट वर्ग की विशिष्ट स्त्री के लिए सुरक्षित। हिंदी के कथा-संसार में इसकी झलक अभी तक कभी-कभी ही दिखी है, लगभग नहीं के बराबर। कभी-कभी जया जादवानी या गीताँजलीश्री की नायिका के विद्रोही आत्मान्वेषण और अस्मिता के संस्थापन में, अक्सर लवलीन की नायिका के मुक्त और तटस्थ विश्लेषण में उसके दर्शन होने शुरू हुए हैं। व्यवस्था के देने से जितना दिया जा सकता था इस औरत ने ले-लेने की अपनी हिम्मत के चलते उससे कहीं ज़्यादा लिया। दिया जा सकता था, दिया गया—शिक्षा का अधिकार, व्यवसाय के अवसर, आर्थिक आत्म-निर्भरता, संपत्ति में साझेदारी और सत्ता की संभाव्य भागीदारी। उन्हें अपनी हिम्मत से लेना होता है। उसे लेकर यह स्त्री विशिष्ट हुई। पर किससे विद्रोह और किससे स्वाधीनता?

सबसे पहले अपने ही अंदर बैठी, पितृसत्ताक समाज के निर्णयों, मूल्यों-मर्यादाओं में ढली और आस्थाओं में पगी उस औरत से जो अपनी निर्भयता को अंकुशित, निर्णय को संचालित और अभिव्यक्ति को ग्रस्त करती है। खतरे का निशान दिखाकर सावधान करती है। इस पथ से पहले जा-चुके पैरों के निशान मिटा देने को उकसाती है। कहाँ है स्वेच्छा? कहाँ है स्वाधीनता? सबका परिणाम तो पुरुष के पक्ष में लाभ का है। वह और भी निरंकुश और भी स्वेच्छाचारी, और भी दायित्वहीन हो उठा है। लौट आओ। उसी सुरक्षित दहलीज के भीतर। उसी समर्पित देह के भीतर। उसी सीमित सौंदर्य के भीतर।

पर क्यों लौट आए? अभी-अभी तो उसने मुक्ति, बल्कि केवल संभाव्य मुक्ति का स्वाद चखा है। स्वाधीनता संग्राम के दौरान अगली पीढ़ी को सुशिक्षित और जागरूक बनाने के उद्‌देश्य से स्त्री को दिया गया शिक्षा का अवसर, संग्राम जैसी बड़ी किसी बात के मुकाबिले गैस, फ्रिज, प्रेशर कुकर और परिवार नियोजन के साधन जैसी छोटी-छोटी चीजों की मदद से मुक्ति के अवसर में बदल चुका है। पहली बार वह अपने अस्तित्व और व्यक्तित्व को प्राकृतिक अनिवार्यताओं के बंधन से निकालकर नये सिरे से परिभाषित कर सकती है।

प्राकृतिक अनिवार्यता यानी स्त्री की देह और मातृत्व। स्त्रीत्व के नाम पर प्रचलित और स्वीकृत बाकी सब लक्षण तो केवल ऐतिहासिक गढ़ंत हैं। मातृत्व से मुक्ति के अवसर ने उसे स्वयं को देह में और देह को हथियार में बदल लेने की ताक़त दी है। बाजार के अर्थशास्त्र के अनुसार इसका अर्थ है सौंदर्य का औद्योगीकरण और देह का उपभोक्तावाद। सावधान, चेतावनी के स्वर कहते हैं—स्वेच्छा और स्वाधीनता के भ्रम में पुरुष के हाथ खिलौना बन रही है, बेवकूफ। लेकिन नहीं, इधर भी तो देखो, नई सच्चाइयाँ फुसफुसाती हैं। ऐसी पुरुषविहीन वह मही कहाँ है जहाँ स्त्री के किसी भी कर्म का लाभ पुरुष के पक्ष में जाने की गुंजाइश हो ही नहीं। इस बात की गारंटी भी कोई नहीं कि दहलीज सुरक्षित और सीमित, समर्पित होने से देह और सौंदर्य सम्मानित ही है।

पुरुष के लिए उपभोग का विषय है तो भले हो, स्वयं स्त्री के लिए संचार माध्यमों पर स्त्री छवि के आधिपत्य का अर्थ क्या है? निहितार्थ क्या है? स्त्री की देह का वैभव। उसके रहस्य, उसके गोपन। उसकी लज्जाएँ। सबके जाने-पहचाने, खुले फिर भी गोपन रहस्य—इसका औचित्य? मात्र इतना कि स्त्री को स्वयं उसकी देह के संदर्भ में असहज बनाए रखा जा सके। शरीर को शर्मिंदगी का बोझ का, छिपा रखने की ज़रूरत का पर्याय बनाकर स्त्री को काबू किया जा सके। पुरुष की पुरुष जाने। स्त्री स्वयं अपने आपे को लेकर, अपने शरीर को लेकर सदियों से इतनी सहज कभी नहीं थी जितनी सदी के अंत में केयर-फ्री और विस्पर और माला डी और कोहिनूर और

पीटर पैन और लिबर्टीना के माध्यम से अपने मासिक धर्म, अपने उन्मद रति भाव और अपने दैहिक ऐश्वर्य के विषय में हुई है—सदियों बाद एक भरपूर खुली साँस ले पाने में समर्थ। परंपरागत समाज की नींव अगर स्त्री की शर्मिंदगी पर टिकी थी तो बेशक वह हिल उठी है और ऐसे कुछ दुष्ट चुटकुलों में निहित शरारती विचारों की चोट से तो पूरी इमारत ही अगर ढह जाए तो आश्चर्य नहीं कि यदि आर्थिक आत्मनिर्भरता ही स्वाधीनता की कुंजी है तो जब तक स्त्री के पास देह है और संसार के पास पुरुष तब तक स्त्री को चिंता की क्या ज़रूरत? ज़रूरत है तो देह को पुरुष के स्वामित्व से मुक्त करके अपने अधिकार में लेने की क्योंकि यौन शुचिता, पातिव्रत, सतीत्व जैसे मूल्य स्त्री के सम्मान का नहीं, पुरुष के अहंकार की दीनता और असुरक्षा का पैमाना हैं, पितृसत्ता के मूल्य हैं और स्त्री की बेड़ियाँ हैं।

जिसने ये बेड़ियाँ उतार दी हैं वह स्त्री विशिष्ट है। उसने ले लेने की अपनी हिम्मत को प्रमाणित किया है। कीमत चुकाई है। सृजन के क्षेत्र में विभा मिश्रा, समाज के क्षेत्र में भँवरीबाई, राजनीति में नैना साहनी, सौंदर्य उद्योग क्षेत्र की जेसिका लाल और अंजलि कपूर अलग-अलग स्तरों और पृष्ठभूमियों से जुड़े नाम हैं। अलग-अलग तरह की जिंदगियों को उन्होंने जिया। उन्हें एक साथ रखना शायद ठीक भी नहीं क्योंकि इनमें से कुछ के रास्तों को कुछ लोग भटकाव कहेंगे लेकिन इस संदर्भ में वे एक समान और एक साथ हैं कि उन्होंने स्वयं अपने रास्तों का चुनाव किया और कीमत चुकाई, क्योंकि पितृसत्ता किसी को आसानी से अपने चंगुल से छूट निकलने की इजाज़त नहीं देती। इनमें जो बच निकलीं उन्होंने बताये हुए रास्ते पर न लौटने की हिम्मत भी दिखाई। पर ये तो अपने पाये हुए दंड और चुकाई हुई कीमतों के कारण मशहूर हो उठे नाम हैं। दृश्य केवल नकारात्मक-भर नहीं हैं। गिनाने और दिखाने लायक उपलब्धियों की भी कमी नहीं। हो सकता है कि इनमें से कुछ की उपलब्धियाँ पितृसत्ता के आशीर्वाद का फल हों और कुछ के संदर्भ में कीमत उनकी पूर्वजाएँ दे चुकी हों, लाभ ये पा रही हों। पर स्वयं कमाई और पाई हुई स्वाधीनता के दावेदारों की भी कमी नहीं। निस्संदेह ये विशिष्ट स्त्रियाँ हैं और मिलकर अपना एक ख़ासा बड़ा विशिष्ट वर्ग बनाती हैं।

पर जो विशिष्ट नहीं हैं, जिनकी बेड़ियाँ उतरी नहीं हैं या कि सुविधा और सुरक्षा के चुनाव के कारण एक नीति के तहत उतारी नहीं गई हैं, या जिनकी परिभाषाएँ अभी बदली नहीं हैं, या कि बदल सकने के विकल्प की उपलब्धता से जो अभी अपरिचित हैं—उन सामान्य स्त्रियों के विशाल संसार की ताज़ा खबर क्या है? पुरुष को तथाकथित दायित्व के बंधन में बाँधे रखने के लिए, या फिर परंपरागत मर्यादाओं को अपना मूल्य समझते हुए या फिर सुविधा और सुरक्षा के चुनाव की समझदारी के कारण या केवल स्वतंत्रता के भय से स्वेच्छा और स्वाधीनता का दावा छोड़कर स्वयं को होम करके

वह अब शहीदी गरिमा और समर्पण की महिमा का तोष पाने की स्थिति में भी तो नहीं रह गई है। स्वाधीन को देखकर स्वाधीनता की चाहत जागती है और सुख को, सुरक्षा को अधूरा और नाकाफी कर देती है। हिंदी के कथा जगत् में पिछले लगभग तीन दशकों से इसी स्त्री का रुदन और हाहाकार गूँज रहा है जिसके मन में स्वाधीनता की चाहत है पर हिम्मत नहीं, जिसकी अस्मिता जगी है पर पितृसत्ता की बेड़ियों में जकड़ी हुई है, जिसे मीठा-मीठा गप्प और कड़ुवा-कड़ुवा थू का लोभ है। इस दुनिया में प्रगति की क्या खबर है और स्वाधीनता का क्या अर्थ है?

इस सवाल का जवाब मैंने कुछ सामान्य स्त्रियों से बातचीत में पाना चाहा। सामान्य अर्थात् जिन्हें बौद्धिकता, रचनाधर्मिता, व्यवसाय, महत्त्वाकांक्षा आदि को लेकर कोई अतिरिक्त दावा नहीं। उनका मंतव्य कुल मिलाकर यह निकला कि वे खुद 'माडर्न' नहीं। पुराने खयालों की हैं इसलिए प्रगति के बारे में कुछ कह नहीं सकतीं और स्वाधीन वे हैं ही नहीं तो स्वाधीनता के बारे में कहें भी तो क्या? कुछ भी कहें, मसलन इतना ही कि स्वाधीनता से उनका मतलब क्या है? इतना ही कि अपने फैसले वे खुद कर सकें। अपने आप वे क्या फैसले करेंगी? वे ही जो वे अभी दबावों और मजबूरियों के तहत करती हैं—अपने पुरुष और परिवार की देखरेख। मुझे कुछ बरस पहले लिखी अपनी ही एक कहानी याद हो आई जिसमें चित्रित परिवार में बारहों मास, तीसों दिन, सुबह शाम के लिए वही एक भोजन निश्चित है—उरद की दाल, सूखे आलू, रोटी, प्याज़ और चटनी। परिवार की पाक-कला-निष्णात बहू अभिव्यक्तिहीन घुट रही है। उसकी अभिव्यक्ति पाक कौशल में है और परिवार में किसी को और कुछ खाना ही नहीं है। उनके लिए यह एक संकल्प है, एक व्रत, लगभग एक तपस्या। आखिर एक दिन सास का देहाँत होता है। पति की ओर से उसे छूट मिलती है कि अपनी मर्जी से कुछ बनाए। उल्लास में बावरी वह क्या न कर दे! क्या पकाए, क्या परोसे! रात के खाने में परोसा गया भोजन है उरद की दाल, सूखे आलू, प्याज़ और चटनी।

और फ्रायड चकित हैं कि औरत को आखिर चाहिए क्या! चकित तो और भी पता नहीं कौन-कौन हैं, कितने स्रष्टा-द्रष्टा, ज्ञानी-ध्यानी, ऋषि-महात्मा। पुरुष का भाग्य और स्त्री का चरित्र देवता भी नहीं जानते, मनुष्य तो किस खेत की मूली है। जानेंगे कैसे? देह के आगे स्त्री को उन्होंने जानना चाहा भी कब है? जानने के लिए कोशिश करनी होती है। स्त्री से किसी ने कभी पूछा ही नहीं कि पुरुष के बारे में वह क्या सोचती है। क्या उसे भी लगता है कि पुरुष का चरित्र और स्त्री का भाग्य तो ईश्वर भी नहीं जानता, स्त्री तो किस खेत की गाजर है! उसने कभी बताया नहीं, लेकिन पुरुष का चरित्र और स्त्री का भाग्य वह खूब जानती है। अपने जीवन का उपक्रम ही उसने सदियों तक पुरुष को जानना बनाए रखा, बाकी संसार को उसने भले न जाना

हो। पुरुष के लिए वह भले ही ज्ञान का अज्ञेय विषय हो, उसके लिए पुरुष ज्ञान का विषय भी है और अज्ञेय भी नहीं। वह जानती रही है और पितृसत्ताक् समाज में उसके हिसाब से खुद को ढालती चली आई है। ज्ञान शक्ति है और पुरुष पर अपनी शक्ति उसने आजमाई भी है। दिक्कत यह है कि अब पुरुष उसके लिए ज्ञान का अकेला और केंद्रीय विषय नहीं रह गया है। अब वह बाकी संसार को जानना और अपनी ताक़त की आज़माइश का मैदान बनाना चाहती है। इस क्रम में पुरुष क्रमशः उसके लिए अज्ञेय और अबूझ पहेली हो उठे तो आश्चर्य नहीं वरना पिछली शताब्दियों के संदर्भ में यह सोचना मुश्किल है कि इस तरह ढलने के क्रम में वह केवल कुटती पिसती, घुटती, मरती रह गई है। बच निकलने और शिकार करने के तरीके भी उसने विकसित किए। तरह-तरह के प्रपंच और छल-छद्म सीखे। लेकिन स्वाधीनता के अहसास से वंचित ही रही। वैसे ही जैसे स्वाधीन स्त्री उसके तौर-तरीकों से अपरिचित रह गयी है। इस परंपरागत स्त्री को पुरुष जानता भले न हो, पहचानता उसी को है। स्वाधीनता की तड़प और छटपटाहट स्त्री के संदर्भ में उसकी समझ, सहानुभूति और स्वीकृति के परे की बात है। तो सामान्य स्त्री के संसार की मौजूदा खबर यह है कि उसमें स्वाधीनता के लिए तड़प है लेकिन हिम्मत नहीं और परंपरागत प्रपंचों से अपरिचित है अतः पुरुष को अपनी उँगलियों पर नचा पाने का संतोष भी नहीं। कुछ के पास एक रटा-रटाया संवाद यह भी है कि पढ़-लिखकर हम अब क्या इसीलिए रह गए हैं। 'इसीलिए' का मतलब घर सँभालने के लिए, या फिर बच्चों की आयागिरी के लिए या फिर पति का बिस्तर गर्म करने के लिए। क्रोध की डिग्री या भाषा की हिचकहीनता के हिसाब से वह इसे वेश्यावृत्ति भी कह सकती है। लेकिन अभी तक वह न तय कर सकी, न जता सकी कि वह फिर आखिर है किसलिए! स्वाधीनता का अहसास उसे सदी के आरंभ के भाग्यवती के परिवार की स्त्रियों की तुलना में इस सौभाग्य से नहीं मिलने वाला कि अब वह सौदा-सुलुफ़ तक कर पाने में असमर्थ पर्दानशीन नहीं रह गई है। अपनी जगह ज़मीन पर, अपने वक़्त की सापेक्षता में ही यह अहसास सँभव है। प्रगति के कालक्रमानुसार पैमाने इतिहास के लिए होते हैं। ज़िंदा लोगों के अहसास का विषय नहीं।

सन् 1978 अंतर्राष्ट्रीय महिला वर्ष था। यानी भारत में स्त्री-आंदोलन की विधिवत शुरुआत। दिल्ली के जिस महाविद्यालय में मैं पढ़ाती हूँ, स्वाधीन स्त्रियों की पहली पीढ़ी वहीं से निकली है—मधु किश्वर, रूथ वनिता पॉल, वृंदा कारत, उर्वशी बुटालिया, माया राव, कीर्ति सिंह, मीरा नायर, त्रिपुरारी शर्मा आदि कुछ प्रसिद्ध नाम हैं। गिनती ख़ासी बड़ी है। बीस-बाईस वर्षों के अंतराल में दूर से ही सही, उन्हें और उनके साथ शामिल अन्यों को जीवन की दूसरी सच्चाइयों से दो-चार होते देखा है। जीवन के साथ जीकर किया गया उनका प्रयोग निष्कर्ष की तरह कुछ ऐसे सूत्र भी देता है

जिनकी रोशनी में भारतीय स्त्री की परंपरागत समझदारी शायद ज़्यादा वज़न की साबित होती है।

स्वाधीनता का चुनाव अंततः अकेलेपन का चुनाव है और लंबे अकेलेपन की परिणति इस अहसास में होती है कि सृजनात्मक सक्रियता जैसे एकाध अपवादों को छोड़कर कैरियर की सफलता जीवन में सार्थकता का स्रोत नहीं हो सकती। मातृत्व स्त्री को प्राकृतिक रूप से उपलब्ध सार्थकता का एक सहज अवसर है पर स्वाधीन स्त्री के लिए वह न केवल कैरियर में बाधक, अनावश्यक सिरदर्द बल्कि पराधीनता की कुंजी भी है। पारिवारिक इकाई की वैकल्पिक रचना के प्रयोगों और प्रयासों ने भी यही साबित किया है कि समलिंगी परिवार हों या सामुदायिक सहजीवन के आवास, संबंधों का वही पुराना पैटर्न उभर ही आता है। एक निर्णेता और दूसरा निर्णय के अधीन, एक अभिभावक और दूसरा अभिभूत, एक संरक्षक दूसरा संरक्षित और एक शिकारी व दूसरा शिकार भी। यानी सार्थकता मानवीय संबंधों की ऊष्मा में ही है और संबंधों के पनपने की स्वाभाविक जमीन परिवार है। विचित्र विडंबना है। संबंधों में स्वाधीनता का अहसास बाधित होता है तो एकांत में सार्थकता का अहसास नष्ट हो जाता है। स्वाधीनता का कुल अहसास ले-देकर बिना रोक-टोक के उठ-बैठ सकना, बिना किसी की आज्ञा अनुमति की मजबूरी के आ-जा पाना, खर्चा-वर्चा कर लेना ही है जो मिल जाए तो 'बस इतना ही' सा लगता है और न मिले तो दबाव, घुटन और मजबूरी को जिंदा होने के अहसास का पर्याय बना देता है। यानी मजबूरियों और दबावों की सापेक्षता में तो स्वाधीनता अपने आप में सार्थक एक मूल्य है पर उनके अभाव में जीवन को किसी दूसरे बड़े प्रयोजन की ज़रूरत पड़ती है। लेकिन बड़े से बड़ा प्रयोजन भी संबंधों का, परिवार का शत-प्रतिशत विकल्प नहीं बन सकता। तो क्या वही समझदार थी जिसे शुरू में मूर्ख और सामान्य समझा गया? रुदन और हाहाकार में अपना विरेचन करती, संबंधों की सुरक्षा का कवच पहने, अस्मिता और स्वाभिमान जैसे झंझटों में न पड़ती वह सचमुच कोई अनाम तोष स्वयं को दे पा रही है? यह समझदारी है या केवल कायरता का महिमा मंडन? स्वाधीन के अतिरिक्त भी कोई सार्थक हो सकता है क्या? कौन जाने। कहना मुश्किल है। इतना तो है ही, काफी भले न हो कि विकल्प खुले हैं और स्त्री पराधीनता का चुनाव करने को भी स्वाधीन है। स्वेच्छा से चुनी पराधीनता क्योंकि सदी के अंत में औरत जितनी बदल चुकी है, उतना शेष समाज नहीं। अब अपने रहने लायक जगह उसे कहाँ मिले?

समाज यूँ नहीं बदला करता—वचनों, प्रवचनों, विवादों और विचारधाराओं से। उसको बदलने के लिए महामारी, अकाल, भूकंप, बाढ़ जैसी विराट पैमाने की कोई प्राकृतिक आपदा चाहिए या फिर युद्ध जैसी मानव रचित दुर्घटना क्योंकि ऐसे ही समयों में मनुष्य की चेतना सामुदायिक रूप से इतनी तत्पर, सतर्क और सन्नद्ध होती

है कि विचारों को शब्दों के घेरे से बाहर निकालकर कर्म में परिवर्तित कर दे। आयोजित और प्रायोजित भविष्य के दुस्साहस में दैवी अनुकंपा जैसे अप्रत्याशितों की प्रतीक्षा नहीं की जा सकती। तो फिर और चारा ही क्या है सिवा इसके कि यह जो उपलब्ध कच्चा माल है—यही पुरुष, इसी को ठोंक-पीटकर स्त्री अपना मनचाहा साथी गढ़ ले। वरना संबंधों का जो आदर्श स्वप्न उसके मन में है—समकक्षों का परस्पर स्वाधीन-सहभाव वह अपनी आकर्षक, उत्तेजक, विरोधाभासी चुनौतियों समेत एक कपोल कल्पना की तरह अनजिया ही रह जाएगा।

फिर वही सवाल, जिससे शुरू किया था। इस बार दूसरे छोर से। स्त्री की स्वाधीनता किससे? पुरुष से?

संचार माध्यम की कृपा से विमर्श के लिए ऐसे हवाले मौजूद हैं जो व्यापक रूप से प्रचारित-प्रसारित हो चुकने के कारण आसानी से याद दिलाए जा सकते हैं।

किरण खेर के बहुचर्चित साप्ताहिक परिसंवाद कार्यक्रम में—जो शायद पिछले या उससे पिछले 'स्टार प्लस' पर चल रहा था—एक बार का विषय दाँपत्य को लेकर था। विशिष्ट अतिथियों में पुत्र-कामना से तीसरे विवाह को तत्पर एक सज्जन भी थे। विवाहित पुत्रियों के पिता थे। पहली दोनों पत्नियाँ अभी मौजूद थीं। किरण खेर का प्रश्न था कि तीसरे विवाह से पुत्र मिलेगा ही, इस बात का भरोसा क्यों? उनका सहज, तर्कसम्मत उत्तर था कि बीमार आदमी भी तो अस्पताल जाते समय नहीं जानता कि वह बच ही जायेगा। फिर भी जाता है। कोशिश करना अपना फर्ज है। करनी चाहिए। अगला प्रश्न यह था कि पहली दोनों पत्नियों और पुत्रियों को आपत्ति नहीं? उत्तर में उन्होंने कहा कि बेटियाँ अपने घर सुखी हैं, पत्नियों को घर और खाना-कपड़ा मिलेगा ही तो और क्या चाहिए? आपत्ति की गुंजाइश ही कहाँ है? परिसंवाद में शामिल अन्य अभ्यागत महिलाओं समेत किरन खेर को क्या आपत्तिजनक लग रहा था, यह उनकी समझ के परे था और वे सज्जन इस सारे संदर्भ में स्वयं जिस सहज इत्मिनान और आत्मतोष से भरपूर थे वह किरन खेर व अन्य अभ्यागताओं की समझ के परे था।

दूसरा हवाला अपेक्षाकृत ताज़े समाचार का है। बाँदा जिले का यह किस्सा अभी-अभी खबरों से गुजरा है। ग्यारह वर्षीय बच्ची को पिता ने यौन-उत्पीड़न का शिकार बनाया। पत्नी विरोध करने पर मारी-पीटी गयी। हिम्मत जुटाकर मामला अदालत तक पहुँचाया तो संबद्ध अधिकारियों ने दायर न करने की सलाह दी क्योंकि घर की गंदगी चौराहे पर उलीचने से क्या लाभ? दिल्ली की अनेक महिला कार्यकर्ताओं ने उत्पीड़ित बच्ची और माँ को नैतिक समर्थन और साहस देने के लिए व बाँदा की जनचेतना को झकझोरने के उद्देश्य से आंदोलन खड़ा करने के लिए बाँदा में डेरा डाला तो वहाँ

के युवक समुदाय ने टी.वी. स्क्रीन पर क्लोज़अप में पूरी आन-बान के साथ फ़रमाया कि (1) भारतीय परंपरा से साबित है कि स्त्रियाँ मर्यादा और सम्मान की रक्षा के लिए सदियों से सहती चली आई हैं। (2) पत्नी स्वयं तो बीमार रहती है। फिर पति क्या करे? उसकी भी तो 'ज़रूरतें' हैं। (3) इतना सब हंगामा मचा ही न होता अगर दिल्ली की ये 'रंडियाँ' यहाँ न आ धमकतीं।

'रंडी' विशेषण का एक और बड़ा उद्‌घाटनकारी-सा प्रयोग मैंने अप्रत्याशित रूप से बस स्टॉप पर एक वार्तालाप में सुना। मेरे लिए यह पुरुष के संसार की एक सर्वथा अपरिचित-सी झाँकी थी, उनके लिए शायद सामान्य दैनिक-चर्या हो। उनमें से एक गुरु या सलाहकार या शायद केवल राज़दार की हैसियत से दूसरे से जो पूछताछ कर रहा था उसका विषय किसी तीसरे की पत्नी थी। "चारा डाल्यौ?" "कै रोज माँ चुग्गा लिहिस?" "काहे, लासा लगबै न भवा?" (चारा डाला? कितने दिन में चुग्गा लिया? क्या? लासा ही नहीं?) जैसे प्रश्नों को सुनकर मुझे यह समझने में थोड़ी देर लगी कि बातचीत किसी स्त्री के बारे में है। अपने शब्दकोश में इस इज़ाफ़े की पुष्टि मैंने आगे चलकर विभांशु दिव्याल की कहानी 'ब्लू-फिल्म' और अखिलेश की कहानी 'यक्षगान' की अर्थव्यंजनाओं में पायी। पर यहाँ आपको सुनाना उस दूसरे का जवाब है। 'चुग टुग कर उड़ गयी हरामजादी। चली है बड़ी सीता सावित्तरी बनने। रंडी कहीं की।' 'बड़ी सीता सावित्तरी' में वितृष्णा, वैमनस्य और विषाक्त क्रोध की ऐसी ध्वनि थी कि 'रंडी' से भी बुरी गाली की तरह सुनाई दी। मानो एक दिये गये आदर्श पर कायम रहने की कोशिश भी स्त्री को पुरुष के आक्रमण की पात्र बना देती हो और वह इसे असंभव बना देने का बीड़ा उठा लेता हो। मानो यह उसके पौरुष को चुनौती हो। यानी 'रंडी' के इस खिताब का स्त्री के वास्तविक आचरण से ख़ास कुछ लेना-देना है नहीं। वह कब, किसे, क्यों दे दिया जाएगा, कहना मुश्किल है और खुद अपनी स्त्री को स्वकीया बनाए रखते हुए भी उसकी स्वकीयता के प्रति संदिग्धचित्त पुरुष शेष सारे स्त्री-समाज को—बाँदा प्रसंग को ध्यान में रखें तो बेटी-बहन आदि समेत—क्योंकि पुरुष की 'ज़रूरत' भी तो है—परकीया में ढाल देने का बीड़ा तो उठा ही चुका है।

रही स्वकीया तो उसकी मुसीबतों का ओर-छोर महज़ इतना नहीं कि शेष पुरुष समाज उसे परकीया बनाकर छोड़ने को सन्नद्ध है, इतना भी नहीं कि शेष-नारी समाज उसके पुरुष को परकीया भाव से हर लेने को कृत संकल्प है, बल्कि यह है कि कहने को जो उसका अपना पुरुष है वह शायद ठीक-ठाक-सा अपना, अपने मन का पुरुष है भी नहीं। वह अपने हठ और संकल्प से स्वकीया है, स्त्री के संदर्भ में 'अंध बधिर क्रोधी मतिहीना' जैसे सहज पुरुष-सुलभ गुणों के बावजूद स्वकीया है, अपने पुरुष की प्रेमास्पदता और काम्यता के आकर्षण से प्रायः नहीं। उसके संकल्प की असंभव असाध्य साधनता का थोड़ा बहुत अनुमान शायद कबीर को था, तभी उन्होंने पातिव्रत को

अपनी आस्था का आदर्श चुना। परकीया तो फिर भी फायदे में है। उसका प्रेमोन्माद शायद उसके और समाज के बीच एक शून्य रच देता है, एक कवच जिसे भेदकर समाज के प्रहार उसके मर्म तक पहुँचते ही नहीं। उसे पुरुष तो अपने मन का मिलता है। शायद! क्योंकि सचमुच तो शायद नहीं ही मिलता।

पर ये तो केवल विनोदवश प्रस्तुत सामान्योक्तियाँ हैं, किन्हीं सार्वभौम सत्यों की पहचान और प्रतिष्ठा का दावा नहीं। अपवाद अवश्य होंगे और उम्मीद है कि अधिकांश अपवाद ही होंगे अगर अधिकांश होने के बावजूद अपवाद हो सकते हों तो, क्योंकि स्त्री पक्ष से न करें अगर उम्मीद तो और क्या करें?

स्त्री-पुरुष संबंध की बनावट में ही परस्पर अधिकार और प्रतिबद्धता के विश्वास की आकांक्षा परंतु अविश्वास और संदेह की अनिवार्यता से उत्पन्न उलझावों, गुत्थियों और गाँठों के अनंत निष्कृतिहीन सिलसिले पर बहस यहाँ अनावश्यक और अप्रासंगिक तो है ही, समाधानहीन भी है। यहाँ तो अभिप्रेत है उन कुछ एक नाकाफ़ी से सूत्रों को खोज निकालने की कोशिश जो आज के समाज में स्त्री की वस्तुतः और कल के समाज में आकांक्षित जगह ज़मीन की नाप बन सकें।

पहले उदाहरण के पुत्रेष्टि-तत्पर सज्जन तो फिर भी विवाहित पुत्रियों के पिता, प्रौढ़वयस् अतः मान लिया जाय कि पौरुष के परंपरा-जर्जर अवशेष थे, लेकिन दूसरे उदाहरण के नवयुवकों को क्या कहें? छोटे शहर की कूप-मंडूक मानसिकता? लेकिन वहीं, उसी बाँदा में वह माँ भी तो है जो घर की इज़्ज़त के नाम पर बेटी को काटकर गाड़ देने की बजाय सारे शहर के खिलाफ़ उठ खड़ी हुई। उम्मीद ही करें, वरना और क्या करें कि बाँदा की नौजवानी का एकमात्र नमूना वही न रहा होगा जो स्टार समाचार के 'प्रसंग' कार्यक्रम में दिखाई दिया था, अन्यथा यह तो सिद्ध है ही कि हमारे सीढ़ीदार समाज में जो भी जहाँ है वहाँ के स्त्री समाज की सच्चाइयों और संघर्ष पुरुष समाज की आकांक्षाओं और ज़रूरतों से आगे निकल गयी हैं, दोनों के बीच संवाद घट और फासला बढ़ रहा है और दोनों तेजी से प्रतिपक्षों की तरह उभर रहे हैं। तभी तो एक ओर असहाय, असुरक्षित अबला माँ और बेटी तो अन्याय को चुपचाप सह न लेने के कारण दोषी ठहराई गयीं तो दूसरी ओर विद्रोह को अवलंब देने वाली सबलाएँ तो थीं ही चरित्रहीन! तीसरा उदाहरण स्वतः व्याख्यात है। तीनों ही किसी-न-किसी स्तर के 'स्त्री द्वेष' के सामान्य सूत्र से बँधे हैं और अकारण आक्रामकता का परिचय देते हैं। अकारण? कहीं यह उनके भीतर के किसी भय और असुरक्षा से उपजी आक्रामकता तो नहीं।

वैसे स्त्री-द्वेष की परंपरा अपने पुरुष समाज में पुरानी है, संतों, भक्तों की कविता में ख़ासे वाक् चतुर बखान की मदद से स्थापित और महिमामंडित भी की गई है लेकिन संतों, भक्तों के सिर पर तो फिर भी ब्रह्मचर्य का बोझ था। उनमें जो सांसारिक

थे, वे भी सांसारिकता के पक्षों से मुक्ति के अभिलाषी थे। बार-बार की हार मन में खिसियाहट भरती होगी। स्त्री से द्वेष के अलावा मरते क्या न करते। पर इस परंपरा को पालता चला आने वाला समाज संतों और भक्तों का नहीं है। उनका द्वेष कहाँ से उपजता है? अपने वर्चस्व की चुनौती से? क्या चीज़ है जो वर्चस्व की चुनौती बन जाती है? जहाँ चुनौती नहीं है वहाँ?

स्त्री की देह जितनी स्वयं स्त्री के लिए, उससे कई सौ गुनी ज़्यादा बड़ी समस्या पुरुष के लिए है। बँधी क्योंकि स्त्री थी इसलिए मुक्ति के सारे वरदान भी उसी के लिए ही हैं। तथाकथित शील और मर्यादा की दहलीज लाँघ आने और पारंपरिकता के चंगुल से छूट निकलने के बाद आर्थिक स्वावलंबन की मदद से वह इस मानसिकता के निकट पहुँचती जा रही है कि स्वकीया से 'स्व' का अर्थ वह अस्मिता कर ले और नफ़ा-नुकसान तोलकर परकीया होना ही चुने। पुरुष के नहीं, अपने लाभ के लिए! वह दिन भी शायद दूर न हो जब अर्थांतर द्वारा वह 'रंडी' को स्वाधीनता सूचक, सम्मानजनक उपाधि में बदल ले। अगर यह ख़िताब उसे मिलना ही मिलना हो तो क्यों नहीं?

यह तो अभी शुरुआत ही है। सचमुच देखें तो पुरुष बिचारे की है बड़ी शामत। गहराई में हर पुरुष जानता है कि स्त्री के सामने वह अपनी सारी दुर्बलताओं समेत निर्वस्त्र है। प्रतिक्षण उसे परीक्षा देनी है। शयन-कक्ष से लेकर कैरियर की दौड़ तक में हर जगह 'परफॉर्म' करना है और निरंतर इस नई अस्मिता संपन्न स्त्री द्वारा कसौटी पर कसे जाते रहने की असहजता झेलनी है। अब आखिर ऐसा वह करे क्या कि खुद को और इस नई कमाती-धमाती, अपने पैरों पर खड़ी, चार को खिलाकर खाने वाली, जहाँ ऐसा नहीं है वहाँ भी भरणपोषण को अपना अधिकार मानकर धमकाने वाली, आत्मविश्वास से लबालब या फिर उस दिशा में निकल पड़ी औरत को अपने अस्तित्व का, उपस्थिति का, अनिवार्यता का अहसास करा सके। रोटी, कपड़ा, गहना, जेवर वह माँगती नहीं। न उसे ज़रूरत है न पुरुष की पसंद पर ख़ास भरोसा ही। ले-देकर बचा एक मातृत्व तो उसमें थोड़ा-बहुत जो भी कृतित्व पुरुष का था उसको फालतू कर देने के लिए विज्ञान ने कितने ही विकल्प सामने परोस दिए हैं और कितने ही अभी आविष्कृत होने को तत्पर खड़े हैं। विकास की इस दिशा में पुरुष स्त्री के लिए एक बीज और मनोरंजन का एक सामान भर बनकर रह जाने को विवश है और विज्ञान की अगर चलती ही रही तो अंततः बीज भी वह शायद न रहे।

बात सिर्फ़ स्त्री-पुरुष के बीच संबंध-संतुलन की नहीं, परिवार और समाज की व्यवस्था के आमूल बदलाव की है। पुरुष यहाँ असहाय और असुरक्षित है। एकमात्र शरण जहाँ वह लौटकर आया और स्वागत में स्त्री को तत्पर पाया करता था, उससे छिनने को है। एक दिन वही उँगली पकड़कर स्त्री को मुक्ति के रास्ते पर लाया था। स्वाधीन होने के क्रम में स्त्री ने अपनी उँगली झटककर छुड़ा ली है।

आस-पास अब भी बहुत बड़े भाग में समाज वही है जिसमें स्त्री-पुरुष दोनों ही बँधे हुए हैं। पुरुष की स्वाधीनता का अर्थ वहाँ पितृसत्ता से विरासत में मिला वर्चस्व है। शक्ति और सत्ता के परिचित समीकरण हैं, दमन और शोषण के जर्जर चौखटे और स्त्री की मुक्ति कामना से आते भूंकप के झटके हैं। लड़ाई कठिन मगर जारी है, रास्ते बन चुके हैं, पगडंडियाँ बन रही हैं, रास्तों से मिलकर उन्हें चौड़ा कर रही हैं। इस भूगोल के कुछ अपेक्षाकृत निरापद क्षेत्र हैं जिनमें स्त्री रक्षणीया और भरण पोषण की अधिकारिणी है और शायद सहज क्रम में स्वाधीनता की भी। लेकिन अधिकतर क्षेत्रों में आपातकाल लागू है जिसके शिकार स्त्री-पुरुष दोनों ही हैं क्योंकि यह दोनों के ही बंधनों की दुनिया है।

स्वाधीन स्त्री के पास संबंधों के, समाज के जो विकल्प मौजूद हैं उनमें पहला तो अपने जैसी स्त्रियों का समाज है। इसमें संप्रेषण और सहभागिता का सुख है। इसे एक से अनेक होते हुए वह निरंतर रच भी रही है और फैला भी रही है, लेकिन यह पूरा संसार नहीं। दूसरा अपने जैसे पुरुषों और स्त्रियों का सम्मिलित समाज है जिसकी उसे कामना है पर जो प्रायः दुर्लभ है। इन दोनों समाजों में से किसी में रह पाना वह चाहेगी पर जो प्रायः मिलता है वह समस्यामूलक स्थिति है। यानी वह स्थिति जिसमें पुरुष स्वाधीन है और स्त्री बंधन में या फिर वह जिसमें स्त्री स्वाधीन है और पुरुष बंधन में। स्वाधीनता और बंधन से यहाँ मेरा मतलब उन लाभों और उन मजबूरियों से नहीं जो पुरुष और स्त्री को पितृसत्ता से क्रमशः विरासत में मिले हैं, बल्कि मूल्यों से है। स्वाधीनता यानी वह मूल्य जिसे अर्जित कर लेने के बाद दूसरे की स्वाधीनता की भी रक्षा अपना धर्म बन जाती है। बंधन इस स्वाधीनता का विरुद्ध एवं पितृसत्ता का अवशिष्ट मूल्य है। स्वाधीनों के बीच परस्परता का अर्जन और विकास वहाँ शक्ति के समीकरणों से जुड़े सवालों को हल करने वाला प्रतिमान होता है। स्वाधीन पुरुष आबद्ध-स्त्री को स्वाधीन होना सिखा ले, यह अपेक्षाकृत आसान है, लेकिन ज़रूरी नहीं कि सदैव संभव ही हो या कि संभव तो हो पर उसी हद तक जहाँ तक पुरुष के लिए सुविधाजनक बना रहे। और जब यह संभव नहीं होता, तब यह सचमुच असंभव ही होता है क्योंकि बुनियादी तर्क यहाँ से शुरू होता है कि सिखाने का दंभ ही दूसरे की स्वाधीनता को बाधित करने से शुरू होता है। स्वाधीन स्त्री और आबद्ध पुरुष का समीकरण तो फिर असंभव से भी कुछ अधिक ही असंभव होगा।

लेकिन कुशल है कि परिवार और समाज की आधारभूत इकाई दाँपत्य के ये समीकरण अब शाश्वत और जन्मजन्माँतर के नहीं रहे और जहाँ साथ रहने की पीड़ा अलग होने की पीड़ा से ज़्यादा बड़ी हो, वहाँ अलग होना संभव है। विच्छेद से जुड़ी समस्याएँ सामाजिक प्रतिष्ठा की कसौटी पर जीने-मरने के दाँव से घटकर केवल जमीन-जायदाद के बँटवारे और आर्थिक सुरक्षा के अर्जन के सवालों में बदलती जा

रही है और नफ़ा-नुक़सान तोलकर स्त्री स्वेच्छा से पराधीनता का चुनाव भी कर सकती है। कह देना सरल है और सरलीकरण भी पर कह दिया जाए कि अंततः लाभ दोनों ओर से स्त्री का है। वह मार भी सकती है और चिल्ला भी सकती है कि हाय मार डाला!

लेकिन स्वाधीन स्त्री क्या सचमुच ऐसा चाहेगी? स्वाधीन की पहचान यह है कि उसके निर्णय प्रतिक्रियावश-प्रतिशोधवश नहीं होते। वहाँ तक पहुँचने में उसे शायद अभी देर हो लेकिन फिर भी क्या वह चाहेगी मारना और चिल्लाना कि मार डाला? मुक्त होना पुरुष से? जिसकी उँगली पकड़कर यहाँ तक आई थी और जिससे उँगली छुड़ाकर आगे बढ़ गई थी उसे वहीं छोड़ देना असहाय? सृजन के सुख और सार्थकता का जब तक कोई स्थानापन्न नहीं मिलता या इस प्राकृतिक वरदान को ठुकरा देना जब तक वह तय नहीं कर लेती तब तक सृजन-संगी की तरह से वह पुरुष को विज्ञान की मदद से भले ही फालतू और वैकल्पिक कर ले, पुरुष संतान को भी क्या अपने जीवन से निकाल बाहर करेगी? या उसे पौरुष की असहाय प्रतिमा की तरह नहीं, स्त्री के सच्चे सहचर की तरह पालकर बड़ा करेगी? स्त्री की आकांक्षा कम से कम भारतीय स्त्री की संबंधों से मुक्ति की नहीं, संबंधों में मुक्ति की है। पुरुष से मुक्ति की नहीं, पुरुष की मुक्ति की है जिससे दोनों एक-दूसरे की मुक्ति के संगी बन सकें। पारिवारिक संबंधों के समीकरणों और भूमिकाओं के बँटवारे में से वर्चस्व के झगड़े को बाहर रखने की है ताकि वहाँ स्त्री दमित और शोषित न हो। और पुरुष ही असहाय और असुरक्षित।

होगा। शायद। न करें उम्मीद तो और क्या करें।

एक कहानी यह भी

मन्नू भंडारी

लेखन एक अनवरत यात्रा—जिसका न कोई अंत है, न मंज़िल। बस, निरंतर चलते चले जाना ही जिसकी अनिवार्यता है, शायद नियति भी। हर रचना एक पड़ाव, जिसमें यहाँ तक पहुँचने के सुख-संतोष से ज़्यादा आगे जाने का उत्साह भरा रहा है। पर कभी-कभी यह क्रम उलट भी जाता है। अपने रचे का सुख-संतोष लेखक को एक ऐसी गहरी तृप्ति का बोध करा देता है, जिससे आगे जाने का यह उत्साह लौट-लौट कर मुग्ध भाव से अपने रचे के इर्द-गिर्द ही चक्कर लगाने लगता है। पिछले दस वर्षों में अपने मन की दस पंक्तियाँ भी न लिख पाने के पीछे कहीं यही कारण तो नहीं? नहीं, बहुत ईमानदारी से मन का कोना-कोना टटोलकर देख लिया... आत्म-मुग्ध तो क्या, मैं तो अपने लिखे को लेकर कभी आत्म-तुष्ट भी नहीं हो पाई। भरपूर आत्म-तोष देने वाला कुछ लिखा ही नहीं... न स्तर की दृष्टि से, न परिणाम की दृष्टि से। तब? क्या मेरे सरोकार और प्राथमिकताएँ बदल गईं? लेकिन प्राथमिकता के क्रम में लिखना मेरा पहला और प्रमुख सरोकार तो कभी रह ही नहीं पाया। बेटी और घर (जिसकी पूरी-पूरी जिम्मेदारी मेरे ऊपर थी) के साथ नौकरी (जो अपनी ज़िम्मेदारियों को निभाने के लिए अनिवार्य थी) के बीच में से ही लिखने के लिए समय और सुविधा जुटानी पड़ती थी और मैंने जो कुछ भी लिखा, इन सबके बीच ही लिखा, इनकी क़ीमत पर कभी नहीं लिखा। लेकिन पहले सभी स्तर पर संकट थे, कष्ट थे, समस्याएँ थीं, नसों को चटका देने वाले आघात थे, पर उनके साथ लगातार लिखना भी था... जो भी, जैसा भी। आज ये सारी समस्याएँ-संकट समाप्तप्राय हैं और लिखना तो बिल्कुल ही समाप्त है। तो क्या संघर्षपूर्ण और समस्याग्रस्त जीवन ही लिखने की अनिवार्य शर्त है?

कभी-कभी सोचती हूँ कि कहीं ऐसा तो नहीं कि मुझमें लिखने के प्रति पहले जैसी निष्ठा या लगाव नहीं रहा! हो सकता है कि कारण यही हो; और है तो मुझे इसे स्वीकार करने में कोई संकोच भी नहीं। अच्छा है कि मेरे पास कोई ऐसा तर्क-कौशल या लेखकीय हुनर नहीं है, जिससे मैं लेखन में आए इस ठहराव को भटकाव न मानकर उस मानसिक यंत्रणा और जानलेवा दंश से भी मुक्ति पा लेती जो इस स्थिति

की अनिवार्य परिणति होनी चाहिए। मेरे पास आज अगर कुछ है तो हर दिन के साथ बढ़ती छटपटाहट और लगातार रिसते-टूटते आत्म-विश्वास की कचोट। आज मैं कितनी शिद्दत के साथ महसूस कर रही हूँ कि क़लम और शब्द के साथ रिश्ता टूटते चले जाने की प्रक्रिया में कैसे ज़िंदगी के साथ भी मेरा रिश्ता टूटता चला गया—कैसे मैं सबसे कटी-छटी अपने में ही सिमटती-सिकुड़ती चली गई। लेकिन इतना सब होने के बावजूद लिखने की एक अव्यक्त-सी लालसा मन को बराबर कचोटती रही है और एक दिन इसी कचोट की मार से मैं घर की सामान्य-सी सुविधाओं में लिथड़ी पर मन को निरंतर कँगला और शरीर को रुग्ण बनाती, अपनी एक निहायत ही याँत्रिक ढर्रे में ढली बेजान-सी ज़िंदगी को छोड़कर उज्जैन चली आई—अकेली। एक प्रयोग यह भी सही।

लिखने का आधार बनाने के लिए ज़िंदगी के टूटे-बिखरे और खोए सूत्रों को समेटने की प्रक्रिया में जाने क्यों अपने माली की एक बात याद आई। बिना स्थान, साधन-सुविधा और जानकारी के भी थोड़े-से गमले लगा रखे थे और मुझे उनसे बहुत लगाव था। एक दिन देखा कि बिना मौसम और प्रत्यक्ष कारण के एक गमले की ढेर सारी पत्तियाँ झड़ गईं और दो-तीन दिन में ही वह पौधा चंद पत्तियों के साथ टहनियों का एक झुंड-भर रह गया—मात्र ठूँठ, कुछ-कुछ मेरी ही तरह। माली ने देखा तो बड़ी बेरहमी से बची-खुची पत्तियों को भी नोच फेंका। मेरे मुँह से निकले 'अरे-अरे' को सुनकर बड़ी सहजता से उसने अपनी भाषा में कहा, "इन पत्तियों को तो अब झड़ना ही होगा, इनसे मोह रखकर अब काम नहीं चलेगा, क्योंकि ये अब जान नहीं देने वाली इस पौधे को... अब तो जड़ को देखना होगा," और उसने गमले की मिट्टी उलट दी। गमले की निचली गहराई से निकला जड़ों का गुच्छा... मिट्टी में लिथड़े, एक-दूसरे से उलझे अनेक रेशे। जो रेशे सड़े-गले थे और जिन्होंने पौधे की जीवनी-शक्ति को कुंद कर दिया था, उन्हें बड़ी निमर्मता से उसने तोड़ फेंका। जो स्वस्थ थे, उन्हें साफ करके सहेजा-सँवारा, इन्हीं से अब पौधा रस ग्रहण करेगा, फलेगा-फूलेगा—वह पूरी तरह आश्वस्त था। तो क्या अपने को पुनर्जीवित करने के लिए मैं भी अपनी जड़ों की ओर लौटूँ, सारे सड़े-गले रेशों को उखाड़कर, उन रेशों को देखूँ-परखूँ, सहेजूँ-सँवारूँ, जिनकी जीवनी-शक्ति ही मुझे यहाँ तक लाई? उन्हीं का एक ऐसा अनवरत सिलसिला तलाश करूँ जो बेजान हो आए इस पौधे में भी शायद जान फूँक सके। आगे बढ़ने के लिए पीछे मुड़कर देखना सहायक ही नहीं, कभी-कभी अनिवार्य भी नहीं हो जाता? यादों की, घटनाओं की, स्थितियों की न जाने कितनी छोटी-छोटी पोटलियाँ खुँसी मिलेंगी जो ज़रा-सा स्पर्श पाते ही अपनी पूरी जीवंतता के साथ आ खड़ी होंगी। न जाने कितने पात्र अपने व्यक्तित्व के पूरे निखार के लिए, अनुकूल घटनाओं की तो न जाने कितनी घटनाएँ अपने सारे अर्थ उजागर करने के लिए अनुकूल पात्रों की माँग

करतीं—आपको उकसातीं, प्रेरित करतीं या फिर आज की स्थितियों में नए संदर्भों की माँग करतीं आपके सामने आ खड़ी होंगी—एक चुनौती बनकर। एक बार पूरी निष्ठा और ईमानदारी के साथ इन सबसे जुड़कर देखा तो जाए। कौन जाने, इन ठूँठ जैसी टहनियों में भी कुछ अंकुरित होने की प्रक्रिया शुरू हो ही जाए!

जन्मी तो मध्य-प्रदेश के भानपुरा गाँव में थी, लेकिन मेरी यादों का सिलसिला शुरू होता है अजमेर के ब्रह्मपुरी मोहल्ले के उस दो-मंज़िला मकान से, जिसकी ऊपरी मंज़िल में पिताजी का साम्राज्य था, जहाँ वे निहायत अव्यवस्थित ढंग से फैली-बिखरी पुस्तकों-पत्रिकाओं और अख़बारों के बीच या तो कुछ पढ़ते रहते थे या फिर 'डिक्टेशन' देते रहते थे। नीचे हम सब भाई-बहनों के साथ रहती थीं हमारी बेपढ़ी-लिखी व्यक्तित्वहीन माँ—सवेरे से शाम तक हम सबकी इच्छाओं और पिताजी की आज्ञाओं का पालन करने के लिए सदैव तत्पर। अजमेर से पहले पिताजी इंदौर में थे, जहाँ उनकी बड़ी प्रतिष्ठा थी, सम्मान था, नाम था। कांग्रेस के साथ-साथ वे समाज-सुधार के कामों से भी जुड़े हुए थे। शिक्षा का वे केवल उपदेश ही नहीं देते थे, बल्कि उन दिनों आठ-आठ दस-दस विद्यार्थियों को अपने घर रखकर पढ़ाया है, जिनमें से कई तो बाद में ऊँचे-ऊँचे ओहदों पर पहुँचे। ये उनकी खुशहाली के दिन थे और उन दिनों उनकी दरिया-दिली के चर्चे भी कम नहीं थे। एक ओर वे बेहद कोमल और संवेदनशील व्यक्ति थे तो दूसरी ओर बेहद क्रोधी और अहंवादी।

पर यह सब तो मैंने केवल सुना। देखा, तब तो इन गुणों के भग्नावशेषों को ढोते पिता थे। एक बहुत बड़े आर्थिक झटके के कारण वे इंदौर से अजमेर आ गए थे, जहाँ उन्होंने अपने अकेले के बल-बूते और हौसले से अंग्रेज़ी-हिंदी शब्दकोश (विषयवार) के अधूरे काम को आगे बढ़ाना शुरू किया जो अपनी तरह का पहला और अकेला शब्दकोश था। इसने उन्हें यश और प्रतिष्ठा तो बहुत दी, पर अर्थ नहीं और शायद गिरती आर्थिक स्थिति ने ही उनके व्यक्तित्व के सारे सकारात्मक पहलुओं को निचोड़ना शुरू कर दिया। सिकुड़ती आर्थिक स्थिति के कारण और अधिक विस्फारित उनका अहं उन्हें इस बात तक की अनुमति नहीं देता था कि वे कम-से-कम अपने बच्चों को तो अपनी आर्थिक विवशताओं का भागीदार बनाएँ। नवाबी आदतें, अधूरी महत्त्वाकांक्षाएँ, हमेशा शीर्ष पर रहने के बाद हाशिए पर सरकते चले जाने की यातना क्रोध बनकर हमेशा माँ को कँपाती-थरथराती रहती थीं। अपनों के हाथों विश्वासघात की जाने कैसी गहरी चोटें होंगी वे, जिन्होंने आँख मूँदकर सबका विश्वास करने वाले पिता को बाद के दिनों में इतना शक्की बना दिया था कि जब-तब हम लोग भी उसकी चपेट में आते ही रहते।

यों हम लोग जैनी हैं, पर पिताजी आर्य-समाजियों के बीच दीक्षित हुए थे, इसलिए हम लोगों ने कभी जैनियों जैसे व्रत-उपवास नहीं किए, यहाँ तक कि संवत्सरी के दिन भी नहीं। कभी हम लोग मंदिर या मुनि-आचार्यों के व्याख्यान सुनने उपाश्रय नहीं गए। साल में एक-दो बार संग-साथ मिलने पर माँ ज़रूर चली जाती थीं। और तो और, एक बार पैदल यात्रा करते हुए रात काटने के लिए पाँच-सात साध्वियों का पड़ाव हमारे यहाँ पड़ा। माँ बेहद उल्लसित। कोई साठ-सत्तर भक्तों से सारा आँगन भर गया—बस, पिताजी ऊपर से नहीं उतरे और मैं अपने कमरे से नहीं निकली; बार-बार के आग्रह पर मुझे ही पिताजी को बुलाने जाना पड़ा। उनका दो टूक जवाब, 'अरे, उन बेपढ़ी-लिखी साध्वियों के पास जाकर क्या करूँगा मैं।' वे नहीं आए तो तबीयत की आड़ लेकर मुझे ही उनकी नकार के नुकीले कोनों को मुलायम बनाना पड़ा। जैन दर्शन पर उनकी अच्छी पकड़ थी और उसका भरपूर बोध भी था उन्हें। मैं ज़रूर जाकर बैठी, पर अपनी नजर में उनके आडंबरों पर इतनी बहस की कि वहाँ एकत्रित लोग भौंचक होकर देखते ही रह गए। मारवाड़ी परिवार... लड़की की जात (नीची नज़र और बंद जबान का ठप्पा जिस पर जन्म के साथ ही चस्पाँ कर दिया जाता था) और ये तेवर... ये हौसला! मर्दों के बीच बैठकर साध्वियों से बहस! उन्हें क्या पता कि बहस करने की फितरत तो घुट्टी में मिली थी हमें।

आर्य-समाजियों वाले हवन-यज्ञ और मंत्रोच्चार भी कभी नहीं हुए हमारे यहाँ। पिताजी ने उनका समाज-सुधार वाला पक्ष ही अपनाया था। आज से क़रीब साठ साल पहले बिना घूँघट-पर्दे के की गई बहन की शादी काफ़ी क्रांतिकारी क़दम था। लड़कियों को लड़कों की तरह पढ़ाना... बाल-विवाह और अन्य सामाजिक कुरीतियों का विरोध... आडंबरों और ढकोसलों की छुट्टी, बचपन में यही सब देखा हमने। याद नहीं घर में कोई धार्मिक अनुष्ठान देखा हो कभी। जैनी होने के बावजूद पड़ोसियों की देखा-देखी हम लोग जन्माष्टमी की झाँकी ज़रूर सजाते थे, पर उसमें धर्म से ज़्यादा सजाने का शौक प्रमुख रहता था। त्योहारों में केवल दीवाली मनाते थे। हाँ, उस दिन ज़रूर पूजा की थाली सजाई जाती थी और पिताजी माँ के बताए-बताए लक्ष्मी-गणेश की मूर्तियों पर रोली, चावल, मिठाई, पानी, फूल आदि डालकर हाथ जोड़ते और पाँच मिनट में पूजा से निवृत्त हो लेते। उनका असली त्योहार तो उस दिन होता, जिस दिन उनके कोश का कोई नया भाग छपकर आता... या फिर कोई बहुत बड़ा 'ऑर्डर' आता। उस दिन वे उतने ही कोमल, वत्सल और दरियादिल हो जाते थे। पिता, वात्सल्य से भरे पिता। एक ही आदमी के कितने-कितने रूप होते हैं, यह मैंने तभी जाना था।

पर यह पितृ-गाथा मैं इसलिए नहीं गा रही कि मुझे उनका गौरव-गान करना है, बल्कि मैं तो यह देखना चाहती हूँ कि उनके व्यक्तित्व की कौन सी खूबी और खामियाँ मेरे व्यक्तित्व के ताने-बाने में गुँथी हुई हैं या कि अनजाने-अनचाहे किए उनके

व्यवहार ने मेरे भीतर किन ग्रंथियों को जन्म दे दिया। मैं काली हूँ, बचपन में दुबली और मरियल भी थी। गोरा रंग पिताजी की कमजोरी थी सो बचपन में मुझसे दो साल बड़ी, खूब गोरी, स्वस्थ और हँसमुख बहन सुशीला से हर बात में तुलना और फिर उसकी प्रशंसा ने ही क्या मेरे भीतर ऐसे गहरे हीन-भाव की ग्रंथि पैदा नहीं कर दी कि नाम, सम्मान और प्रतिष्ठा पाने के बावजूद आज तक मैं उससे उबर नहीं पाई? आज भी परिचय करवाते समय जब कोई कुछ विशेषता लगाकर मेरी लेखकीय उपलब्धियों का ज़िक्र करने लगता है तो मैं संकोच से सिमट ही नहीं जाती बल्कि गड़ने-गड़ने को हो आती हूँ। शायद अचेतन की किसी पर्त के नीचे दबी इसी हीन-भावना के चलते मैं अपनी किसी भी उपलब्धि पर भरोसा नहीं कर पाती... सब कुछ मुझे तुक्का ही लगता है। पिताजी के जिस शक्की स्वभाव पर मैं कभी भन्ना-भन्ना जाती थी, आज एकाएक अपने खंडित विश्वासों की व्यथा के नीचे मुझे उनके शक्की स्वभाव की झलक ही दिखाई देती है... बहुत 'अपनों' के हाथों विश्वासघात की गहरी व्यथा से उपजा शक। होश सँभालने के बाद से ही जिन पिताजी से किसी-न-किसी बात पर हमेशा मेरी टक्कर ही चलती रही, वे तो न जाने कितने रूपों में मुझमें हैं... कहीं कुंठाओं के रूप में, कहीं प्रतिक्रिया के रूप में, कहीं प्रतिच्छाया के रूप में। केवल बाहरी भिन्नता के आधार पर अपनी परंपरा और पीढ़ियों को नकारने वालों को क्या सचमुच इस बात का बिल्कुल अहसास नहीं होता कि उनका आसन्न अतीत किस कदर उनके भीतर जड़ जमाए बैठा रहता है! समय का प्रवाह भले ही हमें दूसरी दिशाओं में बहाकर ले जाए... स्थितियों का दबाव भले ही हमारा रूप बदल दे, हमें पूरी तरह उससे मुक्त तो नहीं ही कर सकता।

पिता का चरित्र अपनी सारी गरिमा, सारी करुणा और सारे अंतर्विरोधों के साथ मेरे मन में ज्यों-का-त्यों अंकित है—बार-बार मुझे लिखने के लिए प्रेरित भी करता है, लेकिन कभी साहस नहीं हुआ कि उन पर क़लम चलाऊँ। जानती हूँ, मैं उनके बहु-आयामी व्यक्तित्व के साथ न्याय नहीं कर पाऊँगी... कुछ अपनी सीमा के कारण तो कुछ अपने पूर्वग्रहों के कारण!

पिता के ठीक विपरीत थीं हमारी बेपढ़ी-लिखी माँ। धरती से कुछ ज़्यादा ही धैर्य और सहनशक्ति थी शायद उनमें। पिताजी की हर ज़्यादती को अपना प्राप्य और बच्चों की हर उचित-अनुचित फ़र्माइश और ज़िद को अपना फ़र्ज़ समझकर बड़े ही सहज भाव से स्वीकार करती थीं वे। उन्होंने ज़िंदगीभर अपने लिए कुछ माँगा नहीं, चाहा नहीं... केवल दिया ही दिया। हम भाई-बहनों का सारा लगाव (शायद सहानुभूति से उपजा) माँ के साथ था, लेकिन निहायत असहाय मजबूरी में लिपटा उनका यह त्याग कभी मेरा आदर्श नहीं बन सका... न उनका त्याग, न उनकी सहिष्णुता। ख़ैर, जो भी हो, अब यह पैतृक-पुराण यहीं समाप्त कर अपने पर लौटती हूँ।

पाँच भाई-बहनों में सबसे छोटी मैं। सबसे बड़ी बहन की शादी के समय मैं शायद सात साल की थी और उसकी एक धुँधली-सी याद ही मेरे मन में है, लेकिन अपने से दो साल बड़ी बहन सुशीला और मैंने घर के बड़े से आँगन में बचपन के सारे खेल खेले—सतोलिया, लँगड़ी-टाँग, पकड़म-पकड़ाई, काली-टीलो—तो कमरों में गुड्डे-गुड़ियों के ब्याह भी रचाए पास-पड़ोस की सहेलियों के साथ। यों खेलने को हमने भाइयों के साथ गिल्ली-डंडा भी खेला और पतंग उड़ाने, काँच पीसकर माँजा सूतने का काम भी किया, लेकिन उनकी गतिविधियों का दायरा घर के बाहर ही अधिक रहता था और हमारी सीमा थी घर। हाँ, इतना ज़रूर था कि उस ज़माने में घर की दीवारें घर तक ही समाप्त नहीं हो जाती थीं, बल्कि पूरे मोहल्ले तक फैली रहती थीं, इसलिए मोहल्ले के किसी भी घर में जाने पर कोई पाबंदी नहीं थी, बल्कि कुछ घर तो परिवार का हिस्सा ही थे। आज तो मुझे बड़ी शिद्दत के साथ यह महसूस होता है कि अपनी ज़िंदगी खुद जीने के इस आधुनिक दबाव ने महानगरों के फ्लैट में रहने वालों को हमारे इस परंपरागत 'पड़ोस-कल्चर' से विच्छिन्न करके हमें कितना संकुचित, असहाय और असुरक्षित बना दिया है। मेरी कम-से-कम एक दर्जन आरंभिक कहानियों के पात्र इसी मोहल्ले के हैं, जहाँ मैंने अपनी किशोरावस्था गुजार अपनी युवावस्था का आरंभ किया था। एक-दो को छोड़कर उनमें से कोई भी पात्र मेरे परिवार का नहीं है। बस इनको देखते-सुनते, इनके बीच ही मैं बड़ी हुई थी, लेकिन इनकी छाप मेरे मन पर कितनी गहरी थी, इस बात का अहसास तो मुझे कहानियाँ लिखते समय हुआ। इतने वर्षों के अंतराल ने भी उनकी भाव-भंगिमा, भाषा, किसी को भी धुँधला नहीं किया था और बिना किसी विशेष प्रयास के बड़े सहज भाव से वे उतरते चले गए थे। उसी समय के दा साहब अपने व्यक्तित्व की अभिव्यक्ति के लिए अनुकूल परिस्थितियाँ पाते ही *महाभोज* में इतने वर्षों बाद कैसे एकाएक जीवित हो उठे, यह मेरे अपने लिए भी आश्चर्य का विषय था... एक सुखद आश्चर्य का।

उस ज़माने में आज की तरह मनोरंजन के कोई साधन तो थे नहीं... महीने-दो महीने में भाइयों के साथ सिनेमा जाने की अनुमति मिलती तो उत्सव जैसा लगता था। दो दिन पहले से उत्सुकता-भरी प्रतीक्षा और दो दिन बाद तक देखे हुए का 'थ्रिल'। लड़कियों के अकेले इधर-उधर जाने और घूमने-फिरने का चलन तो था नहीं, सो स्कूल और खेल से बचे समय में हम किताबें पढ़ते थे—कहानी-उपन्यास। यों पिताजी का अपना एक अच्छा-ख़ासा निजी पुस्तकालय था, पर कथा-साहित्य से शून्य। हाँ, शरत्चंद्र की अनेक और प्रेमचंद की कुछ किताबें उसमें ज़रूर प्रवेश पा गई थीं। पड़ोस में प्रसिद्ध कांग्रेसी नेता जीतमलजी लूणिया रहते थे, जो प्रेस के साथ-साथ पुस्तकें बेचने का काम भी करते थे। कवर चढ़ाकर, बड़ी एहतियात से पढ़ने की शर्त पर उनसे पुस्तकें मिल जाया करती थीं, सो उन्हीं से चिपके रहते थे। लेखक की तब

कोई अहमियत नहीं थी, न चुनाव करके पढ़ने की तमीज़। जो भी किताब हाथ में आ जाती, पढ़ डालती, पर अच्छी वे ही लगती थीं जो या तो किसी सामाजिक समस्या पर केंद्रित होती थीं या फिर किसी क्रांतिकारी के जीवन पर। लेखक के रूप में यदि किसी से पहचान बनी थी तो केवल शरत् और प्रेमचंद से। छठी क्लास से लेकर इंटर तक हर साल गर्मी की छुट्टियों में धन्यकुमार जैन द्वारा अनूदित शरत्-साहित्य के जितने भी भाग मिलते, उन्हें पढ़ने का सिलसिला बराबर चलता रहा और आज भी याद है कि हर साल मैंने पढ़ी हुई उन किताबों को उतना ही डूबकर पढ़ा था। उसके कई बरसों बाद जब *आवारा मसीहा* पढ़ा तो एकाएक ही इस जीवनी के संदर्भ में फिर से सारा शरत्-साहित्य पढ़ने का मन हुआ... काफ़ी कुछ पढ़ा भी और मैं खुद हैरत में थी कि समय के साथ-साथ बदली हुई रुचियाँ, सोद्देश्यता के बोझ से बोझिल हो आई संवेदना और तर्क से तीखी हो आई मानसिकता के बावजूद उनकी कई रचनाओं ने मुझे उसी तरह बाँधा, अपने में डुबोया। अब कोई चाहे तो मेरे इस बाँधने-डुबाने को औरताना भावुकता के खाने में डालकर खारिज कर सकता है।

उस समय तक हमारे परिवार में लड़की के विवाह के लिए अनिवार्य योग्यता थी—उम्र में सोलह वर्ष और शिक्षा में मैट्रिक। सन् 1944 में सुशीला ने यह योग्यता प्राप्त की और शादी करके कलकत्ता चली गई। दोनों बड़े भाई भी आगे की पढ़ाई के लिए बाहर चले गए। इन लोगों की छत्र-छाया के हटते ही पहली बार मुझे नए सिरे से अपने वजूद का अहसास हुआ। पिताजी का ध्यान भी पहली बार मुझ पर केन्द्रित हुआ। लड़कियों को जिस उम्र में स्कूली शिक्षा के साथ-साथ सुघड़ गृहिणी और कुशल पाक-शास्त्री बनाने के नुस्खे जुटाए जाते थे, पिताजी का आग्रह रहता था कि मैं रसोई से दूर ही रहूँ। रसोई को वे भटियारख़ाना कहते थे और उनके हिसाब से वहाँ रहना अपनी क्षमता और प्रतिभा को भट्टी में झोंकना था। घर में आए दिन विभिन्न राजनीतिक पार्टियों के जमावड़े होते थे, जिसमें कांग्रेस, प्रजा सोशलिस्ट पार्टी, कम्युनिस्ट पार्टी, आर.एस.एस. के लोग आते थे और जमकर बहसें होती थीं। बहस करना पिताजी का प्रिय शगल था। चाय-पानी या नाश्ता देने जाती तो पिताजी मुझे भी वहीं बैठने को कहते। वे चाहते थे कि मैं भी वहाँ बैठूँ, सुनूँ और जानूँ कि देश में चारों ओर क्या कुछ हो रहा है। देश में हो भी तो कितना कुछ रहा था, '42 के आंदोलन के बाद से तो सारा देश जैसे खौल रहा था, लेकिन विभिन्न राजनीतिक पार्टियों की नीतियाँ, उनके आपसी विरोध या मतभेदों की तो मुझे दूर-दूर तक कोई समझ नहीं थी। हाँ, क्रांतिकारियों और देशभक्त शहीदों के रोमानी आकर्षण, उनकी कुर्बानियों से ज़रूर मन आक्रांत रहता था।

सो दसवीं कक्षा तक आलम यह था कि बिना किसी ख़ास समझ के घर में होने वाली बहसें सुनती थी और बिना चुनाव किए, बिना लेखक की अहमियत से परिचित

हुए किताबें पढ़ती थी। लेकिन सन् 1945 में जैसे ही दसवीं पास करके मैं 'फर्स्ट इयर' में आई, हिंदी की प्राध्यापिका शीला अग्रवाल से परिचय हुआ। सावित्री गर्ल्स हाई स्कूल... जहाँ मैंने ककहरा सीखा, एक साल पहले ही कॉलिज बना था और वे इसी साल नियुक्त हुई थीं, उन्होंने बाकायदा साहित्य की दुनिया में प्रवेश करवाया। मात्र पढ़ने को, चुनाव करके पढ़ने में बदला—खुद चुन-चुनकर किताबें दीं... पढ़ी हुई किताबों पर बहसें कीं तो दो साल बीतते-न बीतते साहित्य की दुनिया शरत्-प्रेमचंद से बढ़कर जैनेंद्र, अज्ञेय, यशपाल, भगवतीचरण वर्मा तक फैल गई और फिर तो फैलती ही चली गई। उस समय जैनेंद्रजी की छोटे-छोटे सरल-सहज वाक्यों वाली शैली ने बहुत आकृष्ट किया था। *सुनीता* (उपन्यास) बहुत अच्छा लगा था, अज्ञेयजी का उपन्यास *शेखर:एक जीवनी* पढ़ा ज़रूर, पर उस समय वह मेरी समझ के सीमित दायरे में समा नहीं पाया था। कुछ सालों बाद *नदी के द्वीप* पढ़ा तो उसने मन को इस कदर बाँधा कि उसी झोंक में *शेखर* को फिर से पढ़ गई... इस बार कुछ समझ के साथ। यह शायद मूल्यों के मंथन का युग था... पाप-पुण्य, नैतिक-अनैतिक, सही-गलत की बनी-बनाई धारणाओं के आगे प्रश्नचिन्ह ही नहीं लग रहे थे, उन्हें ध्वस्त भी किया जा रहा था। इसी संदर्भ में जैनेंद्र का *त्याग-पत्र*, भगवती बाबू का *चित्रलेखा* पढ़ा और शीला अग्रवाल के साथ लंबी-लंबी बहसें करते हुए उस उम्र में जितना समझ सकती थी, समझा।

लेकिन मेरे प्रिय लेखक तब यशपाल ही थे। हो सकता है कि रचनाओं से अधिक उनका क्रांतिकारी जीवन इसके पीछे रहा हो, क्योंकि वह उम्र भी ऐसी ही थी और देश का माहौल भी। क्रांति की कैसी-कैसी रोमानी भावनाएँ आक्रांत किए रहती थीं उन दिनों! अपने हाथ-खर्च के पैसों से जो पहली दो पुस्तकें मैंने ख़रीदी थीं, वे *दादा कॉमरेड* और *पार्टी कॉमरेड* ही थीं। उन्हें दो-तीन बार पढ़ा था और लंबे समय तक उन पात्रों और स्थितियों की ललक-भरी प्रतीक्षा बनी रही थी जो मुझे शैल या गीता बनने का अवसर देतीं। शायद यह उम्र का ही असर था कि नायिकाओं के साथ जीने की जगह नायिका बनकर जीना ज़्यादा अच्छा लगता था। आज भी मुझे अच्छी तरह याद है कि लाल-लाल आँखें, बड़ी-बड़ी मूँछें और लट्ठे की पठानी सलवार पहनने वाला मोहल्ले का इकलौता गुंडा मिट्ठू कैसे मुझे गीता बनने के लिए उकसाया करता था। लेकिन बात करना तो दूर, सामने पड़ जाने पर ही पसीना छूटने लगता था। तब रात में लेटे-लेटे मैं गीता बनी उससे बातें करती...फिर देखती कि कैसे मेरे विश्वास और स्नेह ने गुंडई झलकानेवाली उसकी आँखों की लाली कम कर दी है... वह बदल रहा है। उसके साथ के सारे संवाद भी मन में उभरते, लेकिन दूसरे ही दिन बाहर निकलते समय कहीं उसकी झलक भी दिख जाती तो रात वाली गीता बिस्तर में ही छूट जाती और मन्नू भंडारी डरती-काँपती गली में निकलती।

शीला अग्रवाल ने साहित्य का दायरा ही नहीं बढ़ाया था, बल्कि घर की चारदीवारी के बीच बैठकर देश की स्थितियों को जानने-समझने का जो सिलसिला पिताजी ने शुरू किया था, उन्होंने वहाँ से खींचकर उसे भी स्थितियों की सक्रिय भागीदारी में बदल दिया। सन् 1946-47 के दिन... वे स्थितियाँ, उनमें वैसे भी घर में बैठे रहना संभव था भला? प्रभात-फेरियाँ, हड़तालें, जुलूस, भाषण हर शहर का चरित्र था और पूरे दमख़म और जोश-ख़रोश के साथ इन सबसे जुड़ना हर युवा का उन्माद। मैं भी युवा थी और शीला अग्रवाल की जोशीली बातों ने रगों में बहते खून को लावे में बदल दिया था। स्थिति यह हुई कि एक बवंडर शहर में मचा हुआ था और एक घर में। पिताजी की आजादी की सीमा यहीं तक थी कि उनकी उपस्थिति में घर में आए लोगों के बीच उठूँ-बैठूँ, जानूँ-समझूँ। हाथ उठा-उठाकर नारे लगाती, हड़तालें करवाती, लड़कों के साथ शहर की सड़कें नापती लड़की को अपनी सारी आधुनिकता के बावजूद बर्दाश्त करना उनके लिए मुश्किल हो रहा था तो किसी की दी हुई आज़ादी के दायरे में चलना मेरे लिए। जब रगों में लहू की जगह लावा बहता हो तो सारे निषेध, सारी वर्जनाएँ और सारा भय कैसे ध्वस्त हो जाता है, यह तभी जाना और अपने क्रोध से सबको थरथरा देने वाले पिताजी से टक्कर लेने का जो सिलसिला तब शुरू हुआ था, राजेन्द्र से शादी की, तब तक वह चलता ही रहा।

यश-कामना बल्कि कहूँ कि यश-लिप्सा, पिताजी की सबसे बड़ी दुर्बलता थी और उनके जीवन की धुरी था यह सिद्धांत कि व्यक्ति को कुछ विशिष्ट बनकर जीना चाहिए... कुछ ऐसे काम करने चाहिए कि समाज में उसका नाम हो, सम्मान हो, प्रतिष्ठा हो, वर्चस्व हो। इसके चलते ही मैं दो-एक बार उनके कोप से बच गई थी। एक बार कॉलेज से प्रिंसिपल का पत्र आया कि पिताजी आकर मिलें और बताएँ कि मेरी गतिविधियों के कारण मेरे खिलाफ अनुशासनात्मक कार्रवाई क्यों न की जाए? पत्र पढ़ते ही पिताजी आग-बबूला। "यह लड़की मुझे कहीं मुँह दिखाने लायक नहीं रखेगी... पता नहीं क्या-क्या सुनना पड़ेगा वहाँ जाकर! चार बच्चे पहले भी पढ़े, किसी ने ये दिन नहीं दिखाया।" गुस्से से भन्नाते हुए ही वे गए थे। लौटकर क्या कहर बरपा होगा, इसका अनुमान था, सो मैं पड़ोस की एक मित्र के यहाँ जाकर बैठ गई। माँ को कह दिया कि लौटकर बहुत कुछ ग़ुबार निकल जाए, तब बुलाना। लेकिन जब माँ ने आकर कहा कि वे तो खुश ही हैं, चली चल, तो विश्वास नहीं हुआ। गई तो सही, लेकिन डरते-डरते। "सारे कॉलेज की लड़कियों पर इतना रौब है तेरा... सारा कॉलेज तुम तीन लड़कियों के इशारे पर चल रहा है? प्रिंसिपल बहुत परेशान थी और बार-बार आग्रह कर रही थी कि मैं तुझे घर बिठा लूँ, क्योंकि वे लोग किसी तरह डरा-धमकाकर, डाँट-डपटकर लड़कियों को क्लासों में भेजते हैं और अगर तुम लोग एक इशारा कर दो कि क्लास छोड़कर बाहर आ जाओ तो सारी लड़कियाँ निकलकर

मैदान में जमा होकर नारे लगाने लगती हैं। तुम लोगों के मारे कॉलेज चलाना मुश्किल हो गया है उन लोगों के लिए।'' कहाँ तो जाते समय पिताजी मुँह दिखाने से घबरा रहे थे और कहाँ बड़े गर्व से कहकर आए कि यह तो आज पूरे देश की पुकार है... इस पर कोई कैसे रोक लगा सकता है भला? बेहद गद्‌गद स्वर में पिताजी यह सब सुनाते रहे और मैं अवाक्। मुझे न अपनी आँखों पर विश्वास हो रहा था, न अपने कानों पर। पर यह हक़ीक़त थी।

एक घटना और। आजाद हिंद फ़ौज के मुक़दमे का सिलसिला था। सभी कॉलेजों, स्कूलों, दुकानों के लिए हड़ताल का आह्वान था। जो-जो नहीं कर रहे थे, छात्रों का एक बहुत बड़ा समूह वहाँ जा-जाकर करवा रहा था। शाम को अजमेर का पूरा विद्यार्थी-वर्ग चौपड़ (मुख्य बाज़ार का चौराहा) पर इकट्‌ठा हुआ और फिर हुई भाषणबाजी। इस बीच पिताजी के एक निहायत दक़ियानूसी मित्र ने घर आकर अच्छी तरह पिताजी की लू उतारी, ''अरे उस मन्नू की तो मत मारी गई है पर भंडारीजी आपको क्या हुआ? ठीक है, आप ने लड़कियों को आज़ादी दी, पर देखते आप, जाने कैसे-कैसे उल्टे-सीधे लड़कों के साथ हड़तालें करवाती, हुड़दंग मचाती फिर रही है वह। हमारे-आपके घरों की लड़कियों को शोभा देता है यह सब? कोई मान-मर्यादा, इज्जत-आबरू का ख़याल भी रह गया है आपको या नहीं?''

वे तो आग लगाकर चले गए और पिताजी सारे दिन भभकते रहे, ''बस, अब यही रह गया है कि लोग घर आकर थू-थू करके चले जाएँ। बंद करो अब इस मन्नू का घर से बाहर निकलना।''

इस सबसे बेख़बर मैं रात होने पर घर लौटी तो पिताजी के एक बेहद अंतरंग और अभिन्न मित्र ही नहीं, अजमेर के सबसे प्रतिष्ठित और सम्मानित डॉ. अंबालालजी बैठे थे। मुझे देखते ही उन्होंने बड़ी गर्मजोशी से स्वागत किया, ''आओ, आओ मन्नू। मैं तो चौपड़ पर तुम्हारा भाषण सुनते ही सीधा भंडारीजी को बधाई देने चला आया। 'ऑय एम रिअली प्राउ आफ़ यू'... क्या तुम घर में घुसे रहते हो भंडारीजी... घर से निकला भी करो। 'यू हैव मिस्ड समथिंग','' और वे धुँआधार तारीफ़ करने लगे—वे बोलते जा रहे थे और पिताजी के चेहरे का संतोष धीरे-धीरे गर्व में बदलता जा रहा था। भीतर जाने पर माँ ने दोपहर के गुस्से वाली बात बताई तो मैंने राहत की साँस ली।

आज पीछे मुड़कर देखती हूँ तो इतना तो समझ में आता ही है कि क्या तो उस समय मेरी उम्र थी और क्या मेरा भाषण रहा होगा! यह तो डॉक्टर साहब का स्नेह था जो उनके मुँह से प्रशंसा बनकर बह रहा था या यह भी हो सकता है कि आज से पचास साल पहले अजमेर जैसे शहर में चारों ओर से उमड़ती भीड़ के बीच एक लड़की का बिना किसी संकोच और झिझक के यों धुँआधार बोलते चले जाना ही इसके मूल में रहा हो। पर पिताजी! कितनी तरह के अंतर्विरोधों के बीच जीते थे वे!

एक ओर 'विशिष्ट' बनने और बनाने की प्रबल लालसा तो दूसरी ओर अपनी सामाजिक छवि के प्रति भी उतनी ही सजगता। पर क्या यह संभव है? क्या पिताजी को इस बात का बिल्कुल भी अहसास नहीं था कि इन दोनों का तो रास्ता ही टकराहट का है?

सन् 1947 के मई महीने में शीला अग्रवाल को कॉलेज वालों ने नोटिस थमा दिया—लड़कियों को भड़काने और कॉलिज का अनुशासन बिगाड़ने के आरोप में। इस बात को लेकर हुड़दंग न मचे, इसलिए जुलाई में थर्ड इयर की क्लासेज़ बंद कर के हम दो-तीन छात्राओं का प्रवेश निषिद्ध कर दिया। हुड़दंग तो इतना मचाया कि कॉलेजवालों को थर्ड-इयर खोलने के लिए मजबूर होना पड़ा, पर शीलाजी के दिल्ली के आई.पी. कॉलेज में चले जाने के बाद पता नहीं क्यों, वहाँ रहने का कोई आकर्षण ही नहीं रहा और मैं भी अजमेर छोड़कर कलकत्ता चली गई, बड़े भाई-बहनों के पास। यह भी नहीं सोचा कि इससे पढ़ाई का नियमित सिलसिला टूट जाएगा। वह टूटा और बिना किसी की मदद के कलकत्ता से बी.ए. और बनारस से एम.ए. किया, लेकिन 'प्राइवेटली'। पर यह मात्र डिग्री पाने का आयोजन भर था, असली शिक्षा नहीं। उन दिनों कॉलिज और यूनिवर्सिटी में आज की तरह सिर्फ पढ़ाया-भर नहीं जाता था... आपके पूरे व्यक्तित्व को सँवारा जाता था और मैं उससे वंचित ही रही। इस कॉम्प्लेक्स ने भी मुझे बाद में बहुत मथा और आज भी मैं उसकी चुभन जब-तब महसूस करती हूँ, बल्कि कह सकती हूँ कि बचपन की उस हीन-भाव की ग्रंथि पर (शीला अग्रवाल ने जिसने बहुत कुछ उबारा था) एक परत और चढ़ाई इस कॉम्प्लेक्स ने।

आज सोचती हूँ तो आश्चर्य होता है कि शीला नाम के साथ कैसा तो संयोग है मेरा। चौदह वर्ष से सोलह वर्ष की कच्ची उम्र में शीलाजी ने साहस और आत्म-विश्वास से भरकर उस समय चलने के लिए एक दिशा दी थी—जीवन को अर्थ दिया था। मेरी भीतरी शक्ति और व्यक्तित्व के सारे सकारात्मक पहलुओं को उजागर किया था... तो कलकत्ता में सुशीला (बड़ी बहन) ने तो जब-तब मेरे अस्तित्व को ही बचाया। अपने सारे दुख-दर्द, हारी-बीमारी, नौकरी के साथ बच्ची को पालने के संकट, नसें चटका देने वाले मानसिक आघात और भावनात्मक झटके, तब से लेकर आज तक, मैं उसी के सहारे झेलती आई हूँ। यों तो अपने सभी बड़े भाई-बहनों का अगाध स्नेह-सहयोग मुझे हमेशा ही मिलता रहा है... बड़े जीजाजी ने तो मुझे हमेशा अपनी बिटिया ही समझा। जीवन में मिली अनेक नियामतों में से एक है घने रूप से जुड़ा-गुँथा मेरा यह परिवार, जिसमें सगे-चचेरे का कभी कोई भेद ही नहीं रहा—एक के संकट को सबने अपना संकट माना। बहुत बड़ी शक्ति रही है यह मेरी पाँव के नीचे की ठोस ज़मीन।

कलकत्ता जाने के बाद पुस्तकें पढ़ने का जो क्रम टूटा था, उसे जोड़ा कोमल कोठारी ने। काफ़ी कुछ पढ़वाया था उन्होंने भी—केवल पढ़ावाया ही नहीं, बहस-चर्चा

भी करते थे। मैं तो उनका पढ़ाकूपन देखकर ही दंग थी, फिर कई बातों में उनका नया दृष्टिकोण। आज भी याद है, जब मेरी समझ से भक्ति रंग में रँगी हुई मीरा (जैसा कि हम पढ़ते आए थे) का क्रांतिकारी रूप उन्होंने मेरे सामने रखा था तो मैं सचमुच चकित रह गई थी। सच ही तो है, राजस्थान के राजमहलों में, जहाँ स्त्री की उँगली तक दिखना वर्जित है—वहाँ साधु-संतों के बीच बैठकर मंजीरे बजाती, नाचती-गाती मीरा से भी अधिक कोई क्रांतिकारी हो सकता है भला? और इसके साथ ही रचनाओं को, पात्रों को नए ढंग से देखने-परखने का सिलसिला शुरू हुआ। आज चाहे ये बातें बहुत बचकानी लगती हों, पर उस समय मेरे लिए ऐसी छोटी-छोटी बातों की भी बहुत अहमियत थी।

कोमल कोठारी तो जल्दी ही कलकत्ता छोड़कर चले गए और उनके जाते ही उस तरह पढ़ने और पढ़े पर चर्चा करने का सिलसिला भी टूट गया। मैंने भी अपने को सब ओर से समेटकर एम.ए. की तैयारी में लगाया। 'हिंदी में एम.ए. करना है तो बनारस से करो' के सुझाव ने एक वर्ष का अंतराल तो और बढ़ा ही दिया, पर असली संकट था कि इंटर के बाद हिंदी से संबंध केवल हिंदी उपन्यासों की सरस दुनिया तक ही रह गया था—इसके चलते कहीं एम.ए. किया जा सकता था भला? बिना किसी साथी-सहयोगी और दिशा-निर्देश के भाषा-विज्ञान और काव्य-शास्त्र जैसे ठस और ठोस विषयों में डुबकी लगाना काफ़ी कठिन लग रहा था। ख़ैर, जैसे-तैसे यह वैतरणी भी पार की। डिग्री तो मिल गई, लेकिन साहित्य का अकादमीय पक्ष काफ़ी कमजोर ही रहा और इसे स्वीकार करने में मुझे कोई शर्म, संकोच या झिझक न पहले कभी थी, न आज है कि ज़िंदगीभर पढ़ाने के बावजूद आज भी वह काफ़ी कमज़ोर ही है। हाँ, अपना विषय पढ़ाने में मुझे कभी कोई परेशानी नहीं रही और न ही मेरी छात्राओं को कभी किसी तरह की शिकायत रही। छात्राओं के बीच मिली लोकप्रियता और उनके प्रति अपने दायित्व को पूरी लगन और निष्ठा के साथ निभाने के सुख-संतोष को मैं अपनी बहुत बड़ी उपलब्धि मानती हूँ।

1952 में एम.ए. पास करते ही बालीगंज शिक्षा सदन—एक नए परिवार में प्रवेश। भाई-बहनों के परिवार से बहुत भिन्न था यह परिवार—भिन्न और व्यापक, पर ऊष्मा वैसी ही। पुष्पमयी बोस मुखिया थीं उस परिवार की। छात्रों के प्रति बेहद ममतामयी, लेकिन उतनी ही अनुशासन-प्रिय भी। विचारों से वे मार्क्सवादी थीं, हो सकता पार्टी-मेम्बर भी रही हों। शुरू के दिनों में वे ज़रूर इधर-उधर के और कामों से भी जुड़ी हुई थीं, पर धीरे-धीरे उनके सारे सरोकार और गतिविधियों का केंद्र बालीगंज शिक्षा सदन ही होता चला गया था। दिल्ली आने के बाद जब भी मैं कलकत्ता जाती, स्कूल जाती। मैंने देखा कि बढ़ती उम्र के साथ स्कूल के प्रति उनका लगाव मोह में बदलता जा रहा है, मानो स्कूल ही उनकी गति है, उनकी नियति। निकट भविष्य में

स्कूल से मुक्त होने की संभावना मात्र से और अधिक चिपककर रहने लगीं वे स्कूल से, यहाँ तक कि 'मैनेजिंग कमेटी' वालों के लिए समस्या बन गईं। बहुत सम्मान था सबके मन में उनके लिए और उसी की बिना पर तीन-चार साल और काट दिए उन्होंने, लेकिन आखिर रिटायर तो होना ही था और मैंने सुना कि रिटायर होने के बाद भी एक अलग कुरसी डलवाकर वे अपने ऑफिस के कमरे में ही बैठती हैं। जब मिलने गई तो देखा कि उनकी कुर्सी पर बैठी थीं 'प्रमोट' होकर प्रिंसिपल बनी एक सीनियर टीचर (मंजु नाग) और उनके सामने की कुर्सी पर बैठी थीं वे। उन दोनों के चेहरे। एक चेहरे पर बरसों से पुते सम्मान को छेककर झलकती हुई एक बेबस-सी खीज और दूसरे के चेहरे पर? हमेशा गरिमा में लिपटे रोब-दाब के भीतर से झाँकती एक अनकही-सी कातरता। मुझे देखते ही वे पुलक उठीं, उसी सहज भाव से हाल-चाल पूछा और मुझे लेकर बाहर निकल आईं। ''देखो, कितना 'एक्सटेंशन' करवा लिया मैंने स्कूल का और वे मुझे स्कूल के उस हिस्से में पहुँचकर सब कुछ दिखाने लगीं... ये देखो... ये देखो... इधर देखो,'' पर मैं उनका चेहरा देख रही थी... क्या ये सचमुच मुझे दिखा रही हैं या कि खुद ही मुग्ध भाव से अपने बनाए को देख रही हैं। ज़रा-सा आगे जाकर एक बरामदा-सा था। बिना किसी हिचक-संकोच के उसके बीचोबीच जमीन पर बैठकर काले पत्थर के बने एक फूल पर हाथ फेर-फेरकर वे बताने लगीं—'देखो, कैसा बना है ये... मैंने खुद ड्रा करके दिया था यह डिजाइन, अपने हाथ से। अच्छा बना है न?'' ये वही मिस बोस हैं? देखते-ही-देखते मेरे मन का सारा सम्मान पिघलकर एक ऐसी करुणा में बदलने लगा, जिसे सँभाल पाना मेरे लिए मुश्किल हो गया। मैं जल्दी से स्टाफ-रूम में चली गई। चार-छह लोगों को छोड़कर सभी नए चेहरे। उनकी नजरों में झक्की और सिनिक हो आई मिस बोस के लिए उपहास था...केवल उपहास। घर लौटकर रात में अपनी उस डायरी में, जिसमें मैं संभावित कहानियों के कथ्य और आडियाज़ बीज रूप में आँकती रहती हूँ, उन पर मैंने दो पृष्ठ लिखे कि कभी इन पर कहानी लिखूँगी। कितने वर्ष हो गए इस बात को, पर कभी कहानी नहीं लिख पाई। उनकी मृत्यु की सूचना के बाद भी नहीं। अपनी निष्ठा, लगन और समर्पण की अति में हास्यास्पद हो आए इस चरित्र की करुणा में जैसा संतुलन और सधाव अपेक्षित है, लगा मैं शायद वैसा निभा नहीं पाऊँगी...और ज़रा सा भी संतुलन बिगड़ा तो या तो भावुकता में लिथड़े आँसू-बहाऊ किसी निहायत ही दयनीय से चरित्र की सृष्टि हो जाएगी या फिर किसी सचमुच की झक्की, सिनिक से हास्यास्पद पात्र की और उन मिस बोस के व्यक्तित्व की एक भी रेखा के आड़े-तिरछे हो जाने के अपराध को मैं कभी माफ नहीं कर सकती, जिन्होंने नौ वर्ष तक मुझे बहुत स्नेह ही नहीं दिया, जाने-अनजाने मेरे व्यक्तित्व को बनाया-सँवारा भी। हो सकता है कि यही कारण शीला अग्रवाल पर न लिखने के पीछे भी रहा हो। उस ज़माने के यू.पी.

के एक मध्यवर्गीय परिवार की चौबीस-पच्चीस साल की लड़की, जो अपने क्रांतिकारी तेवर के कारण नौकरी तक से निकाल दी गई...पैंतीस साल की उम्र तक आते-आते क्यों एकाएक विनोबाजी के आश्रम में चली गई और मृत्यु-पर्यंत वहीं रही...कुछ वर्षों तक लिखे उनके पत्रों का स्वर, भाव सब कुछ कैसे इतना बदल गया? कोई भावनात्मक झटका...कोई मोहभंग...? ये सारे प्रश्न, ये सारी बातें लिखने के लिए उकसाते तो बहुत थे, पर कभी लिख नहीं पाई। मन में उनके लिए जो सम्मान था, शायद वह मुझे कभी तटस्थ नहीं रहने देता और बिना तटस्थता के क़लम उठाना लेखकीय कर्म के प्रति बेईमानी होती।

मिस बोस पर कहानी तो नहीं लिख पाई पर एक बात ज़रूर मन की किसी अनजानी-सी परत पर अंकित होकर बैठ गई कि लगन जब किसी उन्मादी लगाव में बदल जाए और निष्ठा और समर्पण अंधे मोह में, तो कैसे आपका पूरा व्यक्तित्व या तो बेहद कुंठित और दयनीय बन जाता है या फिर हास्यास्पद। दोनों ही स्थितियाँ आप के व्यक्तित्व के ज़र्रे-ज़र्रे बिखेरने के लिए काफ़ी हैं। इसलिए जैसे भी हो इनसे मुक्त हो जाना चाहिए, वह मोह फिर चाहे किसी संस्था से हो, काम से हो, व्यक्ति से हो या संबंध से।

छात्राओं की बात किए बिना बालीगंज शिक्षा सदन का प्रसंग अधूरा ही रह जाएगा। वहाँ की छात्राओं से कितना स्नेह, कितना सम्मान मिला और वह मेरी कितनी बड़ी शक्ति था, इसका अहसास तो मुझे बाद में हुआ। अपने पहले प्रेम की असफलता की टूटन जो मेरे शरीर के रोम-रोम से चर्म-रोग के रूप में फूटी थी, मैंने इन छात्राओं के बीच ही झेली थी। वे संबंध मात्र छात्रा और अध्यापिका के ही नहीं थे, बल्कि उससे कहीं अधिक प्रगाढ़, कहीं अधिक आत्मीय थे। इसमें कोई संदेह नहीं कि उस समय मैं उनका आदर्श थी और वे मेरी पहली ज़िम्मेदारी, मेरा पहला सरोकार। छात्राओं के मामले में मैं हमेशा अपने भीतर शीला अग्रवाल की उपस्थिति महसूस करती थी। स्कूल के स्तर पर भी कितना चाव था उन्हें पढ़ने का और नई-से-नई किताबें भी वे पढ़ती थीं...बहस करती थीं। वैसी रुचि तो मैंने दिल्ली में कॉलेज की छात्राओं में भी कभी नहीं पाई। वहाँ की प्रभा खेतान ने तो इस क्षेत्र में अपने योगदान से काफ़ी ख्याति भी अर्जित की है। बालीगंज शिक्षा सदन में गुजारे नौ वर्ष मेरी ज़िंदगी के बहुत महत्त्वपूर्ण वर्ष रहे हैं। ज़िंदगी के सभी महत्त्वपूर्ण मोड़ वहीं तो आए। यहीं मैंने अपनी पहली कहानी लिखी और साहित्य के क्षेत्र में क़दम रखा...इसी स्कूल की लाइब्रेरी के लिए किताबें मँगवाने के सिलसिले में राजेन्द्र से परिचय हुआ...विवाह हुआ और गृहस्थी में प्रवेश किया। यहीं काम करते हुए बिटिया का जन्म हुआ।

ज़िंदगी के सभी महत्त्वपूर्ण मोड़ यहीं आए।

स्कूल के अतिरिक्त उन दिनों मैं कुछ समय के लिए *अनामिका* की गतिविधियों से जुड़ी थी। दोनों बहनों में से, जिसके भी घर रही, वहाँ सुविधाएँ तो सब उपलब्ध थीं, जिम्मेदारी कोई नहीं, इसलिए मन हमेशा कुछ-न-कुछ करने को छटपटाया करता था। मेरे कलकत्ता जाने से काफ़ी पहले से श्री भँवरमलजी सिंधी के नेतृत्व में मारवाड़ियों के बीच समाज-सुधार का एक बड़ा क्रांतिकारी आंदोलन शुरू हुआ था, जिसमें सुशीला काफ़ी ख्याति अर्जित कर चुकी थी। उसकी विभिन्न गतिविधियाँ अभी भी चलती रहती थीं, यानी कि पूरे माहौल में एक जीवंतता...कुछ विशिष्ट करने की ललक-भरी सक्रियता। अगर कुछ नहीं थी तो साहित्यिक आबोहवा। यों पढ़ने का शौक घर में और मित्रों में सबको था...खूब पढ़ते भी थे, बहस-चर्चा भी होती थी, पर कुल मिलाकर वह मन-बहलाव और समय-गुजारू पढ़ाई होती थी। ऐसे में बिना किसी की प्रेरणा और प्रोत्साहन के मैंने अपनी पहली कहानी, 'मैं हार गई' कैसे लिखी, मैं खुद नहीं जानती। लिख तो ली पर समझ ही नहीं आया कि किससे इस पर सलाह-सुझाव माँगूँ। परिचय के दायरे में कोई था ही नहीं। सेंगरजी (मोहन सिंह सेंगर) उस समय *नया समाज* का संपादन कर रहे थे और सप्ताह में तीन-चार दिन शाम को बहनजी-जीजाजी के पास आते थे, फिर ये लोग बाहर जाकर शाम साथ ही गुजारते थे। लेकिन जाने कैसा संकोच और दुविधा थी कि इस पर कभी बात करने की हिम्मत ही नहीं हुई। लेकिन लिखी हुई कहानी चैन भी नहीं लेने दे रही थी। आख़िर सारे संकोच को दूर कर मैंने उसे *कहानी* पत्रिका में भेज दिया श्यामू संन्यासी के पास। काफ़ी दिनों बाद भैरवप्रसाद गुप्त की प्रशंसा में लिपटी स्वीकृति मिली। पत्रिका में छपी अपनी पहली कहानी को देखना भीतर तक थरथरा देने वाले रोमाँचक अनुभव से गुज़रना था। वैसा थ्रिल, वैसा रोमाँच तो उसके बाद मैंने कभी महसूस ही नहीं किया, जबकि कई बड़े-बड़े और महत्त्वपूर्ण अवसर आए। अपनी कहानी पर बनी पहली फिल्म 'रजनीगंधा', उसके 'सिल्वर जुबली' समारोह में शिरकत... *धर्मयुग* में धारावाहिक रूप में छपते समय उपन्यास *आपका बंटी* पर पाठकों की गुदगुदाती व्यापक प्रतिक्रियाएँ... *महाभोज* का अविस्मरणीय मंचन और सभी अख़बारों में उसकी 'रिव्यूज़'...लेकिन नहीं, वैसा अनुभव फिर कभी नहीं हुआ। आज सोचती हूँ तो आश्चर्य होता है कि कैसे कहानी जब तक पन्नों पर लिखी थी, न जाने कितने अगर-मगर, दुविधा-संकोच, झिझक मन को घेरे रहे थे...विश्वास ही नहीं होता था कि जो कुछ लिखा है, वह किसी लायक भी है, लेकिन छपकर आते ही मन आत्म-विश्वास से भर उठा। मुझे लगने लगा जैसे मेरी कहानी ही नहीं, मैं स्वीकृत हुई हूँ, मेरा अपना वजूद स्वीकृत हुआ है—अपनी एक अलग और विशिष्ट पहचान बनाता हुआ वजूद।

स्वीकृति की सान पर चढ़कर ही शायद आत्मविश्वास को ऐसी धार मिलती है।

कई बार ख़याल आता है कि यदि मेरी पहली कहानी बिना छपे ही लौट आती तो क्या लिखने का यह सिलसिला जारी रहता या वहीं समाप्त हो जाता...क्योंकि पीछे मुड़कर देखती हूँ तो याद नहीं आता कि उस समय लिखने को लेकर बहुत जोश, बेचैनी या बेताबी जैसा कुछ था। जोश का सिलसिला तो शुरू हुआ था कहानी के छपने, भैरवजी के प्रोत्साहन और पाठकों की प्रतिक्रिया से। पर वह भी मात्र जोश था...मन में घुमड़ती बातों को व्यक्त करने...कहानी में पिरोने की ललक से भरा हुआ। उसके पीछे कोई गंभीर सोच, वैचारिकता या दायित्व-बोध जैसा तो शायद ही कुछ था। यह मैं अच्छी तरह जानती और मानती हूँ कि आज इस क्षेत्र में प्रवेश करने वाले रचनाकार अधिक सचेत और समर्थ होते हैं, फिर भी कभी-कभी मात्र दो-तीन कहानियाँ लिखने के बाद ही कुछ कहानीकारों के बौद्धिकता में पगे और गहरे दायित्व-बोध के बोझ से बोझिल वक्तव्यों को पढ़ती हूँ तो हैरत होती है। नक़ल की बिना पर टिके, बौद्धिकता के बोझ को झेलने में असमर्थ उनकी रचनाओं को देखकर तो और भी तरस आता है।

बिना किसी व्यवधान के दो-तीन कहानियाँ छपने और पाठकों की व्यापक प्रतिक्रिया (अधिकतर प्रशंसात्मक ही) मिलने का परिणाम यह हुआ कि अब बिना किसी झिझक-संकोच के और थोड़े आत्म-विश्वास के साथ कहानियाँ लिखने का सिलसिला शुरू हो गया। यहाँ एक बात ज़रूर कहना चाहूँगी कि *कहानी* पत्रिका में छपी शुरू की दो कहानियों के साथ मेरा चित्र नहीं छपा था और नाम स्पष्ट रूप से लिंग-बोधक नहीं था सो अधिकतर पत्र तो 'प्रिय भाई' संबोधन से ही आए...खूब हँसी आई, पर एक संतोष भी हुआ कि यह प्रशंसा लड़की होने के नाते रिआयती बिल्कुल नहीं है...शुद्ध कहानी की है। चित्र छपने पर ही यह ग़लतफ़हमी दूर हुई थी। तब एक-एक बैठक में कहानियाँ लिखी थीं, बिल्कुल सहज भाव से। कलात्मकता, शिल्प, बिंब, प्रतीक, तराश ये सारी बातें मेरी समझ के दायरे के बाहर थीं...दायरे में था तो उल्लासभरा वह उत्साह और गहरी पहचान वाले वे पात्र, जिनके जीवन की व्यथा विडंबना मुझे लिखने के लिए प्रेरित करती थी और जिसे कहानी में पिरोकर उँडेल देने को मैं व्यग्र रहती थी। शुरू की कहानियाँ इसी आवेश में लिखी गई हैं बल्कि कहूँ कि उगली गई हैं।

साफ़गोई की माँग है कि यह बात लिखी तो इतना उल्लेख और भी कर दूँ कि साक्षात्कार के लिए आए एक साहब ने अबोधपने की इस बात पर अच्छी-ख़ासी खिंचाई की थी मेरी। उनका कहना था कि जिसकी पहली ही दो कहानियाँ 'मैं हार गई' और 'श्मशान' सचेत शिल्प के नमूने हों, वह अबोधता का यह नाटक क्यों करे। उस ज़माने के हिसाब से तो अच्छे ख़ासे प्रयोग थे ये और जिसका सिलसिला आगे की कुछ कहानियों में भी ढूँढ़ा जा सकता है। मुझे निरुत्तर तो कर दिया, क्योंकि यह

तो नहीं कह सकती थी कि प्रयोग ने अपने आपको करवा लिया मुझसे, लेकिन जो कहना चाहती थी, वह न तब कहा, न आज ही कहूँगी, क्योंकि उसमें भी नाटक लगने की पूरी सँभावना है।

सात-आठ कहानियाँ लिख लेने के बाद राजेन्द्र से परिचय हुआ। यों मैं उनकी रचनाओं से ही नहीं, उनके चेहरे से भी परिचित तो थी, क्योंकि दो-चार बार कॉफ़ी-हाउस में उन्हें देखा था, पर औपचारिक परिचय हुआ बालीगंज शिक्षा सदन के पुस्तकालय के लिए पुस्तकों की सूची बनवाने के सिलसिले में। दो-चार मुलाक़ातों के बाद ही यह परिचय मित्रता में बदल गया, जिसका मुख्य आधार था लेखन। राजेन्द्र का उपन्यास *उखड़े हुए लोग* छपकर थोड़ी ख्याति भी अर्जित कर चुका था और यह ख्याति ग़रूर बनकर तो नहीं, सुरूर बनकर ज़रूर राजेन्द्र के चेहरे से छलकती रहती थी। यह तो बाद में मालूम हुआ कि इस सुरूर के उपादान कहीं और भी थे। वे मेरी कहानियों को सुनते, उन पर सलाह-सुझाव भी देते। कुछ बातें ज़रूर मेरे गले उतरतीं, पर अधिकतर को पचा पाना मेरे बूते के बाहर था। मेरी कहानियाँ होती थीं—सीधी, सहज और पारदर्शी (चाहें तो सपाट और बचकानी के खाने में भी डाल सकते हैं, पर पाठकों की व्यापक प्रतिक्रिया और स्वीकृति मुझे बराबर मिलती रही और मेरा संतोष उसी के साथ जुड़ा हुआ था) और राजेन्द्र के सुझाव होते थे बड़े पेचदार और गुट्ठल—उनके व्यक्तित्व की तरह ही। लेकिन मेरे लिए तो यही बड़े सुख-संतोष की बात थी कि एक लेखक—स्थापित, यशस्वी और पूरी तरह लेखक—मेरे मित्र हैं। सन् 1957 या 1958 में (ठीक से याद नहीं) अमृतरायजी ने कुछ और लेखकों के सहयोग से इलाहाबाद में बहुत बड़े स्तर पर प्रगतिशील लेखकों का एक सम्मेलन आयोजित किया था—जिसमें सभी पीढ़ियों के साहित्यकारों ने शिरकत की थी। उसका निमंत्रण पाकर मैं तो बेहद पुलकित और उत्साहित, पर राजेन्द्र का साथ न मिलता तो अकेले जाने का साहस मैं शायद ही जुटा पाती। कहानियाँ लिखने, छपने और एक संग्रह आ जाने के बावजूद अपने को कहानीकारों में सम्मिलित कर सकूँ...साहित्यकारों के ऐसे सम्मेलन में भाग ले सकूँ, ऐसा हौसला तो बिल्कुल नहीं था। वहाँ पहली बार मोहन राकेश, कमलेश्वर, रेणु, अमरकांत और नामवरजी से मुलाक़ात हुई थी। कमलेश्वरजी को उस आयोजन में भूत की तरह काम करते देखा था। महादेवीजी और हजारीप्रसादजी के अद्भुत, अविस्मरणीय भाषण सुने। इन सब लोगों का जोश-खरोश देखा, अलग-अलग गोष्ठियों में इनकी बातें-बहसें सुनीं। लौटने के कुछ समय बाद राकेशजी, कमलेश्वरजी से पत्र-व्यवहार शुरू हो गया था। कमलेश्वरजी ने अपने नए-नए खोले श्रमजीवी प्रकाशन के लिए पुस्तक माँगी तो तुरंत उन्हें अपने दूसरे संकलन *तीन निगाहों की एक तस्वीर* की पांडुलिपि सौंप दी और उसके साथ ही मुझे लगने लगा कि मैं इन लोगों की जमात में शामिल हो गई हूँ। मेरे भीतर एक नई दुनिया आकार लेने लगी, जिसके

संदर्भ और सरोकार दूर-दूर तक फैले थे।

अब धीरे-धीरे यह भी समझ में आने लगा कि शीर्षक से लेकर जो कुछ कहना है, वहाँ तक की यात्रा, स्थितियों के अनेक पहलुओं और पात्रों के व्यक्तित्व की अनेक परतों को, उनकी सारी बारीकियों के साथ पकड़कर, उतने ही संयत, संतुलित और सांकेतिक ढंग से उजागर करना ही कहानी लिखना है। लेकिन इस समझ के साथ ही सारे संकट भी आ खड़े हुए। पहले पात्र मेरे साथ-साथ चलते थे, पर बाद में तो सामने आ खड़े होते—चुनौती देते...ललकारते-से कि पकड़ो, मेरे व्यक्तित्व के किन पक्षों और पहलुओं को पकड़ सकती हो। पहले घटनाएँ अपने-आप क्रम से जुड़ती चलती थीं...एक के बाद एक—सहज, अनायास, पर आज! एक परत पकड़ो तो चार परतें और आ उघड़ती हैं—नई संवेदना, नई समझ, नए विश्लेषण की माँग करती हुईं। अब इकहरे पात्रों की जगह अंतर्द्वंद्व में जीते पात्र ही आकर्षित करने लगे। विचारों और संस्कारों के द्वंद्व के बीच अधर में लटकी *त्रिशंकु* की माँ हो या मातृत्व और स्त्रीत्व के द्वंद्व के त्रास को झेलती *आपका बंटी* की शकुन। आदर्श और यथार्थ, स्वप्न और वास्तविकता के बीच टूटती-चरमराती *क्षय* की कुंती हो या *तीसरा हिस्सा* के शेरा बाबू। ऐसे पात्रों के व्यक्तित्व को बिना भावुक हुए, तटस्थ भाव से चित्रित करना अब केवल आकर्षक ही नहीं, चुनौतीपूर्ण भी लगने लगा। लेकिन साथ ही कभी-कभी यह भी लगता, बल्कि शिद्दत के साथ महसूस होता कि सहज रचनात्मकता के लिए एक नौसिखियापन, एक ख़ास तरह की अबोधता सहायक ही होती है, शायद ज़रूरी भी। हालाँकि मेरे पास तो आज के धुरंधर बुद्धिजीवियों जैसा बोध भी नहीं है पर जो, जितना भी थोड़ा-बहुत है, उसने ही मेरी रचनात्मक क्षमता पर ढेर-ढेर प्रश्नचिन्ह लगाकर लेखन को एक कष्ट-साध्य कर्म तो बना ही दिया।

जो भी हो, लिखने का सिलसिला चल पड़ा था और कुछ कहानियाँ लिखने-छपने के बाद एकाएक मेरा ध्यान गया कि कलकत्ता रहते हुए सात-आठ साल होने के बावजूद मेरी आरंभिक कहानियों के सारे पात्र, सारी घटनाएँ अजमेर से जुड़ी हुई हैं। *अकेली* कहानी की सोमा बुआ, *नशा* की आनंदी, *मजबूरी* की दादी जैसे करुण पात्र हों या फिर *दीवार, बच्चे और बारिश* की विद्रोही तेवर वाली नायिका, सब ब्रह्मपुरी के ही जीते-जागते लोग हैं...जिन्हें मैंने मात्र देखा-भर ही नहीं था, बल्कि जिनके साथ मैं कहीं गहरे से जुड़ी हुई भी थी, लिखने का सिलसिला शुरू होते ही कैसे ये सब अपनी पूरी जीवंतता के साथ मेरे इर्द-गिर्द मँडराने लगे! सोफ़िया कॉलेज की एक सुनी हुई घटना कि कैसे एक 'नन' ने क्लास में कीट्स की कोई कविता पढ़ाते हुए एक लड़की को बाँहों में भरकर चूम लिया, *ईसा के घर इंसान* में बदल गई थी तो पड़ोस में रहने वाले कवि सरस वियोगी की रस ले-लेकर सुनाई गई अपनी ही कथा *कील और कसक* में स्वयं एक सफल जीवन जीने और सारे बच्चों को 'सही ढर्रे' से लगा

देने की परम-तृप्ति से ओत-प्रोत 'छत बनाने वाले' के ताऊजी मेरे अविवाहित जीवन पर तरस खाते और पिताजी की जीवन-पद्धति की धज्जियाँ बिखेरते उसी रौब-दाब और तेवर के साथ मेरे सामने आ खड़े हुए थे।

घटना और रचना के बीच अंतराल का यह सिलसिला आगे भी चलता रहा और बाद में तो जैसे मेरे लेखन की अनिवार्यता बन गया। कोई भी घटना, पात्र, स्थिति या 'आइडिया' 'क्लिक' करते ही डायरी के पन्ने के साथ-साथ मन के किसी पन्ने पर भी अँक जाता है। थोड़ा समय गुज़रने के बाद 'रॉ-मटीरियल' के इस गोदामघर में से बहुत कुछ तो धुल-पुँछ जाता है, अप्रासंगिक और निरर्थक लगने लगता है, लेकिन बहुत कुछ ऐसा भी होता है जो समय के साथ-साथ भीतर और भीतर उतरता चलता है और उसमें पता नहीं कौन से रसायन मिलते रहते हैं कि 'वह' धीरे-धीरे 'मैं' में तब्दील होने लगता है और फिर यह भीतरी 'मैं' बाहर के न जाने कितने 'मैं' के साथ जुड़ता चलता है...फैलता चलता है। ये सारे बाहरी 'मैं' उस भीतरी 'मैं' में निरंतर कुछ-न-कुछ जोड़ते-घटाते चलते हैं। बाहर-भीतर की यह यात्रा...'मैं' और 'वह' के एक-दूसरे में तब्दील होने की यह प्रक्रिया कब और कैसे घटित होती है, इसका कोई स्पष्ट बोध तो मुझे भी नहीं रहता। बोध तो उस समय होता है, जब अनेक 'मैं' का यह बोझ मेरी रचनात्मकता को बुरी तरह कुरेद-उकसाकर एक रचना को जन्म देता है। यह तैयार रचना अपने मूल-रूप से (जिसका आधार कोई वास्तविक घटना या व्यक्ति ही होता है) इतनी भिन्न हो चुकी होती है कि कभी-कभी तो मेरे अपने लिए भी पहचानना मुश्किल हो जाता है। मूल घटना तो अक्सर 'स्टार्टिंग-पाइंट' भर का काम करती है।

समय के अंतराल की यह अनिवार्यता एक स्तर पर मेरी सीमा भी हो सकती है। कानपुर में पंखे से लटककर तीन बहनों ने आत्महत्या कर लीं...''कैसी दिल दहला देने वाली घटना और महिला होने के बावजूद तुम्हारी क़लम से एक कहानी तक नहीं फूटी...बिल्कुल असंवेदनशील हो तुम।'' किसी ने बड़ी भर्त्सना की थी। आए दिन दिल दहला देने वाली घटनाओं से अख़बार भरे रहते हैं...बहुत कुछ तो आँख के नीचे भी होता रहता है, फिर भी कहानी नहीं लिखी जाती तो क्या यह मेरी सीमा नहीं है...? शायद हो। लेकिन कहानी को अख़बारी खबरों से अलगाकर रखना मेरी मजबूरी भी तो हो सकती है।

अपनी इस रचना-प्रक्रिया के दौरान कुछ बातें अनायास ही मेरे सामने उजागर होकर उभरीं। अपने भीतरी 'मैं' के अनेक-अनेक बाहरी 'मैं' के साथ जुड़ते चले जाने की चाहना में मुझे कुछ हद तक इस प्रश्न का उत्तर भी मिला कि मैं क्यों लिखती हूँ? जबसे लिखना आरंभ किया, तब से न जाने कितनी बार इस प्रश्न का सामना हुआ, पर कभी भी कोई संतोषजनक उत्तर मैं अपने को ही नहीं दे पाई तो दूसरों को

क्या देती? इस सारी प्रक्रिया ने मुझे उत्तर के जिस सिरे पर ला खड़ा किया, वही एकमात्र या अंतिम है, ऐसा दावा तो मैं आज भी नहीं कर सकती, लेकिन यह भी एक महत्त्वपूर्ण पहलू तो है ही। किसी भी रचना के छपते ही इस इच्छा का जगना कि अधिक-से-अधिक लोग इसे पढ़ें, केवल पढ़ें ही नहीं, बल्कि इससे जुड़ें भी—संवेदना के स्तर पर उसके भागीदार भी बनें यानी कि एक की कथा-व्यथा अनेक की बन सके, बने। केवल मेरे ही क्यों, अधिकांश लेखकों के लिखने के मूल में एक और अनेक के बीच सेतु बनने की यह कामना ही निहित नहीं रहती? हालाँकि यह भी जानती हूँ कि यह पाठक-पिपासा आपको आसानी से 'लोकप्रिय साहित्य', चाहें तो व्यावसायिक भी कह लें, के विवादास्पद मुहाने पर ले जाकर खड़ा कर सकती है। एक वर्ग है हमारे यहाँ पाठक-निरपेक्ष लेखकों का, जिसकी मान्यता है कि पाठकों की सीमित संख्या ही रचना की उत्कृष्टता का पैमाना है...हल्की और चलताऊ रचनाओं को ही बड़ा पाठक वर्ग मिलता है। इस दृष्टि से तो प्रेमचंद की रचनाओं को सबसे पहले ख़ारिज कर देना चाहिए। उनकी लोकप्रियता, दूर-दराज गाँव तक फैला-पसरा उनका व्यापक पाठक वर्ग, हर पीढ़ी के कथाकारों के एक बड़े समुदाय की उनके साथ जुड़ने की ललक... ये सब किस बात के सूचक हैं? मैं नहीं सोचती कि लोकप्रियता कभी भी रचना का मानक बन सकती है। असली मान तो होता है रचनाकार का दायित्व-बोध, उसके सरोकार, उसकी जीवन-दृष्टि और उसकी कलात्मक निपुणता। यहाँ कलात्मकता निपुणता को मैं पूरे बलाघात के साथ ज़रूर रेखांकित करना चाहूँगी, क्योंकि यही आपके गहरे-से-गहरे यथार्थ-बोध को संवेदना के धरातल तक ले जाती है। जो भी हो, मेरे अपने लिए पाठक की बहुत अहमियत है। वो पाठक कौन है, कैसा है, कहाँ है, इसका कोई अहसास रचना करते समय मुझे नहीं होता, न ही यह अदृश्य पाठक मेरे लेखन की दिशा निर्धारित करता है—बिल्कुल नहीं। उसकी भूमिका तो रचना छपने के बाद शुरू होती है। उसने रचना को कैसे ग्रहण किया...मेरे पात्रों के साथ, उनकी संवेदना के साथ उसकी संवेदना एकमेक हुई या नहीं, जिन स्थितियों और समस्याओं को मैंने उठाया, उसे उन्होंने झकझोरा या नहीं...कुछ सोचने को मजबूर किया या नहीं...इसे ही कसौटी मानती हूँ मैं अपनी रचना की सफलता-सार्थकता की।

राजेन्द्र की मित्रता धीरे-धीरे दूसरी दिशा में मुड़ चली तो लेखकीय उत्साह-उमंग में रोमानी रंग भी भरने लगे, जिसे ठाकुर साहब (मनमोहन ठाकौर), भाभीजी, सुशीला और सेंगरजी अपनी चुटीली फब्तियों से और चटकीला बनाते रहते थे। अजीब से दिन थे वे भी—मैं यथार्थ के धरातल पर कहानियाँ लिखती थी और सपनों की दुनिया में जीती थी। हम दोनों ने अपने-अपने अतीत के कुछ निजी पन्ने एक-दूसरे के सामने खोले थे और फिर ईमानदारी के साथ 'उस सब के' पूरी तरह अतीत हो जाने का आश्वासन देकर भविष्य की योजनाएँ बनाई थीं। राजेन्द्र का आग्रह था कि मित्रता को

संबंध तक ले जाने के लिए वे पहले अपना एक आर्थिक आधार तैयार करेंगे, क्योंकि लेखन की अनिश्चित आमदनी के भरोसे गृहस्थी नहीं चलाई जा सकती। अपनी साहित्यिक गतिविधियों के लिए भी उन्हें दिल्ली ज़्यादा अनुकूल और प्रेरक जगह लगती थी—थी भी, इसलिए मेरी तरफ से भी आपत्ति का कोई प्रश्न नहीं उठा और वे दिल्ली चले गए। उनके जाने के थोड़े दिन बाद ही मैंने मुश्किल से बीस-बाईस दिन लगाकर एक उपन्यास लिख डाला। स्कूल का काम और दूसरी गतिविधियाँ अपनी जगह चलती रहीं और लेखन अपनी जगह। बिना किसी मशक़्क़त, उठा-पटक और सिर-धुनाई के...बिल्कुल अनायास और सहज गति से। आज तो यह बिल्कुल अकल्पनीय लगता है कि ऐसे भी लिखा जा सकता है। पर कभी यह मेरी ज़िंदगी की हक़ीक़त रहा है। उपन्यास भी काफ़ी ठीक-ठाक ही था। राजेन्द्र के पास सुझाव के लिए भेजा तो राजेन्द्र भी चकित थे मेरी लिखने की गति पर। उन्होंने उसे माँजने-सँवारने के दौरान उसमें काटने-जोड़ने के लिए कुछ सुझाव भी भेजे थे, पर दूसरा ड्राफ्ट बना ही नहीं। सोचा था कि कुछ अंतराल के बाद पूरी तरह तटस्थ होकर उसे फिर से पढ़ूँगी और देखूँगी कि अब उसमें क्या कुछ संशोधन-सुधार किए जा सकते हैं। पर उस अंतराल में और बहुत कुछ घट गया।

आर्थिक आधार तो तैयार नहीं हुआ और एक बहुत बड़ी दुविधा की स्थिति में राजेन्द्र कलकत्ता आए तो ठाकुर साहब ने उन्हें शादी की दिशा में ठेल ही दिया। मैं उस समय इंदौर गई हुई थी...मुझे तुरंत बुलाया गया और लौटते ही सुशीला ने शादी के लिए 22 नवंबर की तारीख तय कर दी। मुहूर्त देखकर नहीं, बस यह देखकर कि इतवार है तो लोगों को आने में सुविधा होगी। 'बेगानी शादी में अब्दुल्ला दीवाना' भाव से ठाकुर साहब भाभीजी जुटे हुए थे राजेन्द्र की ओर से, क्योंकि राजेन्द्र ने अपने घरवालों को आने के लिए बिल्कुल मना कर दिया था। सुशीला, जीजाजी, भाई-भाभी, मित्र और सहकर्मियों की एक पूरी टोली जुटी हुई थी मेरी ओर से। प्रतिभा बहनजी, नारायण साहब, प्रतिभा अग्रवाल, मदन बाबू, जसवाल, कैलाश आनंद—सबमें ऐसा उत्साह था, मानो यह सबका साझा कार्यक्रम हो।

बस विवादी स्वर था तो केवल एक—इस शादी को रोक देने का आदेश देते आखिरी दिन तक आने वाले पिताजी के तार, जिसकी भनक तक जीजाजी ने उस समय मुझे नहीं लगने दी।

गोविंदजी कानोड़िया के लॉन में विवाह के रजिस्टर पर हम लोगों ने दस्तख़त किए थे, मालाएँ बदली थीं। ठाकुर साहब ने राजेन्द्र के पिता की और मेरे स्कूल के प्रेसिडेंट श्री भगवतीप्रसाद खेतान ने मेरे पिता की भूमिका अदा की थी। उसी लॉन में शाम को 'रिसेप्शन' हमारी ओर से हुआ था, जिसका 'मेन्यू' मदन बाबू, प्रतिभा अग्रवाल ने बनाया था। रात का खाना गोविंदजी की ओर से हुआ था और हमने

अपनी पहली रात भँवरमलजी सिंघी के घर में बिताई थी। इस तरह शुद्ध पंचायती शादी हुई थी हम लोगों की। हाँ, आगरा (राजेन्द्र के घर) में बहुत उल्लास के साथ सारे रस्मो-रिवाज किए गए थे और फिर दिल्ली में स्टेशन पर ही राकेशजी ने हम दोनों को बाँहों में भरकर बड़ी गर्मजोशी के साथ स्वागत किया था। सत्येंद्र दा और उषा भाभी ने बड़े प्रेम से दावत खिलाई थी और मैंने जाना-समझा ही नहीं, बल्कि बहुत गहरे से महसूस किया था कि अब से यही मेरा परिवार है, इन्हीं के बीच रहकर मुझे अपना जीवन गुज़ारना है, अपने लक्ष्य की ओर क़दम बढ़ाने हैं। राजेन्द्र अपने आर्थिक आधार के उसी आग्रह को लेकर दिल्ली रुक गए और चार-पाँच दिन बाद मैं अकेली ही कलकत्ता लौट आई, लेकिन अकेलापन तब कभी लगा ही नहीं, क्योंकि उठते-बैठते, सोते-जागते मैं हमेशा अपने भीतर राजेन्द्र की उपस्थिति महसूस करती थी।

चार महीने तक यही कशमकश चलती रही कि मैं दिल्ली जाऊँ या राजेन्द्र कलकत्ता आएँ। कलकत्ता में मेरे पास एक नौकरी तो थी, जिससे खींचतान कर गृहस्थी की गाड़ी सरकाई जा सकती थी। बहुत ऐश-आराम की चाहना मैंने कभी नहीं की, लेकिन मात्र रॉयल्टी की अनिश्चित आय के आधार पर दिल्ली जाने की हिम्मत भी मैं नहीं जुटा पा रही थी। मैं नहीं चाहती थी कि आर्थिक भार ज़िंदगी की शुरुआत का सारा रंग-रस ही निचोड़ ले। आखिर राजेन्द्र ही कलकत्ता आने को तैयार हुए और उनकी स्वीकृति मिलते ही मैंने मकान के लिए भागदौड़ शुरू कर दी।

अजीब अनुभव था वह भी। जीजाजी, दलाल और मैं रोज चार-पाँच मकान देख डालते। पाँच मकान देखते तो एक पसंद आता और यदि उसका किराया भी अपनी औकात के भीतर होता तो मैं राहत की साँस लेती। क़रीब-क़रीब सारी बातें तय हो जाने के बाद जैसे ही मकान-मालिक पूछते कि 'पति क्या करते हैं' तो मैं तो बड़े गर्व से कहती कि लेखक हैं, लेकिन यह सुनते ही उसके तो तेवर ही बदल जाते और फिर कोई ऐसा टालू-सा जवाब पकड़ा दिया जाता कि मैं अवाक्! संगीत, कला और साहित्य का गढ़ समझे जाने वाले कलकत्ते में लेखक की ऐसी बेक़द्री। लेखकों, कलाकारों का सम्मान क्या केवल मंच तक ही सीमित है...रोज़मर्रा की ज़िंदगी में उन्हें क्या ऐसी ही अपमानजनक स्थितियों से गुज़रना पड़ता है? और केवल कलकत्ते में ही क्यों, सभी जगह यही स्थिति नहीं है?...आज भी इस स्थिति में कोई गुणात्मक परिवर्तन आया है? खैर...

एक महीने की भाग-दौड़ के बाद आख़िर सी.आई.टी. रोड पर एक मकान मिला, छोटा, खूबसूरत और मन लायक़ फ्लैट। एक परिचित की सिफ़ारिश ने उसे हमारे लिए सुलभ भी बना दिया। बड़े मन और जतन से मैंने उसे सजाया और अप्रैल में हमने साथ-साथ अपनी गृहस्थी में क़दम रखा। बहुत सपने देखे थे इस ज़िंदगी को लेकर, बहुत उमंग भी थी, लेकिन जल्दी ही राजेन्द्र की 'लेखकीय अनिवार्यताओं'

और इस जीवन से मेरी अपेक्षाओं का टकराव शुरू हो गया जो फिर कभी सम पर आया ही नहीं। सब लोग सोचते थे और मुझे भी लगता था कि एक ही रुचि...एक ही पेशा...कितना सुगम रहेगा जीवन! मुझे अपने लिखने के लिए तो जैसे राजमार्ग मिल जाएगा, लेकिन एक ही पेशे के दो लोगों का साथ जहाँ कई सुविधाएँ जुटाता है, वहीं दिक्कतों का अंबार भी लगा देता है—कम-से-कम मेरा यही अनुभव रहा।

पुस्तकें, पत्रिकाएँ—लिखे-पढ़े पर बात बहस, साहित्यकारों से मेल-मिलाप—लिखने के लिए एक अनुकूल वातावरण तो मिला इस घर में, पर उस वातावरण का भरपूर फायदा उठा सकूँ, वैसी सुविधा बिल्कुल नहीं। अभी तक घर की किसी तरह की ज़िम्मेदारी मैंने भी नहीं उठाई थी, लेकिन मानसिक रूप से मैं उसके लिए पूरी तरह तैयार होकर आई थी...केवल तैयार ही नहीं, भरपूर उमंग-उत्साह भी था...साथ ही यह उम्मीद और आश्वासन भी कि सह-जीवन के सुख-दुख और ज़िम्मेदारियाँ भी मिल-बाँटकर ही उठाएँगे। पर राजेन्द्र ने तो लिखने के नाम पर अपने को सभी प्रकार की ज़िम्मेदारियों से एकदम मुक्त कर लिया। घर की कोई समस्या होती—आर्थिक या पारिवारिक। उसे मेरी समस्या बताकर ये निश्चिंत रहते...अपनी ही दुनिया में, अपने ही सरोकारों के साथ। थोड़ी-सी निश्चिंतता, थोड़ा-सा लगाव और सरोकार-भरा सहयोग, थोड़ा-सा तनाव-मुक्त और बेफिक्री-भरा समय तो मुझे भी अपने लिए चाहिए ही था आख़िर। यह तो ग़नीमत है कि न तो मैंने अपने को कभी पूरी तरह लेखक माना...न ही उन दिनों लिखना मेरे लिए बाद के दिनों की तरह कष्ट-साध्य कार्य था। इसलिए सारी समस्याओं को ढोते हुए ज़िंदगी भी चलती रही और लेखन भी—जो भी, जैसा भी।

पर ज़िंदगी शुरू करने के साथ ही लेखकीय अनिवार्यता के नाम पर राजेन्द्र ने 'समानांतर ज़िंदगी का आधुनिकतम पैटर्न थमाते हुए कहा कि देखो, छत ज़रूर हमारी एक होगी, लेकिन ज़िंदगियाँ अपनी-अपनी होंगी। बिना एक-दूसरे की ज़िंदगी में हस्तक्षेप किए, बिल्कुल स्वतंत्र, मुक्त और अलग-अलग! आधुनिकतम जीवन के इस पैटर्न से मेरा कोई परिचय नहीं था। परिचय तो क्या, दूर-दूर तक इसकी कोई कल्पना भी मेरे मन में नहीं थी। राजेन्द्र ने भी मित्रता के दौरान तो कभी ऐसी किसी बात का संकेत तक नहीं दिया था। मैं तो साथ आई थी सब तरह के अलगाव को दूर करके एक हो जाने के लिए, पूरी तरह घुल-मिल जाने के लिए। यह सब सुनकर तो मुझे लगा जैसे सिर पर छत का आश्वासन देकर पैर के नीचे की ज़मीन ही खींच ली हो। एक ही प्रश्न मेरे मन पर हथौड़े की तरह चोट करता रहता कि फिर इस छत की भी क्या ज़रूरत थी। क्या प्रयोजन था? छत तो राजेन्द्र के सिर पर भी थी और मेरे सिर पर भी। सो यह तो निश्चित था कि 'समानांतर ज़िंदगी' की इस अवधारणा के सूत्र कहीं और ही थे पर अपनी हर कमी बल्कि कहूँ कि हर ग़लती को ढकने के लिए आदत से मज़बूर राजेन्द्र हमेशा ऐसा कोई न कोई सूत्र ढूँढ़ ही लेते हैं—कभी आधुनिकता के

नाम पर तो कभी लेखन के नाम पर तो कभी कोई और फ़लसफ़ा गढ़कर। जो भी हो उस समय उन्हें यह शब्द बहुत माकूल नज़र आ रहा था और उसे एक व्यापक संदर्भ देने के लिए उन्होंने अपने कहानी संकलन का नाम भी 'एक दुनिया समानांतर' ही रखा।

अपनी-अपनी ज़िंदगी का जो-जो बँटवारा हुआ उसमें घर की सारी ज़िम्मेदारियाँ और समस्याएँ—आर्थिक से लेकर दूसरी तरह की मेरे जिम्मे थीं, लेकिन उसे तो राजेन्द्र ने मेरा 'अधिकार क्षेत्र' घोषित कर रखा था। मेरे अधिकार क्षेत्र में कभी भी न झाँकने की, न हस्तक्षेप करने की बेहद उदारवादी मुद्रा ओढ़कर एक बड़ी वाजिब और तर्कसंगत अपेक्षाएँ करते थे कि मैं भी इनके अधिकार क्षेत्र में न झाँकूँ, न किसी तरह की दिलचस्पी लूँ। इनके अधिकार क्षेत्र में थे इनके 'निजी संबंध' और सरोकार और जब-तब, जहाँ-तहाँ घूमने-फिरने की और जब मन हुआ, बिना पीछे की ज़रा भी चिंता किए कलकत्ता से भाग निकलने की छूट। 'लिखना है' का तुरुप का पत्ता तो हमेशा हाथ में रहता ही था, जिसके सामने प्रतिरोध का कोई प्रश्न ही नहीं उठता था। बच्ची होने में दो महीने बाकी थे तब भी ये इसी तरह मुझे सुशीला के यहाँ छोड़कर चले गये थे। बच्चे के जन्म से संबंधित व्यवस्था ये नहीं कर सकते थे। मैं उसकी अपेक्षा भी नहीं करती थी, लेकिन पहले बच्चे को लेकर एक उत्साह, एक अपनत्व-भरे सरोकार की अपेक्षा तो मैं करती ही थी, लेकिन बच्चे के जन्म को ये मेरा काम और सुशीला की ज़िम्मेदारी समझकर तटस्थ ही रहे, बहरहाल मैं न तो आधुनिक ज़िंदगी के इस पैटर्न से सहमत हो सकती थी। न ही इस बँटवारे से। इनके अधिकार क्षेत्र में मैं हस्तक्षेप तो चाहकर भी नहीं कर पाती थी पर उसमें झाँकने की हर चेष्टा ज़रूर करती थी जो इन्हें बहुत नागवार गुज़रती थी। प्रतिरोध का तो मेरे पास एक ही हथियार था—मेरी ज़बान और आज इसे कबूल करने में मुझे कोई संकोच नहीं कि उसमें छुरी, काँटे उग आए थे। मैं ग़ुस्से में भरकर कहनी-अनकहनी सब सुनाती थी। जिसे बिना प्रतिवाद किए राजेन्द्र चुपचाप सुनते रहते थे। हो सकता है उस समय वे अपने को एक ऐसे कवच में ढक लेते हों जिसके परे न मेरा क्रोध पहुँचता था, न मेरी कहनी-अनकहनी बातें। यह भी संभव है कि सारे पैनेपन के बावजूद मेरी बातों की सच्चाई को वे भी महसूस करते हों, वैसे इसकी संभावना कम ही है क्योंकि अपने पक्ष सही या ग़लत पर अड़े रहने का दुराग्रह भर हठ राजेन्द्र में तब से लेकर आज तक बराबर देखा जा सकता है—फिर वे चाहे विचार हों, आचरण हो या ज़िंदगी का पैटर्न।

तब बार-बार मन में उठता था कि क्यों नहीं मैं इन समानांतर ज़िंदगियों की छतें भी समानांतर करके पहले वाली स्थिति में लौट जाऊँ? पर अपने प्रति हज़ार-हज़ार धिक्कार उठने के बावजूद मैं ऐसा कोई निर्णय नहीं ले पाई। क्या मेरी जिन रगों में एक समय में खून की जगह लावा बहा करता था, अब पानी बहने लगा है? या कि दो वर्ष की मित्रता में मैं राजेन्द्र में इतने गहरे तक जुड़ गई थी कि उनको नकार देना

मुझे अपने आपको नकार देने जैसा लगने लगा था...या कि पिताजी की इच्छा के विरुद्ध अपनी इच्छा से की हुई इस शादी को मैं किसी भी कीमत पर असफल नहीं होने देना चाहती थी। चुनौती ही थी यह मेरे लिए एक तरह से, वरना मेरा उदाहरण दे-देकर शुरू की गई एक स्वस्थ परंपरा को रोकने की कोशिश तो की ही जाती। या यह भी हो सकता है कि मुझे उम्मीद थी कि मेरा समर्पण एक न एक दिन राजेन्द्र को ज़रूर बदल देगा और बाद में तो टिंकू भी एक बहुत बड़ा कारण हो गई थी! मैं नहीं जानती कि क्या कारण था...शायद सभी का मिला-जुला रूप रहा होगा, लेकिन आश्चर्य तो इस बात का है कि राजेन्द्र ने भी इस दिशा में कभी कोई प्रयास नहीं किया, बल्कि एक-दो बार तो कुछ ऐसी घटनाएँ घटीं कि स्थिति मेरी सहनशक्ति के बाहर हो गई और मैंने अलग होने का निर्णय ले ही लिया तो आँसू भर-भरकर अपने को ऐसा कातर बना लिया कि मेरा सारा आक्रोश, सारा संकल्प उसी में बह गया। अपनी ओर से तो उन्होंने ऐसा क़दम उठाने का कभी संकेत तक नहीं दिया। इस सारे संदर्भ में राजेन्द्र का भी अपना एक पक्ष तो होगा ही। अगर वे कभी लिखें तो जानती हूँ कि मैं ही अपने को कठघरे में खड़ा पाऊँगी। पर वे शायद, कभी नहीं लिखेंगे। कथाकार को सीधे-सीधे ये बातें लिखनी भी नहीं चाहिए, उसे तो उसका रचनात्मक उपयोग ही करना चाहिए (पत्नी की लानत-मलानत करके राजेन्द्र ने अपनी कुछ कहानियों में किया भी है)। इस प्रसंग का स्पर्शभर करने के लिए मुझे भी कितने ऊहापोह, जद्दोज़हद, द्वंद्व और आत्म-संघर्ष से गुज़रना पड़ा है, यह मैं ही जानती हूँ और इसी चक्कर में यह लिखना भी स्थगित ही होता रहा।

बहरहाल ये सब कचोटें, तक़लीफें, तनातनी अपनी जगह चल रहे थे और ज़िंदगी अपनी जगह। बाहर से सब कुछ सहज-सामान्य दिखाने के प्रयास के साथ। हाँ, लिखने-पढ़ने की इतनी सुविधाओं के बावजूद इन मानसिक तनावों और भावनात्मक घटकों के कारण मैं उनका भरपूर उपयोग नहीं कर पा रही थी। फिर भी लिखना उन दिनों मेरे लिए बाद के दिनों की तरह कष्टसाध्य नहीं था और कम से कम इस दिशा में तो राजेन्द्र ज़रूर प्रोत्साहित करते थे, इसलिए थोड़ा-बहुत लेखन चलता ही रहा, जो भी जैसा भी। और यह लेखन ही था जो सारे संकटों में भी मुझे थामे रहा।

ज्ञानोदय में छपा *ग्यारह सपनों का देश* उपन्यास का प्रयोग बुरी तरह असफल हो चुका था सो लक्ष्मीचंदजी जैन और कुंथाजी—जिनका बहुत स्नेह था हम लोगों पर—एक प्रस्ताव लेकर आए कि क्यों न हम दोनों मिलकर एक नया प्रयोग करें। थीम की मोटी रूपरेखा पर पहले ही बात कर ली जाए और उसे बारह अध्यायों में बाँटकर बारी-बारी से एक-एक अध्याय लिखकर *ज्ञानोदय* में धारावाहिक रूप में छपवाया जाए। दोनों लेखक एक जगह हैं और कथ्य की रूपरेखा भी बहुत कुछ पहले से तय होगी, इसलिए उसे मनमानी दिशाओं में बहा ले जाने और ऊट-पटाँग झटके देने का खतरा

नहीं रहेगा। घर में 'तीसरे व्यक्ति' के आने के लक्षण स्पष्ट हो चुके थे, इसलिए साल-भर की यह ज़िम्मेदारी लेने के लिए मैं अपने को तैयार नहीं कर पा रही थी। पर राजेन्द्र ने जोर देकर और घेर-घारकर मुझे लिखने के लिए ही नहीं, बल्कि इस बात के लिए भी तैयार कर लिया कि जो उपन्यास मैंने लिखा था और जिसे मैं कभी भी 'रिवाइज़' नहीं करूँगी (उनका यह अनुमान बिल्कुल सही था) थीम उसी की ले ली जाए। इस बहाने एक अच्छी थीम का सदुपयोग भी हो जाएगा और कोशिश हम ऐसी करेंगे कि बच्चा-आगमन से पहले ही बारह अध्याय लिख डालें। पर यह संभव नहीं हुआ और ऐन बीच में बच्ची के जन्म ने इस क्रम को तोड़ दिया। उस महीने मेरे अध्याय की जगह पूरे पृष्ठ पर बधाई के साथ यह सूचना छपी कि एक नई रचना के जन्म के कारण इस बार मन्नूजी का अध्याय नहीं जा रहा है। अपने आप ही बच्ची का नामकरण भी हो गया—रचना। सारा प्रसंग विस्तार से उपन्यास की भूमिका में लिखा हुआ है; यहाँ तो मुझे सिर्फ इतना भर कहना है कि भाषा, शैली, नज़रिया और स्तर सब कुछ बिल्कुल भिन्न होने के बावजूद यह प्रयोग काफ़ी सफल रहा और चौंतीस साल बाद भी इसकी रॉयल्टी के चैक बताते हैं कि आज भी इसकी बिक्री ठीक-ठाक हो जाती है।

बच्ची के जन्म से बढ़ी ज़िम्मेदारियों ने, जिसका सारा बोझ भी मुझ पर ही आ पड़ा था, पहले बच्चे के जन्म की सारी खुशी को ही सोख लिया। तभी रानी बिड़ला कालिज नया-नया खुला था और उन्होंने बहुत आग्रह करके मुझे हिंदी पढ़ाने के लिए बुलाया। मिस बोस और बालीगंज शिक्षा सदन को छोड़ना...कैसे भावनात्मक उद्वेलन से मैं गुज़री थी, मैं ही जानती हूँ, फिर भी मैं गई, क्योंकि परिस्थितियों के दबाव ने मुझे मजबूर कर दिया था। बाद में वहाँ का तीन साल का अनुभव ही मिरांडा हाउस की नियुक्ति में बहुत बड़ा आधार सिद्ध हुआ। लेकिन वे दिन! नौ साल तक स्कूल में पढ़ाने के बाद कालिज में पढ़ाना...मुझे ठीक उसी तरह तैयारी करनी पड़ती थी, जैसे एम.ए. करने के समय किया करती थी। पर उससे भी बड़ा संकट था कि आया जब तब नागा कर जाती तो दो महीने की बच्ची का मैं क्या करूँ? उसे देखना न राजेन्द्र के बस का काम था और न ही वे उसके लिए तैयार थे। हर बार की तरह आखिर इस संकट से भी सुशीला ने ही उबारा, पर परिणाम यह हुआ कि तीन साल तक दोनों घरों के बीच लगातार बच्ची की 'शंटिंग' होती रही। अजीब संकट के दिन थे वे। पर सबसे बड़ा संकट था राजेन्द्र के व्यक्तित्व में अपने अहं की अतिरिक्त चेतना के कारण उभर आई उन गाँठों का, जिसने जीवन की सहज गति को छेंककर रख दिया था। कब किस बात से वे आहत हो जाएँगे, पता ही नहीं चलता। हँसी-मज़ाक़ में मेरी या दूसरों की कही गई साधारण-सी बातें भी जब-तब उन्हें अपने आत्म-सम्मान पर चोट करती-सी लगतीं और हर बात बहुत सोच-समझकर बोलना न मेरा स्वभाव था,

न मेरी आदत। आज भी नहीं है। अपना ग़ुस्सा या तकलीफ़ कह-बोलकर व्यक्त करते तो वे भी हल्के होते और मेरे लिए भी स्थिति सहज होती, लेकिन राजेन्द्र तो एकदम गुम्म। हाँ, उनका चेहरा और उससे भी ज़्यादा उनका आचरण ज़रूर सब कुछ व्यक्त कर देता। और मैं गुमसुम रहने वाले इस राजेन्द्र यादव में शादी से पहले वाले राजेन्द्र को ढूँढ़ती रहती। आज के हँसते-खिलखिलाते रहने वाले राजेन्द्र को जानने वाले कभी विश्वास कर सकेंगे कि इनकी ज़िंदगी में ऐसे दौर भी गुज़रे हैं? अंतरंग परिचय से धीरे-धीरे बिल्कुल अपरिचय की दुनिया में लौट जाने की यह तकलीफ मेरे लिए असह्य हो उठी थी। सामंती संस्कारों से ओत-प्रोत इस पौरुषीय अहम की कचोट मैं समझती नहीं होऊँ, यह बात नहीं थी, पर उसका निराकरण मेरे पास नहीं, राजेन्द्र के अपने पास था। लेकिन उस दिशा में उन्होंने कभी क़दम नहीं बढ़ाया और मैं उन्हें मजबूर करना तो क्या, उन पर किसी तरह का दबाव भी नहीं डालना चाहती थी।

मेरे चार दुश्मन

उर्मिला पवार

'बच्चों के लिए आप कुछ लिखिए,' बच्चों की पत्रिका के एक प्रतिष्ठित संपादक ने कहा। बाप रे! फिर से बच्चा बनना और बच्चों के लिए लिखना इतना आसान नहीं था। मैंने पत्र को एक किनारे कर दिया और अपने काम में लग गई। पर पता नहीं कब, मेरा बचपन एक दिन मेरे ऊपर चढ़ बैठा और उसने एक भूत की तरह अपने पंजे मेरी गर्दन पर जकड़ दिए। वह सिर्फ मेरी गर्दन पर ही नहीं चढ़ बैठा। उसने घड़ी की सुइयों को तेजी से पीछे की ओर घुमा दिया, पैंतीस साल पीछे...और मुझे शत्रुओं के खेमे में धकेल दिया...पैंतीस साल पहले के मेरे शत्रुओं के बीच।

जब मैं छोटी थी, सारे बूढ़े लोगों को अपना दुश्मन समझती थी। शायद सभी छोटे बच्चे ऐसा समझते होंगे, लेकिन मेरे दुश्मन बिल्कुल दूसरे किस्म के थे। मेरे चार बड़े शत्रु थे—शत्रु नंबर एक—मेरे पिता! नंबर दो—मेरी माँ, नंबर तीन—मेरा भाई और चौथे नंबर पर थे—मेरे शिक्षक हेरलेकर गुरुजी! इन चारों शत्रुओं ने मेरे जीवन की नींव गढ़ी...और आज मैं जो भी हूँ, इन्हीं चारों की बदौलत हूँ!

इनके अलावा कुछ गैरज़रूरी लोग भी थे जिन्हें मैं अपना दुश्मन ही समझती थी क्योंकि वे हमेशा मुझसे झगड़ा मोल लेते रहते थे। वे मेरे बारे में बातें बनाते, किस्से गढ़ते थे और कहते थे कि मेरी माँ को मुझे घर के बाहर कदम नहीं रखने देना चाहिए। वे माँ से मेरी शिकायतें करते, 'तुम्हारी इस छोकरी ने हमारे बगान से टुंडली तोड़ ली,' या 'अगर तूने हमारे बेर और अमरूद पर पत्थर फेंके तो हम तुम्हारी टाँगें तोड़कर तुम्हारे हाथ में दे देंगे, समझीं,' या 'ए, तू भाग यहाँ से, चल, दूर चली जा, नहीं तो तू हमसे छू जाएगी!' मेरे प्रति अपनी नापसंदगी जाहिर करने के उनके पास कई तरीके थे।

मैं इन छोटे-मोटे शत्रुओं की परवाह नहीं करती थी, पर मुझे अपने चार बड़े शत्रुओं से तो रोज ही जूझना पड़ता था। ये चारों हर वक़्त मुझ पर अपना पंजा कसने की फ़िराक़ में रहते थे। शत्रु नंबर एक मेरे पिता की मृत्यु जल्दी हो गई और मुझे अपने चार डरावने शत्रुओं में से एक से तो छुटकारा मिल गया, पर बाकी तीन तो

मौजूद थे।

मैं तीसरी कक्षा में थी, जब मेरे पिता की मृत्यु हुई। उनकी तस्वीर मेरे जेहन में बहुत साफ़-साफ़ दर्ज है। मुझे अगर कोई उनकी तस्वीर बनाने को कहे तो सिर्फ दो ही रंग काफी होंगे। एक काला और दूसरा सफ़ेद! पिता बड़े दुबले-पतले, नाटे और काले थे। सफ़ेद कमीज और धोती, काला कोट और सिर पर गाँधी टोपी, यह था उनका पहनावा। उनकी आँखें हमेशा खुली रहतीं, सफ़ेद घेरे में काली घूरती हुई आँखें। उनके काले चेहरे पर सफ़ेद दाँत थे। अब बताइए, दूसरे किसी रंग की ज़रूरत ही कहाँ थी?

कभी आपने रेत पर छोटे-छोटे पैरों पर फुदकते हुए केकड़े को देखा है? पिता वैसे ही चलते थे, लगातार यहाँ से वहाँ भागते हुए। गर्मी में, बारिश में। धूप और बरसात न हो, तब भी। वे भागते ही रहते थे। पिता के हाथ में हमेशा एक काला छाता रहता था। वह छाता उनके तीसरे हाथ की तरह था जो अक्सर धम् से हमारी पीठ पर भरपूर पड़ता था।

चूँकि पिता स्कूल मास्टर थे, इसलिए वह अपने वक्त के और स्कूल मास्टरों की तरह पिटाई मास्टर भी थे। वह हमें सिर्फ पीटते ही नहीं थे, पीटना शुरू करते ही उनका अपने पर से नियंत्रण छूट जाता था। हमारी 'वाड़ी' में वह अकेले पढ़े-लिखे आदमी थे। आप क्या सोचते हैं, कितनी पढ़ाई की होगी उन्होंने? सातवीं कक्षा तक। पता नहीं, सातवीं क्लास पास कर ऐसा कौन सा तीर मार लिया था उन्होंने। हमारी बिरादरी के कुछ बड़े-बूढ़ों ने उनका दिमाग सातवें आसमान पर चढ़ा दिया था क्योंकि पिछड़ी जाति का होने के बावजूद उन्होंने इतनी पढ़ाई कर ली थी। उनके मुँह से अपनी तारीफ सुनते ही पिताजी फूले नहीं समाते थे। वह अपने आसपास, चारों ओर पढ़ने की शिक्षा ऐसे बाँटते घूमते थे जैसे आर्थराइटिस के मरीज़ को उसके रोग का उपचार बता रहे हों। जब वह घर लौटते तो हमें लालटेन की मद्धिम रोशनी में किताबों के सामने बैठा देते। हम किताबों में सिर गड़ाए तब तक बैठे रहते, जब तक हमारी गर्दन में बल नहीं पड़ जाता। न बैठने पर पिटाई से हमारी गर्दन अकड़ जाती और हमारी माँ बेवकूफों की तरह बस हमें पिटते हुए देखती रहती।

पीटने की आदत से लाचार एक बार पिता एक दूसरे गाँव गए, जहाँ मेरी काकी रहती थी। काकी के बेटे को स्कूल से डाँडी मारते देखा तो लगे उसको पीटने। काकी ने कहा भी कि 'मत पढ़ने दो उसे! तुम्हारा क्या जाता है?' पर पिताजी ने उसकी एक नहीं सुनी और अपना हक समझ पीटते रहे। मेरी काकी ने एक रातम्बा (कोकम का फल) छीला और सुर्ख लाल टुकड़े का रस अपने बेटे के कूल्हों पर रगड़ दिया और लगी चिल्लाने, 'देखो, इस कसाई ने मेरे बेटे को इतना मारा है कि उसे खून की टट्टी होने लगी है।' और अपने मुँह पर दुहत्थड़ मार-मारकर रोने-धोने लगी। गाँव के

बड़े इकट्ठे हुए और पिता को इतनी गालियाँ दीं कि वह मुँह छिपाकर घर भाग आए।

पिता से जुड़ा एक दिलचस्प वाकया याद आ रहा है। मेरे पिता अपनी बिरादरी के पुरोहित भी थे। वह पंचांग बाँचते थे, सत्यनारायण की पूजा करते और बिरादरी की शादियाँ करवाते। मेरे पिता से पहले उनके पिता और उससे पहले उनके दादा, परदादा भी ये सारे अनुष्ठान संपन्न करवाते थे। पिता स्कूल की अपनी नौकरी के साथ-साथ यह सारा अतिरिक्त दायित्व निभाते थे इसलिए वह घर पर कम ही रहते थे। जब वह कोई विवाह संपन्न करवा के लौटते तो एक नए नकोर कपड़े में नारियल और चावल बाँधकर ले आते। माँ हम बच्चों के सामने उस कपड़े की गाँठें खोलतीं और हम कौए की आँख की तरह उस पर नज़रें गड़ाए रहते। सूखे हुए खजूर, नारियल के कटे हुए टुकड़े, बादाम, अखरोट वगैरह चावल में मिले हुए रहते। पोटली खुलते ही हम उस पर धावा बोल देते। हममें से एक कपड़ा खींच लेता, 'इससे मेरी कमीज़ बनेगी।' जब एक कमीज के लिए काफी कपड़ा इकट्ठा हो जाता तो सारे टुकड़ों को मिलाकर हमारी नई पोशाक तैयार हो जाती। अब इससे क्या फ़र्क़ पड़ता है कि कमीज़ की एक बाँह एक रंग की होती तो दूसरी अलग रंग की। चावलों में कुछ दो-चार आनों की चिल्लर भी होती तो उसे हम सब लेने के लिए झपटते। पिता का एक धौल हमारे सिर पर पड़ता, 'तुम्हारे बाप का पैसा है ये?' अब हमें क्या पता कि किसके बाप का पैसा था वह!

और कंजूसी की बात तो बस पूछो मत! पिता कभी अपने ऊपर भी एक पैसा खर्च नहीं करते। कभी होटल में एक कप चाय तक नहीं पीते। अगर धोती फट जाती तो उसे सी-सीकर पहनते रहते। फटी हुई कमीज़ तो कोट के नीचे छिप ही जाती थी। अगर हम कभी एक पैसा भी माँगते, चाहे एक पेंसिल के लिए ही सही तो उन्हें गुस्सा आ जाता। अपनी काली सफ़ेद आँखों के कारण गुस्से में वह एकदम चाँद में छिपे राक्षस जैसे दिखते।

उन्हें हम बच्चों को सताने में बड़ा मजा आता था। रात को जब वह घर लौटते तो लालटेन की रोशनी में 'चिनापुड' की पुड़िया खोलते, उन्हें गुड़ के साथ मिलाते और बेर के साइज़ की गोलियाँ बना-बनाकर हम सब बच्चों को एक-एक गोली रात को निगलने को कहते। अगर कोई रात के खाने के बाद ये गोलियाँ खा ले और सुबह कैस्टर ऑयल पी ले तो पेट के कीड़े तो कीड़े, उनके दादा, परदादा भी मर कर बाहर निकल आते। दरअसल हमें कैस्टर ऑयल पीने की ज़रूरत ही नहीं थी क्योंकि हमारे पेट के कीड़े तो पिता की आँखों में तैरते लाल डोरे देखकर ही मर जाते थे जब वह लालटेन की रोशनी में बैठकर उँगलियों के बीच चिनापुड की गोलियाँ बाँट रहे होते थे।

एक बार मुझसे चिनापुड की गोली निगली ही नहीं जा रही थी और मैंने ज़ोर से

चिल्लाना शुरू किया। पिता उठे और गोली मेरे मुँह में डालकर एक मुक्का मेरे सीने पर जमाया। मैं पीछें की ओर गिरी और गोली मेरे गले से नीचे उतर गई। फ़ौरन पिता ठहाका लगाने लगे। मैं गुस्से से बौखला गई। मैं मानने लगी कि पिता जिस भी स्कूल में पढ़ाने जाते हैं, वहाँ से कभी वापस न आएँ।

हमारे स्कूल के पास ही एक हनुमानजी का मंदिर था। मैं मंदिर के कारण बड़ा सुरक्षित महसूस करती थी। जब मेरा स्कूल जाने को मन नहीं होता, मैं स्कूल बैग के साथ मंदिर में डेरा डाल लेती। अक्सर मैं मन ही मन कहती, 'हे भगवान्, मेरे पिता को घर वापस मत भेजना!'

शायद भगवान ने मेरी प्रार्थना सुन ली। मैं तीसरी कक्षा में थी कि पिता बीमार पड़े। माँ कहती थी कि उनके पेट में खून भी पानी हो गया था। एक बार मैं माँ के साथ अस्पताल गई तो वह सफ़ेद चादर ओढ़े पड़े थे। मैं पिता का चेहरा देख नहीं पाई। बस, उनका बेतरह फूला हुआ पेट किसी गर्भवती औरत जैसा लग रहा था। हम जाकर उनके सिरहाने खड़े हो गए तो उन्होंने किसी बच्चे की तरह रोना शुरू कर दिया। रोते-रोते वह माँ को कहते रहे, 'बच्चों को पढ़ाना!'

उस दिन मुझे लगा कि पिता को मरना नहीं चाहिए। उन्हें ज़िंदा रहना चाहिए था। वह कितना चाहते थे कि मेरी बड़ी बहन भी पढ़ाई करे। उसे पढ़ाना उनके बूते में नहीं था इसलिए उसे उन्होंने किसी और के घर रख दिया था ताकि वह पढ़ सके। पर वह मोटी बुद्धि की थी इसलिए पढ़ने की जगह उसकी शादी कर दी गई। मैं वैसी नहीं बनूँगी। मैं पढ़ूँगी, मैं पिता से कहना चाहती थी, मैं स्कूल जाऊँगी, चिनापुड भी खाऊँगी पर तुम मरो मत! पर वह नहीं बचे। वह शुक्रवार का दिन था। हम उनके शरीर के इर्द-गिर्द सारी रात बैठे रहे।

अगले दिन, शनिवार को हमारा सुबह-सुबह स्कूल होता था। पता नहीं, मेरे दिमाग में क्या आया। मैंने बक्सा पैक किया और माँ को कहा, 'आई, (माँ) मैं स्कूल जाऊँ?' माँ ने अपना मुँह घुमा लिया। उसके पहले या उसके बाद, मैंने स्कूल के लिए वैसा उत्साह फिर कभी नहीं दिखाया।

पिता चले गए। आई एक चलते-फिरते उजाड़ खंडहर की तरह दिखाई देने लगीं। मैंने सोचा, यह अच्छी बात है, अब वह मुझ पर चिल्लाएगी नहीं और स्कूल जाने के लिए मेरे पीछे नहीं पड़ेगी और मैं आजाद घूम सकूँगी। पर ऐसा हुआ नहीं। जाने से पहले पिता ने आई के कान में एक मंत्र फूँक दिया था—'बच्चों को पढ़ाना!' बस, उन्होंने पिता जैसा व्यवहार शुरू कर दिया। मुझे लगता, माँ को पिता का शिक्षक रूप बहुत पसंद था।

आई भी पिता की तरह दुबली-पतली थी, पर लंबी और गोरी थी। उसके चेहरे पर दुख एक स्थायी भाव की तरह था। वह एक चिथड़ी हुई नौ वारी साड़ी पहनती थी जो

उसके घुटनों तक आती थी।

हमारा घर ठीक सड़क पर था। बच्चों को स्कूल से आते-जाते वहाँ से देखा जा सकता था। आई बाहर पेड़ के नीचे बैठी सिर्फ टोकरियाँ बुनती थी। छोटी, बड़ी, गहरी, उथली। बस, उसे दो ही काम आते थे—रोना और टोकरियाँ बुनना। सुबह उठते ही वह दिख जाती थी। पंखा या सुपड़ा या टोकरियाँ बिनती हुई। रात को सोने तक वह उसी मुद्रा में दिखाई देती थीं। बीच-बीच में वह उठती और जलती हुई सिगड़ी के सामने खाना पकाने बैठ जाती। पिता के पैर हर वक़्त चलते थे और आई के हाथ।

कई बार बच्चे सड़क पर खड़े होकर उसे टोकरियाँ बिनते हुए देखते। वे उसे घूरते तो मैं परेशान हो जाती। उनकी माँएँ सुंदर गढ़ी मूर्तियों जैसी थीं—चमकते कपड़े, गहने पहने और चेहरे पर मोहक मुस्कान लिये! और यहाँ आई थी—हर वक्त मुझसे नाराज़ और मुझ पर झल्लाती हुई, 'जाओ, स्कूल जाओ! पढ़ो!' वह खुद एक अक्षर पढ़ नहीं सकती थी और गलत व्याकरण वाली मराठी बोलती थी पर हमेशा एक शिक्षक की तरह धौंस जमाती।

कंजूसी में तो उसने पिता को भी बहुत पीछे छोड़ दिया था। वह चावल के साथ पानी जैसी दाल पकाती। कभी-कभी एक सब्जी भी पकाती पर वह थाली में इतनी ही डालती कि एक इमली का बीज ढक जाए। भाखरी के साथ कभी सूखी मछली या झींगा बनाती। त्योहार पर भी कभी मीठा नहीं पकाती। जब पिता ज़िंदा थे तो वह कभी-कभार टूटे चावल और गुड़ की खीर बनाती थी पर अब उसने मीठा पकाना बंद कर दिया था। वह बैठी-बैठी सिर्फ आँसू बहाती। मेरी सहेलियों के टिफ़िन में ऐसा स्वादिष्ट खाना होता कि मेरे मुँह से लार टपकती रहती पर माँ को यह बताने पर भी उस पर कोई असर नहीं होता।

खाने की बात तो छोड़ो, हमें यह भी नहीं पता था कि अच्छी तरह सजना क्या होता है! हफ्ते में एक दिन माँ उबलते हुए पानी में वॉशिंग सोडा डालकर मेरे बाल और कान रगड़-रगड़कर धोती। जब बाल सूख जाते तो उस पर तेल चुपड़ती और बारीक दाँतों वाली कंघी इतना कसकर बालों में घुमाती कि जुएँ और लीखें सब बाहर आ जातीं। फिर वह बालों को पीछे की तरफ खींचकर, कसकर बँटी हुई रस्सी की तरह एक चोटी बना देती। लगता, वह हमें नहला नहीं रही, फाँसी की सज़ा सुना रही है। इस सारी प्रक्रिया में मेरी बंद आँखों के सामने जुगनू चमकते और तितलियाँ उड़ती दिखाई देतीं। आखिर में वह चोटी के सिरे पर अपनी फटी हुई धोती की किनारी बाँध देती। पूरा एक हफ़्ता वह कसी हुई चोटी मेरी पीठ पर बिच्छू की पूँछ जैसी लटकती रहती। मेरी सहेलियाँ रंगीन साटन और प्लास्टिक के सुंदर-सुंदर रिबन बालों में पहनतीं। वे सज-धजकर अपने को आईने में निहारतीं, लेकिन मैं अगर कभी आईने में झाँकती तो माँ फ़ौरन कहती, 'बार-बार आईना देखने की क्या ज़रूरत है? तुम्हारे सामने खड़े

आदमी का चेहरा तुम्हें बता देगा कि तुम कैसी दिख रही हो!'

आई बहुत ही सीधी-सादी और सच्ची दिखती थी पर वह एक नंबर की झूठी और ड्रामाबाज़ थी। कभी टोकरी लेने आया कोई ग्राहक चिल्लाता, 'तुमने कहा था, आज टोकरी मिल जाएगी! फिर टोकरी तैयार क्यों नहीं है! हमारे पैसे वापस करो!' ऐसे मौक़ों पर माँ आराम से मुझे बीमार घोषित कर देती। वह रोना-धोना शुरू कर देती, 'क्या करूँ! ये मेरी छोटी इतनी 'शीक' (सिक का उच्चारण) हो गई थी कि लगता था, पता नहीं बचेगी भी या...मैं आज ज़रूर बना दूँगी। बस आज भर मुझे माफ कर दो!' मैं पीछे अच्छी भली तंदुरुस्त खड़ी होती।

उसे किसी ग्राहक के पास टोकरियाँ पहुँचानी होतीं तो बड़े प्यार से मुझे आवाज़ देती, 'धकत्या!' सबसे छोटी बेटी होने के कारण वह मुझे 'धकत्या' बुलाती। जैसे ही मैं यह मधुर स्वर सुनती, मैं समझ जाती कि काम क्या है! उसके कई बार बुलाने पर जब मैं नहीं सुनती तो वह मुझे मार बैठती। एक मिनट पहले जो इतना मीठा बोल रही थी, पलक झपकते ही दाँत पीसती हुई चिल्लाने लगती, 'तू खाली खाना जानती है काम नहीं होता तुझसे! जा, ये सुपड़ा फलाँ फलाँ के घर देकर आ!'

दूसरों से बात करते हुए 'आई' कितनी भोली गऊ जैसी दिखाई देती—'हाँ जी, हाँ जी' करते सिर हिलाती हुई, पर मुझ पर चिल्लाते हुए पता नहीं, उसमें कहाँ से इतनी ताक़त आ जाती, उसके हाथ-पैरों में बिजली की-सी फुर्ती आ जाती। अगर मैं बीमार होती तभी वह मुझे पुचकारती और मेरे सिर पर नमक पानी की पट्टियाँ रखती। माथे पर उसका स्पर्श इतना इच्छा लगता पर वह बहुत बेचैन-सी रहती। हर वक्त बड़बड़ाती रहती, मेरा इतना काम पड़ा है, मरी टोकरियाँ बिननी हैं, गाय को चारा डालना है। वह मुर्गी की तरह शब्दों को चुगती रहती।

ओ हाँ, मैं बता रही थी कि आई मुझे टोकरियाँ देने लोगों के घर भेजती। वे लोग ऐसे होते जो मुझे दरवाज़े के बाहर ही खड़ा रखते। टोकरियों और सुपड़ों को उठाने से पहले उन पर पानी छिड़कते और मेरी हथेली पर ऊपर से पैसा डालते। मैं हैरान होती, उनके हाथ अगर मेरे हाथ से छू गए तो क्या वे काले हो जाएँगे या जल जाएँगे? अगर मेरे स्कूल का कोई बच्चा उस घर में होता तो मुझे शर्म महसूस होती। यह शर्म मौत से भी बदतर थी। और मैं मन ही मन कहती, आज मैं अपनी माँ को सबक सिखाऊँगी। आज मुझे स्कूल किसी हालत में नहीं जाना है।

पर जैसे ही मैं घर पहुँचती, माँ समझ जाती कि मेरे दिमाग में क्या है! मन को पढ़ने की जबरदस्त काबिलियत उसमें थी। मेरी हथेली पर गुड़ का ढेला रखते हुए कहती, जा, स्कूल जा! जब तू वापस आएगी, मैं तुझे चना खाने के लिए पैसे दूँगी। मैं उस पर हमेशा भरोसा कर लेती पर वह एकदम झूठी थी। 'आज नहीं, कल!' करते-करते वह कितने ही दिन निकाल देती। मैं जिद करती तो वह मुझसे नाराज़ हो

जाती। मैं स्कूल न जाने के नए-नए तरीक़े ढूँढ़ने लगती। मैं स्कूल जाने की जगह मंदिर में जाकर बैठ जाती।

मंदिर का पुजारी वहाँ आता, हनुमान की मूर्ति को स्नान करवाता, पूजा करता और हमें प्रसाद देता। मुझे वह पुजारी बहुत अच्छा लगता। वह ऊँचा-लंबा, गोरा-चिट्टा, राम की संगमरमर की मूर्ति जैसा था। उसकी काली आँखें, काले बाल, पैरों के गुलाबी तलवे थे और वह अपनी नंगी छाती पर जनेऊ पहनता था। उसके माथे पर एक आड़ा लंबा लाल तिलक होता।

एक बार हम मंदिर में खेल रहे थे। पुजारी पूजा कर रहा था। हम बहुत देर तक वहाँ बैठे रहे पर पुजारी प्रसाद देने नहीं आया। बहुत देर इंतज़ार करने के बाद दरवाज़ा खुला और कोम्बाती (दलितों की एक निचली जाति) की लड़की उल्गव्वा बाहर निकली। वह बेतरह डरी हुई थी और रो रही थी। ठीक उसके पीछे पुजारी आया और बिना प्रसाद दिए हमें भगा दिया। पता नहीं क्यों, पर उस दिन के बाद से मुझे पुजारी से डर लगने लगा। उल्गव्वा रो क्यों रही थी, मैं माँ से पूछना चाहती थी, पर फिर स्कूल न जाकर मंदिर में बैठे रहने का मेरा अपना भेद भी खुल जाता और आई मुझे पीटना शुरू कर देती और मेरा शत्रु नंबर तीन, मेरा भाई भी उसमें शामिल हो जाता।

एक बार मैंने अपनी स्कूल फ्रॉक सिलबट्टे के नीचे छिपा दी। हमेशा की तरह आई ने मुझे दाल-भात खिलाया और कहा, जल्दी कर, स्कूल का घंटा बज गया। 'मेरी फ्रॉक कहाँ है?' मैंने रोनी सूरत बनाई। आई ने झट भाई को बुलाया जो स्कूल जाने के लिए तैयार हो रहा था। दोनों मेरी फ्रॉक ढूँढ़ने लगे। यह भाई मुझसे चार साल बड़ा था और इसने मुझे पीटने की क़सम खा रखी थी जैसे अफ़ज़लख़ान का शिवाजी को मारने का फ़ैसला। वह मज़बूत था। मोटा नहीं था पर सख़्त था। उसका हाथ बहुत जोर से पड़ता था। मैं कितना भी तेज दौड़ूँ, वह मुझे पकड़ ही लेता था। और पकड़कर आई के सामने पेश कर देता था। मैं चाहती थी, उसे कुत्ता काट खाए। ख़ैर, फ्रॉक ढूँढ़ते हुए वे मुझे अंगारभरी नजरों से देखते रहे और उन्होंने पूरा घर छान मारा, फटी बोरियों के नीचे, रस्सी पर सूखते कपड़ों में, हर जगह।

मुझे अपने भाई पर बहुत गुस्सा आ रहा था। उसके भी स्कूल का समय हो रहा था तो उसे चुपचाप चले जाना चाहिए था। वह हाईस्कूल में था, इसलिए कोई उसे डाँटता नहीं था। उसे स्कूल में देर होती तो वह झट सारा दोष मुझ पर डाल देता।

मैं चाहती थी, हिरलेकर मास्टरजी आएँ और इन दोनों की ख़बर लें। मैं इस काल्पनिक दृश्य में डूबी थी कि भाई की नजर सिल के नीचे दबी फ्रॉक पर पड़ी। उसने फ्रॉक को अलीबाबा की गुफ़ा से निकले ख़ज़ाने की तरह खींच निकाला और आँखों में चमक के साथ बोला, 'आई, देख!'

दोनों ने कसकर मुझे दो थप्पड़ लगाए, मेरी गर्दन पकड़कर मुझे फ्रॉक पहनाई और मुझे स्कूल की ओर घसीटते हुए ले गया। उस वक्त भाई किसी 'मानकप्या' दैत्य जैसा लग रहा था जो अभी मेरी गर्दन तोड़ देगा। इस कटी हुई गर्दन वाले दैत्य का सिर नहीं था। उसकी आँखें उसके सीने पर थीं और वह हाथ-पैर फैलाकर अपने रास्ते में आए सब कुछ को रौंदता चला जा रहा था। मेरा भाई इसी तरह मुझे ले जा रहा था—सड़क के गड्ढों से, नालियों से, काँटेदार झाड़ियों से।

इस मानकप्या ने क्लास के बाहर खड़े होकर दरवाज़े से ही गुरुजी को आवाज़ लगाई, 'माँ ने कहा है, आज इसको क्लास में बैठने दीजिए। कल से इसे देर नहीं होगी।' उसने मुझे आग उगलने वाले बेताल के सामने फेंका और चला गया।

यह बेताल मेरा शत्रु नंबर चार था। हेरलेकर गुरुजी। वही पिता वाली ही कद-काठी के थे। पिता अगर पतलून और कमीज पहनते तो हेरलेकर गुरुजी जैसे ही लगते। दोनों में थोड़ा फ़र्क़ भी था। पिता मुझे तभी मारते, जब मैं नहीं पढ़ती थी, पर हेरलेकर गुरुजी पढ़ने पर भी सजा देते थे। वे कहते, 'उठो, ब्लैकबोर्ड साफ करो,' या 'उठो, कचरा बाहर फेंको,' 'बरामदे से गाय का गोबर उठाओ और वहाँ रखकर आओ!' वह मुझे हमेशा आख़िरी लाइन में बिठाते।

स्कूल टाइम से आओ! जैसे ही पहली घंटी बजे, क्लास में दाखिल हो जाओ अगर इसमें ज़रा-सी भी चूक हो जाती तो मेरी जोरदार पिटाई होती। ऐसा नहीं कि गुरुजी दूसरे छात्रों को नहीं मारते थे, पर मुझे कुछ ज़्यादा ही पीटते! लगता था, मेरी माँ ने स्कूल के टीचरों को मुझे पीटने का सख्त निर्देश जारी कर रखा था। माँ इस पर यकीन रखती थी कि अगर मुझे ज्ञान अर्जित करना है तो उसके लिए मार खाना ज़रूरी है। उसने पिता को भी अपने विद्यार्थियों को पीटते देखा था। इसके अलावा वह मुझे साने गुरुजी की आत्मकथा पर आधारित फिल्म 'श्यामची आई' का गाना 'छड़ी लागे छम छम!' सुर में गाते हुए सुन चुकी थी।

तो मैं बता रही थी कि मानकप्या ने मुझे जब बेताल के हाथों सुपुर्द कर दिया तो बेताल दहाड़ा, 'अपने कान पकड़ो और खड़े हो जाओ, सामने झुको,' फिर भी उसे चैन नहीं मिला तो बोला, 'चलो, बरामदे से सारा गोबर उठाओ और बाहर फेंककर आओ!'

स्कूल का अहाता खुला था और सड़क के जानवर वहाँ गंदा कर देते थे। हर क्लास बारी-बारी से सफाई करती थी पर जब मेरी क्लास का नंबर आता तो यह काम हमेशा मुझे ही करना पड़ता। हमारे पास एक सुंदर गाय कपिला थी। उसके पेट में स्थित तैंतीस करोड़ देवी-देवताओं की पूजा करने के लिए, आई उसे अपने गाँव से लाई थी। गुरुजी का कहना था कि कपिला ही हमेशा आकर स्कूल का अहाता गंदा करती थी, इसलिए उसे साफ करना मेरा फर्ज था। लेकिन आज मेरी क्लास की बारी

नहीं थी, फिर भी मुझे गुरुजी सफाई करने को कह रहे थे।

मैंने एक नज़र अपनी दोस्तों की ओर देखा। दोस्त क्या, दुश्मन थीं वे मेरी। मुझे देख रही थीं और खिलखिला रही थीं। मुझे पता नहीं क्या हुआ कि मैं अपनी जगह से हिली नहीं। गुरुजी चिल्लाए, 'तू सुन नहीं रही क्या!' मैं फिर भी स्थिर खड़ी रही। मुझे पता था, गुरुजी गुस्से से आग बबूला हो रहे हैं और अब वे मुझे मारने के लिए आगे बढ़ रहे हैं पर मेरे पैरों में कोई हरकत नहीं हुई। आई कहा करती थी कि जब सामने अजगर आकर खड़ा हो जाए तो पैर हिलना भूल जाते हैं। वही हालत मेरी थी।

गुरुजी मेरे पास आए। बहुत पास। और चीखते हुए मेरे गाल पर एक झन्नाटेदार तमाचा जड़ दिया 'चली जा यहाँ से!' मैं गला फाड़ती चिल्लाती सीधे घर पहुँची। आई बरामदे में टोकरियाँ बिन रही थी। मुझे रोते-चिल्लाते देखा तो बोली—'क्या हुआ? रोती क्यों है?' मेरे मुँह से बोल नहीं निकला। मैं सिसकती रही। आई ने मेरे सूजे हुए गाल पर गुरुजी की पाँचों उँगलियों के निशान देखे तो बोलीं, 'तुझे गुरुजी ने मारा! ठीक है, मैं देखती हूँ उसे!' उसने गुरुजी को गालियाँ देना शुरू किया और अपने में बुदबुदायी, 'मैं स्कूल जाऊँ क्या?'

मैं सचमुच चाहती थी कि आई गुरुजी पर चिल्लाए, उनसे लड़े पर मैं यह नहीं चाहती थी कि वह स्कूल जाए। सच कहूँ तो मुझे उसकी घुटनों तक ऊपर खिंची हुई फटी हुई साड़ी और उसके उलझे हुए बालों को देखकर शर्म आ रही थी। मेरी आँखें रो-रोकर सूज गई थीं और मैं उसे देख रही थी।

वह अस्त-व्यस्त-सी इधर-उधर करती रही, अचानक बैठ गई, अपना काम हाथ में लिया, फिर उसे एक तरफ रखा और खड़ी हो गई। उसने साड़ी पर से टोकरियों का भूसा झाड़ा और फिर जैसे कुछ याद आया, बैठ गई। ऐसा दो-तीन बार हुआ। मैं सिसकती हुई बैठी रही। उसने फिटकरी और हल्दी का लेप मेरे गाल पर लगाते हुए पूछा, 'गुरुजी ने मारा क्यों?'

'मैं...क्योंकि मैंने गोबर साफ नहीं किया!'

'तुझे गोबर उठाने को क्यों बोले वो?'

'गुरुजी कहते हैं, कपिला वहाँ गोबर करती है!'

'ठीक है, तू यहाँ बैठ और स्कूल की छुट्टी के बाद जब गुरुजी घर जाएँ तो मुझे बताना, मैं समझ लूँगी उसे!' कहकर आई बैठ गई। मेरा रोना अचानक थम गया। आई गुरुजी को क्या कहेगी? मुझे लगा, गुरुजी के सामने आते ही आई की जबान पर ताला पड़ जाएगा। उसके हाथ और उसकी जबान तो सिर्फ मेरे सामने ही चलते थे।

मैं दोपहर को ऊँघने लगी। पर मैंने ज़बरदस्ती अपनी आँखों को खुला रखा। आई ने फिर से मेरे गालों पर हल्दी फिटकरी का लेप लगाया। दोपहर बीत गई। स्कूल का शाम का घंटा बजा। मेरा दिल धड़-धड़ करने लगा। जब मैंने हिरलेकर गुरुजी को

बच्चों के साथ आते देखा तो मुझे डर लगा। मेरी जबान तालू से लग गई, पर किसी तरह मेरे मुँह से दो शब्द निकले, 'आई, गुरुजी!'

जैसे ही आई ने सुना, अपनी आधी बुनी टोकरी हाथ से फेंककर, साड़ी को सीधा करते हुए वह खड़ी हो गई...मादा अजगर की तरह अपना फन फैलाए हुए, डंक मारने को तैयार! जैसे ही वह सामने से गुजरने को हुए, आई ने अपने सिर पर साड़ी को खींचा और बोली, 'ज़रा एक मिनट ठहरना, गुरुजी!'

गुरुजी ठिठके और आई की ओर देखते हुए अहंकारभरे स्वर में बोले, 'क्या है?'

'मेरी बेटी आपके स्कूल में पढ़ती है, ठीक? आज ऐसा क्या किया उसने? मतलब, इस तरह मारा उसे आपने, देखिए, बच्ची का गाल देखिए!' उसने तीखी आवाज़ में कहा, फिर मुझे पुकारा और मेरा गाल घुमाकर उनकी तरफ कर दिया। मुझमें गुरुजी की ओर देखने की हिम्मत नहीं थी।

'वो...वो...तुम्हारी सफ़ेद गाय...स्कूल में गोबर कर देती है...' वह हकलाते हुए बोले!

'हमारी गाय गोबर करती है, ऐं? आपने उसे देखा गोबर करते हुए? गुरुजी आप इतने पढ़े-लिखे होकर कैसी बच्चों जैसी बातें करते हैं। मैं तो अनपढ़ गँवार औरत हूँ, लेकिन सड़क किनारे इस पेड़ के नीचे बच्चों को लेकर पड़ी हूँ। क्यों, मालूम है? ताकि मेरे बच्चे पढ़ लिखकर बड़े आदमी बनें। और आप मेरी बच्ची पर ऐसा अत्याचार करते हैं?' आई गलत भाषा और अशुद्ध व्याकरण बोल रही थी। फिर जोश में आकर उसने गुरुजी को धमकाना शुरू किया, 'देखिए, अब आज के बाद आपने अगर इस बच्ची को एक उँगली से भी छुआ तो देखती हूँ, आप इस सड़क से कैसे जाते हैं!'

'ठीक है, ठीक है, मैं भी देख लूँगा...' गुरुजी ने पीछे हटते हुए उत्तर दिया। फिर पलक झपकते ही वह गायब हो गए। अब तक वहाँ काफी भीड़ जमा हो चुकी थी। लोग माँ की हिम्मत और मेरे हनुमान जैसे सूजे हुए मुँह को घूर रहे थे।

उस दिन के बाद बहुत-सी चीजें आसान हो गईं। गोबर उठाना और गुरुजी से पिटाई खाना मेरे भाग्य और नियति का हिस्सा नहीं रह गया था। मैंने समय पर स्कूल जाना शुरू कर दिया। पर इससे भी ज़्यादा अहम घटना यह हुई कि मैंने अपनी माँ को अपने लिए एक मजबूत संबल की तरह देखना शुरू किया और मेरी ज़िंदगी को एक दिशा मिली।

मराठी से अनुवाद : सुधा अरोड़ा

ऊपर टँगी लाश का आत्मकथ्य

स्नेहमयी चौधरी

मृत्यु के समय
जीवन की अंतिम दो साँसों में
एक से पिता को मूक प्रणाम किया
दूसरी से बेटे को आशीर्वाद दिया
और
पति के लिए
समाधि बन गई
वह

1

उसको डटी हुई औरत ज़रा भी अच्छी नहीं लगती थी—जब तक उसको रुला न ले चैन नहीं आता था। पता नहीं क्या वजह थी उस व्यक्ति का ज़रा-ज़रा-सी बात पर पुरुष अहम आहत हो उठता था। ऊँची आवाज से औरत बोले और भला वह सह ले, यह नहीं हो सकता था। औरत की समानता की बात करता हुआ लगातार मुझे उसने चिथड़े में लिपटी हुई औरत की तस्वीर बनने को मजबूर किया जो पति के साथ लिथड़ती रहती है। मेरा अहंकार-स्वाभिमान सब बकवास था उसके लिए शादी के पहले दिन से। मुझमें प्रेम की कमी कहकर लगातार अपने प्रेम की दुहाई देता रहा—अपने को मानदंड मानकर ऐसा तराजू उसके पास था जिसमें यहीं पड़ी रहो, धीरे-धीरे मरती रहो। जीवन-शक्ति की मेरी ललक उसे तनिक भी न भाती थी। मैं प्रेम करता हूँ, इसीलिए पड़ी रहो। इतना ही नहीं, अपने पक्ष में जो दलीलें देता हूँ—उन्हीं को समझो। पड़ी रहो और मानदंड के तराजू पर खरी उतरती रहो। तुम क्या समझो मुझको? यह भी कहा जाता था।

मेरे मन में क्या चल रहा है? मैंने इस प्रकार कार्य क्यों किया, वह सोचना तो दूर, उसे कहने पर सुनने का भी धैर्य उसमें नहीं था। सिक्के के दूसरे पहलू की कहानी

बकवास है। निरंतर जड़ होती मैं जब भी अपनी ही जीवनी से उठ खड़ी होती—उसका जीवन असह्य हो जाता। वह साम, दाम, दंड, भेद की नीति अपनाकर जब तक मुझे बिलबिलाता हुआ बच्चा न बना डालता, उसे चैन कहाँ। सदा अपनी कहने को आतुर, दूसरे को मौन करने का कार्य करता हुआ वह, निर्द्वंद्व रूप से समाज में यह दिखाता, मैं तो सब ठीक ही करता हूँ। ठीक कहता हूँ। और ठीक हूँ। उसी को तर्कसंगत मूल्य मानो। केवल तर्क! तर्क! तर्क! उसके लिए मुझे प्रताड़ित करने का एक औजार था। शारीरिक प्रताड़ना से बढ़कर यह प्रताड़ना कि लगातार उसके मुँह से झरते वाक्यों को सही मानो, उचित मानो।

उसके साथ घर में रहो भी और उसी के कार्यों और तर्कों को ठीक समझो। मुझे एक जड़ पदार्थ समझता हुआ लगातार अपने तर्कों की जाल शृंखला फैलाता रहा, ठीक-ठीक कहो नहीं वैसा ही करो भी। जिस समाज की मर्यादा का उसके अपने लिए कोई मूल्य नहीं था। कहना यह कि सही-गलत मनुष्य के बनाए मूल्य हैं। उन्हीं मर्यादाओं की दुहाई देकर, एक बहुत बड़े डंडे से मुझे रुई की तरह धुनता रहता था। जिस बेटे की भावनाओं और देख-रेख का उसने कभी ठेका नहीं लिया, उसी की भावनाओं की दुलत्ती झाड़कर मुझे भावनात्मक रूप से शोषित करना अपना धर्म समझता था। जैसे सबकी भावनाओं की रक्षा की ठेकेदार मैं थी—मेरी भावनाओं का कोई ठेकेदार हो न हो—मेरी भावनाओं की रक्षा का बोझ उठाना भी मेरे ही कंधों पर था।

वह घर का बड़ा बेटा था। इस नाते सारे परिवार का बोझ उठाते-उठाते सबकी भावनाओं की रक्षा करते-करते मेरी भावनाओं को, इच्छाओं को, कार्यों को तोड़-तोड़कर जब तक टुकड़े-टुकड़े करके कूड़े के ढेर पर फेंक न दे—उसे चैन कहाँ। उसका अहम् मेरे सामने फुफकारते हुए विषैले सर्प की तरह हमेशा फन उठाए रहता था। उसके ज़हरीले दाँतों से और लपलपाती जीभ से लुकती-छिपती मैं—अपने बिखरे टुकड़ों को खुद ही समेटती सहेजती, मरने के बाद धीरे-धीरे फिर जिजीविषा वापस लाती, हफ़्तों-महीनों में जब मैं मानसिक और शारीरिक रूप से रीढ़ की हड्डी सीधी करके खड़ी होती—तब उसका क्रोध फिर भड़क उठता। वाह री औरत! इसके जीने की लालसा ख़त्म ही नहीं होती। वही हथकंडे फिर-फिर अपनाता। मैं तड़पती हुई, फ़र्श पर पड़ी धूल से न जा मिलती, तब तक उसे चैन ही न आता। धूल भी उड़कर अंधी आँखों में किरकिरी पैदा कर देती है। उसको भी वह खूब जानता था। उस धूल बनी मेरी काया और मन को झाड़ू से बटोरकर कूड़ेदान में डालकर जब तक उसे जमादार की टोकरी में न डाल देता, बेचैन रहता—तर्कों का सिलसिला टूटता ही नहीं। उसे 'सैडिस्टिक प्लेज़र' मिलता था—मुझे रोता देखकर। तब उसकी बेचैनी थोड़ी-सी कम होती। दूर न होती क्योंकि काया के साथ आत्म होता मन उसकी पारदर्शी आँखों में शीशे के टुकड़ों की तरह लगातार गड़ता रहता। उसका एक ही इलाज था—उसके सामने

लगातार रोती-बिलबिलाती औरत जब छटपटाती दिखती, तब उसके तर्कों के कोड़े की बौछार धीमी पड़ती, पर बौछार ख़त्म कैसे होती? तर्कों का कोड़ा हर वक्त उसकी मुट्ठी में बना रहता। फिर आख़िरकार वही हुआ जिसका मुझे डर था—मैं पूर्णतया मर गई—और वह शांत हो गया।

2

फिर घर तो छोड़ना था, सो मैंने छोड़ दिया—अपने को पूर्णतः टूट जाने दिया—टूटने पर जो छोटी-छोटी किरचें होती हैं, उनमें खोजती-खोजती अपने रूप को पुराने रूप में बनाने का प्रयास करने लगी, सो रूप का प्रतिरूप भी नहीं बन पाया। एक बेडौल-सा दाँतों से रहित, सफ़ेद जटा जैसे हो गए बालों पर झुर्रियाँ पड़े शरीर का चलता-फिरता ढाँचा दिखा। शीशे में अपने इस प्रतिरूप के खंड को देखकर वह स्वयं स्तब्ध रह गई। और शुरू हुआ रोते-रोते थककर एक यादों का सिलसिला। क्रम से कहने की ताक़त मेरी टेढ़ी उँगलियों में नहीं है। आँखें चुँधियाने लगी हैं, कान ऊँचा सुनने लगे हैं, मौन रहते-रहते बोलना भूल चुकी हूँ। अंदर ही अंदर एक संशय बिना क्रम का चलता रहता है। वही कहना अभी भी शेष है। शायद कह पाऊँ, शायद न कह पाऊँ, रोते-रोते आँखों की रोशनी ही ख़त्म हो गई तो थकी उँगलियों से, अंधी हो गई आँखों से, मौन हो गए होंठों से क्या कह पाऊँगी, पता नहीं, कान धीरे-धीरे कुछ न सुनने के अभ्यस्त हो गए हैं। फिर भी कहानी का अंत नहीं आता। शरीर का ढाँचा जो बचा है। जो ज़हर खाकर भी ख़त्म नहीं हुआ। अंदर की मौत कभी-कभी धुँधली यादों से कौंध जाती है। कौंध से अँधेरे में कोई व्यवस्थित चित्र नहीं बनता। अब क्या करूँ।

अपने से पूछने पर कोई प्रत्युत्तर भी नहीं आता। दीवारें तो अब कुछ बोलती नहीं, पंखे का घूमना दिखता नहीं, एक गरम हवा सर पर बालों को उड़ाती रहती है। जो सहेजे नहीं जाते। आगे कुछ दिखता ही नहीं, तो क्या कहना? किससे कहना? किससे सुनना? एक विराट खोखली सूनी सराय में पड़ी हूँ—जब तक शरीर का अंत नहीं होता। अब अंत की भी प्रतीक्षा नहीं। आँखें जो थक चुकी हैं, कभी-कभी कोने पर एक-दो नम पानी की बूँदें आ जाती हैं। तार-तार धोती के पल्ले से पोंछने का उपक्रम करती हूँ। उसके लिए भी अब हाथों में ताक़त नहीं। जोर से चीख़ निकालने की छाती में शक्ति नहीं, पर चीख-चीखकर इस खंडहर सराय के मृत सन्नाटे को गुँजाने की इच्छा अभी बाकी है। ऐसा अभ्यास पुराना पड़ा है कि चीख भी बहककर बाहर निकलने को व्याकुल नहीं। अंदर-ही-अंदर अपनी साँय-साँय में लगातार चीखती रहती हूँ—चीखती रहती हूँ—चीखती रहती हूँ। कुछ कभी-कभी उभर क्यों आते हैं, सब भूलता क्यों नहीं। भूलता क्यों नहीं? नहीं। अपने को ही अभिशाप देती रहती हूँ। पर कोई लाभ क्यों नहीं होता। चीख़ की अंतिम दम तोड़ती आवाज़ को छोड़, आवाज़ भी

झींगुर के लगातार होते स्वर की तरह हर समय बेधती रहती है।

3

सो पागल होना ही था। हो गई। अभी चुप्पी के अंदर बेधता पागलपन भूत की तरह मुझे घेरे रहता है। उस भूत को कैसे भगाऊँ। वह ऐसी प्रेतात्मा है कि दिखती नहीं, पर घेरे रहती है। ओझा के मंत्र की तलाश की प्रतीक्षा शायद अभी है। चिपककर बैठे भूत से पीछा छुड़ाना है। तभी मुक्त होकर यह ढाँचा मिट्टी में मिलेगा। इससे पहले नहीं। इस विशाल खंडहर में बैठे निरंतर हवा की गति को महसूस करती हुई मुझको इस पागलपन से—भूत भगाने वाले ओझा का मंत्र—मिट्टी में अब सचमुच मिलने को आतुर निढाल शरीर को मुक्त कर मिट्टी बना, मिट्टी में मिला सकता है। भूत! भूत! भूत! से डरती हुई मैं सड़क पर पागलों की तरह दौड़ना शुरू करूँ। इससे पहले पागलपन के दौर को मंत्र से भगाना है।

देखो मेरी मूर्खता अभी पागल होकर भी पागलपन से मुक्त होना चाहती है। जो अंतिम साँसों की खींचातानी है। निरर्थक ही है यह प्रयत्न। कोई भी मंत्र इस हद से बढ़े पागलपन से मुक्त नहीं करा सकता। पागल रहकर ही मिट्टी में मिलना है। भूत तो जिस पर चढ़ बैठे उसके साँसों के साथ ही उतरता है।

परकाया प्रवेश कैसे होता है, मुझे मालूम न था। सो अपनी काया को ही साबुन की टिक्की की तरह घुलाती रही। बार-बार जैसे बिजली जाती है, तो मोमबत्ती की रोशनी ही काफी प्रतीत होती है। वैसे जीवन पर छाए अंधकार के बीच जब मोमबत्ती का प्रकाश भी अंधी आँखों को दिखना बंद हो गया तो बाहर ठंडी हवा और तारों की रोशनी में, उसे खुले में निकलना पड़ा। फिर चाहे ठोकर लगे या गिरे सर फूटे या माथा, सारी हड्डियाँ जगह-जगह टूट जाएँ, उससे अब क्या फर्क पड़ना था। सो वह चल पड़ी अँधेरे में अपने कदमों को आहिस्ता-आहिस्ता धरती पर जमाकर। अब जो होना हो, हो। शरीर की क्या परवाह करे जब मन को बचाते-बचाते शरीर ढाँचा मात्र रह गया। इसे तो अब जाना ही है चोट खाकर या स्वाभाविक मौत पाकर। मन को मारकर तन को अब क्या बचाना? अनंत रातों की जगी सो नींद न आने की बीमारी का पहले से अभ्यास है। सुबेरा-सुबेरा जैसा भी नहीं लगता। कहीं-कहीं कभी-कभी महसूसते मन को जबरन क्या बचाना। वह तो बुझते दीये की लौ की तरह भभक रहा है। अंतिम साँसें गिनते हुए। अब बुझा कि तब बुझा।

उस भभक को भी क्या रोकना? वह भला रोके रुकेगी! तेल ख़त्म होते ही काली लौ तिलौंसी बदबू छोड़ा करेगा। थोड़ी देर वह बदबू भी हवा उड़ा ले जाएगी। उस काली ऐंठी बत्ती का बदबू भरा माहौल सँभाले बैठी हूँ। देखो तो मेरी मूर्खता अब आत्मकथ्य के रूप में कहने की ललक है—जैसे उससे अतीत का रूप वापस आकर

इस ढाँचे को सँवारेगा—जो असंभव है। पर उस चारों ओर फैली इस बदबू को झेलना तो है ही, उससे मुक्ति नहीं।

मुक्ति की बात करते हुए वह बाहर आकर मुक्त है। यह भी कैसी मुक्ति जब प्राण-पखेरू उड़ने को आतुर हैं। उन्हें रोकने की इच्छा ही ख़त्म हो चुकी है, फिर क्या।

निरर्थक होते हुए भी अपनी बात कहने की ललक—अगर गई नहीं सो कह रही हूँ।

4

लगातार छाती और गले में जलन हो रही है, होंठ सूखे जा रहे हैं। दवाओं से इसका उपचार अब व्यर्थ हो गया है। दवाओं का असर समाप्त हो गया।

इस जलन को बढ़ाती हुई मैं ज़बान को बाहर निकालकर होंठ गीले करती हूँ और लड़खड़ाती काया की तरह लड़खड़ाती ज़बान से कहती जा रही हूँ—अपनी थूक से अपने ही होंठों को गीला करती हुई। लगातार पानी पीने से भी यह नहीं बुझती। अब क्या बुझेगी, सो इसे साँस छोड़ने के अंतिम पल तक लगातार अपने होंठों को और सूखती जबान को गीला करती हूँ। बुदबुदाने का थोड़ा प्रयास कर रही हूँ।

वाह रे जीवन, तूने क्या-क्या रंग दिखाए और अभी भी दिखाता चला जा रहा है। अंदर दिखता है, टटोलती हूँ, गठरी बनाती हूँ, और उसको एक ओर ठेल देती हूँ। जाने कितनी गठरियाँ हैं जो छोटे-छोटे पुलिंदों के रूप में बंद पड़ी थीं। उनको ठेल-ठेलकर अंदर-ही-अंदर अंतर् की यात्रा पूरी करती हूँ।

सूखी रोटी पानी में डुबो-डुबो चबलाती मैं शिथिल उँगलियों से कितनी गठरियाँ खोल पाती हूँ। पता नहीं। अब तो कुछ भी पता नहीं।

5

जब दोनों ही अपने जीवन में कभी भी शादी नहीं करेंगे—यह उनके वश का नहीं, तय कर चुके थे। फिर शादी ही क्यों की? अन्य जीवन के झंझटों से मुक्त होने के लिए। यह जबरदस्ती निर्णय दिलाया गया। सो मुक्ति क्या? बंधन में ऐसे बँधे कि दोनों की साँसें अवरुद्ध होने लगीं।

अब पछताने से क्या होता। सो जबरदस्ती लगाए गए बंधनों को तोड़ने की कसमसाहट दोनों को हर समय बेचैन करती थी जो अणुबम के गिरने से भयानक थी, दोनों के बीच एक दीवार पहले से ही खड़ी थी। अब और मजबूत हो गई।

अणुबम के बाद दोनों का सत्यानाश करती हुई वह धीरे-धीरे विनाश की ओर ले गई जो स्वास्थ्य और मन का ऐसा सत्यानाश कर बैठी कि अणुबम भी क्या करेगा—छटपटा-छटपटा कर कसमसाते हुए एक छोटे मुँह वाले घड़े में एक साथ बंद

धीरे-धीरे मरने लगे, अंत में शव भी उस घड़े को तोड़े बिना नहीं निकला। पकाई हुई मिट्टी का बना घड़ा टूटने पर कुम्हार के चाक पर भी नहीं चढ़ता, जब तक वह फिर से मिट्टी नहीं बनता। वही हुआ।

एक बार ऐसा हुआ कि कहानी यों है (अब कहानी की शैली का भी क्या ध्यान देना?) अपच को उगलना-भर है। बिना उगले, सीने, पेट और गले की जलन जो कभी न ठंडी होने का ठेका लेकर, जमकर अँतड़ियों तक समा गई, शायद कुछ पल शांत हो। किसी औषधि से अब शांत नहीं होती। अंतर् में शीतलता का तो प्रश्न ही नहीं उठता?

जहाँ ऊष्मा कभी रही ही न हो, वहाँ शांति और शीतलता ठंडक आदि शब्द निरर्थक ही तो हैं।

सो ज़बरदस्ती लगाए गए शादी के बंधन शुरू में शारीरिक भूख मिटाने का उपाय भर रहे। जब शारीरिक भूख धीरे-धीरे कम होती गई तो बड़े-बड़े प्रश्न उठने लगे। जो मूलतः वैवाहिक जीवन न जीने की आकांक्षा से जुड़े थे। उन मूल प्रश्नों को भूलकर एक-दूसरे पर शिकायतों की ऐसी शृंखला बँधती जो रात-दिन बहस, तर्क, वाद-विवाद के बाद भी ख़त्म न होती। थककर सो जाना कोई सोना न रहा। आँखों की नींद उड़ गई। केवल अपने को सही दूसरों को गलत बताने की जो शुरुआत प्रारंभ हुई, उसने एक-दूसरे से मुक्त करके ही छोड़ा था, नासमझों की तरह समाज के बंधन को अपना बंधन मानकर निरंतर दूरी बढ़ाते रहे। खाई पाटते-पाटते वह पहाड़ की सबसे ऊँची चोटी से दिखाई देती ऐसी खाई थी कि, जो अपनी-अपनी प्रकृति के विरुद्ध जाने पर कैसे भरती। सो न भरी पहले दिन से ही।

घर एक कुरुक्षेत्र बन गया। जहाँ दोनों में से हर एक को आने में डर लगने लगा। कौरवों-पांडवों की लड़ाई में सत्य की विजय अवश्य हुई, पर क्या बचा था अंत में, पांडव भी अपने कर्मों के कारण ध्वस्त ही हुए। किसी-न-किसी प्रकार से पूरा राज्य मिट गया। एक सुई भर राज्य न देने के झगड़े में।

ऊपर से गांधारी का शाप कृष्ण के पैर में भी तीर की तरह चुभकर प्राण ले बैठा।

रामराज्य की काल्पनिक आकांक्षाओं को धराशायी करते सपना देखना आसान है—सपना भूल जाता है जागृत अवस्था में आने पर—थोड़ी-बहुत याद भी रहती है तो दैनिक कार्यक्रमों में धीरे-धीरे आँखों के सामने से लुप्त हो जाता है। सपना सच बनाने के सारे औज़ार बाणों के तीखे प्रहार से जलकर राख का ढेर हो गए और हम दोनों अपने-अपने अहम् की रक्षा ही करते रहे।

वाह रे भाग्य! न यह बंधन होता शादी का, न यह सब ढेर देखने को मिलता। क्या होता, यह नहीं कहना, कैसे हुआ? कैसे अपने आपको बचाने के क्रम में मैं तो अपने से ही बदला लेती चली आई। उस निर्णय के क्षण को कैसे किसी पर लादती,

सो अपने को ही नकारती रही जब तक पूरा जीवन नकार नहीं बन गया। इसमें से उस पल को नहीं निकाल पाई अपने को ही धिक्कारते-धिक्कारते ग्लानि से होंठों को भीचती कोई अंश बाहर न टपक जाए। आखिर कब तक ऐसा होता? तन, मन से अस्वस्थ होती-होती अंतिम साँसें गिनने के लिए घर छोड़ दिया।

घर क्या जो धर्मशाला-भर था। जिसकी संरक्षिका का कार्य करने में असमर्थ होकर वहाँ से इस्तीफा दे दिया।

और चल दी उस डगर पर जो नितांत अपरिचित थी। खोखले संबंधों की रक्षा में, अपने अस्तित्व को मिटाकर—व्यक्तित्व की दुहाई देती हुई—भटकने लगी। मन, तन भटक-भटककर थकने का नाम नहीं लेता था। एक बवंडर में फँसी पंछी की तरह हवा की गति से हर तरफ उछलती-उछलती थके पंख, निर्जीव शरीर-सी पड़ी अंतिम साँसें ले रही हूँ—उसमें भी अब तकलीफ हो रही है।

यह साँसों का सिलसिला कब ख़त्म हो और चैन से सो जाऊँ। अब किसी चीज़ की प्रतीक्षा नहीं, केवल प्राण-पखेरू उड़ने की प्रतीक्षा है जो भी मेरे संदर्भों में बहुत कठिन है। प्रतीक्षा करते-करते इसी को भूत भगाने का मंत्र बना लिया।

आतुर प्रतीक्षा के कारण वह अक्सर दूर दिखने लगा है—क्षितिज तक पहुँचने का प्रयत्न जैसा लगने लगा है। कहीं दूर पर एक यही क्षितिज दिखता है जो निकट लगते हुए भी इतना निकट नहीं है कि लपककर मैं पकड़ लूँ। किसी ने पकड़ा है क्या क्षितिज? केवल प्रतीक्षा में ही आँखें खुली रह गई हैं। जिनमें नमी नहीं। ठहरी हुई पुतलियाँ होती हैं। पता नहीं कितना देख पाती हैं। देख पाने का अहसास इस चेहरे पर जड़ी आँखों से झलकता है।

गहरी भादो की अमावस्या वाली रात है। पानी लगातार कहीं ज़रूर बरस रहा होगा। ऐसा कभी सुना था। कुछ-कुछ याद आता है।

पीढ़ी-दर-पीढ़ी

मेरी रॉय

माँ

माँ अभी जीवित है और नब्बे बरस की है। मैं उसी क़स्बे में रहती हूँ जिसमें वह, मगर पिछले दस साल से मैंने उसे देखा तक नहीं। मेरे मन में उसकी सबसे स्पष्ट स्मृति तब की है जब मैं चार साल की थी। माँ तब जवान थी और सुंदर थी। सफ़ेद कपड़े पहने वह बैठक में खड़ी थी और सिर के घावों से धारोधार रक्त बह रहा था। ये घाव उसे, उसके शाही कीटविज्ञानी पति ने दिए थे—पर्दे की शाही छड़ घुमाते हुए जिसका इस्तेमाल वे अपनी पत्नी को पीटने के लिए करते थे। क्यों पीटते थे? बिल्कुल बेवजह। ये इनके स्वभाव में था। न वे शराब पीते थे न सिगरेट, मगर बला के औरतबाज़ थे। सात साल की उम्र की भी मुझे याद है—नए शिकार को ताड़ते समय वे कैसे उत्तेजित हो उठते थे।

मुझे यह भी याद है कि ख़ून से भीगे माँ के वे कपड़े बड़ी सावधानी के साथ सँभालकर रख दिए गए थे। बाद में वे कपड़े उसके भाई (मामा) को, जो जेनेवा में अंतर्राष्ट्रीय श्रमिक संगठन (आई.एल.ओ.) में निदेशक थे, दे दिए गए। उन कपड़ों को लेकर मामा वकीलों की एक फर्म—मैसर्ज़ किंग एँड पॉटरिज के पास गए थे। यह फर्म आज भी मेरे जीवन का अंतरंग हिस्सा है। उस जमाने में उनसे कहा गया था किं वे तलाक के कागजात तैयार करें। सुनकर मेरे पिता गुस्से से आगबबूला हो गए थे और फिर बरसों तक मुझे मिसेज़ किंग और बहन को मिसेज़ पॉटरिज कहकर बुलाते रहे।

मामा नहीं रहे, फिर नाना भी गुज़र गए मगर माँ की पिटाई नीरस नियमितता के साथ चलती रही। माँ के परिवार में कोई बचा नहीं जो कभी कुछ रोक-टोक करता। जब कभी पिता खराब मूड में होते हम सबकी खूब जमकर धुनाई होती थी, फिर घर से निकाल बाहर कर दिया जाता था। 'हम' यानी माँ, बड़ी बहन, दो भाई और सबसे छोटी मैं।

पिटाई यूँ बंद हुई

1951 में, मद्रास क्रिश्चियन कॉलेज से बी.ए. आनर्स की पढ़ाई ख़त्म करने के बाद, सबसे बड़े भाई जॉर्ज को 200 रुपए मासिक पर अध्यापन की नौकरी मिली। यह उसके जीवन में नया मोड़ था। अब वह आर्थिक रूप से स्वतंत्र था, शारीरिक रूप से शक्तिशाली। एक दिन कोई साथी अध्यापक उसको मिलने कोट्टयम में हमारे घर पर आया। हमारे पिता ने बदस्तूर सबके सामने जॉर्ज का अपमान किया। साथी को बस स्टैंड पर छोड़ जॉर्ज जब घर लौटा तो देखा पिता के क्रोध के निशाने पर अब मैं (अब मैं 16 साल की थी) और माँ थे। माँ कुर्सी पर बैठी रो रही थी, मार खाने से उसके बाल बिखर गए थे। मुझे मारना शुरू करने से पहले पिता ने मेरे हाथ से हेयर ब्रश छीन लिया था। जॉर्ज ने पिता के दोनों हाथ थामे और बहुत शांति के साथ बोला, ''नहीं, अब कभी नहीं। अब से आप अपनी पत्नी या किसी बच्चे को मारेंगे नहीं।''

पिता को अपने कानों पर यक़ीन नहीं हुआ। लेकिन उन्होंने बात मान ली। पत्नी को मारा नहीं, धक्का देकर कुर्सी से गिरा दिया और फिर उस कुर्सी के टुकड़े-टुकड़े कर डाले। उस कुर्सी की मरम्मत करवाने के बाद मैंने अब अपने दफ़्तर में रखवा लिया है। पिता उठे और तेज़ी के साथ घर के फाटक से बाहर सड़क पर निकल गए। इसके साथ ही वे हमारे जीवन से भी निकल गए। फिर कभी घर नहीं लौटे।

उनकी कमी ज़रा भी महसूस न होती यदि इस घटना के बाद अपने समाज द्वारा सदा के लिए नकार न दिए गए होते। बड़ी बहन की शादी गए साल ही, तय की गई तमाम शादी ताम-झाम के साथ हुई थी। जॉर्ज की अपनी नौकरी थी, दूसरे भाई जॉन के पास इंजीनियरी की डिग्री और मैंने तभी स्कूल की अंतिम परीक्षा दी थी। मैं बहुत असुरक्षित महसूस करती थी और माँ से, जो मार खाते-खाते एकदम ही भीरु बन गई थी, मुझे कोई बल नहीं मिलता था। सौभाग्य से, रहने के लिए हमारा अपना घर था, खेत से धान और अपने नारियल के पेड़ों से नारियल मिल जाते थे। ये सब कुछ हमें पिता की ज़मीन के काश्तकार/पट्टेदार घर पर दे जाया करते थे। पिता कभी ऊटी कभी बँगलौर में रहा करते थे। और तरह-तरह के कफ़-लिंक, चश्मे, सूट, घड़ियाँ बटोरकर अलमारियाँ भर रहे थे। मैंने उन्हें फिर कभी नहीं देखा।

माँ—कुछ और बातें, कुछ और यादें

1927 में, कुल 17 वर्ष की आयु में माँ का ब्याह 35 वर्षीय शाही कीटविज्ञानी से हो गया था। माँ लंबी, गोरी और बड़ी ही रूपवती मानी जाती थी। दुर्भाग्यवश, जब माँ का विवाह हुआ उनकी दो बड़ी बहनें कुँवारी बैठी थीं। यह एक अक्षम्य अपराध

था और माँ की सातों बहनों ने इसके लिए उसे कभी माफ़ नहीं किया। हालाँकि स्पष्ट ही है, इसमें उसका तो कोई दोष न था।

माँ बहुत गुणी थी। गाने में, टेनिस खेलने में निपुण थी। वायलिन और पियानो बजाने में भी दक्ष थी। वायलिन तो उसने जेनेवा में एक प्रसिद्ध शिक्षिका से सीखा था। और भी कितने ही हुनर थे उसमें। इसने स्वयं कपड़ों की कटाई करना और मशीन पर सिलना सीखा था और उसमें पारंगत भी हो गई थी। भोजन बहुत स्वादिष्ट पकाती थी। परंपरागत खाना पकाना तो जानती ही थी, पेरिस, जेनेवा और लंदन में भी अल्पावधि कुकिंग कोर्स कर लिया था। किस्से सुनाने में माहिर थी। आज 90 साल की आयु में भी वह सुनाती है कि कैसे एक बार उससे भारत के तत्कालीन वाइसराय लार्ड लिनलिथगो के साथ टेनिस का मिश्र युगल मैच खेलने के लिए कहा गया था। कैसे एक बार उसने पेरिस के 'मोलाँ रोश' में इसाडोरा डंकन को काँच के गुब्बारे में नीचे उतारे जाते देखा था। उसने लंदन और जेनेवा के फ़िनिशिंग स्कूलों (जहाँ व्यक्तित्व निखारने की शिक्षा दी जाती है) में शिक्षा प्राप्त की थी। अपने त्रासद जीवन के बावजूद उसने चारों संतानों को बहुत कुछ सिखाया—कहानियाँ, गीत, काव्यपाठ, सार्वजनिक भाषण...

मेरे जीवन के पहले चार वर्षों में पिता ने हमें त्याग रखा था और बाहर विदेश में रहते थे। अगले आठ वर्ष हम पिता के साथ रहे। अचानक हमें, अकारण ही वापस नाना के घर भेज दिया गया। फिर पिता भी लौट आए, ऊटी में एक कॉटेज ख़रीदी और मद्रास के बोर्डिंग स्कूल से मुझे निकाल लिया। मैंने ऊटी के जाने-माने स्कूल नज़ारथ कॉन्वेंट में दाख़िला ले लिया। माँ, पिता और मैं ऊटी में रहते थे। बहन और दोनों भाई, मद्रास में कॉलेज में पढ़ रहे थे। मैं 12 साल की थी और बहुत ही शानदार स्कूल में पढ़ रही थी। मुझे नहीं लगता कि मैं वहाँ बहुत खुश थी, मगर उन दिनों वह सबसें बढ़िया स्कूल समझा जाता था और भारतीय बच्चों को वहाँ दाखिला नहीं मिलता था। मुझे तो अपने पिता के रुतबे के कारण ही दाखिल किया गया था। इसी तरह मुझे दिल्ली के 'कॉन्वेंट आफ जीसस एँड मेरी' में भी दाखिल किया गया था जबकि इन दिनों वहाँ भी गिनी-चुनी भारतीय लड़कियाँ ही ली जाती थीं।

हम लोग ऊटी के लिए नए थे। तब वह एक छोटी सी जगह थी, आज की तरह भीड़-भाड़ और पर्यटकों से भरी नहीं थी। नीचे घाटी में हमारी छोटी सी कॉटेज थी। एक रात सर्दियों की एक ठंडी, ठिठुरती रात—पिता और माँ के बीच झगड़ा हुआ। झगड़ा बढ़ते-बढ़ते जब तक गरजते झंझावात में बदला, आधी रात हो चुकी थी। पिता का नियंत्रणहीन क्रोध माँ पर केंद्रित था। उन्होंने उसे बहुत मारा, बहुत पीटा और आखिरकार बाहर का दरवाज़ा खोला और बाहर रात के अँधेरे में धकेल दिया। मैं बहुत बेचैन हो गई। भीतर एक खिड़की से मैं सारा झगड़ा देख रही थी। जानती थी

कि पिता की वर्तमान मानसिक स्थिति में उनके साथ घर में रहना असंभव था। और माँ? अपनी कमजोर आँखों से उन्हें बाहर, इस नई अजनबी जगह में कुछ दिखाई भी नहीं देगा। अब तक बारिश शुरू हो चुकी थी। एक दरवाज़े को खुला पाकर मैं बाहर माँ के पास दौड़ गई। ऊटी में हमारा कोई मित्र न था।

उस सर्द रात की बारिश में चलना मुझे अब भी याद है। सारे पड़ोसी अपने बिस्तरों में रहे होंगे, बर्फीली सर्दी से बचने के लिए उनके घरों की खिड़कियाँ बंद थीं। अगर चीखते भी तो हमारी आवाज़ किसी तक पहुँचती नहीं। मगर स्थिति कैसी भी हो हम चीख नहीं सकते थे क्योंकि यह महिलोचित व्यवहार न होता। वह कड़ाके की सर्दी हम चुपचाप सहने वाले थे। मुझे याद है, मैंने कहा था, ''मुझे अपने गमबूट्स चाहिए,'' और फिर, ''मैं गमबूट्स के बिना नहीं चल सकती!'' फिर घोर निराशा में, ''बारिश हो रही है, इतनी सर्दी है! मुझे अपने गमबूट्स चाहिए!''

माँ बोली, ''देखो, तुम अगर वहाँ गईं, तो वे तुम्हें पकड़ लेंगे और फिर तुम वहाँ रह जाओगी और मैं यहाँ बाहर। इसलिए गमबूट्स के बारे में न सोचो। किसी ऐसी जगह के बारे में सोचो जहाँ हम इस ठंड और बारिश से बच सकें।''

लेकिन मैंने तो गमबूट्स लाने की ठान ली थी। माँ को बाहर ठंड में, एक टीले पर बैठा छोड़ मैं घर लौटी, दरवाज़ा खटखटाया। पिता ने दरवाज़ा खोला, बूट्स पकड़ाए और फिर अंदर खींचकर बाथरूम में बंद कर दिया। मैं बहुत भयभीत थी। किसी तरह रोशनदान से निकलकर वापस माँ के पास पहुँची। ठंड एकदम जमा देने वाली थी। पहाड़ी की चोटी पर कुछ बत्तियाँ जलती दिखाई दे रही थीं। हम जानते थे वे जनरल पोस्ट आफिस की बत्तियाँ हैं। ठिठुरते-काँपते, पैर घसीटते, बड़ी मुश्किल से चलकर हम ऊपर पहुँचे। पोस्टऑफिस के भीतर कुछ लोग मौजूद थे। चपरासियों में से एक पोस्टमास्टर जनरल के घर गया और बताया कि नीचे ऑफिस में कोई अजनबी औरत अपनी बेटी के साथ आई है। पोस्टमास्टर भले मानुष थे। नीचे उतरकर आए, हमें ऊपर अपने घर में ले गए, बदलने के लिए ड्रेसिंग गाउन दिए। माँ से पूछा उनकी सूचना किसे दी जाए। माँ ने उन्हें नाना का पता दिया। तार भेजा गया। जब तक नाना के घर से हमें लेने कोई आया नहीं, हम वहीं उनके घर में टिके रहे। फिर हम वापस केरल चले गए। मुझे मद्रास के उसी स्कूल में डाल दिया गया, जिसमें मैं पहले पढ़ा करती थी।

नाना के घर जीवन शांतिमय था। वे दयालु थे। हम उनके साथ बड़े सुखी थे। पर उनके नौ बच्चे थे और मुझे याद नहीं कितने पोते-पोतियाँ! अपनी विवाहिता बेटी और उसके चार बच्चों को साथ घर में रखना उनके लिए आसान नहीं रहा होगा। फिर भी उन्होंने हमें अपने साथ रखा। पिता द्वारा नकारे जाने के बाद, नाना के घर रहने के कारण हमारे साथ जो कलंक जुड़ गया था, मुझे नहीं लगता मैं कभी उसे भूल पाऊँगी।

पिता

सदी के शुरुआती सालों में, क्रिश्चियन मिशनरी सोसाइटी (सी.एम.एस.) द्वारा भारतीय ईसाइयों को जितनी भी सुविधाएँ दी जा रही थीं, उनका मेरे पिता ने पूरा-पूरा लाभ उठाया। चर्च की छात्रवृत्ति पर वे अमरीका, जापान, इंगलैंड तक गए। पूसा स्थित कृषि संस्थान में उन्होंने शाही कीटविज्ञानी का पद ग्रहण किया। बिहार के भीषण भूकंप के बाद संस्थान दिल्ली स्थानांतरित कर दिया गया। पिता को हर कोई चाहता था सिवा उनके अपने परिवार के। वे बहुत सुदर्शन व्यक्ति थे और शेष सबके साथ उनका व्यवहार मोहित कर देने वाला था। अपनी पत्नी से उन्हें सदा घृणा रही। पीछे मुड़कर देखती हूँ तो अब लगता है कि जिस प्रकार वह सदा अपने परिवार को ऊँचा और पिता के परिवार को नीचा दिखाती रही, उसने स्वयं ही अपने लिए कठिनाइयाँ खड़ी की थीं। हमने अपने परिवार के इतिहास का केवल माँ वाला पक्ष ही सुना था और यह सोचते बड़े हुए थे कि केवल 'पाटिल' ही 'अभिजात्य' वर्ग के थे।

माँ के लिए जैसे इस घृणित व्यक्ति से शादी होना ही काफी नहीं था, उसकी आँखों की ऊपरी झिल्ली में खराबी (कोनिकल कॉर्निया) आ गई और वह लगभग अंधी ही हो गई। 60 वर्ष की उम्र में उसने ऑपरेशन द्वारा दूसरी झिल्ली लगवा ली थी (कॉर्निया ट्रांसप्लांट) जिससे उसे कुछ-कुछ दिखने लगा था। मैं कल्पना कर सकती हूँ वह दिल्ली और पूसा में कितनी हताश और अकेली रही होगी। आततायी पति, इर्द-गिर्द मँडराते चार छोटे-छोटे बच्चों से उसे कहीं मुक्ति नहीं थी।

विश्वविद्यालय का जीवन—और आगे क्या?

बी.ए. करने के लिए मैंने मद्रास के क्वीन मेरी कॉलिज में प्रवेश लिया। न जाने कौन से विषय थे। मुझे सच ही याद नहीं मैंने कौन से विषय पढ़े थे। मेरे पास न तो पाठ्य पुस्तकें थीं न मैंने कोई परीक्षा दी थी। कॉलेज में बहुत आनंद आता था। उसे 'विद्या का मंदिर' तो क़तई नहीं कहा जा सकता था। बल्कि कालेज एक ऐसे 'प्रतीक्षालय' की तरह था जहाँ से अगला कदम शादी की ओर जाता था। उन दिनों तीन वर्ष की पढ़ाई के बाद एक इम्तहान हुआ करता था। तो बस, तीन साल के बाद दो-चार किताबें उठाकर रात-दिन पढ़ाई की जाती और अंतिम परीक्षा दे दी जाती थी। हर विषय में मैं ठाठ से तृतीय श्रेणी में पास हुई। इसके बाद यह बात बहुत स्पष्ट रूप से समझ में आ गई कि पढ़ाई करने से मेरा उद्धार नहीं होगा। यूँ भी अपना कोई काम शुरू करने या नौकरी करने से मुझे सदा हतोत्साहित ही किया जाता था।

मैं यह भी मानती हूँ कि मेरे अपने भीतर भी कहीं कोई महत्त्वाकांक्षा नहीं थी। यह धुँधला सा अंदाज़ा था कि 'मेरी शादी करवाने' कोई नहीं आएगा। पिता ने तो परिवार

से हमेशा के लिए नाता तोड़ लिया था। माँ, जिसने अपने विवाहित जीवन का बड़ा भाग मार खाने और बीच-बीच में संतान को जन्म देने में बिताया था, मेरे संबंध में कोई निर्णय लेने को तैयार नहीं थी। मुझे अच्छी तरह याद है कि अच्छे अंक मिलने पर माँ कभी प्रशंसा नहीं करती थी, और यदि अंक खराब हों और परीक्षा परिणाम उसे न भी दिखाए जाएँ तो उसे कोई अंतर नहीं पड़ता था।

कॉलेज में तीन वर्ष मैं एक भयंकर समस्या बनी रही। अधिकांश अध्यापिकाएँ मुझे इस शर्त पर 'उपस्थिति' देने को तैयार थीं कि मैं उनकी क्लास से बाहर चली जाऊँ। यह एक प्रकार की संधि थी। कुछ अन्य छात्राओं के साथ मिलकर मैंने अपना एक 'गिरोह' बना लिया था। दूसरों को हम बड़े ही अनोखे ऊलजलूल लगते थे। जहाँ तक विवाह का प्रश्न था मैं मैदान में थी ही नहीं, अतः यह एक 'मज़ेदार' विकल्प प्रतीत होता था। कॉलेज के बाद मेरा भविष्य बहुत धुँधला था जहाँ न विवाह की संभावना थी न किसी कैरियर की। बी.ए. की डिग्री पाने के बाद मेरे लिए बस अध्यापन के द्वार खुले थे और मैं दृढ़संकल्प थी कि अध्यापिका नहीं बनूँगी। घर में इतना पैसा भी नहीं था कि मैं बी.ए. की परीक्षा उत्तीर्ण करने के प्रमाणपत्र के लिए आवेदन करती। इसका मतलब था कि टिशू की साड़ी, स्नातक का गाउन और टोपी पहनकर मैं दीक्षांत समारोह में नहीं जा सकती थी और न ही उस अवसर की ऐसी यादगार फोटो खिंचवा सकती थी जो दीवार पर बहन की फोटो के बगल में लगाई जाती।

तो क्या किया मैंने? कुछ नहीं! मैं बस कोट्टयम में अपने घर बैठ गई। माँ भी घर में ही थी। लगभग विधवा-सा जीवन, मगर फिर भी विधवा नहीं। हम दोनों घर में बैठे रहते और कुछ न करते। आज भी जब उन दिनों की बात सोचती हूँ तो छटपटा उठती हूँ। मैं बीस वर्ष की थी, जो जीवन की सर्वोत्तम आयु मानी जाती है। मैं भोजन पकाना सीख सकती थी, सीना-पिरोना सीख सकती थी, भाषाएँ सीख सकती थी। मैं एम.ए. की पढ़ाई कर सकती थी। परंतु हमने किया क्या? दुखों, तकलीफों से घिरे बैठे रहे। खाना खरीदने के लिए घर में पैसा नहीं था। हम उस थोड़े से धन के सहारे जीते थे जो पिता के काश्तकार हमें दे जाया करते थे। शोरबे के लिए हरा पालक था जो अहाते में उगा करता था। हम दोनों में से किसी में यह साहस नहीं था, बल्कि इच्छा भी नहीं थी कि इस विकराल अकर्मण्यता से बाहर निकलते जो सदा हम पर छाई रहती थी।

मैं जानती थी कि इस दुखदायी स्थिति से त्राण पाने के लिए हाथ-पैर मारने चाहिए। मगर फिर मैं करती क्या? कौन था जो मुझे काम देता? क्या थी मेरी योग्यताएँ? कौन था जो मुझे धन देता कि मैं आगे पढ़ सकूँ। क्या वह धन का अपव्यय न होता? हाँ, कहीं यह क्षीण सी आशा अवश्य थी कि किसी दिन पिता आ पहुँचेंगे और मेरा विवाह निश्चित कर देंगे। इस बीच मेरे विवाह की चर्चा दो बार

छिड़ी थी। सभी जानते थे कि न सिर्फ यहाँ से दहेज नहीं मिलने वाला बल्कि परिवार की पृष्ठभूमि भी विशेष अच्छी नहीं है, ऐसी स्थिति में 'देखे जाने' की तीखी शर्म की याद आज भी चुभती है। हम सबसे दयनीय किस्म की मध्यवर्गीय नैतिकता से ग्रसित थे। भाई मेरी शादी करवाने वाले नहीं थे। मैं उन्हें दोष नहीं देती। उन्हें दहेज देने में विश्वास नहीं था। वैसे भी, कोई संपत्ति तो थी नहीं। वे चाहते थे कि मैं काम करूँ। लेकिन तुम भला किसी लड़की से काम कैसे करवा सकते हो? वह भी ऐसी लड़की, जिसे बी.ए. की डिग्री के बारे में केवल मध्यवर्गीय बकवास सिखाई गई हो? मेरी बी. ए. की डिग्री का कोई अर्थ नहीं था।

जॉर्ज तभी इंगलैंड से लौटा था और कलकत्ता की एक कंपनी में काम कर रहा था। मैं कुछ समय उसके साथ रहने चली गई। मेरे जीवन का यह सबसे त्रासदायी वक्त था। घर में रहने से भी ज़्यादा दुख-भरा। यह सोचकर कि काम मिलेगा, मैंने टाइपिंग और शार्टहैंड का एक कोर्स शुरू किया। टाइपिंग स्कूल में बाकी सब एँग्लोइंडियन थे और हालाँकि उनके पास बी.ए. की डिग्री नहीं थी वे मुझसे कहीं बेहतर थे। आगे जाकर सभी बहुत अच्छे सेक्रेटरी बने। मैंने तो वह कोर्स दरअसल पूरा भी नहीं किया। मैं एकदम निकम्मी सेक्रेटरी थी। डिक्टेशन मैं कभी ले नहीं सकी और टाइप मैं कर नहीं सकती थी। बस 'बॉस' की भाषा ही सुधारती रहती थी। इस प्रकार बुद्धिहीन कार्य के लिए मैं बनी ही नहीं थी। पर करने के लिए और था ही क्या?

मैं तब 22 साल की थी। यह वह समय था जब मेरा भाई अपने दोस्तों से मेरा परिचय अपने 'गले पड़े ढोल' की तरह करवाता था। जार्ज घिसे-पिटे पुरुषोचित दंभ का नमूना है और दिल्ली के सेंट कोलंबस, सेंट स्टीफेंस और आक्सफोर्ड के बैलियोल कॉलेज में रोड्स स्कालर के रूप में पाई शिक्षा की आड़ में अपनी असलियत ढकने की बेतरह कोशिश करता है। हम पिता की छोड़ी विरासत को लेकर आपस में टकराए हैं। उसूलों के मुद्दे पर आपस में टकराए हैं। मगर वह कुछ यूँ दिखावा करता है मानो वास्तविकता कुछ और ही है।

पीछे मुड़कर देखती हूँ और सोच में पड़ जाती हूँ कि आखिर क्यों मैंने अपने जीवन को एक रूप देने के लिए कोई कदम नहीं उठाया। मेरे पास बी.ए. की डिग्री थी। मैंने बहुत सी किताबें पढ़ रखी थीं। 'पढ़ना' मेरे लिए एक ऐसी राहत था जिसमें मैंने खुद को, कॉलेज के दिनों में, और 'कुछ नहीं' के एक साल में डुबा दिया था। मुझे याद है 11 साल की उम्र में मैं 'गान विद द विंड', 'रे बेका' और वे सारी किताबें पढ़ चुकी थी जो बहन-भाई घर लाया करते थे। वे मुझसे क्रमशः 6 और 7 साल बड़े थे और हद दर्ज़े के पढ़ाकू थे।

मैं अभी तक अपनी निष्क्रियता समझ नहीं पाई हूँ। वह 'समय' एक कारण हो

सकता है। 1950 में जब कोई महिला काम करती थी तो वह डॉक्टर, नर्स या फिर टीचर हुआ करती थी। निश्चित रूप से मैं इन तीनों या किसी और काम के लिए उपयुक्त नहीं थी। जानती हूँ कि आत्मविश्वास का मुझमें नितांत अभाव था। कोट्टयम में बिताए एक साल ने मुझमें आत्मविश्वास जगाने के लिए कुछ नहीं किया था। मुझे याद है रिक्शे से मैं डॉक्टर के पास जाया करती थी। उन दिनों रिक्शे में एक कपड़ा लगा रहता था जिसे बारिश, धूप से बचने के लिए अपने ऊपर ताना जा सकता था। मुझे याद है सबसे पहला काम मैं यही करती थी कि कपड़ा ऊपर तान लेती थी, ताकि दुनिया मुझे देख न सके।

माँ से भी मदद नहीं मिली। अब मुझे लगता है उसका एकसूत्रीय कार्यक्रम बस अपनी रक्षा करना था। बहुत पहले, जब मैं दिल्ली में पढ़ रही थी, मुझे याद है वार्षिक परीक्षा का परिणाम निकला था। छठी कक्षा में मैं अव्वल आई थी। सारी सहेलियाँ मुझे प्रशंसा और विस्मय से देख रही थीं। मैं घर गई, माँ को परिणाम दिखाया। प्रतिक्रिया में उन्होंने एक गहरी साँस भरी। इस एक साँस ने कितना कुछ कह डाला—कि कक्षा के परिणाम मेरी रक्षा नहीं कर पाएँगे, कि मेरी नियति में बर्बाद होना ही लिखा है। इसके बाद मैंने फिर उनसे अपने स्कूल क्या कॉलेज के परीक्षा परिणामों की बात भी नहीं कही। मुझे याद है कि मेरे अंक बहुत तेजी से गिरे—नीचे, एकदम नीचे—जहाँ कोई आशा शेष न रही। उस खोह में, जहाँ बिना दहेज की पढ़ी-लिखी औरतें अपनी शर्म छुपाती थीं।

शादी, बच्चे...फिर अलगाव?

टाइपिंग और शॉर्टहैंड के अपने संदिग्ध ज्ञान के साथ मैंने कलकत्ता की 'मेटल बॉक्स कंपनी' के 'ऑफ़िस पूल' में सेक्रेटरी की हैसियत से काम आरंभ किया। जिस 'बॉस' के साथ मुझे काम पर रखा गया, उसे तो मैंने विक्षिप्त ही कर दिया। मैं वाकई बहुत खराब टाइप करती थी और मुझे नोट्स डिक्टेट कराना किसी के वश का नहीं था।

भाग्यवश तभी राजीव रॉय का पदार्पण हुआ, (याकि यह मेरा दुर्भाग्य था) जिसने मेरे सामने शादी का प्रस्ताव रखा। उसके पास जूट के कारखाने में अच्छी नौकरी थी और उड़ाने के लिए बेहिसाब पैसा। इन सारी बातों से मैं बहुत प्रभावित हो गई। उस समय मेरे सामने सबसे अहम् बात यह थी कि वह मुझे मेरे परिवार के साथ बीत रहे नारकीय जीवन से मुक्ति दिला सकता था। इसलिए मैंने, हालाँकि मैं उसे प्यार नहीं करती थी, मैंने उसका प्रस्ताव मान लिया। मेरा परिवार मुझसे छुटकारा पाने के इस मौक़े से—वह भी शादी के ऐसे मौक़े से जिसका वर्णन *फ़ेमिना* के पूरे दो पन्नों पर हुआ हो। आमतौर पर उत्साहित ही था। और हाँ, बिना दहेज़ की शादी का मौक़ा।

मैं यह नहीं समझ पाई कि रॉय अधिकतर नशे में रहता था। हमारी शादी के दिन

भी वह नशे में था। मगर परवाह किसे थी! मेरे जीवन का यह वैभवशाली दौर था। पैसा था, नौकर-चाकर थे, कारें थीं। जूट के कारख़ाने में, जहाँ वह नौकरी करता था और फिर असम के चाय-बागानों में जहाँ उसे जूट के कारख़ाने से निकाल दिए जाने के बाद काम मिला था—मैं महारानी की तरह रहती थी। हमारे पास, अलग-अलग समय पर 18 से लेकर 20 तक नौकर थे। जब तक सब था खूब ठाठ था।

मेरा पति एक भला आदमी तो था, हालाँकि वह जो था, वो था—एक शराबी। उसने कभी यह दिखावा भी नहीं किया कि वह शराबी नहीं है। हम एक-दूसरे के लिए नहीं बने थे। यह मेरी गलती थी कि मैंने उससे शादी की और हालाँकि कोई संघातक अनुभव नहीं हुआ, शादी मेरे जीवन का बहुत नकारात्मक समय रहा। मुझे मालूम था कि इससे पहले कि मैं किसी ऐसे भँवर में फसूँ जिससे निकल न सकूँ, मुझे इससे अलग हो जाना होगा। इससे पहले कि देर हो जाए, इससे पहले कि अपनी कोई शुरुआत करने की मेरी उम्र न रहे, मुझे चले जाना होगा। इसलिए मैंने दोनों बच्चों को साथ लिया और चली गई। मैं तब तीस बरस की थी। बेटा पाँच का, बेटी तीन की। मुझे अपने पति से कोई शिकायत नहीं। न मेरा उससे कोई संपर्क है न उसका मुझसे। मैं जानती थी वह ऐसा ही करेगा। मैं जानती थी उसे बच्चों की चिंता नहीं। मुझे खुशी है हमने एक-दूसरे से कोई रिश्ता नहीं रखा। मैं नहीं जानती अब वह कहाँ है और क्या कर रहा है।

वह बार-बार शादी करता है, तलाक़ लेता है। क़ानूनी तौर पर वह अब भी मेरा पति है। उसने कितनी बार शादी की, कितनी बार तलाक़ लिया इसका लेखा-जोखा मैंने नहीं रखा। मुझ पर इसका कोई असर नहीं होता। बहुत से लोगों ने मुझसे मुस्लिम महिला (तलाक संबंधी अधिकारों की रक्षा) कानून के बारे में टिप्पणी करने को कहा है। एक मुसलमान में, जिसकी किसी एक समय में कानूनी तौर पर चार बीवियाँ हो सकती हैं, और एक ईसाई में क्या अंतर है? वह भी चाहे जितनी शादियाँ कर सकता है। मेरे पति की अगर कई बीवियाँ हैं तो मुझे इसकी कोई विशेष चिंता नहीं। इतनी चिंता नहीं कि इसे एक से अधिक शादियों का दोषी ठहराने के लिए अदालतों की खाक छानूँ, पैसा खर्च करूँ। न ही तलाक़ लेने में मेरी कोई दिलचस्पी है।

दो बच्चे, न पति, न एक नौकरी और एक नया जीवन

स्थिति भयावह दिखती थी। इतना तो मालूम ही था कि घर में स्वागत नहीं होगा। मैंने पिता की ऊटीवाली कॉटेज में, जिसकी अब किसी को ख़ास परवाह नहीं लगती थी, अपनी गृहस्थी जमाई। पिता की मृत्यु हो चुकी थी। वे बिना कोई वसीयत छोड़े मरे थे। अब समझ में आता है कि यह उनका अंतिम प्रतिशोध था। मृत्यु के 35 साल बाद भी उनके उत्तराधिकारी बिना वसीयत की उनकी संपत्ति को लेकर कभी न ख़त्म होने

वाली कानूनी लड़ाई में उलझे हैं। अंतिम बाज़ी उनके हाथ ही रही।

मेरे लिए तो दो नन्हे बच्चों के साथ जीवन का यह बिल्कुल नया ही अनुभव था। बावजूद इसके कि कितनी ही बार हमारे पास अगले दिन का खाना नहीं होता था, एक नई चुनौती मेरे सामने थी। अपने बच्चों को वैसा जीवन, प्यार और शिक्षा देने के लिए, जिससे मैं वंचित रही थी, मैं अंतिम साँस तक लड़ने को कृतसंकल्प थी। यह एक नई 'मैं' थी। अपने आत्मविश्वास को उबारा, विश्वविद्यालय जाना और शिक्षा में डिग्री लेना तय किया ताकि मुझे स्कूल में अध्यापन की ज़रूरी योग्यता मिल जाए। दो बच्चों की अकेली माँ के लिए यह आदर्श समाधान होता। मेरी छुट्टियाँ बच्चों की छुट्टियों के साथ ही होतीं और मेरा पढ़ाने का समय उनके पढ़ने का समय होता। अध्यापिका की नौकरी अब मेरी दृष्टि में हेय नहीं रही थी।

लेकिन शीघ्र ही मैं जान गई कि अध्यापिका का जीवन विशेष तौर पर बहुत कठिनाई भरा होता है। मैं यह भी जान गई थी कि अपनी शिक्षा की डिग्री के प्रयोग का सर्वोत्तम तरीका यह है कि अपना एक किंडर गार्डेन स्कूल शुरू किया जाए। जब किंडर गार्डेन अच्छी तरह चल निकला तो मैंने ऊँची कक्षाएँ प्रारंभ की। पहले पाँचवीं, फिर दसवीं और फिर बारहवीं कक्षा तक। और जादू! चमत्कार! कॉर्पस क्रिस्टी हाई स्कूल की स्थापना के 35 साल हो गए हैं। केरल का तो यह सर्वश्रेष्ठ स्कूल है और पूरे भारत में अपनी उत्कृष्टता के लिए जाना जाता है। विश्वभर में यहाँ के छात्र देश-विदेश में गए, स्नातक पूर्व शिक्षा और देश के सबसे बढ़िया व्यावसायिक कॉलेजों में बहुत अच्छा काम किया, अच्छा नाम किया। अनेक छात्रों ने अपने पुराने अध्यापकों (हमें) को चौंका दिया कि उन्होंने कितनी प्रतिभाओं का बाँध तोड़ा है। ख़ास तौर पर हमें अपनी छात्राओं पर गर्व है जिन्होंने इस छोटे से आँगन में उगे आत्मविश्वास के सहारे बड़ी-बड़ी चुनौतियों का सामना किया है।

सबसे बड़ी बात है कि मैं खुश हूँ, आर्थिक रूप से स्वतंत्र हूँ, समाज में मेरा अपना महत्त्वपूर्ण स्थान है। यह सब कैसे हो गया, बता नहीं सकती। सच! किसी चमत्कार से कम नहीं।

त्रावणकोर ईसाई उत्तराधिकार कानून का निरस्तीकरण

1984 में 50 वर्ष की आयु में मैं इस योग्य हो गई थी कि अपने परिवार और सीरियाई ईसाई समुदाय को चुनौती दे सकूँ। इसके पीछे 25 साल पहले सहा गया अपमान था। माँ और भाई कई गुंडों को लेकर आ धमके थे और तुरंत वह कॉटेज खाली करने का फ़रमान जारी किया था, जिसमें मैं बच्चों को लेकर रह रही थी। तभी मैंने पहली बार त्रावणकोर ईसाई उत्तराधिकार क़ानून के बारे में सुना था जिसके अनुसार बिना वसीयत की संपत्ति में बेटियों का कोई हक नहीं बनता था। मैंने कॉटेज छोड़ने से

इनकार कर दिया था। कोई दूसरी जगह थी ही नहीं जहाँ मैं जाती। 350 रुपए वेतन में ऊटी पर किराए पर कमरे लेने का प्रश्न ही नहीं था। कोर्ट में कार्रवाई करना ही एकमात्र रास्ता था। कोर्ट भी केवल सुप्रीम कोर्ट। कार्रवाई का आधार समानता का संवैधानिक अधिकार। मुझे केरल सरकार तथा भारत सरकार से न्याय पाने का पूरा भरोसा था। मैं जानती थी कि मेरा पक्ष मजबूत है। 1984 में मैंने त्रावणकोर ईसाई उत्तराधिकार कानून को चुनौती दी। इस कानून के अनुसार बिना वसीयत किए मरने वाले की विधवा को इसकी संपदा में से जीवनपर्यंत एक तिहाई अंश, और बेटी को बेटे के अंश का एक चौथाई या 5000 रुपए में से जो भी कम हो, मिलता था। मैं यह मामला सिद्धांत की लड़ाई के लिए कोर्ट में ले गई। इस समय तक मेरे पास अपने भाइयों से अधिक धन आ चुका था। सौभाग्यवश मैं अपनी आजीविका के लिए न भाइयों पर निर्भर थी, न माँ पर। जब मुझे मदद की ज़रूरत थी, सबने मेरा मखौल उड़ाया था। कोई वकील मेरा मुकदमा लेने को तैयार नहीं था। अब 25 सालों के बाद मैं आर्थिक रूप से आत्मनिर्भर हो चुकी थी, इसलिए 'लोग क्या कहेंगे,' की तरफ से उदासीन थी। मैं दिल्ली पहुँची, एक वकील खोजा जिसने सुप्रीम कोर्ट में एक जनहित याचिका दायर कर दी। इस प्रकार मैंने 1984 में संविधान के अनुच्छेद 14 और 15 के तहत संवैधानिक समानाधिकारों के उल्लंघन के लिए त्रावणकोर ईसाई उत्तराधिकार कानून को चुनौती दी।

सुप्रीम कोर्ट ने फरवरी 1986 में इस कानून को निरस्त कर दिया। चर्च ने, विधान मंडल ने, प्रेस ने तब घोषणा की थी और अब भी यही घोषणा करते हैं कि इस निर्णय से ऐसी अनहोनी घटनाएँ घटेंगी कि समूचे केरल में उथल-पुथल मच जाएगी, कानूनी अदालतों में मुकदमों की बाढ़ आ जाएगी, धनिक सीरियाई ईसाई समुदाय पर घोर आर्थिक संकट छा जाएगा। उनके सारे लेन-देन—संपत्ति की बिक्री, बैंक सिक्योरिटी वगैरह सब अमान्य हो जाएँगे। यह आशंका भी व्यक्त की गई कि लगभग 30,000 ईसाई नन्स, जिन्हें दहेज नहीं मिला था क्योंकि वे चर्च की परिणति थीं, अब अपने पिता की संपत्ति में अपने हिस्से की माँग करेंगी।

ग़ौरतलब है कि सुप्रीम कोर्ट ने यह कानून सामान्य तौर पर बिना वसीयत की संपत्ति के मामलों में फैसला देने के लिए बनाया था। विशेष रूप से मेरे मामले के लिए नहीं। 1989 में मैंने, कोट्टयम जिला अदालत में पैतृक संपत्ति के छठे हिस्से पर दावा पेश कर दिया। अदालत ने मेरे खिलाफ फैसला सुनाया। उनका कहना था कि दो कारणों से इस बिना वसीयत की संपत्ति पर मेरा कोई अधिकार नहीं बनता—(क) माँ के जीवित रहते संपत्ति का बँटवारा मान्य नहीं होगा, उसकी मृत्यु के बाद ही बँटवारा वैध होगा। (ख) माँ, भाइयों और बहन ने मुझे उधम मंडल (ऊटी) में एक मकान भेंट में दिया था। अदालत मानती थी कि यह भेंट पैतृक संपत्ति के छठे हिस्से

के स्थान पर दी गई थी।

अदालत ने इस पर ध्यान नहीं दिया कि ये भेंट पत्र 1964 से 1966 के बीच समय-समय पर लिखे गए थे, अतः मूलतः और शुद्धतः ये उपहार ही थे। इन उपहारों के कागजात वकीलों की प्रतिष्ठित फर्म मेसर्ज किंग एँड पॉटरिज द्वारा बनाए गए थे। इस धर्म की शाखाएँ देश-भर में मौजूद हैं। और फिर जिस समय ये भेंट दी गई थीं त्रावणकोर ईसाई उत्तराधिकार कानून लागू था जिसमें परिवार की किसी भी स्त्री के हिस्से का प्रावधान नहीं था। जज ने मेरे हिस्से पर निर्णय देकर स्वयं अपनी ही बात (क) का उल्लंघन किया। देखें ऊपर (ख)।

इस फैसले के विरुद्ध मैंने केरल के हाई कोर्ट में अपील की है। अपील दायर किए पाँच साल होने को आए। एक छोटी सी तकनीकी भूल के कारण सम्मन की रसीद पर मद्रास वाली बहन (इस मुकदमे में एक पार्टी) के हस्ताक्षर होने से रह गए थे—पाँच साल बाद भी यह मुकदमा सुनवाई की स्थिति में नहीं है। आप समझ सकते हैं कि सुप्रीम कोर्ट तक पहुँचने में मुकदमे को कितने साल लग जाएँगे। फैसला यदि मेरे हक में होता है (यानी कि पैतृक संपत्ति में मेरा हिस्सा है) तो मुझे कोट्टयम की जिला अदालत में फिर मामला दायर करना होगा। और याचना करनी होगी कि मेरे हिस्से की संपत्ति का निर्धारण किया जाए—इसके लिए एक आयोग बैठाया जाएगा। तब भी यदि संपत्ति मेरे हवाले न की गई तो क्रिमिनल कोर्ट से गुहार करनी होगी कि कोर्ट इमाम द्वारा मेरी संपत्ति की जबरन कुर्की करवाई जाए। सब कुछ होते-हवाते 25 साल तो आराम से गुज़र ही जाएँगे। मैं इस पूरे प्रकरण को मज़ाक में उड़ा सकती हूँ। उन औरतों का क्या जिनका न अपना घर है न आमदनी?

संक्षेप में आपको यह भी बताती चलूँ कि अपनी सीमा लाँघने के लिए मुझे क्या कुछ भुगतना पड़ा। मेरे स्कूल ने वार्षिक दिवस समारोह पर टिम राइस और एँड्रयू लॉयड वेबर द्वारा रचित रॉक ऑपेरा 'जीसस क्राइस्ट सुपर स्टार' का मंचन करना तय किया था। कोरस की अगुवाई करने को समूचा शहर एकजुट होकर विरोध में उठ खड़ा हुआ—सारा समुदाय, जिला अधिकारी, पुजारी, मार्क्सवादी (जो ईसाइयों को खुश करने की फिराक में थे) मेरा परिवार। इसका अंत जिलाधिकारी द्वारा प्रदर्शन पर प्रतिबंध लगाए जाने से हुआ। मैंने सुप्रीम कोर्ट में प्रतिबंध को चुनौती दी। एक अंतरिम आदेश में सुप्रीम कोर्ट ने कहा कि स्कूल एक प्रदर्शन और कर सकता है। प्रदर्शन के दौरान स्कूल के बाहर ईसाई पादरी और पुजारी जो नारे लगा रहे थे वे ईसाई महानता और उदारता का शानदार नमूना थे :

'टाँगें तोड़ दो!'

'हाथी की तरह ज़ंजीरों से जकड़ दो!'

'सड़कों पर खून बहेगा।'

'स्कूल की इमारत पूरी तहस-नहस कर देंगे!'

सुप्रीम कोर्ट के फैसले का दूसरा पहलू

कोई भी सामाजिक कानून अपने साथ थोड़ी-बहुत अस्थिरता लाता है। 1986 तक एक सीरियाई ईसाई स्त्री का आधिकारिक मूल्य एक सीरियाई ईसाई पुरुष का एक चौथाई, या ठीक-ठीक कहें तो 5000 रुपए था। सत्तर लंबे वर्षों तक किसी ने इस स्त्री की तरफ से ज़रा भी विरोध नहीं किया।

चर्च, सरकार, अदालत—सब उस बहरी कर देने वाली खामोशी को जानते-बूझते बरकरार रखने के मुजरिम हैं जो कहीं 1986 में आकर टूटी। अब जबकि सुप्रीम कोर्ट ने न्याय किया है, उनका कहना है कि 'समुदाय संकट में है।' वास्तविकता यह है कि समुदाय आज जितना समृद्ध है पहले कभी नहीं था।

'क्रिश्चियन फोरम फॉर वीमेंस राइट्स' इस बात के लिए कृतसंकल्प है कि इस न्याय को हल्का करने के लिए कानून में कोई संशोधन नहीं होने देंगे।

मुख्य न्यायाधीश भगवती तथा न्यायाधीश पाठक (जिन्होंने सुप्रीमकोर्ट का निर्णय सुनाया था) यह स्पष्ट कर दिया था कि अपने निर्णय के पूर्वव्यापी प्रभाव के कारण उठने वाली संभावित समस्याओं से वे भली-भाँति अवगत हैं। किंतु फिर भी उन्होंने त्रावणकोर ईसाई उत्तराधिकार कानून को 1957 से निरस्त करने का विकल्प चुना (जिससे पूर्वव्यापी प्रभाव की अवधि बनी)। यही फैसला यदि स्त्री के संवैधानिक समानाधिकार को आधार बनाकर दिया गया होता तो इसका अप्रत्यक्ष प्रभाव किसी न किसी रूप में समूचे भारत पर पड़ता। इसकी तुलना में इस निर्णय से एक छोटे से समुदाय में अपेक्षाकृत कम अस्थिरता पैदा होगी।

मेरे पिता—स्वर्गीय पी.वी. इसाक की संपत्ति का मूल्य 1984 में, सुप्रीम कोर्ट में प्रस्तुत एक याचिका में एक करोड़ रुपए आँका गया था। धन कर विभाग के एक सीरियाई ईसाई अधिकारी ने इस मूल्याँकन का इस्तेमाल करते हुए बिना वसीयत की संपत्ति में मेरे इस छठे भाग पर धन कर के रूप में 7 लाख रुपए माँग थोप दी जो कि उनके दावे के अनुसार सुप्रीम कोर्ट के फैसले की तारीख यानी 1986 से मेरे कब्जे में था। मुझे तत्काल 3 लाख 50 हज़ार रुपए का भुगतान करने के निर्देश दिए गए थे—यह भी कि भुगतान न करने पर 3 लाख 50 हज़ार रुपए का जुर्माना और भरना पड़ेगा। तत्कालीन वित्तमंत्री मनमोहन सिंह और केंद्रीय प्रत्यक्ष कर बोर्ड के सचिव के हस्तक्षेप से ही इस आदेश पर रोक लगाई जा सकी।

पिता की मृत्यु के समय इसी संपत्ति का मूल्य उनकी विधवा द्वारा, मृत्योपरांत अनिवार्यताओं से बचने के लिए, केवल 15 सौ रुपए लगाया गया था। जिलाधिकारी ने इस मूल्याँकन का प्रयोग यह घोषणा करने के लिए किया था कि मुझे ऊटी में

15 हज़ार रुपए मूल्य की कॉटेज उपहार में दी गई है जो उक्त संपत्ति के कुल मूल्य से दस गुना अधिक है। इस प्रकार पिता की संपत्ति में से अपने हक का हिस्सा मैं पहले ही पा चुकी हूँ। इस प्रकार इन दो सर्वथा भिन्न मूल्याँकनों का प्रयोग (समुदाय द्वारा, मीडिया द्वारा और अदालत द्वारा) दो जबरदस्त डंडों की तरह, मौक़े की जब जैसी माँग हो, मेरी रॉय की मरम्मत करने के लिए किया गया है। पर हाय रे दुर्भाग्य! मेरी रॉय बार-बार मार खाती है, हार नहीं मानती। न ही सुप्रीम कोर्ट के फैसले को किसी तरह तोड़ने-मरोड़ने देती है।

अकेली माँ और बच्चे

मैं अक्सर बच्चों के साथ अपने रिश्तों को लेकर सोचती हूँ। एक अकेली माँ, जिसने बेहद कष्ट से अपने बच्चों को बड़ा किया है—पुराने दमे की मरीज़, तंगहाली से बदहाल और जो बात सबसे कष्टकर थी वह यह कि अपने परिवार, अपने दोस्तों, अपने समाज द्वारा बहिष्कृत। एक तलाक़शुदा औरत मज़ाक़ का विषय थी। याद नहीं पड़ता कभी किसी ने सहानुभूति का कोई एक शब्द भी बोला हो, सहारे के लिए कभी हाथ बढ़ाया मेरी एकमात्र दोस्त जो मेरी ही तरह एक तलाक़शुदा औरत थी और इसी प्रकार तीन बच्चों व नौकरी के साथ जूझ रही थी। भाग्य से, उसे अपने मायके का सहारा था।

मुझे याद है एक बार किसी सामाजिक समारोह में हम अपने केरली समाज के सदस्यों से मिले थे तो श्रीमती जॉनसन (स्थानीय डेंटिस्ट की पत्नी) ने वहाँ एकत्रित मेहमानों को जोर से फुसफुसाते हुए हमारा परिचय कुछ यूँ दिया था, 'इस्तेमाल की गई औरतें—इनके मर्दों ने पान की तरह चबाकर थूक दिया इन्हें।'

बहुत बाद में समझ में आया कि मेरे बच्चे इन सामाजिक बारीकियों से परिचित थे। बड़े होने पर मेरे लिए चिंतित होना तो दूर (और आभारी तो कतई नहीं) उन्होंने तो अपनी दशा के लिए मुझे ही दोषी ठहराया। मेरी बेटी का तर्क है, 'भूल जाओ जब मैं बच्ची थी तुमने मेरे लिए क्या-क्या किया। तुम मुझे खाना, कपड़ा और शिक्षा देना चाहती थीं, सो दिया। मैंने तो यह सब माँगा नहीं था। फिर आभार किस बात का? 18 साल की होने के बाद से न मैंने कुछ माँगा, न पाया।'

मैं उसे याद नहीं दिलाना चाहती कितनी बार उसने लौटाने के वादे के साथ मुझसे पैसा माँगा है। वादा जो उसने कभी पूरा नहीं किया—जब तक कि पिछले साल उसे छप्पर फाड़ धन नहीं मिल गया। अब वह बिना माँगे चेक भेजती रहती है। मैं उन्हें बाँट देती हूँ। मगर हाँ, खुश ज़रूर हो जाती हूँ।

क्या 'अमर प्यार और कृतज्ञता' के मार्मिक, भावभीने किस्से उन्हीं परिवारों तक

सीमित हैं जहाँ माँ और पिता दोनों एक दृढ़ सूत्र से बँधी इकाई का हिस्सा हों? ऐसे लोगों तक जिन्हें न उनका समाज आघात पहुँचा सकता हो और न परिवार? भारतीय समाज भी विचित्र है। जब किसी स्त्री के पति की मृत्यु होती है सब इसके साथ शोक मनाते हैं। थोड़ी देर के लिए। और फिर वह अपनी एकांत यात्रा पर निकल पड़ती है जिसके लिए वह कतई तैयार नहीं होती। जब किसी स्त्री का पति उसे तलाक देता है कोई इसके दुख में शामिल नहीं होता। वह सबकी जुगुप्सा का विषय होती है। दोस्त, परिवार, समाज की घृणा झेलती अपने रास्ते पर अकेली चलती जाती है। जब संतान साथ छोड़ जाती है वह किसी से अपना दुख नहीं बाँटती, कहीं से राहत नहीं पाती। अपनी खामोश व्यथा अकेली सहती है। अपने मृत बेटे के लिए मैं पहली बार तब रोई जब इसके एक दोस्त की शवयात्रा में शामिल हुई थी। वह भी मेरे बेटे की तरह पच्चीस साल का था। इसकी माँ ने मुझे दिलासा दिया, और किसी ने ऐसा नहीं किया था।

मुझे ऊटी में ब्रीक्स स्कूल तक—जहाँ मैं पढ़ा रही थी—पैदल चलकर जाना याद है। खाँसी का दौरा थमने तक मैं बिजली के खंभे को थामे खड़ी रहती थी, फिर थोड़ा दम लेती कि अगले खंभे तक चल सकूँ। और फिर वही ड्रामा दोहराया जाता। और भी शर्मनाक बात यह कि खाँसी और दमे के इन विकट दौरों के कारण मैं नियंत्रण खो बैठती थी और बाहर, बाज़ार में ही मेरा पेशाब निकल जाता था। घर पहुँचती तो बस, किसी तरह अपने बिस्तर तक पहुँच जाती। उबकाई इतनी जोर से उठती थी कि उल्टी हो जाती थी—वहीं बिस्तर के नीचे जमीन पर, क्योंकि मैं टॉयलेट तक जाने के काबिल नहीं रहती थी। मेरे बच्चे देखकर न डरें इसलिए मैंने अपना सबसे उम्दा, गर्म कंबल उस पर ढक दिया था।

लेकिन वे तो जानते ही थे। 5 या 3 साल की उम्र की तमाम समझ के साथ मेरे बच्चे, मेरे बेडरूम (जिसमें उनका प्रवेश वर्जित था) के बाहर बरामदे में सिमटे रहते और पूछते, "मम्मा! क्या तुम मर गई हो?"

बच्चों को पालना एक 'अभी और यहीं' होने वाला स्वर्गिक अनुभव है। परंतु एक अकेली माँ को नियमों से वाक़िफ़ होना चाहिए। इस अनुभव से मिलने वाली कड़वी मीठी संतुष्टि की अंतिम बूँद तक पियो। यह ऐसी नदी है जो सदा एक ही दिशा में बहती है—वर्तमान से दूर। प्रार्थना करो कि यह अनुभव कभी पलट कर दिशा न बदल दे—जीवन के अंतिम वर्षों में तुम्हें दूसरों का मुँह जोहने को विवश न कर दे।

मैं और मेरी बेटी

अरुंधती (मेरी बेटी) ने कम उम्र में ही जान लिया था कि सीरियाई ईसाई समाज में विवाह के बाज़ार में वह विशेष आकर्षक सौदा नहीं है, यह भी कि अपनी शर्तों पर जीने के लिए इसे कोई न कोई व्यावसायिक प्रशिक्षण लेना होगा। सबक सीखने में

इसने देर नहीं लगाई और अपनी 18वीं वर्षगाँठ पर मुझसे अलगौझे की माँग की। बगावत का लाल परचम लहराया और घोषित कर दिया कि अब वह मुझसे धन नहीं स्वीकारेगी। वह तब दिल्ली में, 'दिल्ली स्कूल ऑफ प्लानिंग एँड आर्किटेक्चर' के पाँचवर्षीय कोर्स के तीसरे वर्ष में पढ़ रही थी। इसकी इस हरकत ने मुझे बहुत परेशान किया मगर मैं अपनी बिटिया को जानती थी। मैं यह भी जानती थी कि आजादी के इसके कार्यक्रम में अगला काम विवाह करना था। जिस लड़के से इसका शादी का इरादा था उसे मैं जानती थी। मुझे वह ठीक-ठाक भी लगता था। मगर वह समय ठीक नहीं था। मैंने भी इसके सामने अपना कार्यक्रम रख दिया। वह जब चाहे अपनी योजना पर अमल करे लेकिन मैं फिर कभी उसके हॉस्टल की, कॉलेज की फीस अदा नहीं करूँगी। यह सुझाव मैंने ज़रूर दिया कि दो साल बाद जब हाथ में डिग्री आ जाएगी, आजादी मनाने का बेहतर मौका होगा। अरुंधती ने भी जिद पकड़ ली थी। इसी सबसे हम कई सालों तक एक-दूसरे से अलग-थलग रहे। जाहिर है यह शादी भागकर की गई थी और दूल्हा-दुल्हन दोनों को इत्मिनान था कि अपनी देखभाल वे खुद कर सकते हैं।

जब बेटे ने आजादी की और शादी करने की घोषणा की उसके साथ भी मैंने यही बर्ताव किया—दोनों को भाई जॉर्ज का आशीर्वाद प्राप्त था।

नहीं, मैं कठोर माँ नहीं थी। मैं एक ऐसी औरत थी जो इतनी बार चोट खा चुकी थी कि जानती थी, अगर मैंने फिर नरमी बरती तो मुझे भी चोट लगेगी, उन्हें भी। मेरे 'कठोर हृदय' और दोनों बच्चों की ओर से मुँह मोड़ लेने के लिए बहुत कुछ कहा-लिखा जा चुका है। मगर मुझे अपने किए पर गर्व है क्योंकि मैंने जो किया बहुत गहरी हिम्मत का काम था। आज दोनों बच्चे मानते हैं कि 'आज़ादी' आंदोलन से हम बहुत कामयाबी के साथ बाहर आ गए हैं। हम क्योंकि एक-दूसरे की इज्जत करते हैं, हमारे बीच रिश्ते कहीं अधिक मजबूत हैं।

'द गॉड ऑफ़ स्मॉल थिंग्ज़' इस सब कुछ का आख्यान है जो अरुंधती और इसके भाई ने अपने बचपन में उस घर में देखा, जाना, सहा था जहाँ उनकी माँ और इसके दोनों बच्चे अनचाहे मेहमान थे। यहाँ मैं इस किताब के कुछ अंश उद्धृत कर रही हूँ। 'बुकर पुरस्कार विजेता' से बेहतर इस कहानी को कौन कह सकता है!

उद्धरण 1.

जिस दिन चाको ने पिता की मार से माँ को बचाया, (बदले में पिता ने अपनी कुर्सी का किस्सा ख़त्म किया) बस उसी दिन इसने अपने पत्नी-सुलभ सामान की गठरी बाँधी और चाको के सुपुर्द कर दी। इस दिन से वह इसकी स्त्री-सुलभ भावनाओं को सुरक्षित रखने की तिजोरी बन गया। उसका पुरुष। उसका एकमात्र प्यार।

कारखाने की औरतों के साथ चाको के स्वच्छंद संबंधों की बात माँ जानती थी लेकिन उनसे अब उसे कोई चोट नहीं पहुँचती थी। जब कभी बेबी कोचम्मा इस विषय को उठाती, माँ व्यग्र हो उठती, होंठ कस लेती। 'अपनी मर्दाना ज़रूरतों को तो उसे पूरा करना ही है,' गंभीर स्वर में वह कहती।

आश्चर्य की बात है, बेबी कोचम्मा। इस वजह को मान भी लेती थी और गोपन, रोमाँचक, रहस्य-भरी 'मर्दाना ज़रूरतों' को अयेमेनम के इस घर में प्रच्छन्न स्वीकृति भी मिल गई थी। न तो माँ को, न ही बेबी कोचम्मा को चाको के मार्क्सवादी मस्तिष्क और सामंती काम प्रवृत्तियों में कोई विरोध दिखाई देता। उन्हें चिंता थी तो बस नक्सलियों की, जोकि सुनने में आया था कि अच्छे घरों के मर्दों को बलात् उन नौकरानियों से ब्याह करने को मजबूर कर देते थे जो उनके कारण गर्भ से थीं।

चाको के कमरे में जाने के लिए, जो कि घर के पूर्वी सिरे पर था, माँ ने अलग एक दरवाज़ा बनवा दिया था ताकि इसकी 'ज़रूरत' की चीजों को पूरे घर से गुजर के न जाना पड़े। उन्हें खुश करने के लिए माँ उनके हाथों में कुछ पैसे रख देती थी। पैसा वे रख लेती थीं क्योंकि उन्हें ज़रूरत थी। उनके बच्चे थे, बूढ़े माता-पिता थे। और पति थे जो अपनी सारी कमाई ताड़ीखाने में लुटा आते थे। यह व्यवस्था माँ को सही लगती थी, क्योंकि उनकी नज़रों में पैसा बहुत से भ्रमों को दूर कर देता था। प्यार को वासना से अलग कर देता था। भावना को ज़रूरत से। (पृ. 168-69)

उद्धरण 2.

यह वह बेडरूम था जिसमें पहले अम्मू को बंद कर दिया जाता था, फिर वह स्वयं को बंद कर लेती थी। जिसका दरवाज़ा चाको जोर-जोर से पीटता।

'इसके पहले कि तुम्हारी हड्डी-पसली एक कर दूँ, निकल जाओ मेरे घर से!'

'मेरा' घर 'मेरा' अन्ननास 'मेरा' अचार।

इसके बाद बरसों तक राहेल यह सपना देखती थी: बिना चेहरे वाला मोटा-सा आदमी एक औरत के शव के पास घुटनों के बल बैठा है। झटके से केश काटता है। शरीर की एक-एक हड्डी तोड़ता है। छोटी हड्डियाँ भी। उँगलियाँ। कानों की नर्म हड्डियाँ टहनियों की तरह चटकती हैं। टूटती हड्डियों के कड़कड़ाने की धीमी हल्की आवाज़। जैसे कोई पियानोवादक स्वर कुंजियों को मार रहा हो। और राहेल को दोनों प्रिय हैं। वादक भी, पियानो भी।

हत्यारा और शव

जैसे-जैसे दरवाज़ा पीटा जाता, अम्मू अपनी उँगलियों की कँपकँपी रोकने के लिए राहेल के रिबनों के किनारे, जिन्हें तुरपन की कतई ज़रूरत न थी, तुरपने लगती।

'वादा करो तुम हमेशा एक-दूसरे को प्यार करोगे,' बच्चों को अपनी तरफ खींचते हुए वह उनसे कहती।

'वादा' राहेल और एस्था कहते।

माँ के गले पड़े जुड़वाँ पत्थर। जड़ पत्थर। उन्होंने जो किया, लौटेगा, उन्हें खाली करने। मगर वह सब बाद में।

अभी तो वहाँ सब बस तितर-बितर था। जैसे चीज़ों से अर्थ की डोर निकल गई हो और वे इधर-उधर बिखर गईं। असंबद्ध। अम्मू की सुई की चमक। किसी रिबन का रंग। क्रॉस स्टिच के पलंगपोश की बुनावट। धीरे-धीरे टूटता दरवाज़ा। टुकड़ा-टुकड़ा चीजें, जिनका कोई अर्थ नहीं। जैसे जीवन की अप्रत्यक्ष रचना को रूपायित करनेवाली समझ—जो छवि को प्रतिबिंब से, चमक को प्रकाश से, बुनावट को कपड़े से, सुई को धागे से, दीवारों को कमरों से, प्यार को डर से, क्रोध को पश्चाताप से जोड़ती है—अचानक कहीं खो गई।

'सामान बाँधो और निकलो,' टूटे दरवाज़े को लाँघता चाको कहता। उसकी अस्पष्ट छाया सबको ढक लेती। हाथ में दरवाज़े का क्रोम हैंडल। अचानक विचित्र रूप से शांत। स्वयं अपनी शक्ति से चकित। विशाल शरीर। उसकी धौंस, उसकी अपनी असह्य वेदना की विराटता।

लाल रंग, टूटे दरवाज़े की लकड़ी का।

अम्मू बाहर से शांत, भीतर उद्विग्न—अपनी अनावश्यक तुरपन छोड़ ऊपर ताक़ती तक नहीं थी। टिन के रंग के रिबन गोद में पड़े रहते—इस कमरे में जहाँ रहने का अधिकार उसने खो दिया था। (पृ. 225-26)

पुनश्च : अम्मू की जगह पढ़ें मेरी रॉय;
चाको की जगह पढ़ें जॉर्ज,
राहेल की जगह पढ़ें अरुंधती, और
एस्था की जगह पढ़ें ललित (मेरा बेटा)

कुछ और उद्धरण अरुंधती राय द्वारा दिए गए साक्षात्कार से :

प्रश्नः *अपनी माँ के साथ आपके रिश्ते बहुत उलझे हुए रहे—आपने विद्रोह किया—बहुत कम उम्र में घर से निकाल दी गईं। क्या इस किताब से आप दोनों के बीच रिश्ते कुछ सुलझे हैं?*

उत्तरः हमारे रिश्ते बहुत पहले ही सुलझ चुके थे। यह किताब उन्हीं को समर्पित है। पर सच है। किताब पढ़ना उनके लिए बहुत ही दुष्कर रहा होगा। स्मृति और कल्पना के बीच निरंतर यात्रा तो दुखदायी रही ही होगी, इस सत्य का बोध कि हमें बचाने की उनकी हरचंद कोशिश के बावजूद, उनके सारे संताप, सारी पीड़ा संसार के प्रति रोष उनसे छनकर हम तक पहुँचते थे—मेरी समझ से और भी कष्टकर रहा होगा।

मेरा ख़्याल है कि जब उन्होंने पहली बार किताब पढ़ी होगी, ज़रूर अम्मू की जगह खुद को रखकर देखा होगा। अगर मैं कठोर सच कहूँ तो वास्तविकता ये है कि अम्मू का चरित्र वैसा है जैसा मेरा—यदि मैं माँ की जगह होती तो—होता। अम्मू ने, मेरी रॉय द्वारा उठाए गए कदमों के ठीक विपरीत कदम उठाए। माँ बहुत जिम्मेदार किस्म की थी। हाँ वह लड़ी, वर्तमान व्यवस्था को ललकारा, मगर सब कुछ बड़ी ही जिम्मेदारी के साथ किया।

माँ बहुत सच्ची है। उनमें नैतिक खरापन है। बहुत सम्मानित व्यक्ति हैं वे। जबकि मैं ऐसी नहीं हूँ। मुझे नैतिक नहीं कहा जा सकता। कम से कम नैतिकता की रूढ़िगत परिभाषा के अनुसार तो नहीं। मुझ पर तरह-तरह के आरोप लगाए गए हैं। कुछ सच हैं कुछ नहीं। लेकिन मैंने कभी बहुत अच्छी इंसान होने का दावा भी नहीं किया। मेरे चरित्र प्रमाण पत्र में यदि लिखा हो कि मैं नैतिक रूप से चरित्रवान नहीं हूँ तो इससे मुझे ज़रा भी परेशानी नहीं होगी।

प्रश्नः *आपने कहा है कि बुनियादी क़िस्म की आजादी को लेकर आप भीतर कहीं भय महसूस करती हैं?*

उत्तरः मुझमें कुछ ऐसा होगा जो ऐसा आभास देता है। मैं नहीं जानती वह क्या है। शायद इसलिए हो कि मैं एक तरह से एक नारीवादी स्वप्न को जी रही हूँ। मैं एक ऐसी औरत हूँ जिसके पास विकल्प है। जो चुनाव करती है, निर्णय लेती है और निर्णय चाहे जो हो उसका जिम्मा लेती है। इसलिए हो सकता है कि मैं एक ऐसी औरत प्रतीत होती हूँ जो बंधन मुक्त है—जाल से बच गई है—जिसे जीवन में कुछ सहना नहीं पड़ता।

लेकिन ये मैंने आसानी से नहीं पाया। सब कुछ मेरी झोली में यूँ ही नहीं आ गिरा। 18 वर्ष की थी जब मैंने घर की सुरक्षा, बढ़िया कपड़ों, जॉनसन्स बेबी लोशन की जगह आज़ादी चुनी थी। पर तब मैं 18 की थी। अब 37 की हूँ। मैं अब युवा विद्रोही नहीं रही। मुझे केवल कभी विदोह करने का लाभ मिल रहा है। मैं उतनी ही स्वाधीन हूँ जितनी कि मेरी जानकारी में कोई अन्य स्त्री।

सौभाग्यवश यह जानने के लिए कि मुझे किसी भी कीमत पर आजादी चाहिए न शादी करनी पड़ी, न किसी से दबना पड़ा, न मार खानी पड़ी। ऐसा शायद इसलिए हुआ कि माँ भी असाधारण थीं और मामा भी। दोनों एक-दूसरे से बात नहीं करते। मगर मामा ने, हालाँकि वे जानते नहीं, किसी न किसी रूप में मेरे नज़रिए को प्रभावित किया है। एक बार की बात मुझे याद है—मैं शायद 4 या 5 साल की थी, मेरा जन्मदिन था। सबकी तरफ से मुफ्त सलाह मिल रही थीं—'डटकर पढ़ो, क्लास में अव्वल आओ', मामा ने मुझे अपने कमरे में बुलाया और एक भड़कीला गहना दिखाया। मेरे लालची मन में तुरंत उसे पाने की लालसा जाग उठी। मामा ने पूछा,

"चाहिए क्या?" बिल्कुल चाहिए। मामा ने कहा, "इस शर्त पर दूँगा कि तुम फेल हो जाओ।" मुझ पर इस बात का गहरा असर पड़ा। असफलता अचानक बड़ी दिलचस्प चीज़ लगने लगी। पड़ताल करने योग्य। शायद पाने योग्य भी। भयावनी तो कदापि नहीं। यह समझ देने के लिए, जोखिम उठाने का साहस देने के लिए मामा मुझे सदा प्रिय रहेंगे।

अंत में, 'द गॉड ऑफ स्मॉल थिंग्ज़' के 'समर्पण' को उद्धृत करने की अनुमति चाहूँगी—

मेरी रॉय के लिए,
जिसने पाला, बड़ा किया,
सबके बीच उनकी बात काटने से पहले
'एक्सक्यूज़ मी' कहना सिखाया,
जिसने प्यार किया इतना, कि जाने दिया।

'एल.के.सी.' के लिए
जो मेरी ही तरह बच के निकल गया।

(इंडियन जर्नल ऑफ जेंडर स्टडीज़ जुलाई-दिसंबर-99 अंक से साभार)

अंग्रेज़ी से अनुवाद : रंजना श्रीवास्तव

पंखों तले की हवा

नवनीता देवसेन

नारायणी

1865 (?) -1952

मैं अपनी नानी को ज़्यादा अच्छी तरह से नहीं जानती थी। हाँ, इतना ज़रूर जानती थी कि उन्हें मुझमें कोई ख़ास दिलचस्पी नहीं थी। प्रथा के अनुसार विजया के दिन जब मैं उन्हें प्रणाम करने जाती थी तो वे उँगलियों की पोर से मेरा सिर हल्के से छूकर आशीर्वाद और मिठाई देती थीं—प्रथा के अनुसार। क्या वे मुस्कुराती थीं? क्या छूने में सहलाने का भाव होता था? क्या उन्होंने अपनी वह दंतहीन मधुर मुस्कान कभी मुझको भी दी जो वे दादा भाई के लिए सुरक्षित रखती थीं? याद नहीं। मेरे लिए उनका चेहरा कठोर और नज़र कहीं दूर हुआ करती थी। मेरे लिए वह केवल एक संस्कार थीं। मेरी नानी को अपनी नातिनों का कोई चाव नहीं था।

चूँकि मैं अपनी दीदी माँ यानी नानी नारायणी के बारे में बहुत कम जानती हूँ, इसलिए मैंने मामा की आत्मकथा पढ़ी। पति की मृत्यु के बाद उनके अंतिम दिन मामा के पास बीते। वे उनके प्रिय पुत्र थे। मामा बाबू ने लिखा है कि वे हमेशा एक समर्पित पुत्र बने रहे और संसार में ऐसा कुछ था ही नहीं जो वे अपनी माँ के लिए न कर सकते हों। उनका दाह संस्कार बहुत धूमधाम से हुआ और भव्य मेमोरियल सर्विस की गयी, कलकत्ता के कैंसर अस्पताल में उनकी स्मृति में एक निःशुल्क इलाज वाले बिस्तर का दान किया गया। वे हाटखोला के अभिजात एवं सामंती दत्ता परिवार की कन्या थीं। उन लोगों का नाम कलकत्ते के इतिहास में आता है। उत्तर कलकत्ता में उनकी घुड़साल, गैरेज, गोशाला वाली भव्य इमारत अब भी विद्यमान है जिसके भूतल पर टूटी पालकियाँ आज भी पड़ी हैं, सामने बड़ा-सा आँगन है जिसका रुख परिवार के उस मंदिर की ओर है जहाँ आज तक दुर्गा की वार्षिक पूजा होती है। मामा बाबू ने अपने पिता, चाचाओं, बाबा और परबाबा के बारे में बहुत विस्तार से लिखा है किंतु अपनी प्रिय माँ के बारे में एक शब्द से ज़्यादा कुछ नहीं। वह कौन थीं? वह

कहाँ से आयी थीं? उनके माता-पिता कौन थे? उनके कितने भाई-बहन थे? उनका समर्पित बेटा उनके बारे में ये सूचनाएँ देने को उत्सुक नहीं था। उनका नाम केवल एक बार आता है। वह भी एक धुँधली तस्वीर के नीचे शीर्षक की तरह से। किताब की इबारत में से तो बिल्कुल नदारद है।

पर इस नामहीन व्यक्ति ने जिसकी एकमात्र पहचान दर्जन-भर बच्चे जननाभर थी, (छह लड़के, छह लड़कियाँ) मामा बाबू की गृहस्थी पर शासन किया और वहाँ साँस लेते हर प्राणी को कठोर नियंत्रण में रखा। हम उनसे भयभीत रहते थे। नानी माँ रसोईघर के सामने फर्श पर एक अलार्म घड़ी, एक चमकीला पीतल का कैशबॉक्स, टोकरीभर सब्जी और हँसुआ लेकर बैठती थीं और वहीं से सारा घर चलाती थीं। आवाज़ उन्होंने कभी ऊँची नहीं की, मगर किसी की हिम्मत नहीं थी कि आज्ञा का उल्लंघन करे। उनके बच्चे उन्हें क्वीन विक्टोरिया कहते थे। यह नाम खुद नानी माँ ने अपने पति का रखा था क्योंकि वे एक डिप्टी मैजिस्ट्रेट थे और हमेशा कोर्ट में व्यस्त रहते थे। दीदी माँ बहुत गरिमाशालिनी थीं। साँवली और गुदगुदी-सी नानी पाड़विहीन सफ़ेद धोती बिना ब्लाउज के पहनती थीं क्योंकि विधवाओं के लिए सिले हुए वस्त्र निषिद्ध थे। छुटपन में वे साँवली, पर सुंदर थीं और नौ वर्ष की उम्र में ब्याह दी गई थीं। मामा बाबू की किताब में उनके छुटपन की एक तस्वीर है।

नारायणी का विवाह कलकत्ता के एक पुराने और प्रतिष्ठित परिवार में हुआ था। नारायणी के ससुर पंचानन घोष के नाम पर कलकत्ता में दो सड़कों के नाम रखे गये। हरिनाभि गाँव के पुराने जमींदार परिवार के वे विद्रोही बेटे थे। उनके द्वारा स्थापित कन्या विद्यालय, मंदिर और जलाशय आज भी वहाँ मौजूद हैं। मेरी माँ राधा रानी 1975 में उस स्कूल के पुरस्कार वितरण समारोह की अध्यक्ष बनी थीं, और बीस वर्ष बाद मैं भी।

नारायणी ने एक सरकारी अफ़सर की पत्नी का जीवन जिया। उस समय की देसी रियासत कूच बिहार के घर में एक विधवा वृद्धा द्वारा उनके बारह बच्चों की देखभाल हुई। वह विवाह के समय उनके पिता के घर से उनके साथ आयी थी। नारायणी की संतानों की बचपन की कहानियों में नारायणी से ज़्यादा इस वृद्धा का स्नेहपूर्ण जिक्र हुआ करता था। उसने उनके जीवन में दादी की जगह ले ली थी।

नारायणी के पति आशुतोष घोष एक कुशल प्रशासक और प्रबुद्ध हिंदू थे। जब वे कवींद्र टैगोर से मिलने गये तो अपनी बाल विधवा बेटी राधा रानी को भी साथ ले गये क्योंकि वह कविता लिखती थी। वह ब्रह्मसमाजी रीति के अनुसार टैगोर के आध्यात्मिक गीतों को गाकर सुबह की प्रार्थना करते थे। वह अनेक साहित्यिक पत्रिकाओं के ग्राहक थे और अपने बच्चों को एक भित्ति-पत्रिका निकालने के लिए भी उन्होंने प्रोत्साहित किया था।

नारायणी इन प्रार्थनाओं में कभी शरीक नहीं हुईं बल्कि इस विचित्र व्यवहार पर उनके व्यंग्य बाण चलते ही रहते थे किंतु उन्होंने पारिवारिक मामलों में नारायणी को पूरी छूट दे रखी थी। नानी की इच्छा सर्वोपरि थी। वे अत्यंत संकीर्ण, लगभग जड़ मानसिकता वाली थीं। उन्होंने ब्राह्मणवादी पितृसत्ता के मूल्यों को आत्मसात् कर लिया था और उन्हें खुद व अपनी संतानों पर ताक़त के साथ लागू करती थीं। वे स्त्री शिक्षा और विधवा विवाह के विरुद्ध थीं। लड़कियों से उन्हें सामान्यतः चिढ़ थी, लड़कों पर न्यौछावर थीं। दीदी माँ की मेरी सबसे गहरी स्मृति उनकी अंतिम स्मृति भी है।

गंगाजल

मामा बाबू उनके सिरहाने बैठे उनके खुले हुए होंठों में बूँद-बूँद गंगाजल सँभाल कर टपका रहे थे। दीदी माँ की साँसों में शोर था जिसकी आवाज़ सारे घर में उतर आए डरावने सन्नाटे को और भी गहरा करते हुए गूँज रही थी, हालाँकि घर लोगों से भरा हुआ था, मानो घर में कोई शादी हो। मेरे सारे अंकल, आंटियाँ और ममेरे, मौसेरे भाई-बहन जमा थे। सिर्फ़ अहसास अलग था। अँधेरा था और हवा में आशंका थी। दिन के दस बजे थे। दीदी माँ रात-भर इसी हालत में रही थीं। मामा बाबू भी। सब इंतज़ार में थे कि हो भी चुके। मैं चौदह वर्ष की थी। कोई मृत्यु देखी नहीं थी। कौतूहल था। दीदी माँ को मेरा कोई चाव नहीं था। असल में अपने बड़े बेटे की सबसे पहली संतान पद्मा दीदी के सिवा किसी भी पोती या धेवती का चाव नहीं था। मामा बाबू पैर सीधे करने को और शायद एक कप चाय पी लेने को उठ खड़े हुए और अपने बेटे के हाथ में काँसे का शुद्ध चमचा थमाकर गंगाजल की जिम्मेदारी उसे सौंप गये। दादा भाई ने अपने पिता की कुर्सी पर बैठकर दीदी माँ के मुँह में गंगाजल डालना शुरू किया। मैं देख रही थी। किसी ने मुझसे जाने को नहीं कहा था। दीदी माँ की आँखें बंद थीं, देह कम्बल से ढकी और सिरहाने गीता की छोटी सी प्रति। उनकी छाती जोर से उठ बैठ रही थी और हालाँकि चेहरे पर दर्द नहीं था, पर लगता था जैसे उनके भीतर एक बड़ा संघर्ष चल रहा था। दादा भाई भी उनको देख रहे थे। चेहरे पर तनाव था क्योंकि शायद दादा को वे प्रिय थीं। आख़िरकार दादा तो उनके लाड़ले थे। सब त्योहारों पर वे अपने पोतों-धेवतों के लिए नये कपड़े और मिठाइयाँ भेजती थीं, मेरे लिए कभी नहीं। दादा के लिए हर साल अचार बनाती थीं, मेरे लिए कभी नहीं। यह सोचकर मैं उदास हो जाती थी कि मेरी नानी कहानियों की वैसी वाली नानी नहीं थी जो अपनी धेवतियों-पोतियों को प्यार करती और परियों की कहानी सुनाकर सुलाती है। मेरी दादी का देहांत मेरे जन्म से पहले ही हो चुका था। ले-देकर एक नानी माँ ही थीं पर वह भी मेरी नहीं थीं। मेरे लिए उनके मन में ख़ास कोई भाव नहीं था और वैसा ही मेरे मन में भी। पर दादा के मन में शायद रहा हो। थोड़ी देर के

बाद दादा ने मुझे इशारा किया। बेचारे 'अंतिम साँस' वाली जिम्मेदारी से बोर हो चुके थे। उन्होंने अभी-अभी ही सिगरेट पीना सीखा था और बुरी तरह से तलब उठ रही थी। तो अपनी जिम्मेवारी मुझे सौंपकर बाहर निकल गये। मैं उनके बिस्तर के पास बैठकर बड़ी सावधानी से उनके खुले, सिकुड़े होंठों में गंगाजल टपकाने लगी। दीदी माँ की आँखें बंद थीं। वे न मुझे देख सकती थीं, न मेरी सेवा से इनकार कर सकती थीं। उनके लिए मुझे दुःख लगा। ऐसी ताक़तवर नानी जिनसे घर का हर प्राणी, मर्द हो या औरत सहमता था, ऐसी असहाय पड़ी हुई थीं। मुँह अधखुला, आँखें बंद, अजीब अनियमित लय में उठता-गिरता वक्ष, चुपचाप अपना अंतिम गंगाजल एक ऐसी लड़की के हाथों से पीती हुई जिसके लिए उनके मन में कोई प्यार नहीं था और जो खुद भी बदले में उनको प्यार नहीं करती थी। चमत्कृत-सी मैं देखती रही। देखते-देखते ही संघर्ष थम गया। शांति-सी थी। साँसों की आवाज़ अब सुनाई नहीं दे रही थी। गंगाजल की बूँदें ठोड़ी पर बह गयीं। मैं समझ गयी। खुद को अपराधी-सा महसूस किया कि इस क्षण की अकेली मैं साक्षी थी जबकि घर अधिकारी वयस्कों से भरा हुआ था। मैं खड़ी हो गयी। चम्मच रख दी और पुकारा, ''मामा बाबू, दीदी माँ साँस नहीं ले रहीं।''

तब नहीं जानती थी पर अब जानती हूँ कि नारायणी के जीवन की सबसे बड़ी विडंबना क्या रही होगी। कि मैं थी जिसने उन्हें आखिरी बूँद गंगाजल दिया और उनके अठासी बरसों के शुद्ध जीवन की पवित्रता को खतरे में डाल दिया। धेवती, वह भी विधवा विवाह की पैदाइश! इससे बड़ी दुर्गत और क्या हो सकती थी? शायद विवाहिता विधवा स्वयं!

गुरुदेव का पत्र

मेरा विवाह टूटा तो मेरे सामाजिक दायरे में तरह-तरह की प्रतिक्रियाओं में से एक हमारे परिवार के आध्यात्मिक गुरु की थी। वे एक स्नेही और शालीन व्यक्ति थे। संन्यासी। उन्होंने मुझे साँत्वना देते हुए लिखा कि यह तो होना ही था क्योंकि मैं अपनी माँ के पाप का भुगतान कर रही थी। राधारानी के दोष का फल मिला कि मेरे पति ने मुझे छोड़ दिया क्योंकि पुनर्विवाह करने वाली विधवा सतीत्व खो बैठती है और उसके पाप की गुरुता आने वाली पीढ़ियों पर असर डालती है। चीजों को सही जगह पर रखने के लिए अब मुझे करना यह चाहिए कि साँसारिक लालसाओं को छोड़ दूँ और आध्यात्मिक प्रबोध का जीवन चुनूँ। हालाँकि मैं आध्यात्मिक रुझान के दौर से ही गुजर रही थी पर इस पत्र ने मुझे अव्यवस्थित कर दिया। मेरी माँ के खिलाफ़ यह आरोप एक ऐसे व्यक्ति की ओर से आया था जिसने बहुत सहानुभूति के साथ, खुद मेरी माँ और सास के विपरीत, मुझे कोई दोष नहीं दिया था, लेकिन मेरी त्रासदी के लिए वे

एक अन्य निर्दोष स्त्री को दोषी ठहरा रहे थे। मैंने उनके अन्यायपूर्ण आरोप पर आपत्ति करते हुए उन्हें बीस पृष्ठों का एक पत्र लिखा। घर में यह ख़ासा बड़ा मसला बन गया और गुरुदेव के खिलाफ विद्रोह माना गया। मैं इस बात से चकित हुई कि घर में कितने सारे लोगों को उनकी बात में कुछ भी गलत नहीं लगा। और ताज्जुब यह कि मेरी माँ खुद इस सबसे अछूती रहीं। वे न क्रुद्ध हुईं, न उदास। केवल विनुदित हुईं। दरअसल उन्हें इस विचित्र व्यवहार की व्याख्या के लिए तर्क भी खोजना पड़ा। उन्होंने कहा कि नवनीता गुरुदेव की दुलारी है इसलिए उसको तो दोष वे दे नहीं पाये, लेकिन कारण तो कोई न कोई खोजना था और उन जैसे साधु आदमी के लिए यह कारण काफी ठीक-ठाक था।

राधारानी के लिए गुरुदेव का मतलब था कविवर रवीन्द्रनाथ टैगोर। उन्हें किसी आध्यात्मिक गुरु की ज़रूरत नहीं थी और मेरे माता-पिता में से कोई भी हिंदू नहीं था। असल में तो एक बार मेरी माँ का गुरुदेव के शिष्यों से झगड़ा-सा भी हो गया था। 1966 में मेरे पिता को दौरा पड़ा और वे मूर्च्छा में चले गये तो गुरुदेव उन्हें देखने आए। गुरुदेव का आना बड़ा भारी आशीर्वाद माना जाता था। बिना बुलाए आना तो और भी बड़ा। उनके साथ एक छोटी सी साधु मंडली लगातार हरे राम, रहे कृष्ण का जाप कर रही थी। द्वार पर गुरुदेव पहुँचे तो माँ भागती हुई नीचे आयीं और कीर्तन रोकने का अनुरोध करने लगीं। उन्हें डर था कि अवचेतन में अगर पिता ने सुन लिया तो कहीं यह न समझ लें कि वे मर चुके क्योंकि यह कीर्तन शवयात्रा में किया जाता है। ऐसा हुआ तो उनकी जिजीविषा नष्ट हो जायेगी। गुरुदेव ने धैर्य से उनकी बात सुनी और अपने कीर्तनियों को रोक दिया। पर माँ की याद वे एक भटकी हुई (outlandish) धृष्ट स्त्री की तरह करते रहे जिसे जाप की जादुई उपचार शक्ति में विश्वास नहीं था और जो एक शुभ शगुन को रोकते हुए ज़रा भी नहीं हिचकिचाईं, एक ऐसे संस्कार को जो विशेष रूप से उनके पति के उपचार के लिए उद्दिष्ट था। (मेरे पिता उस मूर्च्छा से उठ बैठे और इस घटना के बाद पाँच वर्ष और जिये) अस्तु! साधु को उनका श्रेय कि गुरुदेव ने मेरे तिरस्कार को बड़ी शालीनता से ग्रहण किया और कहा कि उन्हें मेरी माँ से क्षमायाचना करनी होगी। जल्दी ही वे उनके पास अनियंत्रित, अघोषित ही गये। माँ खुश हुई और जैसी सहजता से अपमान सह लिया था वैसी ही सहजता से यह सम्मान भी ग्रहण किया। यह घटना मैं कई कारणों से सुना रही हूँ। पुनर्विवाहित विधवा को जैसा अपमान इस समाज में अब तक सहना पड़ता है उसका यह एक उदाहरण है। राधारानी देवी जैसी जानी-मानी सांस्कृतिक हस्ती भी कोई अपवाद नहीं। इसके बावजूद जीवन के प्रति राधारानी की विवेकशील दृष्टि और आत्मविश्वास उनकी समर्थता में सहायक हुआ। यह घटना उन उलझनों का स्वाद भी चखाती है जो एक तलाक के कारण परिवार में हर एक के लिए खड़े हो जाते हैं। बेचारे गुरुदेव भी नहीं बचे।

राधारानी

1903-89

राधारानी अपने विवाह के पंद्रह दिन बाद अपने मायके कूच बिहार लौट आयीं और उनके युवा इलेक्ट्रिकल इंजीनियर पति युक्त प्रांत में अपनी नौकरी पर लौट गये। गौने के लिए उन्हें बड़ी (युवती) हो जाने तक प्रतीक्षा करनी थी। आठ महीने बाद उन्हें कलकत्ता लिवा ले जाने के लिए एक संदेशिया आया। वहाँ से उन्हें अपनी सास के साथ युक्त प्रांत जाना था जहाँ उनके पति पर 'एशियाटिक फ्लू' का हमला हुआ था। सास सुशीला एक प्रसिद्ध शल्य चिकित्सक की पुत्री थी जो शल्य चिकित्सा के दौरान पिता की सहायिका हुआ करती थीं। बच्चों को जन्म दिलवाने में कुशल और ज़रूरत पर हमेशा उपलब्ध होती थीं। अपने सबसे छोटे बेटे की मृत्यु पर भी वे उसका शव छोड़कर एक कठिन प्रसूति निपटाने के लिए ऐसा कहकर गयीं कि "इस बच्चे और उसकी माँ को तो बचना चाहिए।" नारायणी ने अपने बेटों में से किसी को राधारानी के साथ युक्त प्रांत भेजने से इनकार कर दिया। अगर उन्हें भी यह भयानक ज्वर हो गया तो? इसके अलावा, भगवान न करे, जमाई को अगर कुछ हो गया तो भाई को बहन वापस मायके लानी पड़ेगी और जीवन-भर का बोझ हो जायेगी। लेकिन मायके से अगर कोई भी वहाँ नहीं होगा तो ससुरालवाले बेवा का बोझा उठायेंगे ही! तो राधारानी लगभग अजनबी सास के साथ पति की मृत्यु शैया के सिरहाने बैठने के लिए पहुँचीं। उम्र तेरह साल।

मृत्यु उनके पहुँचने के पहले ही हो चुकी थी। चंदन चर्चित माथे के साथ वैवाहिक जोड़े में पड़े पति को देखकर राधारानी के हृदय में हूक-सी उठी। वह जानती थीं कि यह सुदर्शन युवक सदा-सदा के लिए जा चुका और वे कभी दोबारा उसको देखेंगी नहीं। उन्हें रोना आया। बाकी सब रो रहे थे। लेकिन राधारानी यह भी जानती थीं कि पति के लिए सार्वजनिक रूप से रोना बेशर्मी थी। उनकी बड़ी बहनें जब भी अपनी-अपनी ससुरालों से आतीं, अपने-अपने पतियों के लिए एकांत में ही रोतीं। पति के लिए अपनी भावनाएँ दूसरों के सामने प्रदर्शित नहीं की जातीं। राधारानी ने अपने आँसू रोक रखने के लिए सख़्त कोशिश की, एक बहादुर सिपाही की तरह जूझीं। बाद में लोगों ने कहा कि नयी बहू कैसी ग़ज़ब की पत्थरदिल है, एक बूँद आँसू तक नहीं टपकाया!

कलकत्ता वापस पहुँचकर सुशीला ने विरल साहस के साथ घोषणा की कि वे राधारानी का विवाह फिर से करेंगी। विधवा के लिए निर्धारित रूखे-सूखे भोजन की जगह पर उन्हें सामान्य शाकाहार देने की व्यवस्था हुई। विधवा के खुरदुरी पाड़रहित साड़ी के स्थान पर सामान्य सफ़ेद साड़ी भी पहनाई गयी। हालाँकि सिंदूर पुंछ गया और विवाह की चूड़ियाँ भी उतर गयीं पर सामान्य गहने पहनने दिये गये और केश भी मुँडित नहीं

हुए। इस बात की खबर लगते ही नारायणी ने अपने बेटे को भेज दिया कि बेटी को लिवा लाये। ऐसा अनैतिक आचरण वे कैसे होने दे सकती थीं—उनकी बेटी को दोबारा विवाह मंडप में बैठने की अनुमति असंभव थी। राधारानी वापस आ गयीं किंतु पिता पर आर्थिक बोझ बनकर नहीं जैसी कि उनकी माँ को आशंका थी। उन्हें अपने पति की बीमा राशि से अच्छी ख़ासी आय होती थी। किंतु उनकी मौजूदगी ही एक बोझ थी—एक अपशकुन! नारायणी ने उनके जेवर उतार दिये। उनकी घनी लटों को काटकर विधवाओं सरीखे मुँडित कर दिये। विधवा-सुलभ पाड़रहित सफ़ेद धोती पहनने और चादर ओढ़ने को विवश किया। अब से उन्हें विधवा के लिए निर्धारित हविष्यान्न भी एक जून खाने को मिलने लगा। राधारानी को जीवनपर्यंत वही भोजन करना था जिसे परिवार के शेष लोग केवल सूतक के दौरान खाते हैं। एकादशी जैसे व्रतों में राधारानी क्या खाती-पीती थीं? कुछ नहीं! अगर नहाते समय बेईमानी से दो-चार घूँट पानी निगल गयीं तो? इस पाप से बचाने के लिए नहानघर में निगरानी के लिए कोई बहन या सेविका मौजूद रहती जो उनके प्रायश्चित पर नजर रखती। नारायणी अपनी बेटी को कोई यंत्रणा नहीं दे रही थीं। वे केवल उसको अगले जन्म की संभाव्य यंत्रणा से बचा रही थीं। राधारानी को कपड़े से लेकर मंजन तक, पीने के पानी का घड़ा भी—जो भी चाहिए था उसका दाम वह अपनी जेब से देतीं। किताब, दवा, क़लम, स्याही, कॉपी, डाक टिकट भी वह अपने पैसे से ख़रीदतीं।

जल्दी ही राधारानी को समझ आ गया कि वह अकेली हैं। पैतृक घर में ही वह बाहरी हैं। उनसे कहा जाता था कि किताबें पढ़कर उन्होंने खुद वैधव्य को आमंत्रित कर लिया है। किसी और का नहीं उनका अपना दोष था कि युवा पति चल बसा। अपसगुनी आदतों वाली अपसगुनी जीव! पिता उन्हें प्रोत्साहन दे रहे थे। नारायणी ने उसे भी ख़त्म कर दिया। राधारानी को वापस ससुराल भेज दिया। उन्हें विश्वास था कि मुँडित सर, भयभीत और निस्तेज आँखों वाली का पुनर्विवाह ससुराल वाले नहीं करा पाएँगे। उनका रूप-रंग पूरी तरह से बदल गया था।

जब चौदह साल की मूक आँखों वाली राधारानी बिना किनार की सफ़ेद धोती पर चादर लपेटे, मुँड़े हुए सर के साथ नंगे पैर, निराकरण आ पहुँची तो उनकी सास दौड़ती हुई घर के बाहर हो गयी। यह निष्ठुर दृश्य देखना उनके लिए असंभव था। उनके बेटों ने उन्हें सांत्वना दी। राधारानी की इस अनाकर्षक छवि को देखकर उन्होंने कहा, ''आज से आप इसे अपनी सबसे बड़ी बहू की जगह पर अपना सबसे बड़ा बेटा क्यों नहीं मान लेतीं?'' ऐसा ही हुआ। राधारानी को मर चुके बेटे के पद के लिए प्रशिक्षित किया गया। उनको घर के आय-व्यय और स्कूली बच्चों की शिक्षा का भार सौंपा गया। वे स्वयं शिक्षित थीं पर अच्छी पढ़ी-लिखीं और जानकार थीं। बढ़े हुए उत्तरदायित्व के कारण कई प्रकार से वे परिवार का केंद्र बन गयीं। उनकी सास उनका

रंग-रूप बदलने में फिर सफल हो गयीं। उन्होंने उसे बाल बढ़ाने के लिए विवश किया। गले में एक सोने की चेन डाली, एक जोड़ी कंगन पहनाए, कानों में बुंदे और उन्हें कम से कम काले पाड़ की साड़ी और सैंडिल पहनने को भी विवश किया। जहाँ तक भोजन का सवाल था, हविष्य का बहिष्कार हो गया किंतु राधारानी उबली सब्जियाँ और दूध तक सीमित रहने के लिए कटिबद्ध थीं। उन्हें बौद्धिक और कलात्मक विषयों में रुचि रखने के लिए प्रोत्साहित किया गया। परिवार की गाड़ी उन्हें साहित्यिक और राजनीतिक सभाओं में जाने के लिए दे दी गयी। लेखक-पुरुष और स्त्री दोनों ही राधारानी से उनके घर में मिल सकते थे। उनकी बैठक साहित्यिक मित्रों के लिए खुली थी। बहुत से संबंधियों विशेषकर नारायणी ने इसकी बहुत आलोचना की लेकिन परिवार ने कोई परवाह नहीं की।

1920 के दशक में राधारानी की कविताएँ बड़ी-बड़ी साहित्यिक पत्रिकाओं में छप रही थीं। उस समय के सभी बड़े-बड़े लोगों के साथ उनका पत्र-व्यवहार था—न केवल लेखकों बल्कि प्रसिद्ध वैज्ञानिकों, दार्शनिकों, पत्रकारों के साथ भी। पोराबाजार कांग्रेस के अधिवेशन में उन्होंने भाषण दिया था और प्रेसीडेंसी कॉलेज में टैगोर के विषय में उनकी सटीक आलोचना को अनेक लोगों ने उद्धृत किया है। लेखक के रूप में अपने कैरियर का वे निर्माण कर रही थीं और शीघ्र ही बंगाल स्कूल के प्रसिद्ध कथाकारों द्वारा अलंकृत कविताओं के दो सचित्र खंड प्रकाशित हुए। कवि नरेंद्र देव के साथ मिलकर आधुनिक बांग्ला कविता का प्रथम संकलन उन्होंने संपादित किया। उनकी कविताएँ बड़े पैमाने पर प्रशंसित हुईं किंतु कुछ विचित्र समीक्षाएँ भी हुईं। राधारानी के दुस्साहसी लेखों और कहानियों का अन्यायपूर्ण मूल्यॉंकन, उनके व्यक्तिगत जीवन की पृष्ठभूमि में किया गया। आलोचकों ने उनके विचारों पर प्रहार किया। लीलामय रे (अन्नदा शंकर रे का उपनाम) ने कहा, "भाव और शैली की दृष्टि से शक्तिशाली, प्रौढ़ और प्रभावपूर्ण होते हुए भी इन्हें गंभीरता से नहीं लिया जा सकता क्योंकि हम जानते हैं कि ये भावनाएँ नकली हैं। लेखिका संभ्रांत परिवार की बाल विधवा है और उसकी कविता में निहित श्रृंगारिक आवेग केवल कृत्रिम रूप से अनुकृत है।" वास्तव में कलाकार के लिए जो प्रबल प्रमाण पत्र होना चाहिए था वही उसके आलोचकों के द्वारा दुर्बलता मान ली गयी। महिला लेखक का व्यक्तिगत अस्तित्व मुश्किल से ही उसके लेखकीय अस्तित्व से अलग देखा जा पाता है—राधारानी को भी यह ख़ामियाजा भुगतना पड़ा।

पुनर्विवाह के लिए घर छोड़ते समय राधारानी ससुरालवालों को बता नहीं पायीं। वे लोग अविश्वसनीय रूप से उन पर कृपालु थे। उन्हें देवी की तरह पूजते थे। इस छवि को वे कैसे तोड़तीं। दूसरे दिन सुबह दैनिक समाचार पत्रों में यह सनसनीख़ेज़ खबर छपी, "बंगाल की सांस्कृतिक विभूतियों की उपस्थिति में राधारानी दत्ता ने कवि नरेंद्र देव से विवाह कर लिया।" टैगोर और शरतचंद्र चटर्जी ने उनका साथ दिया। अख़बारवालों

ने उन्हें बंगाल का 'ब्राउनिंग युगल' कहा। यह घटना बरसात के दिनों में घटी थी—यह सप्ताह का कौन सा दिन या दिन का कौन सा समय था, मैं नहीं जानती। यह भी नहीं जानती कि उस दिन बरसात हुई थी या नहीं। लेकिन अपने मन में एक अँधेरी बरसाती रात देख पाती हूँ जब सफ़ेद साड़ी में एक दुबली-पतली लड़की खुद को पाने के लिए अपना घर छोड़ रही होती है—उन्मद पवने यमुना तरजत, घन घन गरजत मेहा।

जब राधा नाम की एक लड़की अपना ससुराल का घर छोड़कर अपने प्रेमी से मिलने निकलती है तो वह केवल बरसात की तूफ़ानी रात ही हो सकती है। मैं अक्सर सोचती हूँ कि दक्षिण कलकत्ता के भवानीपुर से मेरे पिता के गाँव के घर तक मेरी माँ के साथ कौन गया होगा।

कुंज पथे सखि कैसे जाऊँ, अबला कामिनि रे!

तेरह की आयु में विवाह, तेरह की आयु में वैधव्य, उन्होंने अकेले कभी यात्रा की ही नहीं थी...

राधारानी अट्ठाईस की थीं। नरेंद्र देव अविवाहित और आयु में पंद्रह वर्ष बड़े थे। देव परिवार को अली वर्दी खाँ से जागीरदारी मिली थी। इस परिवार के पुरुष हिंदू कॉलेज के पहले विद्यार्थियों में से थे। कई वर्षों तक कलकत्ता में उनका पारिवारिक घर अखिल भारतीय कांग्रेस का दफ़्तर बना रहा। परिवार ने विधवा के साथ पुत्र के विवाह को बिना हीले-हवाले के स्वीकार किया। उनकी पहली ससुरालवालों के दरवाज़े भी उनके लिए खुले थे। राधारानी के मायकेवाले ही स्वीकृति देने में अंतिम थे। मृणालिनी उनकी दूसरी सास एक शांत, मृदुभाषिणी विधवा, एक संभ्रांत और प्रबुद्ध कलकत्ता परिवार की कन्या थीं। बड़े और संयुक्त परिवार में यह प्रथम विधवा विवाह था। वे विचारों से उदार थीं किंतु विधवा विवाह के साथ जुड़े कलंक के कारण उन्होंने परिवार का पुश्तैनी घर त्यागकर बेटा बहू के साथ गाँव के घर को प्रस्थान किया ताकि संयुक्त परिवार की बिन ब्याही लड़कियों पर इसका कोई असर न पड़े।

एक प्रसिद्ध कवि होने के कारण मेरे पिता जानी-मानी सांस्कृतिक हस्ती थे। स्नेहशील और बच्चों के दोस्त और आयु में छोटों के साथ संवाद में कुशल थे। किंतु पिता के रूप में वे दूसरे थे। अपनी विनम्रता के कारण वे लोकप्रिय थे। उन्होंने मेरे जीवन में कभी हस्तक्षेप नहीं किया और न कभी मेरे विचारों में साझेदारी की न मैंने ही, उनके दो अवसरों के अतिरिक्त। और दोनों ही अवसर मेरी माँ के स्वास्थ्य से संबंधित थे। उन्होंने मुझे कविता लिखने और तुलनात्मक साहित्य पढ़ने को प्रोत्साहित किया। मेरे सहशिक्षा विद्यालय जाने से वे ज़्यादा प्रसन्न तो नहीं थे पर जब उच्च शिक्षा के लिए विदेश जाने की छात्रवृत्ति मुझे मिली तो उन्हें गर्व हुआ। उन्होंने प्रसन्नता से पति का मेरा चुनाव और अंतर्जातीय विवाह भी स्वीकार किया। अपनी नातिनों से उन्हें बहुत प्यार था पर मेरे तलाक तक वे जीवित नहीं रहे। पुस्तकों और कुत्तों से उन्हें प्यार था।

वही प्यार मुझमें और मेरी बेटियों में भी उन्होंने भर दिया। नरेंद्र को अपनी पत्नी पर गर्व था। वे उन्हें अत्यंत सम्मान, निष्ठा और प्रेम से रखते थे। केवल वही उनके लिए परिवार में कोई अर्थ रखती थीं, मैं तो महज़ फ़ालतू थी।

मेरा जन्म उनके विवाह के आठ वर्ष बाद हुआ। यह खबर भी अखबारों में छपी। यह भी छपा कि बच्चे का नामकरण रवींद्रनाथ टैगोर ने किया है। वह कथा नहीं छपी जो मेरे नाम के पीछे थी। जब मैं तीन दिन की थी तो एक पत्र हमारे घर आया। लिफाफे पर लिखा था नवनीता देव एट मालो बासा हिंदुस्तान पार्क, कलकत्ता। इसी पते पर मैं आज भी रहती हूँ। पत्र में लिखा था, "चूँकि तुम बहुत छोटी हो इसलिए मेरा उपहार अस्वीकार नहीं कर सकोगी। मैं तुम्हें यह नाम देता हूँ जो विरासत में तुम्हें अपनी माँ से मिला है।" जब राधारानी ने घर छोड़कर नरेंद्र देव से विवाह किया था तब रवींद्रनाथ टैगोर ने उन्हें नवनीता नाम दिया था जिसका अर्थ है नवग्रहीता पर मेरी माँ की स्वतंत्र अस्मिता ने यह उपहार यह कहते हुए अस्वीकार कर दिया कि उनके अपने नाम से दो पुस्तकें निकल भी चुकी हैं और उन्हें अपना नाम राधारानी प्रिय भी है और वे अपनी पहचान बदलने को तैयार भी नहीं, पर अपनी नवजात के लिए टैगोर का आशीर्वाद उन्होंने प्रसन्नता से स्वीकार किया।

अपनी पुत्री के अन्नप्राशन उत्सव पर राधारानी ने एक कविता लिखी। इसे हल्के हरे रंग की स्याही में चिकने कागज़ पर छापकर अतिथियों को बाँटा गया। अन्नप्राशन का निमंत्रण-पत्र मेरी ओर से लिखा गया था—उम्र नौ मास। निमंत्रण पत्र में नमस्कार मुद्रा में चमकती आँखोंवाली शिशु नवनीता का सीपिया चित्र था। साठ साल पहले यह एक नयी बात थी। स्पष्टतः शिशु कन्या पर माता-पिता ने बहुत ध्यान दिया था। निमंत्रण पत्र मेरे पिता का विचार था और कविता मेरी माँ का। कविता बहुत सुंदर और प्रभावशाली है। हर बार जब भी इसे पढ़ती हूँ मुझे दुख होता है, अपराधबोध भी! क्या मैं ऐसे माता-पिता के योग्य थी?

"सद्य प्रस्फुटित पंखुरियों सी निर्मल कोमल
सदा स्मिता सदा अनुपमा प्यारी बिटिया
सुबह नहाये हुए फूल सी द्युतिमय शोभा
घर में रखा कदम, यहाँ उल्लास भर दिया।
तुझमें बसी हमारी सारी शुभ आशाएँ
तुझमें परिणत प्यार हमारा, दर्द-विजेता
जीवन भर के अश्रु और स्मिति को मथ कर
पाया मेरा रत्न अमोलक, तूने अनंत शब्दात्पर
झरना खोल दिया है मेरे भीतर।
चिर संचित आदर्श और इच्छा अनन्त

और बाकी मेरे स्वप्न अधूरे
हो न सके जो सार्थक मेरे इस जीवन में
मेरी शुभश्री, बनें सफल जीवन में तेरे।
जीवन के रंगों में ऊँचे-ऊँचे उड़कर बेटी अजिता
दुख के द्वारा जीवन को सार्थक तुम करना
और किसी दिन श्रद्धानत हो दुनिया सारी
जीवन के उत्कर्ष क्षणों को श्रद्धांजलि दे।
जीवन से भी ज़्यादा प्यारी, प्यारी बिटिया आज इसी क्षण
भविष्य दूर पर बहुत दूर तक दृष्टि लगाकर
मात-पिता के दो हृदयों में एक प्रार्थना का गूँजे स्वर
अमर ज़िंदगी चमक रही हो सदा सर्वदा, सेवा तत्पर
वहाँ तुम्हें हम देख सकें जन-जन के मन में
अमर प्रेम की गोद जहाँ है, वहीं तुम्हें हम देख सकें
इस विस्तृत व्यापक विशद जगत में।
आत्मा की गहराई में रह गयी अगीत प्रार्थना मेरी
तेरे जीवन में स्वरित कंठ पा फूट पड़े और गान बने
जैसे आतप में खिल जाता कमल स्वयं पूरी महिमा में।
दुनिया को कर सको प्यार तुम, प्यार करे दुनिया भी तुमको
दुःखों और सुखों के संग जीवन की यात्रा सहज बने
उज्ज्वल प्रकाश से दीप्त बनी हों भावी राहें।''

कविता पर माता पिता दोनों के हस्ताक्षर हैं लेकिन लिखी मेरी माँ ने थी। उनकी आयु उस समय छत्तीस वर्ष की थी। वे और उनके पति पश्चिम बंगाल में पी.इ.एन. के संयुक्त संस्थापक सचिव थे। उन्होंने कलकत्ते में एक महत्त्वपूर्ण साहित्यिक संस्था खड़ी की जहाँ न केवल भारत के विभिन्न भागों से ही बल्कि विदेशों से भी लेखक आते थे। मेरे माता-पिता ने 1950 में एडिनबरा की पेन कांग्रेस में भारतीय पेन का प्रतिनिधित्व किया। मैं भी उनके साथ गयी। आठ महीनों तक परिवार ने यूरोप का भ्रमण किया। हम ब्रिटिश पार्लियामेंट देखने गये। हमने वहाँ चर्चिल को सुना। हमने जॉर्ज बर्नाड शॉ के साथ भी एक मुलाकात तय की किंतु जिस दिन मुलाकात तय थी उसी दिन उनकी मृत्यु हो गयी। फिर हम उनकी शवयात्रा में गये। हम यूरोप और इंगलैंड के प्रसिद्ध लेखकों के घर गये। फ्रांस, इटली और हालैंड के महत्त्वपूर्ण संग्रहालयों को भी देखा। युद्ध से नष्ट जर्मनी को देखा। नॉर्वे में मध्यरात्रि का सूर्य देखा। वैटिकन में पोप को देखा। राधारानी ने अपनी बेटी को एक भव्य शुरुआत दी।

वह मेरे माध्यम से जीना चाहती थीं जिसकी उम्र एक वर्ष से भी कम थी और

अभी तक प्रत्याशित प्रतिभा के कोई लक्षण प्रदर्शित नहीं कर सकी थी। उनके साथ बीते मेरी ज़िंदगी के इक्यावन वर्षों के दौरान उन्होंने अक्सर ये बातें मुझे बताईं। ये शब्द मेरे पिता के नहीं थे। वे महत्त्वाकांक्षी नहीं थे और मुझे हमेशा पड़ोस के स्कूल में भेजने के ही इच्छुक थे। उनकी इच्छाओं में जोखिम का कोई माद्दा नहीं था। माँ के स्वभाव में था। मुझे भय है कि मैंने उनकी प्रत्याशाओं को पूरा करने की कोई कोशिश नहीं की। वह मेरे हिसाब से कुछ ज़्यादा ही सबल थीं। वे जुझारू थीं, मैं पलायनवादी। अपने पति का मार्गनिर्देश खो देने के बाद मैंने फिर माँ को मुझे निर्देशित करने का मौका दिया। अब जब वे मेरे आस-पास नहीं हैं, मैं दुनिया की सड़कों पर बिना किसी नक्शे के, अनिश्चय के साथ भटक रही हूँ। उन्हें यह सोचना अच्छा लगता था कि मैं बेहद भोली और अपक्व हूँ और मैं उनकी सुरक्षा के बिना यथार्थ के बोझ से दब जाऊँगी। शायद मैं भी ऐसा ही समझती थी। मैं हर फैसले के लिए उन पर निर्भर थी और अपनी बुद्धि के बारे में मेरी राय ख़ास अच्छी नहीं थी। माँ ने कहा कि मैं प्रतिभाशालिनी और सृजनक्षम किंतु फूहड़, मूर्ख, आलसी तथा अव्यावहारिक हूँ। मैंने मान लिया। वह मेरी तुलना मेरी सहेलियों और छोटे चचेरे, ममेरे भाई-बहनों से करके साबित करतीं कि वे मुझसे बेहतर हैं। माँ ने कहा कि मैं कोई सुंदर लड़की तो हूँ नहीं इसलिए घंटों शीशे के सामने समय नष्ट करने की ज़रूरत क्या है? मैंने मान लिया और अपनी शक्ल के बारे में खराब राय बना ली। मेरे एक सहपाठी ने जब प्यार में पड़कर मुझसे कहा कि मैं संसार की सबसे सुंदर लड़की हूँ तभी से मैंने अपने को बदसूरत से कुछ ही कम सोचना शुरू किया। सच यह है कि आज भी तैयार होने के लिए मुझे सिर्फ हाथ का शीशा ही काफी लगता है।

परिवार में माँ ने कई बार छोटी-छोटी 'पहल' हासिल की। न सिर्फ अपने द्वारा बल्कि अपनी बेटी और नातिनों द्वारा भी। ननिहाल और ददिहाल दोनों ही ओर उनकी बेटी पहली बार सहशिक्षा विद्यालय की छात्रा बनी, शिक्षा के लिए विदेश गयी, कार चलाई और पी-एच.डी. पाई। पहली थी जिसने अंतर्जातीय विवाह किया, तलाक लिया और अकेली माँ की तरह बच्चों को पाला-पोसा। उसके पहले किसी भी स्त्री ने परिवार में नौकरी नहीं की थी, वह भी देश-विदेश दोनों जगह। मेरे जन्म के बाद ही माँ ने अपना साहित्यिक जीवन त्याग दिया था और बेटी के माध्यम से जीना अपना ध्येय बना लिया था। उन्होंने बेटी को वही स्नेह और सम्मान दिया जो समाज में एक बेटे को मिलता। उन्होंने मुझे वे सब मौके दिये जिनसे वे स्वयं वंचित थीं पर चुनने की स्वतंत्रता नहीं दी।

अभिभावक के रूप में उनके मालिकाना और तानाशाह रवैये ने मुझे निर्बल, सुकुमार और पारदर्शी बना दिया।

मेरी माँ मेरी सबसे अच्छी मित्र थीं और सबसे बुरी शत्रु भी! आज मैं जो भी हूँ,

उनके कारण ही हूँ और जो नहीं हूँ, नहीं हो सकी वह भी उनके कारण ही। उनकी प्रबल महत्त्वाकांक्षा का विनम्रता से विरोध करते हुए मैं स्वयं महत्त्वाकांक्षाविहीन हो गयी। मैं उनके सपनों के अनुसार चली तो सही पर मन और आत्मा से नहीं। मैंने अपने कैरियर पर ज़्यादा ध्यान नहीं दिया क्योंकि वह मेरी माँ को प्रिय था। मैंने अपना सर्वश्रेष्ठ करने का कोई प्रयत्न नहीं किया। इस तरह से मैंने माँ की इच्छा का प्रतिरोध किया। जो वह चाहती थीं, वह न किया न करने की कोशिश की। अब सोचती हूँ तो दोनों के लिए ही दुखी होती हूँ। उन्होंने मुझे कुछ ज़्यादा ही धकेला। खुली चुनौती देने की शक्ति मुझमें नहीं थी इसलिए भीतर से मैंने उनका प्रतिरोध किया और बेवकूफाना तौर से आत्मनाश में लग गयी। अब मेरे पास अत्यंत प्रतिभाशालिनी बेटियाँ हैं। उम्मीद है कि उनके साथ वैसी ही भूल मैं नहीं करूँगी।

ताज्जुब की बात है कि राधारानी यद्यपि स्वयं समाजद्रोहिणी थीं, अपना जीवन उन्होंने स्वयं रचा, जो चाहा सो किया, यह सोचने में समय नष्ट नहीं किया कि लोग क्या कहेंगे पर अपनी बेटी की बारी में ठीक इसका उलटा किया। मेरे बारे में कोई क्या कहेगा इसकी उन्हें ज़्यादा चिंता थी और मुझे भी उन्होंने दूसरों की राय को महत्त्व देना सिखा दिया। आज मुझे लगता है कि दूसरों—माँ, पति, सास-ससुर, पड़ोसी, सहकर्मी को प्रसन्न करने के लिए मैंने स्वयं को अपनी इच्छाओं से दूर बह जाने दिया। और अब मेरी बेटियाँ! माँ की तरह ही मेरे पति के लिए भी दूसरों की राय और सामाजिक आचार संहिता बहुत महत्त्वपूर्ण थी। अपने प्रसन्न और जंगली बचपन के दौरान मैं कोई शिष्ट सुसभ्य बच्ची नहीं थी और मेरी कथनी और करनी से माँ लज्जित रह जाती थीं। और ठीक ऐसा ही पति के साथ भी हुआ। बीसवें से तीसवें वर्षों के दौरान मैं शिष्ट सामाजिक वार्तालापों के बीच पथराव कर बैठती रही और मेरी माँ और मेरे पति में से किसी ने भी मुझे इसके लिए क्षमा नहीं किया। मेरी बेटियों का कहना है कि अब भी मैं ऐसा ही करके उन्हें लज्जित कर देती हूँ पर अब दुनिया मेरी आदी हो गयी है।

शादी के टूट जाने पर माँ के पास लौट आने के बाद मैं छोटी से छोटी चीज़ के लिए भी उनकी सलाह पर निर्भर हो गयी। व्यावहारिक हो या भावनात्मक या बौद्धिक। मेरे आत्मविश्वास का एकमात्र स्रोत बनकर उन्होंने मेरे भीतर से मेरी सारी गतिविधियों को नियंत्रण में ले लिया। मैं आत्मविश्वास खो बैठी थी। मेरी माँ ने भी मुझे एक वयस्क व्यक्ति की हैसियत से भरोसेमंद नहीं समझा। हालाँकि मैं उनकी इकलौती वारिस थी, खुद काफी कमाती थी और जुए या नशे जैसे किसी दुर्व्यसन का शिकार भी नहीं थी, लेकिन उन्होंने मुझे अपने बैंक खातों के बारे में नहीं बताया था और उनके देहाँत के बाद उनके खातों की खोज मेरे लिए एक दुष्कर काम बन गया था। व्यवसाय हो या विवाह, जीतने के लिए यह जोड़ पर्याप्त नहीं था। यदि मेरी माँ मुझ पर कुछ कम हावी होतीं तो शायद मैं एक भिन्न व्यक्ति बनी होती, इस आत्मविनाशक ताक़त से

मुक्त जो मुझसे आखिरी वक्त पर ज़रूरी कागज़ खो देने, महत्त्वपूर्ण मुलाकातों को भूल जाने, अंतिम समय सीमा को बिता देने, प्रस्तावों को खो देने और अवसरों को उपेक्षित कर देने को विवश करती है। मैं कोई और ज़िंदगी जी रही होती।

इक्कीस वर्ष की आयु में मैं जब अमेरिका जा रही थी, इंगलैंड में मैंने सगाई कर ली। इसकी सूचना हमने अपने माता-पिता को टेलीफोन पर दी। मेरे माता-पिता अमर्त्य से मिले नहीं थे पर वे खुश हुए। अमर्त्य के माता-पिता के साथ भी यही हुआ। हमारी जातियाँ भिन्न थीं पर किसी के भी परिवार ने विरोध नहीं किया। उस समय के युवाओं में हम दोनों ही सबसे ज़्यादा योग्य थे। हमारी सांस्कृतिक और आर्थिक पृष्ठभूमि एक जैसी थी। हमारा सामाजिक दायरा भी एक ही था। मेरी कविता की एक किताब बाज़ार में आ चुकी थी। हम दोनों के नाम टैगोर ने रखे थे। इसे हमारी सामाजिक प्रतिष्ठा का एक सूचक चिन्ह माना जा सकता है। सगाई के बाद हम दोनों कुछ दिनों के लिए वेल्स गये। वहाँ से हमने उल्लास-भरे पोस्टकार्ड अपने मित्रों और परिवारों को भेजे। वहाँ से जब हम वापस केम्ब्रिज पहुँचे तो एक तार हमारी प्रतीक्षा में था। अमर्त्य केम्ब्रिज में ट्रिनिटी कॉलेज में प्राइज फेलो थे। तार माँ का था "पोस्टकार्ड मत भेजो। मौज करो। आशीर्वाद, माँ।" तब हमें समझ आया कि हम न केवल पाप कर रहे थे बल्कि उसे विज्ञापित भी कर रहे थे।

अगली गर्मी में कलकत्ता वापस आकर हमने विवाह कर लिया। फिर मैं शिक्षा के लिए हार्वर्ड वापस चली गयी। एम.आई.टी. में असिस्टेंट प्रोफेसर की हैसियत से। अमर्त्य भी मेरे साथ गये। जिन दिनों मैं अमर्त्य का घर अमरीका, इंगलैंड, हार्वर्ड, बर्कले, न्यूवेनहैम कॉलेज (केम्ब्रिज) और दिल्ली विश्वविद्यालय में सँभाल रही थी, उन्हीं दिनों में मैंने दूसरा एम.ए. किया। पी-एच.डी. की और कई वर्षों तक पोस्ट डॉक्टोरल शोध भी करती रही। उन्होंने अध्ययन के मेरे प्रयास का समर्थन किया, मेरे शोध की विद्वता में विश्वास किया और प्रकाशन के लिए भी प्रोत्साहन दिया। वे एक के बाद दूसरा विश्वविद्यालय बदल रहे थे अतः नौकरी के लिए प्रोत्साहित नहीं किया। दुर्भाग्यवश उन्हें मेरे रचनात्मक जीवन में कोई रुचि नहीं थी। अपने मित्रों से उन्होंने कभी कवि के रूप में मेरा परिचय नहीं कराया। विवाह के पहले उन्होंने एक शर्त रखी थी, "घर में या तो कोई पालतू रहेगा या अमर्त्य। दोनों एक साथ नहीं।" वह मिलनसार, उत्तरदायी और स्नेही थे लेकिन अतिशय व्यस्तता के कारण घर की साज-सँभाल या बच्चों की देखभाल में मेरी मदद में असमर्थ थे। उनमें तानाशाही का या आधिपत्य का भाव नहीं था। पूरे विश्वास के कारण उन्होंने कभी रुपये-पैसे के मामले में कोई नियंत्रण नहीं रखना चाहा। घर के मामले में न कभी हस्तक्षेप किया और न सराहना की। मेरे माता-पिता के प्रति भी तब तक गरमजोशी से पेश आए जब तक विवाह भंग का फैसला नहीं कर लिया। विवाह के सोलह वर्ष बाद एक सभ्य शिष्ट तलाक हो गया। विवाह जब

तक चला, अच्छा चला। उनकी वर्तमान पत्नी एम्मा के साथ मेरी बेटियों के और खुद मेरे भी संबंध बहुत अच्छे हैं।

मेरी पहली संतान और पी-एच.डी. की डिग्री एक ही वर्ष की घटनाएँ हैं। मैं पच्चीस वर्ष की थी। कैम्ब्रिज से हड़बड़ी में कलकत्ता पहुँची ताकि मेरी संतान भारत की धरती पर जन्म ले। पूरी ज़िंदगी में मातृत्व ही मेरे लिए सबसे अधिक जादुई घटना रही। बाँग्ला में अपनी बेटी के लिए लिखी एक कविता मैं यहाँ उद्धृत कर रही हूँ ताकि अपनी भावनाओं का स्वाद आपको दे सकूँ। कैसा चमत्कार है, मैंने सोचा कि मुझे कुल नौ महीने लगे और मेरी कोख में जीवन विकास के वे सारे चरण पार कर गया—मत्स्य से लेकर मनुष्य तक जिसे पार करने में धरती को लाखों साल लगे।

अंतरा

अंतरा, आदिम जलों से उगी
जैसे पहला सूरज, चिर नवीन, चिर पुराचीन
तूने मुझे ब्रह्मांड बना दिया।
इतिहास और प्राक् इतिहास गुजर गये मेरे भीतर से
हाथों में हाथ डाले, विलंबित विकास में।

अंतरा तेरे कारण मैंने
अपनी पूर्वजाओं के
दस दिश आगार में
प्रवेश का अधिकार पाया।

अपनी मुट्ठी में थामे तेरी शिशु हथेली
मैंने भविष्य को अपना क़र्ज़दार बनाया।
अंतरा, एक क्षण में तूने पूरा काल भर दिया
तेरी ही शोभा से आज मैं
धरती की हमउम्र हुई।

जब मेरा विवाह छिन्न-भिन्न हुआ, मेरी उम्र चौंतीस साल की थी। तब तक मैं भारत, इंगलैंड और अमरीका में अपने पति के साथ ग्यारह पतों पर रह चुकी थी। दो बच्चे हो चुके थे और दो दिल दहलाने वाले गर्भपात। कई डिग्रियाँ पास थीं। नौकरी कभी की नहीं थी। शुरू में मैं जड़ रह गयी। मुझे कभी अहसास नहीं हुआ था कि मेरे विवाह में कोई गड़बड़ है। मैं हमेशा यही समझती रही थी कि हम एक प्रसन्न दंपति हैं। मेरा ख़याल था कि मेरे पास एक कमाल का पति है और मैं एक अच्छी पत्नी, माँ और गृहिणी हूँ और कुछ-कुछ आत्मविश्वास भी जुट गया था। हालाँकि अमर्त्य

बेहद व्यस्त होने के कारण घर में ख़ास हिस्सा बँटा नहीं पाते थे फिर भी मुझे लगता था कि वे चाहते, प्यार करते हैं। मुझे पता चला कि अब उन्हें मुझसे प्यार नहीं तो मैं चकित रह गयी। 'बकवास', मैंने सोचा, 'है कैसे नहीं!' लेकिन मैं ग़लत साबित हुई। लंदन की दुकानों में अस्थायी नौकरियाँ खोजते फिरने और लंदन हीथ्रो मार्ग पर अपनी लाल, जापानी, छोटी कार को प्राइवेट टैक्सी की तरह दो महीने चला चुकने के बाद मुझे कलकत्ता के अपने पुराने विश्वविद्यालय विभाग में एक नौकरी मिली। आठ और चार वर्ष की दो लड़कियों और दो सूटकेसों के साथ मैं अपनी माँ के पास लौटी और जादवपुर विश्वविद्यालय में नियुक्त हुई। मेरी सास आज मेरी एक अच्छी मित्र हैं। उन दिनों मैत्री नहीं थी। और मेरी माँ जिनकी शरण खोजती मैं लौटी थी, मेरे विरुद्ध थीं। पिता और ससुर दिवंगत हो चुके थे। बहुत मुश्किल थी। लोगों में कौतूहल था, क्रूरता थी। कलकत्ता मेरी गोपनीय ज़िंदगियों और मेरी गलतियों की उत्तेजनाप्रद कहानियों से उमड़ रहा था। मैं लंबे अरसे तक दूर रही थी। लोग हमेशा औरत को ही दोष देते हैं और कई बार गलत औरत को भी, मगर सौभाग्य से कलकत्ता में कुछ बहुत अच्छी दोस्तियाँ थीं जिन्होंने मेरा बहुत साथ दिया।

माँ बेहद विकल थीं। एक घोर सामाजिक आपदा आ पड़ी थी। तलाक़ एक गंदा शब्द था और दोष तो मेरे ही होने थे। माँ के मन में हमेशा अमर्त्य के लिए एक कोमल कोना था। सप्ताह-भर जीकर मर जानेवाला उनका पहला बेटा उसी साल पैदा हुआ था जिस साल अमर्त्य। इसके अलावा अब उनके पास एक विश्व प्रसिद्ध जमाई था, एक जानी-मानी हस्ती। उसे मैं अपने पल्लू से बाँधे क्यों नहीं रख सकी? मेरी ही गलती थी। हमेशा की नालायक मैंने ही उसे दूसरी औरत की बाँहों में धकेल दिया। 'दूसरी औरत के प्रेम में वह पड़ा ही कैसे? तुम क्या कर रही थीं?' (मेरी सास ने कहा था, 'तुम उसे खुश नहीं रख सकीं इसलिए उसे खुशी की तलाश में कहीं और जाना पड़ा') दोनों ही माताओं में से किसी को भी यह नहीं सूझा कि विवाह एक पारस्परिक बंधन है और पति का भी कर्तव्य है कि पत्नी को खुश रखे। दोनों औरतों में से किसी ने भी नहीं सोचा कि शायद इस जगह एक औरत के साथ अन्याय हो रहा है। दस साल बाद राधारानी ने, जब वे अस्सी साल की थीं और उनका दृष्टिकोण समय के साथ प्रौढ़ हो चुका था, मुझसे इस बात के लिए क्षमायाचना की कि पहले उन्होंने मुझको दोषी ठहराया था। प्रसंगवश, मेरी सास ने भी, छियासी साल की उम्र में, घटना के छब्बीस वर्ष बाद इसीलिए क्षमायाचना की!

ज़िंदगी को जितना दुखद होना था, माँ ने उससे ज़्यादा करके रखा। शुक्र है कि मैं उनसे सहमत नहीं थी। मैं जानती थी कि दोष मेरा नहीं था। मेरे हृदय में एक नया विश्वास धीरे-धीरे फूट रहा था। मैं लज्जित या अपराधी नहीं महसूस कर रही थी। माँ को लज्जा भी थी, अपराध भाव भी। इतना कि उनका नर्वस ब्रेक डाउन हो गया।

पहली बार मैंने जाना कि माँ ग़लत भी हो सकती हैं और कमज़ोर भी। ज़िंदगी में पहली बार ही मैंने यह भी जाना कि अमर्त्य के लिए मेरे साथ अन्याय करना संभव था और वह वैसा सबल व्यक्ति नहीं था जैसा कि मैंने हमेशा सोचा था। यह चौतरफ़ा पहचान का क्षण था। मेरी दुनिया रूप बदल रही थी और मैं नयी वास्तविकताओं के साथ सामंजस्य बिठाने के लिए जूझ रही थी। यह खुद अपने आपको खोज पाने का क्षण भी था जिसके विषय में पहले मुझे किसी ने कुछ नहीं बताया था। मैं विस्मित थी कि मुझे झूठा दोष देने वाली वह थी जो खुद भी एक शिकार रही थी, एशिया व्यापी महामारी में अपने पति की मृत्यु के लिए झूठे दोष की भागी! मुझे अपनी माँ के दोष दिखने लगे थे। मेरे बच्चों और घर के नौकरों के सामने ही घमासान दृश्य होते—माँ मुझे दोषी ठहराती हुई और मैं खुद पर तरस और क्रोध में बे-लगाम होती हुई! जब वे मेरे विरुद्ध क्रुद्ध उन्माद के अस्थायी दौरों में न होतीं तो सलाह देतीं कि अपनी ज़िंदगी मैं कैसे जीऊँ।

उन्होंने कहा कि पढ़ाई-लिखाई और बच्चों पर एकाग्र होकर मैं मर्दों को भूल जाऊँ। भावनात्मक-दैहिक संबंधों में हमेशा ही अनिश्चय का तत्त्व होगा और काबू नहीं किया जा सकेगा। दोबारा दिल न टूटे। दर्द से बेहतर है बचकर रहना। मेरा और मेरे बच्चों का भविष्य अब मेरी मेहनत पर निर्भर है। कामकाजी औरत का नया अध्याय अब मुझे शुरू करना चाहिए। वह इस बात के खिलाफ थीं कि मैं एक प्रादेशिक भाषा में लिखूँ। 'अंग्रेजी में लिखो', उनका आग्रह था, 'सारी दुनिया तुम्हें पढ़े।' जो थोड़ी बहुत प्रादेशिक सफलता मैंने पाई थी उससे वे खुश नहीं थीं। सफलता से उनका मतलब था राष्ट्रीय-अंतर्राष्ट्रीय पाठक समुदाय। और यह सेठ और राय जैसों के बहुत पहले की बात है, 'आधी रात के बच्चे' के भी पहले की। उनकी सलाह मैंने नहीं मानी। उन दिनों भारतीयों के अंग्रेजी में लिखने के प्रति मेरे मन में एक नैतिक-राजनैतिक विमुखता थी। मैं अपनी मातृभाषा में लिखती रही और मेरी माँ की तरह मेरे सर पर खड़ी वह मेरी वक्तृता को बाधित करती रही।

बच्चों को पालने-पोसने के मेरे ढंग में माँ को कोई दोष नहीं दिखा हालाँकि उनके अपने ढंग से यह बिल्कुल अलग था। इस एक बात में उन्होंने मेरी बहुत तारीफ की और बार-बार मेरी बेटियों को बताया कि तुम्हारी माँ जैसी अगर मेरी माँ होती तो मैं और कुछ माँगती ही नहीं। मेरी बेटियों के साथ उनका रिश्ता बहुत बढ़िया था, कहीं ज़्यादा बराबरी का, कहीं ज़्यादा मीठा और बहुत-बहुत रोब-दाब वाला! दोनों उन्हें पूजतीं, प्यार करतीं, नुक्स निकालतीं और देखभाल करतीं। मैं अगर व्यस्त होती तो माँ उन्हें कहानियाँ सुनातीं, सुलातीं अपने हाथों से खिलातीं। वह सारी साज-सँभाल जो मुझे मेरी दीदी माँ से नहीं मिली, उन्होंने अपनी 'दिम्मा' से पायी। संग-संग मौजमस्ती, संग-संग मजाक, साथ मिलकर गाना—मेरे लिए तो उनका व्यक्तित्व इससे बिल्कुल भिन्न रहा था।

लगभग दस बरस बाद वे इस निष्कर्ष पर पहुँचीं कि शादी के टूटने में दोष मेरा नहीं था। बाद के बरसों में अक्सर वह जो कुछ उन्होंने कहा था उसके लिए क्षमायाचना किया करतीं। जैसे-जैसे उन्होंने मुझे अपनी नयी जीविकाओं में जमते देखा (दो थी—समानांतर! एक अकादमीय दूसरी सृजनात्मक लेखन) वैसे-वैसे मेरे भविष्य को लेकर उनका तनाव घटा और चैन कुछ बढ़ा। उनके सपनों में से कुछ जैसे-जैसे साकार होने लगे। वैसे-वैसे अपनी बेटी के लिए उनका बेइंतहा प्यार वापस लौट आया। लौटने के बरस-भर के भीतर मैं अंतर्राष्ट्रीय कांफ्रेंस सर्किट में जा पहुँची थी, विदेश यात्राएँ, शोधपत्र प्रस्तुतियाँ, अंतर्राष्ट्रीय अकादमिक समितियों में कार्यकारी पदभार, विदेशों में विजिटिंग प्रोफ़ेसरी का काम विश्वविद्यालयों में काव्यपाठ, कलाकार बस्तियों में फेलोशिप आदि करती, सँभालती हुई देश में एक रचनाकार के रूप में मेरी स्थिति और मजबूत हो गयी थी। मैंने गद्य लेखन भी शुरू किया और एक प्रशंसक-पाठक समुदाय पाया। मैं प्रसिद्धि का सुख पा रही थी। मैं विकसित होना चाहती थी। मैंने बहुत मेहनत की। लड़कियों को मेरी ज़रूरत थी। मेरे अनेक मित्र थे। ज़िंदगी सुखद थी और अकेलेपन के लिए समय नहीं था। एक छत के नीचे एकल स्त्रियों की तीन पीढ़ियाँ यहाँ रह रही थीं। एक विधवा, एक तलाकशुदा और दो अविवाहिताएँ। किंतु नारायणी की छाया का दबाव हम पर नहीं था।

प्रसंगवश नर्वस ब्रेकडाउन के बाद माँ बिस्तरबद्ध होकर रह गई थीं और पूरी तरह से स्वस्थ कभी नहीं हुईं। शेष जीवन वह अपंग रहीं और दिन के समय जब हम सब बाहर होते थे, एक नर्स उनकी सेवा में तैनात रहती थी। इससे हमारे घर का बुनियादी स्वभाव और हमारी जीवनपद्धति बदल गयी थी। मौजमस्ती के बीच (हाँ, हमारे घर में ख़ासी मस्ती भी) किसी एक कोने में छोटा-मोटा आपातकाल हर समय खड़ा रहता था और हम तीनों उसका सामना करने को हर समय तैयार रहते थे।

माँ के अस्सीवें जन्मदिन पर हमने उनकी कविताओं का एक संग्रह प्रकाशित कराया। ये 'अपराजिता' के छद्म नाम से लिखी गईं कविताएँ थीं। छप्पन साल पहले प्रकाशन के अवसर पर पत्र-पत्रिकाओं में चर्चा का विषय बनी थीं। तीनों पीढ़ियाँ इस पुस्तक में शामिल थीं। माँ कवि की तरह, मैं संपादक की तरह, मेरी बीस वर्ष की बड़ी बेटी अंतरा प्रकाशक की तरह। कॉपी राइट छोटी बेटी नंदना के नाम था। उन्नीस सौ छियासी में इसे रवींद्र पुरस्कार मिला जो पश्चिम बंगाल का सम्मानित साहित्यिक पुरस्कार है। पुरस्कार की घोषणा के समय माँ पूरी तरह अशक्त हो चुकी थीं। मैं अमरीका में थी। भारत उत्सव में भारत का प्रतिनिधित्व करते हुए विभिन्न विश्वविद्यालयों में काव्यपाठ कर रही थी और भाषण दे रही थी। मेरी बड़ी बेटी अमरीका के स्मिथ कॉलेज में पढ़ रही थी अतः मेरी छोटी बेटी को ही नानी की जगह पर पुरस्कार लेने जाना पड़ा। राधारानी को कलकत्ता विश्वविद्यालय का भुवन, मोहिनी स्वर्णपदक (40 वर्ष बाद मैंने

भी पाया पर तब तक वह इसे देखने को जीवित नहीं थीं) लीला पुरस्कार आदि अनेक सम्मानीय साहित्यिक पुरस्कार प्राप्त हो चुके थे। उन्नीस सौ नवासी में मैं अतिथि प्रोफेसर की तरह कोलोराडो कालेज में थी जब माँ को लकवा मार गया। मैं नौकरी छोड़कर फौरन भारत वापस आई। पाँच महीने बाद उनका देहाँत हो गया।

अपने जीवन के अंतिम वर्षों में अस्सी की उम्र में माँ कहा करती थीं कि मैं उनकी एकमात्र मित्र हूँ। जो कुछ वे मुझसे कह सकती हैं वह संसार में किसी और से नहीं क्योंकि और कोई समझेगा ही नहीं—उन्हें समझना केवल मेरे लिए ही संभव था। मुझे प्रसन्नता भी होती थी और अपराध भाव भी। पता नहीं वे कहाँ तक सही थीं। क्या मैं सच ही उन्हें समझती थी? क्या मैं उनकी मित्र थी? आज साठ साल की आयु में मुझे भी ऐसा ही लगता है। मेरी बिटिया मुझे जितना समझती है, कोई और नहीं समझ सकता। जो साझेदारी उनके साथ संभव है वह किसी और के साथ नहीं। जो गहरा प्यार मेरी माँ को मेरे लिए था वही मुझे मेरी दोनों बेटियों के लिए है। मैं जानती हूँ कि उनके जीवन में मेरा एक विशेष स्थान है। दोनों विवाहित हैं। अपने-अपने कैरियर में व्यस्त हैं पर माँ उनके जीवन का एक महत्त्वपूर्ण हिस्सा है। यह उपस्थिति कुछ हद तक सकारात्मक है और शायद कुछ हद तक नकारात्मक भी। वे परिपक्व, संवेदनशील, ईमानदार और बुद्धिमती स्त्रियाँ हैं और अपने जीवन के निर्णयों के लिए अपनी माँ पर निर्भर नहीं हैं। ढेर सारी सृजनात्मक कल्पना उनके पास है और सभी प्राणियों से सहानुभूति भी। वे आत्मनिर्भर हैं और मिलनसार भी। आकर्षक और सुंदर भी हैं। कला में भी कुशल हैं। समय के साथ-साथ उन्होंने अपने पिता के साथ स्नेह और मैत्री के संबंध भी जोड़ लिये हैं—इस नाम को लेकर उन्हें कुछ समस्या है। वे इसे छिपाना तो नहीं चाहतीं मगर उछालना भी नहीं। जैसे-जैसे उनके पिता उन्हें वयस्क युवतियों के रूप में जान पा रहे हैं, वैसे-वैसे उनके निकट भी आ रहे हैं। मेरी माँ ने उनके कैरियर का आरंभ देखा था। आज यदि वे जीवित होतीं तो यह सत्य पहचान जातीं कि उनकी प्रार्थना सफल रही। वह हम तीनों में फैल गयी। अपनी प्यारी बेटी के लिए उनका सपना दो पीढ़ियों को मिलाकर कुछ पूरा हुआ है, कुछ और होना है। आत्मविश्वास की कमी के कारण पूछने से मैं डरती थी। अपनी बेटियों के लिए मेरे पास कोई प्रार्थना नहीं थी। माँ की प्रार्थनाएँ मैंने उनको दे दीं। आज घोसला खाली है। मेरी दोनों चिड़ियाएँ उड़कर अपने कर्मक्षेत्र में चली गई हैं। हर दिन मुझे उनकी कमी महसूस होती है। सबसे ज़्यादा कमी अपनी माँ की महसूस करती हूँ— हर क्षण! वह मेरे पंखों तले की हवा थीं पर उड़ान मैं भर नहीं सकी।

अंग्रेजी से अनुवादः प्रभा दीक्षित

कस्तूरी कुंडल बसै...

मैत्रेयी पुष्पा

'मैं ब्याह नहीं करूँगी' सोलह वर्षीया लड़की की इस घोषणा ने घर में प्रलय मचा दी। माँ-बाप के आगे सिर तक न उठानेवाली लड़कियों में एक साँवली और मामूली सूरत की लड़की से ऐसे दुस्साहस की उम्मीद कौन कर सकता है? जबकि वह जानती है कि लड़कियों को घरवाले मरने का शाप भी दें तो उन्हें हँसकर रह जाना चाहिए। गाली दें तो चुपचाप सहना उनकी शीलता है।

पीलिया के रोगी बड़े भाई की मूँछें तन गयीं। छोटे भाई ने कहा—मेरी ससुराल के लोग क्या कहेंगे? और माँ बोली—बिरादरी...? छोटे भाई ने अपने परिवार की महिमा के चाँद में बहन को कलंक ठहराया—ब्राह्मण परिवार के उपाध्याय गोत्र की सनाढ्य परंपरा में यह कुलकलंकिनी...

माँ की आँखों में उठती प्रचंड आग का कस्तूरी पर कुछ असर नहीं पड़ा तो भाई किस खेत की मूली है? लड़की की आँखों में ढीठपन था। घर के हर कोने से शोरगुल जाल की शक्ल में उसे चारों ओर से घेरने लगा। ऊपर से माँ ने अग्नि बाण छोड़ा—सिर काटकर रख देंगे भइया और मैं तुझे बचा नहीं पाऊँगी...मगर उसकी जिद, टस से मस न हुई।

रात के समय माँ उसके पास पहुँची और खाट के सिरहाने बैठकर उसके बाल सहलाने लगी। वह पागल की भाँति हड़बड़ाकर उठ बैठी और कठोर स्वर में बोली—तू मुझे फुसलाने आई है या जले पर नमक छिड़कने?

—नहीं बेटी, यह पूछने कि सारी उमर कुँआरे रहने से तुझे डर भी नहीं लगता?

—डर ही तो लगता है चाची (माँ) ब्याह से डर लगता है। मुझमें सती होने की हिम्मत नहीं। मैं मरना नहीं चाहती।

—तू सती क्यों होगी री? क्यों मरेगी?

—पति के मरने के बाद जल जानेवाली औरत को लोग पूजते हैं। सराहते हैं और जिंदा रह जानेवाली को जीते जी मार डालते हैं। मैंने सती रेशम कुँवर की किताब पढ़ी है।

—पर तेरा पति मरेगा क्यों?

—क्योंकि वह बूढ़ा और बीमार है, मुझे पता चल गया।

अब अनर्थ का सूत्र माँ के हाथ आ गया। इस बार उसका स्वर धीमा, तीखा और नोंकदार था—हाय कुभागी, तो तू पोथी-पत्रा पढ़कर बरबाद हुई है? मोती की माँ ठीक ही कहती थी—कस्तूरी की चाची, अपनी लड़किनी को रोका करो, मैं तो खुद भोगे बैठी हूँ तीसरे दिन रामश्री (बेटी) की चिट्ठी आ जाती है। डाकिया देखते ही मुझे जूड़ी चढ़ने लगती है कि आ गया रामश्री का दुखदर्द।

माँ ने धाँय-धाँय कूटा कस्तूरी को। वह गला फाड़कर गालियाँ भी देना चाहती थी पर लोग सुनते, फिर पूछते। ब्याह की मनाही लड़की कर रही है, कैसे बताया जाता? अतः उत्तर प्रत्युत्तर की ताक़त भी जाती रही, अंत में रोने लगी माँ। भीतर की अव्यक्त टीस आँसुओं की राह बहाती हुई सोचती रही—परिवार का क्या होगा अब? पति तो गोरों के गुलाम जमींदार की मार के मारे भाग गये। छोटा बेटा भी डर गया तो? बड़ा पीलिया का मरीज, ब्याह हो जाता तो जीने का सहारा पा जाता... पर यह अड़ियल लड़की! बड़ी बेटी रज्जो इसकी जगह होती तो गाय की तरह कहीं भी हँक जाती। आदमी की उम्र को रो रही है, इसका बाप तो जवानी में ही मेरा संग छोड़कर भाग गया।

कस्तूरी को पढ़ना अच्छा लगता है। उसके पास कलम न खड़िया और न तख्ती। धूप या उजियारी की रोशनी में रेत पर ओलम सीखी है। एक-एक अक्षर जोड़कर शब्द बनाये और मात्रा जोड़कर किताब पढ़ने लगी।

वैसे भी उसे कलम खड़िया कौन लाकर देता? इस गृहस्थी के खर्चों का अंत नहीं। न कपड़ा-लत्ता पूरे हों, न अन्न मसाले। ऊपर से बहू के नेग चार। सबसे बड़ा खर्चा सरकारी लगान, जितनी जमीन उतना ही सुरसामुख लगान। माँ के प्राण हाहाकार करने लगे। इस बात को किससे कहे? गला रुँधकर इस बात को भूल भी तो नहीं सकती क्योंकि रात की तरह घिरती आ रही बेटी की जवानी बेटों की राह का अँधेरा बन जायेगी। कलेजा टूक-टूक होने लगा तो उसने कस्तूरी को दुश्मन की निगाह से देखा। खूब धिक्कारा मन ही मन। अंत में बेटों को राय दी इसका ब्याह ऐसे तय करो कि भनक तक न लगे। ब्याह हुए पीछे कौन सी चूँ चपड़ करती है, फिर तो चुटिया पकड़ने वाला पाँच हाथ का आदमी सामने होता है।

...लेकिन कस्तूरी क्या ऐसी मिट्टी की बनी थी कि कोई भी रूँध ले। माँ ने बेटी के हाथ जोड़े, हा हा खायी। गोड़ गहे। पर वह तो जैसे वज्र हो गयी। ऐसी बेटी की माँ गले में कौर उतार सकती है, कि चैन से सो सकती है? लड़के बिगड़े बछड़ों से माँ के हाथ से छिटकने को तैयार। नकटी लड़की के बदले की सजा माँ को आसानी से दी जा सकती है। माँ फिर गुहारकर उठी—कस्तूरी, जिसकी बेटी कुआँरी रहे उसकी

सात पीढ़ियाँ गल गयीं। समझ ले।

वह बहरी हो गयी तो कलह और बढ़ी। मुकद्दर की मार कि तभी कुर्की का ऐलान हुआ। माँ ने गालियों की आँधी बेटी की ओर छोड़ दी। उसके जन्म को जी भरकर कोसा कि सबसे बड़ा बेटा मरा था, तब यह सतमासी हुई थी। क्योंकि माँ ने अपने पेट में पंसेरी मार ली थी। भंगिन खपरे में भरकर फेंके दे रही थी कि अभागी रो पड़ी। सख्तजान औरत क्या मारे मरती है? बेटों को रोग-धोग व्यापे, इसे कभी छींक तक न आई। गाय मरे अभागे की। बेटी मरे सुभागे की।

माँ की आशा टूट गयी कि कस्तूरी को देकर बदले में बड़े की बहू आ जाएगी... मगर बदले का ब्याह न होगा तो फिर यह लड़की भँवरेगी कैसे? कर्ज भी कोई नहीं देगा कि इसके ब्याह का खर्च उठे। बद्री बनिया के सिवा इस गाँव में गाँठ का पूरा कोई नहीं। आदमी की हैसियत केवल साहूकार या जमींदार की है। बाकी सब तो लगान और सूद की एवज मुफ्त हैं।

लड़की की देह का भराव देखकर माँ का मन सूखे डंठल सा काँपता। पीलिया वाले बेटे का चेहरा सूखे छुआरे सा दिखता। इस कंबख्त को भइया का दुख भी नहीं सालता। बहनें भाइयों के लिए कहाँ-कहाँ से नहीं गुजर जातीं।

अंग्रेजों का हुकुम—कुर्कियों का ज़लज़ला आ गया। ढोर डंगर, कपड़ा, ज़ेवर और घर के बर्तन भाँडों से भरपाई न हो तो जमींदार अपनी तसल्ली के लिए किसानों को पिटवाने पर जुट लेता। अपने लोगों पर जुल्म ढानेवाले जमींदारों की तरक्की और इ़नाम खिताब का भी ऐलान था। जो जालिम नहीं बन पाता, जमींदारी छीन ली जाती। भय और असुरक्षा निरंतर खूँखार बनाने में मदद देने लगे। किसानों के कपड़े उतरवा लेने के बाद चमड़ी उधेड़ने का हुक्म हुआ।

चमड़ी उतरवानेवाले समूह में बड़े भाई का नाम शामिल था। नंदनलाल वल्द ज्वालाप्रसाद उपाध्याय। माँ का कलेजा धड़कने लगा। कस्तूरी ने अपनी माँ के बहुत रूप देखे हैं—रोता-घबराता, चीखता-चिल्लाता और मुरझाया मौन चेहरा...मगर आज उसका चेहरा आग की तरह गनगना रहा था। अंगार जैसे चेहरे को लेकर कभी इधर भागती, कभी उधर जाती। कस्तूरी को वह अपने बेटे की दुश्मन समझती थी, उसका घर बसने के पहले उजाड़ देने वाली परकाला!...लेकिन कस्तूरी दिल पत्थर का बना थोड़े ही था? या वह रक्त-माँस की बनी हुई नहीं थी जो मन में उथल-पुथल न होती?

विपत्ति में माँ-बेटी एक हो जाती हैं, सहेली जैसी एक भाव। माँ कराहकर बोली—आठ आने ही होते तो जमींदार का नजराना ले जाते, वसूली की मियाद बढ़ जाती।

माँ का चेहरा देखकर कस्तूरी के चेहरे का रंग उड़ गया। घबराकर इधर-उधर देखा।

पतीली की जगह मिट्टी की हँडिया ने ले ली। लेकिन पढ़ैली पर पीतल के दो

कलशे भरे रखे थे। भगवान भी विपत्ति का इंतजाम रखते हैं। कस्तूरी ने सोचा।

माँ नागिन सी फुफकारती हुई गोरों की सात पुश्त का नाश नवाज रही थी और जमींदारी का धुआँ कर रही थी।

"चाची, हम कलशे बेच दें तो अठन्नी मिल जाएगी?"

"कलशे! कहाँ हैं कलशे?"

"पढ़ैली पर।"

"ये लोटे से कलशे। इनका क्या मिलेगा?"

कस्तूरी उन कलशों को लेकर बनिया के दरवाज़े पहुँची। तब बद्री बनिया खाट पर बैठा हुक्का पी रहा था और साथ बैठे एक आदमी से बातें करता जाता था।

कलशे उसकी खाट के पास रख दिए। इस बात का क्या मतलब है। भला साहूकार से ज़्यादा कौन जानेगा? लोगों की गृहस्थियाँ गिरवी रखने का अभ्यासी... आशय समझ गया और भीतर चला गया।

कस्तूरी अब दूसरे व्यक्ति को गौर से देख रही थी। जबकि उसका न मुँह इधर था न नजर। वह ऊँचे कद का रूपवान, उजले रंग का तराशी हुई मूँछोंवाला आदमी था, जिसने गाढ़े की बढ़िया कमीज और मारकीन की नयी शानदार धोती पहन रखी थी। बालों में तेल डालकर तिरछी माँग निकाले हुए था।

आठ आने! उसकी निगाहें चमक उठीं।

न नीलामी हुई, न कुर्की मची। बड़ा और छोटा दोनों भाई सलामत।

2

हठी कस्तूरी क्या कुँआरी रह पायी?

जिस सामाजिक विधान से डरकर भाग रही थी, वह इतना दयालु या कमजोर नहीं था कि उसे बख्श देता। माँ रोती या गाली देती, उसे गंभीरता से लेना बेटी ने सीखा नहीं था। कभी-कभी तो माँ की गालियाँ दुलार का हिस्सा होतीं। कस्तूरी ने समझ लिया था बच्चों की समस्याओं से जूझते-जूझते माँ की बोली ही ऐसी खरखरी हो गयी है।

अबकी बार भाभी थी। दो साल से रूठी हुई भाभी हाथों में चाँदी के कड़े और पाँवों में झाँझन पहनकर आई थी। छोटे भइया से खूब लगाव दिखाती हुई घर के वे काम भी निपटा रही थी, जिन्हें करने से पहले गुरेज था। माँ न मालूम क्यों चिड़चिड़ाकर रह जाती।

भाभी ने कस्तूरी को समझाने की ख़ातिर कहा था—किताबों में यही लिखा है कि ज़िंदगीभर भइया की छाती पर सिल की तरह धरी रहो? यह नहीं लिखा कि बेटी धान का पौधा होती है, समय रहते दूसरी जगह रोप देनी चाहिए।

—मैं कोई धान का पौधा हूँ? वह कहकर हँसी थी।

—तुम लड़की हो तो यह नहीं समझती कि जवानी में उसको रोटी कपड़ा वही देता है जो उसके संग सोये बैठे। बच्चा पैदा करे। यहाँ क्या अपने भइया के संग...

कस्तूरी ने अपने कान बंद कर लिए कि भाभी आगे क्या कह दे? गाली! इतनी बड़ी गाली! माँ सारी उम्र की गालियों में उसे यह बात नहीं समझा पाई। अभिमानी लड़की को पिछियाता हुआ भाभी का दुर्वाक्य घर के हर कोने से खदेड़ रहा था। और छाती से कपाल तक उस घर से उखड़ने के अपमान में जल रही थी, जिसमें उसने भाइयों की तरह एक दिन जन्म लिया था।

3

नई ब्याही दुल्हन चमकीले रथ में बैठकर दूसरे गाँव आ गयी। चादर की झूल ओढ़े हुए यह भी नहीं देख पाई कि वर कैसा है? संसार के अंधकार में उसकी छटपटाती आत्मा किस हवा धूप के लिए भटकती है? कस्तूरी को तो बँधकर रहना है और उस आदमी के पाँवों में सिर टेकना है, जो अब रोटी कपड़ा देनेवाला है।

उसके मन में रह-रहकर वह आँधी क्यों उठती है, जो उसको ही उखाड़ देगी। बेध्यानी में क्या-क्या तो सोचती रही? भूल गयी कि औरतें मुँह-दिखाई के लिए आ रही हैं। कि लड़कियाँ घूँघट खींच रही हैं और वह जिद की मारी उनसे हीलोहुज्जत कर रही है। कायदे से बुत की तरह नहीं बैठ रही।

''चल देवता पूज!'' किसी बूढ़ी ने कहा। उसकी तंद्रा टूटी।

उसे याद आया। रामश्री ने एक किताब में से पढ़ा था—देवता कहाँ हैं? कंकड़ पत्थरों पर दूध, पानी, धान, रोरी देने से क्या वे देवता हो जाते हैं। उसका घूँघट 'मना' में हिला।

असगुन! ''ओ आठ सौ की घोड़ी, मुफ्त में नहीं आई तू। भइया ने चाँदी के कलदार वसूले हैं,'' तड़तड़ाती जनानी आवाज ने कानों के परदे उधेड़ दिये।

उसने झटके से घूंघट उतार दिया! दूल्हा सकपका गया। औरतें सन्न रह गयीं।

सारे भ्रम टूट गये। पर्दे फट गये। भाभी के झाँझन और कड़े!

दो कलशों का मोल आठ आने, साथ ही हुआ उसका सौदा—आठ सौ में!

दूल्हा वही था जो बद्री बनिया की खाट पर साथ बैठा उससे बतिया रहा था। क्रोध, दुख, अपमान और धिक्कार...यहाँ से वह कहाँ निकल भागे? माँ की गर्दन दबोच ले जाकर, उसी पर हक है। किस बात का हक। उसने क्या बेटी की इच्छा की होगी? फिर भी क्यों हो जाती हैं बेटियाँ? बेटों का शुभ चाहनेवाली माँ उसके जन्म को सार्थक तो मान रही होगी, खेती ने दगा दी, वह काम आ गयी!

रिवाज भी क्या-क्या गजब ढाते हैं। बेची हुई बहन को भाई खुरमे और लड्डुओं की टोकरी लेकर विदा कराने आ गया। यहाँ भी भट्टी चढ़ी। दोनों लोग नफा कमाये

व्यापारी की तरह जश्न मना रहे हैं। स्तब्ध बैठी रही कस्तूरी, आँखों से टपकता गर्म पानी आँचल में सोख लिया।

लौटकर मायके आई तो माँ ने उसे छाती से लगा लिया और बिलख-बिलखकर रोने लगी। मोहल्ले की औरतों ने देखा—नहीं रोई तो कस्तूरी! और माँ की सिसकी बंद नहीं।

भाभी परात में पानी लेकर आई और बोली—'पाँव धुला लो।'

माँ का कंधा, परात, पानी, पाँव...उसने कुछ नहीं देखा। कुछ नहीं सुना। मोहल्ले की औरतों के जाते ही बोली—कल जाऊँगी। वहाँ अपाहिज ससुर हैं।

कल! माँ भाभी देखती रह गयीं जैसे हारकार भी जीत रही हो वह।

रात में माँ उसके पास ही सोई थी। खाट से खाट भिड़ाकर। हर माँ की तरह बेटी की ससुराल के बारे में जानने की इच्छा थी, जो कुछ ब्याह के पहले से मालूम था, उसको कस्तूरी कहे, तब सच है।

कस्तूरी अब क्यों कुछ कहे? क्या बदलने वाला है? आठ सौ चाँदी के कलदार, उसकी कीमत भरनेवाले के यहाँ क्या कोई अलग दुनिया है? उस गाँव में क्या अंग्रेज के नुमाइंदे जमींदार का राज नहीं? वहाँ की धरती खेती क्या मुक्त है? कुर्की और मार बेगार कहाँ नहीं? यह बात अलग है कि उसका खरीदार गाँव से भागकर मुंबई चला गया। लौटकर आया तो लकदक कपड़े पहनकर आया। उजली पोशाक ने साहूकार को भी भरमा लिया, उधार मिल गयी रकम। अट्ठाईस की उम्र में ब्याह के आसार ख़त्म हो गये तो एक औरत खरीद ली। माँ जार-जार रो क्यों रही है?

वह गर्भवती हुई। मायके में पता चला।

माँ ने गाँव की धोबिन को एक संदेश दिया था, जो अपनी ननद के यहाँ ब्याह में हसनगढ़ जा रही थी। कस्तूरी की रास्ते में पड़ती ससुराल, वह मकान पर आ गयी।

देखते ही होंस उठी थी वह । मन का मलाल चाहे जितना बढ़ जाये, मायके से आया कुत्ता भी अपना लगता है, वह तो फिर धोबिन भाभी थी। घंटाभर गाँव के पुरा मौहल्ला की बातें करने के बाद भी धोबिन भाभी के चेहरे पर उलझन का जाल सा बिछा था। क्या कोई कड़वी बात गले में अटकी है?

चना-गुड़ देकर पानी पिलाया था गाँव की धोबिन को। उसकी मुट्ठी में ताँबे का छेददार पैसा दबा था। पसीजती हथेली को खोलती हुई बोली, "बीबी यह लो। तुम्हारे यहाँ का अन्न-जल! और एक बात भूल गयी थी—तुम्हारी माँ ने कहा है—लड़का सा हो तो छोछक की भेली मत भेज देना मायके," कहते-कहते धोबिन की हथेली ठंडी पड़ गयी।

कस्तूरी को हँसी आ गयी। खुशी भी हुई, चलो माँ इस भरम में है कि बेटी को राजपाट सौंप दिया और बेटों की खेती का लगान पट गया।

वह मानती है कि जो बात भरे घर में खुशी की लगती है। वह खाली हाथवालों के लिए बोझ हो जाती है। माँ चाहती है, भाइयों की, उस परिवार की आबरू बनी रहे। कहती भी थी कि बेटियाँ ही बाप की नाक-मूँछ की मर्यादा रखती हैं। पीहर छोड़ते समय हर बेटी को समझाया जाता है—डोली यहाँ से उठी है। अर्थी उस घर से निकले। जो लड़की इस सलाह को, इस हुकुम को नहीं मानती, उसकी ज़िंदगी भारी पड़ती है। कस्तूरी ने सोचा—मैं मायके और सासरे, दोनों जगह की पत निभाऊँगी, क्योंकि यहाँ भी गुड़ की भेली खरीदने की कूबत किसमें हैं? तेरा दामाद जमींदार और साहूकार के डर से दिल्ली भाग गया चाची। आठ सौ चाँदी के कलदारों का कर्ज, जिसने मुझे सुहागिन बनाया था, भूखों मारने पर आमादा है। रोज सबेरे चूल्हे में आग जलाकर लोगों को भरम में रखती हूँ कि खुद को? भूखे रहना ही नहीं, भूखे दिखना भी तो आदमी की तौहीन है। कभी शर्म आती है, कभी दुख होता है और कभी गुस्से से बेजार...

बेटा हुआ। मर गया। उसने चैन की साँस ली।

4

सती रेशम कुंवर की किताब पढ़नेवाली बहू आई है। पढ़ी-लिखी और खेत में मजूरिनी! दस दिन की जच्चा ने जमींदार के खेत (जो जमीन लगान की एवज छीनी गई) से आलू खुदवाये हैं। अपाहिज ससुर की सेवा? बूढ़े के लिए चोकर छानकर रोटी बना दीं और खुद... रास्ता चलते काँटे बीनती है। अब तक ऐसी बहू आई है इस गाँव में?

मुँहलगे नौकर कामगारों के जरिये ये बातें जमींदार की हवेली तक पहुँची। जमींदार के बोध का संसार हवेली जैसा ही घिरा हुआ है औरतों को लेकर। उन्हें सती रेशम कुँवर की कथा पढ़नेवाली बात जँच गयी। बीधो नाइन को हुक्म दिया—अपनी मालकिन के पास बुला लाना, कथा सुनायेगी हीरा की बहू। हीरा की बहू माने कस्तूरी, जिसका हवेली में प्रवेश सती रेशम कुंवर की कथा के साथ हुआ। और जमींदार अपने दूजिहा वर होने की दुश्चिंता में से पत्नी के रामस्वरूप कुम्हार से घुल-मिल जाने की आशंकावाले मनोभाव को खारिज करने की कोशिश करने लगे। हवेली के काम के लिए सिर्फ नौकरों का प्रवेश वर्जित नहीं था। बाकी इस दायरे के बाहर कोई और भी दुनिया है। यह जानते हुए भी वे कोई द्वार अपनी स्त्री के लिए खोलना नहीं चाहते थे। स्त्रियों के जरिये मामूली आदमी भी अपनी जगह बना लेता है।

अब वे क्या जाने कि कस्तूरी नाम की यह औरत सती कथा का कौन सा मर्म समझाती है?

देखते-देखते दोनों अभिन्न सखियाँ हो गयीं। एक दूसरी को खुली हवा का स्पर्श

कराती तो दूसरी अपने सौतेले बेटे से पहली को पढ़वाती। कस्तूरी अपनी सखी की मुक्ति की आकांक्षा के द्वार खोजती तो हवेलीवाली उसकी भूख-प्यास का खयाल करती। यह कैसा जोग मिला! पिछले रास्ते से खत्ती ख़ासों में भरा अनाज भूखे किसानों के घर सरकने लगा। मामूली किसान की बेटी हवेलीवाली जो कुछ कर नहीं पाती थी, वही चाहती रही। चाहने के कारण जमींदार खानदान ने तरह-तरह की सजाएँ दिलवाईं। चचिया सासों और इस घराने की बहुओं ने कुटनियों के षड्यंत्र रचे-लांछन दिये, कलंकित हुई। सीता की तरह वनवास की तैयारी थी कि सखी आ गयी।

गंगा पर्व का मेला दोनों संग-संग गयीं।

पति आ गये। कस्तूरी को घर न पाकर बौखलाये। स्वामी से बिना पूछे जाना...

असलियत मालूम हुई तो संशय ने कस लिये, जिस जमींदार के आगे उन्होंने कभी सिर नहीं झुकाया, जिसकी सजाओं ने उनको गिरफ्तार नहीं कर पाया, उसकी बगल में उनकी पत्नी! किसी भी पति को यह सवाल पछाड़ सकता है।

आमना-सामना हुआ, वे बिफर उठे—रेशम कुँवर की सती-कथा का ढोंग!

"ऐसे क्या देख रही है? सीधी सी बात है, गंगाजी का कोण बनाकर खड़ी हो जा और कसम खा कि इस बनिया (जमींदार) से तेरा कोई संबंध नहीं?

"है संबंध।"

"रखैल का!" उनकी लंबी काया हाँफने लगी।

"रियाया का," उसने साफ आवाज में कहा।

"ओहो! कलसे बेचनेवाली को बड़ी बातें आने लगीं।"

कस्तूरी ने दुश्चरित्र स्त्रियों की दुर्दशा सुनी थी। उनका सिर मुँडा दिया जाता है। अपने ही खानदान की राधा भाभी, सास की मार की डर से एक दिन धोबी के घर छिपी बैठी रही थी, लौटकर आने पर उसकी जीभ पर गर्म चिमटा दागा गया। राधा भाभी महीनों तड़पती रही थी, गला नहीं जला फिर भी आवाज बंद हो गयी। ऐसे कांड देखने के बाद भी वह आगे बढ़ रही है? माँ और भाइयों से नहीं जीत पाई, पति से जूझ रही है। जूझने का रोग बुरा होता है। सोच रही थी दिनचर्या में फेर-बदल करेगी, लेकिन नहीं हो पाया कुछ भी। पति को कैसे समझाये कि अपने स्वभाव से लाचार है, मन में बेईमानी नहीं।

पति को शक होता रहा होगा शायद, लेकिन उन्होंने फिर कभी जताया नहीं। जमींदार उन पर अब सदय था। बेदखली की धमकी भी नहीं थी और न लगान का जानलेवा तकाजा। ससुर ने कहा, बहू ही बेटा निकली। वह क्या समझे? निरुपायता थी या सूझ-बूझ? मुजरिम से देवी हो गयी।

कस्तूरी सती नहीं होना चाहती थी। उसे मौत का बड़ा डर था। माँ ने कहा था--सास नहीं, ननद नहीं, रस्मरिवाजों के लिए कोई कहनेवाला नहीं। वर भी हट्टा-कट्टा

सुगढ़ और सलीकेदार है। गरीबी-अमीरी तो आने-जाने के खेल हैं।

एक बच्ची गोद में डालकर पति मोतीझला की भेंट चढ़ गये।

संसार में एक बार फिर प्रलय आ गयी। हीरालाल नाम का आदमी भले कोसों दूर रहता रहा, बहुत समझाने पर भी अंग्रेजों के पिट्ठू जमींदार को धता की जुर्रत करता हुआ भागता रहा, भूख और बीमारी में पिता और पत्नी की खबर नहीं ली, ऐसी बहुत सी गलतियों की शिकायतें थीं उसके पास, पर अब सदा के लिए छोड़ जाने वाले को याद करते ही मन टूक-टूक होने लगता।

कोई प्रलय नहीं, आँखों में सूखा रेत बिछ गया। उस रेत पर आदमी और यम की जंग छिड़ी रहती। आदमी पछड़ते हुए उसकी ओर देखने लगा। आखिरी बूँद जिंदा आँसू गिरा, अंत की मुनादी करती हुई रुँधी आवाज ने नन्हीं बेटी को पुकारा—मै...त्रे...यी!

यही नाम लेते थे पिता, जबकि माँ पुष्पा कहती थी। बड़े खफा होते थे—डेढ़ साल पहले जब लड़की का जन्म हुआ। तब की याद दिलाकर कहते—खुर्जावाले पंडितजी ने क्या कहा था? देवताओं में से जनमी है हमारी बेटी। ऋद्धि-सिद्धि की स्वामिनी। देखती नहीं, हमारे घर में ही अन्न, दूध नहीं, गाँव भी अमन-चैन में है।

जमींदार के दायरों में आते-जाते, उनके बेटे चंद्रपाल से बातचीत करते हुए और गाँव के पढ़े-लिखे लड़कों की जानकारी पर कस्तूरी जानती थी कि यह अमन-चैन क्यों होता जा रहा है? ग्रह क्यों पलट रहे हैं? गाँधीजी का आँदोलन जोरों पर था, अफवाह यह थी कि जमींदारी प्रथा ख़त्म हो जायेगी। हवेलीवाली अपने पति से कह ही रही थी—मेरा काम ज्यों की त्यों रहेगा, तुम्हारी गद्दी जायेगी, राजपाट जायेगा, ऐश आराम और रौब रुतबा...!

5

विधवा होने के बाद कस्तूरी ने सती रेशम कुंवर की किताब को छूने की हिम्मत नहीं की। वह जिस किवड़िया में रखी थी, लगता कि उसमें से लपटें उठ रही हैं। धुआँ भर रहा है। लोग मंत्र पढ़ रहे हैं। ढोल बज रहा है। ईंगुर आल्ता माँग-टीका सजाया जा रहा है।

उसने अपनी पोशाक बदल डाली, इसलिए नहीं कि विधवा को रंगीन कपड़े पहनने नहीं चाहिए, शृंगार नहीं करना चाहिए, इसलिए कि उसे रंगीन रेशमी कपड़े पहने हुए, गहनों से सजी ईंगुर आल्ता लगाये पति का सिर गोद में रखकर चिता पर जिंदा बैठी हुई रेशम कुँवर दिखाई देती। साक्षात् सामने, तो कभी सपने में।

गाँव में अचरज फैल गया, पति की मौत पर वह रोई नहीं! माँ आई थी, वह रोने की रस्म अदा करती सबेरे-सबेरे, कोई मिलने भेंटने आये तब। कस्तूरी ने सूखे कंठ से

माँ को बताया था—यह सब मेरे बस का नहीं। अब मैं अपनी ज़िंदगी और बेटी को लेकर ही सोच पाती हूँ। माना कि लोग मुझे धिक्कारेंगे। धिक्कार किसको अच्छी लगती है? पर कैसे समझाऊँ कि मेरे सामने आनेवाले दिन बाघ की तरह मुँह बाये खड़े हैं। मैं इनसे छुटकारा पाकर बचूँगी नहीं, सामना करना होगा।

उसके बाद अनादिकाल से चलता आया शोक-नाटक घर-देहरी पर चलता रहा। वह कितनी बातें सहेजती रही और कितनी बातें विसर्जित कर डालीं। कई विधुर पुरुष याद आये—कैसी बंधनहीन ज़िंदगी मिलती है उन्हें—ब्याह करें, न करें। घर रहें, चले जायें। संतान पैदा करना काम है पालने की बाध्यता नहीं!

बड़ी छटपटाहट थी—कैसी हूँ मैं? अपने आपको दूसरी औरतों से छिटकाकर अब घबरा रही हूँ। क्यों नहीं रो-रोकर निढाल हुई? क्यों नहीं तड़पते हुए चिंघाड़कर लोगों की दया करुणा इकट्ठी की? दुनिया का चलन ठुकराकर क्या पाने की इच्छा है? इसी धार में बहते हुए माँ से कहा था—चाची तू जा, लौट जा। इस घर का खाती नहीं। इस गाँव का पानी नहीं पीती, कब तक रहेगी?

माँ बेआवाज रोती रही थी, रोने के सिवा बेटी से कुछ कहने के लिए था भी क्या? उसने माँ को समझाया, ''क्यों रोती है? गीता में लिखा है, कोई किसी का नहीं। जो हमारा नहीं, उसके लिए रोना क्या?''

माँ विपत्ति के दुख-शोक से ठूँठ हुई बेटी को बताये कि नहीं बताये कि भाई क्या सोच रहे हैं?

कुछ नहीं बताया माँ ने, चलते-चलते इतना ही बोली—अपनी बेटी का खयाल रखना। खेती अब जमींदार के चंगुल से छूट रही है। इस छोटी सी जान के लिए खतरा न बन जाये। माँ की आँखों में डर बोल रहा था।

6

कस्तूरी ने सपने में भी ऐसा नहीं सोचा था कि बेटे के सामने बहू को शीश पर रखनेवाले ससुर इतने बेगानेपन से पेश आयेंगे। असल दुख, जानलेवा शोक तो उन्हीं के लिए था, जिनका जवान इकलौता बेटा गया, बहू का दुख भी उन्हीं से रिला-मिला है। इहकाल परकाल सब एक हो रहे हैं एक पुरुष के बिछोह में।

ससुर के मन में क्या तोड़-फोड़ हुई? वे सीधे कचहरी पहुँचे और वहाँ जाकर कहा—हजूर मैं मरहूम हीरालाल का अभागा बाप...उसके बाद खेती के रकबे पर मेरा नाम आना चाहिए।

चोकर में से यथाशक्ति आटा निकालकर बूढ़े का पेट-भरा था और खुद पेट में घुटने देकर सोती रही। तीन दिन बाद आलू नसीब हुए तो, हुए दो दिन के अंतर पर कभी शकरकंदी का टुकड़ा मिला तो मिला। महीनों-सालों अधपेट खाकर गुजार दिये।

इस पितातुल्य वृद्ध के कारण माँ से नाता तोड़ लिया।

बाबा गाँव लौटे तो उनकी बड़ी जगहँसाई हुई। ऐलकार ने साफ मना कर दिया और कहा—हीरालाल के नाम पर खेत चढ़ा था अपनी माँ के नाम के बाद। इस पर आपका कोई हक नहीं, पत्नी ही वारिस मानी जायेगी।

मूर्ख हैं। पागल हैं। सठिया गये डोकर! ससुर बहू को लेकर लोग हँसे। वह मर्माहत हुई।

कस्तूरी की समझ में ससुर के इस पागलपन का कारण आ गया था, क्योंकि उसी दिन दोपहर को मायके से भाई आया, हल उठा ले गया। वह देखती रह गयी। बैल हाँक ले गया। गाँव के लोग पीछे भागे। ऊसर में जाकर हल डलवा लिया। पड़ोस के लक्ष्मीनारायण बैलों का रस्सा छीन लाये—लूट ले जाओ। वह मर गया तो क्या तुम्हारी बहन भी मर गयी? कहते हैं कि वहाँ अच्छी धींगा-मुश्ती हुई। कस्तूरी अवसन्न सी बैठी रह गयी। मर्दों को सिर्फ अपने बारे में ही सोचना क्यों आता है? अपने आगे सारे संबंध फीके हैं। भाई एक बार फिर नई घृणा से जुड़ा। माँ के बारे में सोचना नहीं चाहा।

उस दिन उसने बूढ़े ससुर के आगे 'बहू का पर्दा' त्याग दिया था। पर्दे में बहुत सी ज़रूरी बातें ढकी रह जाती हैं। गलतफहमी के मामले बनते हैं।

अपमान हुआ या खारिज कर दिये गये? ससुर हिलक-हिलककर रोने लगे थे—बेटी, मुझे डर लगता है, कहूँगा तो तुझे बुरा लगेगा—तुझे तेरे मायकेवाले न फुसला लें और हमारी लड़की बेसहारा रह जाये! वे बहू की ओर यकायक नहीं देख सके, अभी तक आड़ की आदत थी।

पर्दा खोलकर ससुर को ढाँढस बँधाया, विश्वास दिलाया, साथ ही अपने पाँव खोल दिये। यह प्रतिज्ञा थी—मैं अपनी बेटी को पढ़ा-लिखाकर बड़ी करूँगी।

जमींदार की संगत, जहाँ गाँधीजी की बातें होतीं। जवाहरलाल के भाषण दोहराये जाते। कस्तूरी के लिए जो मुख्य सूत्र निकलता था। वह स्त्री-शिक्षा थी। नेता लोग कितना जोर देते हैं इस बात पर, जिसको माता-पिता झंझट और असुरक्षा समझते हैं। उसके भीतर पढ़ाई की आकांक्षा फिर जोर पकड़ने लगी। आगे बढ़ने की लगन दब गयी थी, ख़त्म नहीं हुई।

मन ही मन यह आशंका थी कि गाँव के लोग क्या कहेंगे? स्कूल यहाँ तो है नहीं, दो-ढाई कोस पैदल चलकर जाना होगा। कैसा लगेगा, झोला हाथ में लेकर निकलूँगी? बहुओं का एक कायदा होता है, हँसिया रस्सा भी लेकर चलें तो आँखें नीचे झुकाकर जाना होता है। गाँव बाहर जाना हो तो किसी मर्द के साथ ही, भले वह दस साल का लड़का हो।

घर के आगे ओसारा। ओसारे में गाँव के लोग। ससुर अपाहिज आदमी। मगर

सबकी आप बीती सुननेवाला। धीरजवान श्रोता, सबके दुख-दर्द पीनेवाला, लोग दिन-भर उसे अकेला न छोड़ते, कस्तूरी कौन से रास्ते स्कूल जाये?

संकल्प किसको बताये? माना कि ससुर मना नहीं करेंगे, लेकिन रजामंदी दिखायेंगे? वह रात-दिन अपने आप से संघर्ष किया करती। पूछने की कल्पना करते ही अपना गला काँप जाता।

एक रात अपने से ही जूझ पड़ी—मैंने ब्याह नहीं करना चाहा, किसी ने सुनी मेरी बात? मुझे बेच दिया गया, पूछा था किसी ने मुझसे? विधवा हो गयी, कौन है साथ? किसी को साथ लेने की शर्त है, फिर से एक पति की गुलामी में जाना। सोचते-सोचते तल्ख हो उठी। मुझे लोग लज्जाशील नहीं मानेंगे, बस। आँखों में भावाकुलता थी, मगर मन पर काबू करने की चेष्टा किये जा रही थी। यह कौन सी आग है, जिसे बुझाते हुए सालों बीत गये, हवा पाते ही भड़क उठती है! कि इतनी बातें मेरे कपाल में कहाँ से आ जुटती हैं?

आशाएँ धकेलती रहीं, सपने द्वार खोलकर खड़े थे। कस्तूरी को यही लगा कि अब दुविधाओं में क्या सार? कोई पुकार रहा है—आओ आओ। बढ़ो आगे। अपने फैसले के साथ।

जिस दिन से स्कूल में जाकर दाखिला लिया, वह तमाशा बन गयी। लोग ऐसे देखते ज्यों कोई पगली चली जा रही हो। लोग कहा करते—भाई अजीब औरत है। माँ ने भी खबर भिजवाई, तुझे दूसरा ब्याह रचाना है रचा ले, चार दिन निंदा करके लोग चुप हो जायेंगे। यह रोज-रोज का आना-जाना...झोला लेकर मीराबाई क्यों बनी फिरती है? पेट पोंछनी औलाद कभी शुभ हुई है?

कितनी सावधानियाँ बरतीं, जेठ-ससुरों की नजरें बचाईं, लेकिन पग-पग पर सुनना पड़ता—दुधमुँही बेटी छोड़ी! अपाहिज ससुर छोड़ा। कापी-किताबों की झोली लटका ली! खेत-घर बरबाद होंगे। वह कैसे बताये कि तुम्हारी बातों से भी ज़्यादा कड़वे लगते हैं ब्याह, जन्म और त्योहारों के गीत। तुम्हारी दुनिया मेरे लिए नहीं...इस बात को किस पर प्रकट करे?

"अरे रे रे! बीमार बच्ची का भी खयाल नहीं! क्यों फूफा (कस्तूरी के ससुर) गयी बहू?"

एक चुप्पी थी, जिसमें से गुरेज, असहायता और दुख का मिला-जुला भाव सन्नाटे में तैर जाता। करुणा तरस और सहानुभूति लुटानेवालों ने उसके जीवन का यह अजूबा देखकर सारी सद्‌भावनाएँ वापिस ले लीं।

वह थी कि अपनी अलौकिक दुनिया में रमती जाती। चौकन्नापन भी जाता रहा। सुख का अनिर्वचनीय स्वाद, जीवन का यह हिस्सा वह सुनहरे अक्षरों में लिख रही हो।

घर लौटते ही चूल्हे की याद आती। दाल-साग राँधते हुए रात उतर आती। जब

सारा गाँव खाकर सो जाता, तब वह ससुर के लिए रोटी बनाती।

खुद खाने बैठती तो पता चलता, दाल कच्ची रह गयी। रोटी लख-जल गयीं। दादाजी (ससुर) ने कुछ नहीं कहा? गाय-बछड़ों का जिम्मा खुद ले लिया। गठिया का रोगी टेढ़ी उँगलियों वाला झुका हुआ बूढ़ा दिल में क्या सोचता था, मालूम नहीं? दिन-भर चारा-पानी, खेतों की देखभाल में रेंगती चाल से चलता जाता, लौट आता।

लोग कराहते, दादाजी देखते न थे। सोच लेते थे कराहने के दिन नहीं निबाहने का समय है। बहू कहीं चली गयी तो? खेती भी संग चली जायेगी, क्योंकि वह इतनी होशियार है कि बाकायदा दूसरा ब्याह भी नहीं करेगी।

ससुर-बहू ने मिलकर खेती के बारे में गंभीरता से सोचा। मिट्टी देखकर फसलें बुआईं। अब न भूख थी न निर्धनता। गुजर-बसर का अच्छा इंतजाम कर लिया था।

7

देश आजाद हुए साल गुजर गये। अंग्रेजी राज गया जमींदारी ख़त्म हुई। कस्तूरी ने उसी खेत की पैदावार में से दस गुना लगान जमा किया, जिसका दसवां हिस्सा पति पुजा नहीं पाते थे और देस-परदेस लुके-छिपे फिरते। छिपने से मुश्किलें आसान होती हैं?

घर की शक्ति सामर्थ्य बढ़ रही थी, बेटी बड़ी हो रही थी। कस्तूरी ने उसके सामने उसके पिता का नाम कभी नहीं लिया, लेकिन वह पिता के बारे में पूछती। क्या बताये माँ? इतना छोटा बच्चा उस लोक को जानेगा भी कैसे, जिसके बारे में आज तक कोई नहीं जान पाया।

वह पिता का ही गीत गाती—सरला के पिताजी हैं, मेरे तो हैं ही नहीं... जब कि कस्तूरी ने सोचा था उस पर बाप की दुनिया की छाया तक न पड़ने देगी, क्योंकि उनके संसार में हमेशा अँधेरा ही रहा। अँधेरे में ही गुम हो गये। रहते तो क्या उसे पढ़ने देते, बेटी को पढ़ाने की बात सोचते? औरत खरीदनेवाला आदमी बेटी बेचने में हिचकिचाता भला?

अचानक एक दिन बड़ा धक्का लगा। सावन का महीना था।

न कोई मंगलाचरण, न देवी वंदना। न सूरज चंद्रमा की स्तुति, न धरती मइया को प्रणाम। मटमैली पुतलियों पर कुछ बूँद आँसू...जमाने की मार खाई चमड़ी पर आड़ी-तिरछी लकीरें भीग उठीं। आसपास बैठी स्त्रियों के झुंड के बीच एक बूढ़ी गाती है—तीजन चरचा चंदना की चल रही जी, ए जी कोई मच्यो सहर में सोऱ, सिर बदनामी चंदना बेटी लै रहीं जी ऽ ऽ ई...

गाँव की पुराहितानी-खेरापतिन, जिसके कंठ में सैकड़ों गीत बसे हैं। लोक कथा और गीत कथाओं के खजाने की मालकिन कस्तूरी की बेटी मैत्रेयी के लिए विलक्षण

स्त्री है। वह स्कूल छोड़कर दिन-भर बुढ़िया के आगे-पीछे घूमती है। खेरापतिन भी इन दिनों अपनी गायिकी का नया वारिस खोज रही है। उसकी तलाश मैत्रेयी पर आकर ठहर जाती है, क्योंकि बिना भाई की बहन अपने पिता की खेती पर ताउम्र रहेगी। ब्याहे जाने के बाद उसका पति खेती का वारिस बनेगा। अतः कथा-भागवत, वृष्टि-अनावृष्टि के दिनों में मनुष्य के बचाव के गीत गाती, देवता मनाती हुई दादी जहाँ-जहाँ से गुजरती, छोटी सी मैत्रेयी सुई के धागे सी साथ-साथ होती। जहाँ दादी बैठती, वह अपना फ्रॉक घुटनों में फँसाकर बगल में बैठ जाती। बूढ़ी के कंठ के साथ अपना स्वर जोड़ती हुई तन्मय हो जाती। दादी की साँस टूटती, वह लय सँभाल लेती।

स्कूल मास्टर ने शिकायत की, कस्तूरी की आँखों के सामने अँधेरा छा गया। उसकी बेटी को बूढ़ी खेरापतिन अश्लील गीत गा-गाकर दीक्षित किए दे रही है!

तीजों का दिन था। बादल रिमझिम बरस रहे थे। गाँव में नई ब्याही लड़कियों से लेकर बूढ़ी बेटियाँ तक ससुरालों से आ चुकी थीं। मैत्रेयी स्कूल से मुकम्मल तौर पर गैरहाजिर चल रही है। माँ के इगलास जाते ही वह पोखर वाले मैदान में खड़ी होकर गड़रियों के बालकों के साथ भेड़ें चराती है। शाम को गाँव आनेवाली बुआ-बीबियों की लाई हुई साबौनी और घेबर की आस में चामड़ मइया की परिक्रमा करती है। आँख मूँदकर हाथ जोड़कर।

वह हरियाली का उत्सव मना रही थी। माँ का मन रेगिस्तान हो चला। मास्टर ने निराश होकर कहा--चाची, वह अपने पिता पर गयी है। पढ़नेवाली नहीं। फिर तुम पढ़ लो या उसे ही पढ़ा लो। बेचारे बाबा कहाँ-कहाँ तक पीछा करें? भागते बच्चे को बूढ़ा पकड़ पायेगा?

पिता की बात पर कस्तूरी को पति की बात याद आई—सुनी है मैत्रेयी की कथा? जानती है तू मैत्रेयी कौन थी? याज्ञवल्क्य की पत्नी, जिसने पति से धनधान्य नहीं, ज्ञान माँगा था। खुर्जावाले पंडितजी कहते थे न, यह ज्ञान की ज्योति जगायेगी।

आज होते तो देखते कि वह तो खेरापतिन के साथ चंदना गा रही है। उसे संग-संग बाँधे फिरूँ तो मेरा क्या हो? दसवीं पास करने में अभी एक साल और रहता है। तुम तो चल दिये। उसे मेरे गले मढ़कर!

गुस्से की धमक ने माथा जला डाला। कस्तूरी गीत गाती औरतों का साथ कब से छोड़ चुकी। निठुराई इतनी बढ़ी कि वह औरतों का झुंड चीरती हुई गीत की लहरों को तोड़ने लगी। भोले से गलेवाली बालिका मैत्रेयी को खींच-घसीटकर समूह के बाहर ला पटका। बाँह कसते हुए बाल झिंझोड़ डाले!...पर हाय री ढीठ लड़की, स्वर नहीं तोड़ रही!

माँ ने कंधा धर लिया, उसकी लय चिंघाड़ में बदल गयी।

''तू चंदना गायेगी, एें? चंदना सीखेगी एें? कुआँरी लड़कियाँ चंदना सुनती भी

नहीं। चल, घर चल,'' धमूके पर धमूका पीठ तोड़ रहा था।

मैत्रेयी को काठ मार गया। कहाँ गा रही थी। अब मुँह से चूं तक नहीं निकल रहा। माँ ने कोठे में बंद करके साँकल चढ़ा दी। वह हाँफ रही थीं। पीटकर पिटने से ज़्यादा तकलीफ होती है।

माँ कहाँ जानती थी कि छोटी सी लड़की को पढ़ने से उतनी ही नफरत है। जितनी उसे पढ़ाई की चाहत है। जब भी किताबों की बात चलती, स्कूल जाने का तकाजा होता, मैत्रेयी माँ को कड़ुवी नजरों से देखती। उसके भीतर एक फाँक बन गयी थी। समय-समय पर माँ जिसमें नमक भर देती। तब जब वह दूसरी माँओं से अपनी माताजी की तुलना करती—माताजी! मेरी माताजी क्यों हैं? अम्मा या माँ क्यों नहीं हैं? वे घर में खाना बनाती हैं, दही बिलोती हैं। आँगन लीपती हैं, बहू बनकर रहती हैं। माँ वे ही होती हैं। जिनसे उनके बच्चे लड़ते हैं। चिल्ला-चीखकर रोटी माँगते हैं। वे खेलने की कहती हैं, पढ़ने की भी कहती हैं, पर माताजी की तरह नहीं...मैं गाऊँगी, खेलूँगी, खाऊँगी। तब न पढूँगी। नहीं तो नहीं पढूँगी, नहीं पढूँगी।

लेकिन मैत्रेयी गा नहीं सकी। खेल भी नहीं सकी। बस पढ़ी और पढ़ी। क्योंकि माँ की नजरों ने उसे इस कदर घेरा कि लगता दायें बायें पीछे आगे उनकी गहरी आँखें चिपकी हैं। उन आँखों का डर मन में स्थायी रूप से जम गया, जैसे किसी मालिक का जम जाता है।

हालाँकि खेरापतिन दादी जैसी औरतों ने माँ को खूब गालियाँ दीं—राँड़ क्या हुई, साँड़ हो गई है। बूढ़े के बुढ़ापे में खाक डालकर इस अबोध का बचपना छीन लिया। बनी है बड़ी गाँधिन। इतनी निष्ठुरता रसिकाएँ कैसे सहतीं।

मैत्रेयी के मन में क्रमशः तीजों का मेला, कोरी माँड़दार धोती पहनकर आनेवाली साबौनी बाँटती लड़कियाँ, घुमड़ते बादल और हरियाली के गीत धुँधले पड़ने लगे। स्पष्ट और प्रखर रूप में उठे किताबें, कापियाँ, स्कूल, स्कूल मास्टर। जब न तब दोनों पक्षों में संघर्ष होता, द्वंद्व मचता। वह सोचती स्कूल छोड़कर भाग जाऊँगी, फिर नहीं आऊँगी। लेकिन कहाँ भाग पाई। गई ही कब, जो फिर नहीं आती? माँ की आज्ञा टालना जितना आसान समझा था उतना ही कठिन निकला। कभी कोताही करती तो अपनी ही नजरों में गिरने लगती। और फिर जैसे तय हो गया कि अब लौटकर दादी के उस समूह में जाना नहीं हो पायेगा।

कस्तूरी ने उन्हीं दिनों नौकरी पाली। अब गाँव चमत्कृत था। औरत को सरकारी सर्विस! जबकि गाँव के दो तिहाई से ज़्यादा लोग अनपढ़ हैं। यह स्त्री नहीं देवी है। जो रिश्तेदार कभी नहीं आए, वे भी उसके दर्शन करने आये। जीवन में पहली बार उसे धरती आकाश अपने लगे। चारों दिशाओं में उजाला लगा। इधर-उधर से हमला करनेवाली आशंकाएँ, दहशतें झलमल करते उत्साह में बदलने लगीं। मटमैला गाँव

गुलाबी और सुनहरी किरणों से दिपदिपाने लगा। हर ओर आश्चर्य और कौतुक। टूटी-फूटी गृहस्थी में उसकी जगह कहाँ थी? आज उस गृहस्थी से जो माँ की भी थी, अपनी भी...विदा लेती है और चलती है उस विराट दुनिया की ओर, जिसकी ओर उसने रेत पर अक्षर काढ़कर, सती रेशम कुँवर की पोथी पढ़कर अपने अनजान कदम बढ़ाये थे। हानि-लाभ का लेखा-जोखा किये बगैर आगे ही आगे अनदेखे रास्तों पर बढ़ने के खतरे उठाये थे।

यह कैसा सुख है! आनंद का अनिर्वचनीय आस्वाद! कस्तूरी अपनी महक में सराबोर है।

जमींदार, साहूकार उसके दरवाज़े आ गये, जिनकी छाया छूने की आदमी की हिम्मत नहीं थी। नहीं, वे अब भी आदरणीय हैं, उसके इल्म की कद्र में आये हैं। वह झुकती है। प्रणाम करती है। ससुर के चरण छूती है। वे कहते हैं—बेटे का सुख नहीं देखा था। बहू ने सब कुछ दिखाया।

8

मैत्रेयी माँ से नाराज है। उसकी गाय क्यों बेची? वह तो पहले ही दुखी थी, प्यारे बाबा साथ छोड़ गये।

बाबा के सामने माँ के आदेशों को मानने या टालने में कठिनाई नहीं लगती थी, वे हर बात की जोरदार वकालत करते। अब सामना अकेले करना होगा, अकेली पड़ गयी मैत्रेयी।

बाबा को यह संसार इतना बुरा लगता था कि...हाँ इतना ही बुरा लगता था। हर समय चिंता में रहते थे, हर समय दुख झेलते थे, हर समय विरोध को रोकते थे। मरण काल में अपने मन की बात कही। पड़ोसी गजाधर बाबा से बोले—मेरा श्राद्धकर्म मेरी पोती करेगी, और कोई नहीं।

गजाधर बाबा देखते रह गये। पांडेय तू कुलीन ब्राह्मण, जन्म-मरण के संस्कार करने वाला! पुत्र पौत्र भाई बाँधव के अलावा क्रिया कर्म करता है कोई? जीते जी जो न कर सका मरते समय साहस किया! तेरी बिरादरी के लोग हमको यह साहस करने देंगे?

गजाधर बाबा के संग मरघट तक गयी थी मैत्रेयी। माताजी खुद लेकर गयी थीं। पीछे रोने के लिए खेरापतिन दादी को छोड़ा था—तुम गाती हो तो रो भी लो। हरेक के घर तो गीत नहीं होते। और सचमुच ही जब मरघट से लोग लौटे थे, माताजी और मैत्रेयी वापस आई थीं मोहल्लेभर की औरतें रो रही थीं। वे सबके ननदोई थे।

गाय बिक गयी। आज मैत्रेयी फिर रोती है। वह गाय के संग-संग चल रही है। माताजी पीछे-पीछे आती हैं। गाय की सी घनिष्ठता माँ से कहाँ?

मैत्रेयी को कुछ सूझता नहीं। मन में जमी दूब-सी इच्छाओं का जलना...महसूस होता है, कहा नहीं जाता। ये मालिक के साथ जाती गाय के मन की इच्छाएँ भी अनकही...उसके गले का रस्सा खींचता हुआ आदमी...गाय की बालिश्तभर की जीभ बाहर निकल आती है। बाबा होते तो मैत्रेयी बहुत कुछ कह देती। इस हक के लिए माँ होना ज़रूरी नहीं, साथ-साथ रहना ज़रूरी है। यह शर्तिया बात है कि बाबा होते तो गाय नहीं बिकती।

लड़की ने मुँह खोलकर चीख मारी। मर्मांतक चीख...कस्तूरी का दिल दहल उठा। माँ समझ गयी बेटी के रोने का मतलब क्या है?...लेकिन यह छोटी सी लड़की नहीं समझ सकती कि ये माँ की पिछली, बीती हुई ज़िंदगी का एक जानलेवा दृश्य है, जिसे दोहराने की इच्छा न जाने क्यों हुई? बार-बार देखना चाहा है उस नजारे को, जिसमें सत्रह वर्षीया कस्तूरी का भाग्य विक्रेता और खरीदार के हाथ में था। अपनी ज़िंदगी बिकते देखना चाहा था आज भी। बेटी नहीं जानती कि गाय को बेचकर माँ अपने पिछले जीवन की बेबस छटपटाहट से मुक्त हुई। मालिक में तब्दील होना उसकी आकांक्षा थी, क्योंकि मालिकों ने उसे पशु की तरह इस्तेमाल किया। अब आगे बढ़ने की वेला आ गयी, क्योंकि गाय से मुक्त होकर जैसे वह अगले पिछले जीवन के बंधनों से मुक्त हुई। मैत्रेयी जिसे जुल्म समझ रही है, वह ऊपर चढ़ने की सीढ़ी है। नादान, कच्ची उम्र लड़की के लिए मन का मोह ही सब कुछ है। इसकी मानूँ, गाँव के लोगों का मुंह देखूँ और यही गृहस्थी करूँ। चेतना नहीं टिकेगी तो सारा किया-धरा धूल में मिल जायेगा। राईभर लड़की के कारण पहाड़-सा संकल्प ढहा जाता है...

कस्तूरी ने ऐसा कुछ नहीं किया कि पछताना पड़े। अपने गौरव को आगे रखकर सारे लगाव काट डाले। उन्नति का मर्म यही है।

घर का सामान कोठे में भरा जाने लगा और बर्तन भाँडे बोरे में।

मैत्रेयी दुबारी के अँधेरे कोने में चली गयी। जब परात बोरे में गयी थी, तभी उसके होंठ काँपने लगे थे और नाक फड़कने लगी थी। चकला-बेलन बोरे के भीतर धकेले गये, चिमटा धरा गया, तब उसे अपने छोटे-छोटे हाथ और बाबा की टेढ़ी-मेढ़ी उँगलियाँ याद आई थीं। जो इन चीजों के रहने से जलने से बची रहती थीं।

माताजी पुकार रही हैं। वह सामने नहीं जा पायेगी। जाते समय माताजी को रोना बिलकुल अच्छा नहीं लगता। आने तक वही आँखें याद रह जाती हैं। रोई हुई। और उन्हें जल्दी से जल्दी आने को मजबूर होना पड़ता है। अब माताजी को मैत्रेयी यह नहीं समझा सकती कि रोने-हँसने पर बच्चों का वश नहीं होता। उनका हो तो हो। वह आँसुओं को खूब अच्छी तरह पोंछकर उजाले-भरे आँगन में आई—रजाई, चादर, गद्दा, तकिया बाँधे जा रहे थे। उसकी छोटी सी छाती में फिर दरार सी पड़ी। बाबा की छाया आँखों में आते ही आँखें मींच लीं। आँखें मींच लेने से बहाना किया जा

सकता था। धूल तिनका आँख में गिरा है।

बोरे का मुँह कस दिया। कोठे में अँधेरे कोने में बोरा पटक दिया। भीतर भरे बर्तनों का रोने वाला स्वर...मैत्रेयी का दिल हू हू कर उठा। काँच के खिलौने टूटने लगे। अब उसकी बारी है। गाय और इस सामान की तरह माताजी उसे भी कहीं, किसी के पास...उसके पास जगह की कोई कल्पना नहीं। जिनके साथ रहना होगा उन लोगों के चेहरों की पहचान नहीं। मुन्नी के ब्याह के समय खेरापतिन दादी कह रही थीं—लड़की रोये न तो क्या करे, पराया अन-पहचान घर अन-पहचान आदमियों में रहना रुपना, कोई कैसा भी व्यवहार करे! बेटियों के भाग्य में यही बदा है। माँ-बाप का बिछोह!

मैत्रेयी का अभी ब्याह नहीं हुआ। फिर भी माँ से बिछोह...

माताजी ने चलती बात पर कहा था, मैत्रेयी का ब्याह तो पढ़ाई से हुआ है, उसे किताब-कापियों के संग रहना है। विद्या की खोज में कहीं भी जाना है। गाँव की औरतों की समझ में पूरी तरह यह बात आई नहीं थी। तब रामावतार चाचा जो मास्टर थे, उनकी ओर मुँह करके माताजी बोली थीं। ये माँएँ अपने बच्चों की दुश्मन हैं, उन्हें छाती से चिपकाकर ही बरबाद करती हैं।

औरतों ने एक-दूसरे की ओर देखा और हौंठ विदोरकर अपने-अपने घरों की ओर चली गयीं। मैत्रेयी को माँ दुश्मन लगी, जिन चाची, ताइयों से वह प्यार करती है, उनसे माँ का ऐसा व्यवहार!

माताजी फ़िर बोलीं—हम अपनी तकदीर का लिखा मिटा नहीं सकते, उसे सँवार तो सकते हैं कि ताज़िंदगी रोते-पीटते यादों को न चिपकाये रहें।

माँ समझती है कि यहाँ से दूर जाती बेटी को यादें तंग करेंगी, इसलिए ये बातें उसके अंदर डालनी ज़रूरी हैं, लेकिन क्या वे यह समझती थीं कि यहाँ के विरोध में वे जो बातें कहती हैं। वे ही दोनों के बीच नफरत और गुस्सा का धुआँ उठाती हैं। लड़की के भीतर से आवाज उठती है। मुझे जबरदस्ती मत खींचो। खींचने से आदमी उखड़ता ही नहीं, बहुत बार टूट जाता है।

खेरापतिन दादी ने यह भी कहा था—इस दुनिया में माँ से बढ़कर कोई दूसरा नहीं होता। उसकी कड़वी बातों में भी मीठापन छिपा रहता है। मीठापन माने भलाई। मैत्रेयी का छोटा और जिद्दी मन यह मानने को तैयार नहीं।

तुझे जो आज बुरा लग रहा है, वहीं से तेरा भविष्य बनेगा। तू एक दिन मेरी बातें याद करेगी।

रामावतार चाचा ने माताजी की ओर ऐसे देखा जैसे वे बड़ी गहरी बात कह रही हों। नौकरी पाते ही उनका हर कदम यश और धन की ओर जा रहा है, लोग यही सोच रहे थे। उनकी कही हर बात पते की बात है। वे अपने आपको यहाँ से उखाड़ रही है, यह भी गौरव ही है। उन्होंने अपनी ज़िंदगी के बारे में जिस तरह सोचा है,

कितनी औरतें सोचती हैं? इस असभ्य गाँव से ऊपर उठ रही हैं। यहाँ से मुक्त हो रही हैं।

मैत्रेयी का दिल भय के मारे पानी की छोटी बूँद सा थरथरा जाता, उसे कहाँ गिरना है?

9

माताजी को इतनी ही जानकारी थी कि जिनके पास बेटी को छोड़ रही हैं वे समाज कल्याण बोर्ड की संयोजिका हैं। घर उन्होंने ही मैत्रेयी को साथ लेकर पहली बार देखा था। छोटा सा बक्सा आँगन में टिकाकर लड़की को वहाँ पड़े तख्त पर बिठा दिया। संयोजिकाजी की पुत्रबधू के हवाले करके वे जाने भी लगीं। जाती नहीं तो क्या करतीं? झाँसी के लिए जानेवाली रेल तो उनका इंतजार नहीं करती। समय की पाबंद कस्तूरी ने अपने काम में कभी कोताही नहीं की। ऊपर से नई नौकरी देखने का ऐसा ही जोश जैसे बीसियों वर्ष के अंधकार के बाद कोई नया उगता हुआ सूरज देखें। देश आजाद हुआ उन्हें याद है, जमींदार ने भी गाँधीजी की जय बोल-बोलकर गाँव में उत्सव मनाया था। कस्तूरी के मन में रचा उत्सव आजादी के जश्न से कम नहीं, जिसकी रोशनी वे सब कहीं बिखेर देना चाहती हैं।

उन्होंने संयोजिकाजी की बहू के हाथ पर बीस रुपये रखे और एक मन गेहूँ की बोरी देते हुए आश्वस्त किया। इतना ही हर महीने! मैत्रेयी की ओर इशारा करके कहा—इसकी गलती माँफ... गाँव में रही है, तौर-तरीके में गड़बड़ करेगी। यह सब सुनकर भी मैत्रेयी को रोना आ गया। वह इन दिनों से रोने के सिवा कुछ कर ही नहीं रही थी।

एक साल लगभग गूँगी लड़की की तरह बिताया, सिवा स्कूल के, जहाँ टीचर प्रश्न पूछती और वह जवाब देकर अपनी बेंच पर बैठ जाती। घर में जो खाने को डाल दिया जाता, वह खा लेती, जो काम बताया जाता, कर देती, क्योंकि माताजी का पोस्टकार्ड हर पंद्रह दिन पर मिलता, जिसमें उस घर के हर सदस्य की आज्ञापालन की हिदायत और पढ़ाई में मन लगाने का आदेश रहता। बाकी तुम्हारी शुभेच्छु के साथ कस्तूरी लिखा रहता। वह चिट्ठी नहीं, एक तरह से माताजी ही होतीं।

उस घर का ब्यौरा देना यहाँ अवांतर प्रसंग होगा, लेकिन यह बताये बिना यहाँ से निकला नहीं जा सकता कि उनका सबसे छोटा विवाहित बेटा अपनी पत्नी के पास झाँकता नहीं था और आठ-नौ वर्षीया मैत्रेयी को रातभर सोने नहीं देता था। संयोजिका जी से कहने की हिम्मत कैसे पड़ती। वे तो बोलती ही बहुत कम थीं।

नोंचा-खोंसी से तंग आकर माताजी के लिए ही चिट्ठी लिखी—मैं यहाँ नहीं रहूँगी। गाँव भाग जाऊँगी। मुझे नहीं पढ़ना। गाँव का रास्ता किसी से पूछ लूँगी। ये बातें मैत्रेयी

माताजी के सामने कह सकती थी? या वह सब बता सकती थी कि वह आदमी क्या-क्या करता है? खेरापतिन दादी के सिवा दुनिया में कोई ऐसा नहीं था, जिसके सामने वह बेझिझक अपना मन खोल सके। माताजी से तो लगभग इतनी ही झिझक थी, जितनी संयोजिकाजी से। अनुशासन प्रिय ये औरतें एक बच्चे तक को मुँह लगाने की मोहलत नहीं देती थीं, तभी तो पद-प्रतिष्ठा पाने का मार्ग पाया।

माताजी को चिट्ठी मिली, उन्होंने तुरंत संयोजिकाजी के नाम जवाब लिखा। बेटी की समस्या समझाई।

संयोजिकाजी ने भी अपने लड़के को बुलाया, मैत्रेयी को उसके सामने पूछा—यह क्या करता है?

वह उसे देखते ही डर गयी और नीचा सिर करके रोती रही। वह ऐसे देखता रहा जैसे 'इस लड़की' को पहचानता न हो। दिन-भर डरना, रात-भर जगना...कोई कैसे रह सकता है यहाँ?

माताजी ने जाते समय गाँव के मँगा सक्का के दामाद का पता दिया था—खाई डोरा, जयगंज अलीगढ़। वह पर्ची बड़े काम आई। वहाँ पहुँचकर छोटी सी लड़की ने कहा—फूफा तुम गाँव कब जा रहे हो? मैं चलूँगी।

घर के द्वार से लगा ताला गाँववालों ने तोड़ दिया। अब मैत्रेयी घर में थी। माता-पिता के घर में ऐसे लगा जैसे घोंसले में दुबक गयी हो। चिड़िया के बच्चे की तरह।

माताजी खबर पाकर भी नहीं आ सकीं। नई पोस्टिंग, छुट्टी मिलना संभव न हुआ। तीन महीने बाद आईं, तब तक बहुत देर हो चुकी थी। साल बरबाद हो गया, वे कराह-कराहकर लगभग रो दीं। इतना दुखित उन्हें मैत्रेयी ने कभी देखा नहीं। दुखित स्वर में ही बोलीं—ऐसे भागने से तेरा क्या बनेगा? ऐसे हम भागते तो? आज यहाँ तक पहुँचते? सामना करना सीख, जैसे मैंने सीखा है। आदमी की जाति से होशियार रहकर चलना होता है, चाहे वह बूढ़ा हो।

लड़की में इतनी समझ और इतनी हिम्मत कहाँ कि अपनी भावना को शब्द देकर कहे—होशियारी अँधेरे में नहीं चलती। वहाँ तो हमला होता है या नहीं होता। तुम बचते हो या नहीं बचते।

गाँव के लोगों ने अवश्य कहा—तूने तरक्की की है, माना, पर इस लड़की को ऐसे बरबाद करना...

उन्होंने अपनी स्थिति साफ कर दी—जहाँ रहती हूँ, वह भी गाँव है, स्कूल दूर है। ज़रूरी तो नहीं कि जहाँ मैं रहूँ वहाँ कोई हादसा न हो। बचाव का रास्ता तो आदमी खुद ही खोजता है। दूसरा उसे कब तक और कहाँ तक बचायेगा?

खेरापतिन दादी को मिसालें देनी आती थीं, मैत्रेयी के सिर पर हाथ रखकर

बोली—बचना कैसे है, यह सोचने की अवस्था होती है। पढ़-लिखकर तू इतना नहीं समझी कि शेर के बच्चे भी कुछ दिन माँ का लाया शिकार ही खाते हैं। तेरी तरक्की ने तुझे चकाचौंध कर दिया है री...

उन्हें अपनी गलती का अहसास हुआ और अबकी बार ऐसे घर में रखा जिन भइया-भाभी को मैत्रेयी जानती थी। जिनके घर संयोजिका के घर जैसा खतरा नहीं था। छुट्‌टी लेकर आठ दिन साथ रहीं।

आठ दिन में उन्होंने इतना लाड़ किया जितना पूरे आठ वर्ष में न किया होगा और मैत्रेयी ने निश्चय कर लिया कि वह वैसी ही बन जायेगी, जैसा माताजी चाहेंगी। उसने माताजी का ब्लाउज रख लिया, जिसमें उनकी गंध आया करती और लगता माँ पास है।

मगर यह महज भ्रम सिद्ध हुआ। उस घर में एक बूढ़ा मगर तंदुरुस्त आदमी आता था, वह भाभी को सिनेमा दिखाने ले जाता था, जब भइया घर नहीं होते। एक दिन वह तब आया, जब भाभी भी नहीं थी। उसकी हरकत संयोजिका के लड़के की हरकत से मिलती-जुलती आगे और आगे चलती गयी। मैत्रेयी हाँफती हुई देर रात तक घर के दरवाज़े पर खड़ी रही थी, वह बुलाता रहा, बुलाता रहा, फिर चला गया। घर में वह नहीं था, फिर भी घर से डर लग रहा था माँ का ब्लाउज गंध भर रह गया।

माताजी इस बात को लेकर परेशान थीं कि बेटी की पढ़ाई में अड़चनें पड़ जाती हैं, जब कि मैत्रेयी की समस्या यह थी कि वह 'लड़की' है, इसी के कारण जगह-जगह तकलीफ पाती है।

10

'माता जी, मेरी शादी कर दो' बी.ए. में पढ़ती लड़की बोली।

सत्रह साल की मैत्रेयी ने यह कहने से पहले न तो यह कहा कि मेरी जैसी उम्र माँ तुमने अपने परिवार के साये में बिताई थी। एक अबोध लड़की और अनुभवी स्त्री के अकेले रहने में फर्क होता है। यह फर्क इतना ही सच है, जितना सच एक पेड़ की बनिस्वत एक पौधे का होता है, जिसे चर जानेवाले पशुओं से बचाकर लोहे या ईंटों की ऊँची हवादार रेलिंग के भीतर रखा जाता है। और न यह कहा कि मेरे भीतर वह आकर्षण पैदा हो रहा है। जिसे तुम मेरा व्यभिचार अपराध मान लेती हो, जबकि पुरुषों की ओर से आये अभद्र हमलों को नजरअंदाज करके मुझे सुरक्षित समझती हो। और न यही दलील दी कि मुझे पता है तुम्हारे भाई ने तुम्हें बेचा था, लेकिन तुम्हारी माँ तुमको किसी गोरे (अंग्रेज़) के हमले के हवाले करने से पहले खुद उसके लिए समर्पित हो गयी थी। बेचने की बात जायज नहीं, एक परिवार की ज़िंदगी के लिए

तुम्हें कुरबान किया गया, लेकिन कितना सुरक्षित और सुख-सुविधा देखते हुए...! ऐसा नहीं होता तो तुम्हारा पढ़ना आगे बढ़ना क्या संभव होता? साठ-सत्तर बीघे की मालकिन तुम मेहनत और सूझबूझ की धनी थीं, खेत सोना उगलते...लेकिन यह निश्चित ही तरक्की में शामिल नहीं माना जाता, क्योंकि गाँव की स्त्री हो या पुरुष, उसे असभ्यता के दायरे में रखकर ही शहरी लोग देखा करते हैं। इसीलिए तुमने उन खेतों का अन्न खाकर उन्हें भुला डाला। बेच डाला।

मैत्रेयी का मन खेतों से इस कदर क्यों जुड़ा है? वह धरती की ताक़त के बारे में क्या जाने। माँ अचंभे से लड़की को देखती, कभी दुख से। खेत सिर्फ खेत नहीं, बाबू जी की छाया थे। बाबा के प्राण बसते थे उनमें। मेरे लिए पिता थे, तुम क्या जानो?

बेटी की सनसनाती बातें सुनकर एकबारगी तो माँ ने सिंहनी का रूप धारण किया, लेकिन सिंहनी अपने बच्चे को कैसे खा जाये? धीरे-धीरे उनकी गहरी और पैनी आँखों में घबराहट की बदलियाँ घिर आयीं। कहीं से कोई रिसाव न होने पाये, उससे पहले वे मैत्रेयी के पास से उठकर चली गयीं। साधारण गृहस्थी से उन्हें चिढ़ रही है, ख़ाना, सोना और वंशवृद्धि करना! यही ज़िंदगी है? बेटी माँ का मन न जानेगी तो कौन जानेगा? लड़की का ब्याह करना भी इसी अतिसाधारण कोटि में आता है और तुम विशिष्ट हो।

महिला मंगल योजना की पुरस्कार याफ्ता ग्रामसेविका। जिसने बीस लड़कियों का उद्धार करते हुए उन्हें ग्राम लक्ष्मी बनाया...लेकिन मुझे आज नर्मदा याद आती है, जो तुम्हारे साथ तबादले पर महरौनी ब्लाक के मोहनपुरा गाँव गयी थी। परित्यक्ता लड़की जब वहाँ के ग्राम सेवक से मिली तो उसी की हो गयी।

महिला मंगल में किसी पुरुष का समागम तुम्हारे हिसाब से अपराध था। अतः प्रधान से कहकर पंचायत जुड़ी कि उसे अपमानित किया जाये। सच में ही यह तुम्हारा महिला-कल्याण था? संयोजिका से कहकर उसे बर्खास्त कराया जाये, यह सजा स्त्री शक्ति के खाते में जाती है? यह तो वही थी, जिसने तुम्हारे सारे मंसूबों को ध्वस्त करते हुए ग्रामसेवक से विवाह की घोषणा कर दी, और कहा—बहनजी, आपका उपकार कि आपके साथ मैं यहाँ तक चली आयी, यह साथी मिल गया।

मैंने सोचा था, तुम्हारा काम महिलाओं को दिशा देना है, उनको कब्जे में करना नहीं। मैं मगर बेटी हूँ, तुम्हारे अधिकार में हूँ। इसलिए तुम्हारी आज्ञा मानना मेरी ज़िंदगी का हिस्सा है। यह न होता तो तुम्हारे केंद्र पर आने वाले बी.डी.ओ., ए.डी.ओ. और हेड ऑफिस के क्लर्क लोग मुझे मनमाने समय पर तलब न करते। यहीं मुझे तुम्हारी आज्ञा का उल्लंघन करना पड़ता है, जो मुझे उद्दंड बेटी के रूप में तुमसे भिड़ पड़ने के लिए उकसाता है और तुम्हारी नौकरी पर भारी पड़ता है। यह अपराधबोध भी मेरे मन में है। मैं अपने को बचाती हुई खुले बीहड़ों में भाग रही हूँ

और शिकारी पीछे-पीछे...मैं नहीं पूछना चाहती कि ऐसा तुम्हारे साथ भी हुआ है? नहीं हुआ कुछ भी, यही बात मुझे मेरी माँ में विशेष लगती है। तुम साधारण स्त्री से ऊपर उठ जाती हो। स्त्रीत्व से मुक्त स्त्री! यही कारण है कि गाँव के लोगों ने तुम्हें देवी माना और खेती बेचने पर एक शब्द भी नहीं बोले। अगर मुझे अपनी तरह ही बनाना था तो पहले मेरा स्त्रीत्व ख़त्म कर देना था। पता नहीं यह बात कितनी सही है, लेकिन विशिष्ट तो ज़रूर होगी।

सत्रह साल की लड़की के ये उद्‍गार कितने व्यावहारिक हैं, कितने अव्यावहारिक, इसका फैसला कौन करे? कस्तूरी कहाँ से उठीं, कहाँ तक आईं। अँधेरों से उजाले की ओर बढ़ती हुई औरतों का काफिला लिये वे महिला मंगल के प्रशस्त रास्ते पर हैं। इस दिशा को देखनेवाली निगाह मैत्रेयी के पास नहीं है, यह दुख रहा माँ को। गाँव में जिसके पास आदमी (पुरुष) नहीं। उसके खेत होते हैं कहीं? हाँ, संवाद बना रह सकता था, जिसके जरिये गाँववाले हमें लूटते खसोटते। मायकेवाले ही डाका डाल ले जाते। कस्तूरी के पिछले जीवन की तस्वीरें क्रमशः सिनेमा की रील-सी चलने लगीं। वे सारे दुख जो सहे, वे सारे सुख जो मरीचिका निकले। वे सारे संबंध, जो ढोंग से ज़्यादा कुछ नहीं थे। गाँवों में चलती राजनीति को मैत्रेयी क्या समझे? परिवारों के भीतर चलती सेंधमारी का उसे क्या तजुरबा? उसकी नानी भी किस स्वार्थ से प्रेरित प्यार लुटानेवाली माँ थी, सोचने-समझने का मुद्दा है। यदि कस्तूरी उस खेती के बिना पढ़-लिख नहीं सकती थी, मजदूरी करते उम्र बीत जाती तो क्या मैत्रेयी अपनी माँ के प्रगतिगामी सोच के बिना बी.ए. कर रही होती? हल चलाते किसान की धरती के रूप में चूल्हा चौका करते अब तक एक बच्चे की माँ बन गयी होती। स्त्री होती है तो स्त्रीत्व भी होता है, मगर उस स्त्रीत्व का केवल मादा रूप ही होता है? स्त्रीत्व माने स्त्री शक्ति। मैत्रेयी स्त्रीशक्ति को गँवाना चाहती है।

कस्तूरी के सामने अँधेरी रात में एक तारा उदित हुआ। उन्होंने बेटी को उस समय आवाज दी, जब वे रेडियो पर अपना मनपसंद गीत सुन रही थी। ये वादा करो चाँद के सामने, भुला तो न दोगे मेरे प्यार को... मैत्रेयी!

—हाँ, माताजी! कहकर उसने रेडियो का स्विच बंद कर दिया। उनकी धीमी और लाड़ में पगी आवाज सुनते ही अपराधबोध का सागर भीतर ही भीतर उमड़ पड़ा। माँ नाराज नहीं है, जबकि गुस्ताखी जघन्यतम अपराध जैसी थी। जो बात सबसे ज़्यादा नापसंद है, वही कह डाली। कलयुगी संतान ऐसी ही होती है, माँ-बाप के जीवन में उथल-पुथल मचानेवाली।

—कल झाँसी चलना है।

—क्यों?

—संयोजिका ने जिला नियोजन अधिकारी से तेरी नौकरी की बात कर ली है। ग्रेड

बहुत अच्छा है। ग्यारह बजे तक बुलाया है।

माँ का संकल्प, इस मनचली लड़की को स्थिरता देनी होगी। ब्याह जैसी बेड़ियों का मर्म समझाना होगा। बी.ए. पास लड़की के लिए नौकरी की कमी नहीं। माँ-बाप लड़कियों को पढ़ाना फालतू का खर्च और आबरू का खतरा मानते हैं। कस्तूरी की राय में बेटी को ब्याह कर गाय की तरह हाँक देने जैसा कोई दूसरा अपराध नहीं। लेकिन उल्टी गंगा तो देखो कि उन्हीं की बेटी आगे की ओर नहीं। पीछे की ओर चल रही है। क्या इसीलिए था उनका संघर्ष?

'मेरा मन हाय-हाय करता है?' उन्होंने सोचा—लगता है जैसे अथाह पानी में डूबती चली जा रही हूँ। अपनी याददाश्त पर भी अचंभा हुआ। बेटी इतनी बड़ी हो गयी! और उन्होंने निरखा तक नहीं। छोटी सी बच्ची बढ़ी और हिम्मत इस कदर बुलंद हो गयी कि माँ को अपना होना बताये?

वे बूढ़ी हो चलीं! हाथ से वयस खिसक गयी! उसी के चलते तो आदमी को अपने ऊपर, केवल अपने अकेले पर इतना भरोसा रहता है कि जीवन में आये लोभ-मोह को अँगूठे पर गिने।

वह समय आ ही गया लगता है, जब उम्र छीजना शुरू होती है, नहीं तो मन हाय-हाय क्यों करता? उन्नति, तरक्की और समाज कल्याण के नशे में समय का बहाव भूल बैठी थी। काल का ज्ञान खो दिया। बेटी ने चेताकर चौंका दिया—'माँ तुम्हारी उम्र पक चली, क्योंकि मैं जवान हो गयी।' अभी तो बहुत चाह थी। बहुत कुछ पाना था। कोई अदेखी अनजानी ताक़त ललकारती थी। मेरी राह आओ, तुम्हारा जीवन बदल जायेगा। अपने ही रचे-गढ़े जीवन का लेखा-जोखा महत्त्वपूर्ण लोग रखेंगे। पीढ़ियों की ज़िंदगी मेरे बनाये रास्ते पर चलेगी, लेकिन पीढ़ी की पहली ही दावेदार ने उस पेड़ की डाल पकड़कर हिलाना शुरू कर दिया जिसके फल को अपनी अँजुरी में खप से भर लेना चाहा था, उसको धरती पर गिरकर फटता देख रही हूँ।

कस्तूरी मर्माहत हो गयी—असंतोष, दुख और असफलता का स्रोत कहाँ होकर फूटे, कौन जानता है? जीवन का यह मूल्य पर्याप्त नहीं। सारी ज़िंदगी घुला-गलाकर जो मिला, वह कितना है? माँ-बाप अपनी तपश्चर्या का फल बच्चों के जीवन-बीज में देखते है फिर उसके पनपने और फूल-फलों के रूप में पाना चाहते हैं। यहाँ तो बेटी के लिए आमों के पेड़ लगाये और उसने बबूलों के बीच से रास्ता चाहा है! यह मेरी तरक्की है? यह किसके काम की है? महिला मंगल में काम करती उन स्त्रियों के काम की, जो संबल पाने आती हैं, और प्यासी हिरनी-सी प्यार के सरोवर की ओर भागती हैं। नर्मदा ने बड़ी चोट दी थी। भुवन के जाने पर महीनों चैन नहीं मिला था। उनका मोह नहीं, उनसे मिली पराजय ने तोड़ डाला था। मैं कौन थी, कोई नहीं। इस संसार की लीला में दखल देने वाली मैं कोई नहीं...

...लेकिन अब मेरी बेटी का मामला है, मेरी कोख से जन्म लेनेवाली मैत्रेयी का। मैं इसको उस खड्ड में नहीं गिरने दूँगी, जिसमें गिरकर औरत जीवनभर निकलने को छटपटाती रहती है और एक दिन ख़त्म हो जाती है।

अपने आपको ललकारा था कस्तूरी ने।

...लेकिन माँ को क्या पता कि उनका हुक्म सुनते ही मैत्रेयी की ज़िंदगी की हरी-भरी कल्पना रेत हो गयी? हालाँकि समझ रही थी कि माताजी उसे आर्थिक रूप से मजबूत करने की सोच रही हैं। यही स्थिरता का मूल है। वे ब्याह जैसी रूढ़ि का महत्त्व एकदम खारिज कर सकती हैं।

फिर भी मैत्रेयी ने अपनी टेक रखते हुए कहा—मैं नौकरी नहीं करना चाहती।

दुस्साहसी लड़की की ओर माँ ने अवाक् होकर देखा और धीरे-धीरे नजर मुलायम होने लगी जैसे सोचा हो, शायद यह उत्तेजना में लिया निर्णय है। शायद यह कि माँ के विरोध में पीढ़ी का अंतर है। शायद यह आत्मतृप्ति का साधन है। पढ़ी-लिखी लड़की नौकरी-पेशा होने का अर्थ समझती होगी।

—तू विवाह को गुड़ियों का खेल समझती है?''

—नहीं, तप और जद्दोजहद तो हर जगह होती है। फिलहाल तो मैं सुख-दुख के एक साथी की तलाश में हूँ।

एक दिन। दो दिन। तीन दिन।

तीन महीने तक यही मामला दोनों के बीच लटका रहा। उनके तर्क, मैत्रेयी की जिद।

जहाँ माँ-बेटी इस समय थीं, वह एक गाँव था। गाँव में मुखिया के घर पर बसेरा था बेटी का। और माँ की पोस्टिंग किसी दूसरे ब्लाक में थी। मगर दोनों में होता संवाद दादा (मुखिया) ने भी सुना। नेक सलाह दी—विवाह योग्य बेटी का विवाह करो, फिर चाहे नौकरी करे या नहीं करे। अपने घर में हिफाजत से रहे।

गँवार लोगों की गँवार बातें! अक्खड़ और इस गाँव के मुखिया हैं, साथ में इस लड़की का संरक्षण लिये हुए हैं। तब क्या अपनी बात मनवा लेंगे? इनको पता नहीं कि विवाह के बाद पति का पत्नी पर कैसा कब्जा होता है? क्या इनकी मर्जी के बिना इनके घर की औरतें चौखट के बाहर क़दम रख सकती हैं? पढ़ाई-लिखाई से मिली सभ्यता को मर्द लोग औरत के पक्ष में नहीं खपाते, बल्कि उसको अपनी तरक्की का साधन बनाकर आगे बढ़ जाते हैं। कस्तूरी के अपने अनुभव हैं, कोई झूठ बात नहीं। नर्मदा उन्हें छोड़कर चली गयी। आगे क्या किया? ग्रामसेवक के लड़का-लड़की पैदा करके उनकी परवरिश की जिम्मेदारी के सिवा क्या आया हाथ? ज़िंदगी का मकसद यही था तो गाँव में ही किसी का हाथ पकड़ लिया होता, महिला मंगल में आने का ढोंग क्यों? हम लोग नाहक ही स्त्री की मजबूती की

बात सोचते हैं।

कस्तूरी किंकर्त्तव्यविमूढ़-सी धरती पर बैठी रही।

11

एक अघोर भैरवी भीतर से हाँफ रही थीं। उसका मौन डरावना था। उसकी हुँकार से मैत्रेयी का कलेजा काँप जाता। वह इसके सिवा क्या सोचती कि उसका सामाजिक प्रस्ताव माताजी के हिसाब से अशोभन है। उन्हें दुःख देनेवाला है।

जैसे-जैसे माँ के चेहरे पर करुणा फैलने लगी, मैत्रेयी पश्चाताप के गर्त में गिरने लगी। अपना प्रस्ताव वापस लेने की बात मन में आ समायी।

रात को वे खाट पर उठकर बैठ गयीं। मैत्रेयी अपने ही ऊपर अवसन्न...हिमाकत क्यों कर बैठी?

"सो रही है लाली?" उन्होंने बेटी को टटोला।

"नहीं, नींद नहीं आ रही।"

"तू चली जायेगी तो मैं अकेली रह जाऊँगी, फकत अकेली," आवाज में दिल छील देने वाली कातरता...उनके रोये हुए चेहरे का बयान कर रही थी। उनके खून में कितनी हलचल होगी, बेटी कल्पना कर सकती थी, क्योंकि उन्हें कभी रोते-बिलखते देखा नहीं।

"तो रहने दो ब्याह-शादी," मैत्रेयी उनकी पराजय से डर गयी।

"तू मुझे गलत समझ रही है। मेरा मतलब यह नहीं कि विवाह बुरी चीज है। यह औरत के लिए ऐसे बंधन पैदा करता है, जो जीवन-भर कसे रहते हैं। पति के रहने पर भी और न रहने पर भी। पति की पसंद-नापसंद दोनों औरत पर ही भारी पड़ती हैं। तूने किसी विधुर को विधवा की तरह रहते देखा है? किसी छोड़ी हुई औरत की तरह उसके पुरुष का अपमान होता है?" और ये बातें अशिक्षित लोगों में तो अत्याचार की हद तक जा पहुँचती हैं।

उस रात समझाना-बुझाना चलता रहा। बेटी को भी माँ से जुड़े कुछ भावुक प्रसंग याद आते रहे—तुमने भी बड़े अभाव ढोये हैं। मेरा लालन-पालन जैसा बन पाया, किया। तुम्हारी अपनी सीमाएँ थीं। माँ और बाप दोनों की भूमिका में आने पर किसी भी मनुष्य के भाव बदलेंगे। असमंजस फांक की तरह सदा माँ-बेटी के बीच रहा कि कब कड़ाई बरती जाये, कब लाड़ किया जाये? माँ बनते ही तुम्हें पिता का कर्त्तव्य याद आ जाता था, इसमें तुम्हारी क्या गलती? व्यावहारिकता, जिसमें सामाजिक नैतिकताएँ मिली थीं। उन पर माँ का क्या जोर, ममता कहीं पीछे पड़ी रह जाती। क्या दोनों भूमिकाओं से तुम भी घबरा जाती थीं? नहीं तो मुझे अपने से दूर क्यों धकेल देती थीं? चैन हासिल करने के उपाय में ज़्यादा दुविधा में पड़ जाती थीं। क्या तभी फील्ड

में घूम-घूमकर बेसहारा औरतों को इकट्ठा करती थी? तुम्हारे मन में कोई अपराधबोध का खोखल था, या सच में ही समाज कल्याण का कोई संकल्प?

तुम्हारा प्यार बटुए का मुँह खोलकर छलकता था। खर्चे के रुपये देने के बाद मुझसे बिछुड़ते हुए जब तक साथ रहतीं रुपये देती रहतीं। पचास दूध के, बीस फलों के लिए। दस कपड़ों पर इस्तिरी के लिए, पाँच और दो और। बस में बैठने के बाद फिर दस-बीस रुपयों के नोट मेरी ओर फेंक देतीं, जैसे वे माँ के अभाव की भरपाई कर देंगे।

12

दोनों ओर से फिर किसी ने कुछ नहीं कहा...लेकिन वे माँ थीं, बेटी को खुश देखना चाहती थीं। ज़रूरी तो नहीं कि उनका दिखाया रास्ता ही खुशियोंभरा हो। वे अपना बड़ा सा चमड़े का पर्स उठाये गाँव-गाँव वर खोजती फिरतीं, अब यह दीगर बात है कि अपनी कुछ मान्यताओं को वे चाहकर भी नहीं छोड़ पाती थीं।

आम रिवाज के अनुसार वे बेटी के सगाई-संबंध के लिए ज़रूरी किसी पुरुष को साथ नहीं ले गयीं। खुद जातीं और संभावित समधी के द्वार पर पड़े खटिया मूढ़ा पर मर्दों की बराबरी में बैठतीं। गाँव में उस समय तमाशा लगता। लुगाई आई है! लुगाई आई है! किसी बेटे का पिता अपना तमाशा बनवायेगा, इसमें संदेह था।

दूसरी बात कि दहेजवाले मामले की गंध आते ही उठ खड़ी होतीं। तीसरी बात यह कि शादी का उम्मीदवार लड़का ही बात करे, लड़की से मिले। माँ-बाप का हस्तक्षेप न हो।

चौथी, अंतिम और सबसे ज़रूरी शर्त के मुताबिक बेटी की जन्मपत्री की जगह मार्क्सशीट ले जातीं और लड़के की सनद माँगती।

कुल नतीजा यह निकाला जाता कि मैत्रेयी की हस्तरेखाओं में शादी की लकीर नहीं...

लेकिन मैत्रेयी के लिए अधिक सोचना बेकार था क्योंकि जीवन में सब कुछ पाने और सब कुछ लुटा देने की अदम्य लालसा हस्तरेखाओं के ऊपर निकल चुकी थी।

तीन इंच के स्वर्ण फूल

युंग चांग

पंद्रह साल की उम्र में मेरी दादी एक मुख्य सेनापति की रखैल बन गई थीं। यह 1924 का साल था और चीन में अराजकता छाई थी। चीन का अधिकांश हिस्सा, मंचूरिया सहित—जहाँ मेरी दादी रहती थीं—सेनापतियों द्वारा शासित था। यह संबंध उसके पिता द्वारा तय किया था, जो मंचूरिया के दक्षिण भाग में स्थित यिक्सियन में पुलिस अफ़सर थे।

मेरी दादी के पिता अपने परिवार के अकेले लाड़ले बेटे और उन्हें अपने परिवार में इसकी वजह से एक ख़ास ऊँचा ओहदा मिला था। केवल एक बेटा ही अपने वंश का नाम आगे बढ़ा सकता था, उसके बिना एक परिवार की वंश-बेल रुक सकती थी जो अपने पूर्वजों के प्रति बहुत बड़ा विश्वासघात थी। उन्हें अच्छे स्कूल में भेजा गया ताकि वे परीक्षाएँ पास कर एक अच्छे पुलिस अफ़सर बन सकें, जो उस समय के अधिकांश चीनी युवकों का एकमात्र लक्ष्य था। अफ़सर बनना सत्ता और ताक़त लाता था और सत्ता से पैसा आता था। बिना सत्ता और पैसे के कोई भी चीनी अफ़सरशाही शोषण से सुरक्षित महसूस नहीं करता था। कोई सही कानून या न्याय विधान नहीं था। ताक़तवर अफ़सर ही कानून था। अधिकांश औरतें सिलाई करती थीं और देर रात तक पोशाकें तैयार करने का काम करती थीं। पैसा बचाने के लिए वे अपनी लालटेनें बिल्कुल धीमी रोशनी पर रखतीं जिससे उनकी आँखों को स्थायी नुकसान पहुँचता था। लगातार घंटों काम करने से उनकी उँगलियों की गठानें सूजकर दर्द करने लगती थीं।

चीन के पुराने रिवाज के तहत चौदह साल की छोटी उम्र में मेरे परदादा की शादी अपने से छह साल बड़ी लड़की से कर दी गई थी। अपने पति की देख-भाल करना और उसे बड़ा होने में मदद करना एक पत्नी का धर्म माना जाता था। उनकी छह साल बड़ी पत्नी, मेरी परदादी की कहानी उस वक्त की लाखों चीनी औरतों की एक औसत कहानी थी। वे सरकारी ओहदेवाले किसी पढ़े-लिखे परिवार से नहीं थीं और चूँकि वह लड़की थी, उन्हें कोई नाम नहीं दिया गया था। दूसरी बेटी होने के कारण उन्हें सिर्फ नंबर दो लड़की (एर-या-तो) बुलाया जाता था। बचपन में ही पिता की मौत के कारण उन्हें उनके चाचा ने पाला। एक दिन, जब वह छह साल की थीं चाचा अपने एक मित्र के साथ खाना खा रहे

थे, जिसकी पत्नी गर्भवती थी। खाने की मेज पर ही दोनों मित्रों ने तय किया कि अगर होने वाला बच्चा लड़का हुआ तो उसकी शादी छह साल की भतीजी से कर दी जाएगी। शादी हुई पर शादी से पहले वह दोनों कभी नहीं मिले। दरअसल प्रेम में पड़ना किसी भी परिवार के लिए बेहद शर्मनाक घटना मानी जाती थी। शादी एक फर्ज, एक धर्म था, दो परिवारों के बीच।

चौदह साल की उम्र में जब मेरे परदादा की शादी हुई तो शादी की पहली रात वह अपनी दुल्हन के कमरे में नहीं गए और माँ के कमरे में सो गए। उनके सोने के बाद उन्हें उठाकर उनकी पत्नी के कमरे में ले जाया गया। वे एक बिगड़ैल बेटे थे और नहाकर कपड़े पहनने के लिए भी उन्हें किसी की ज़रूरत होती थी पर उनकी पत्नी के अनुसार, 'बच्चा रोपना' वह जानते थे और शादी के एक साल के अंदर ही मेरी दादी पैदा हो गई थीं। अपनी माँ से उनका दर्जा बेहतर था क्योंकि उन्हें एक नाम दिया गया था—यू फांग जिसका मतलब था—खुशबूदार फूल।

यिक्सियन जैसे छोटे शहर में, जहाँ मेरी दादी पली-बढ़ी थीं, अच्छी सफल शादी के लिए पैरों का बँधे हुए होना बहुत ज़रूरी था। लेकिन दादी के पिता ने अपने समय की इस परंपरा को हमेशा नकारा कि निचले तबके की औरत के लिए अशिक्षित रहना एक विशेषता है। उन्होंने इसीलिए दादी को लड़कियों के एक स्कूल में भेजा जो उस शहर में नया-नया ही खुला था। दादी ने वहाँ ड्राइंग और कशीदाकारी भी सीखी। दादी का सबसे प्रिय डिजाइन था—मैडरिन बत्तखें, जो प्रेम का प्रतीक थीं क्योंकि वे हमेशा जोड़े में तैरती थीं। दादी इन बत्तखों के जोड़े की कढ़ाई अपने पैरों के लिए बनाए गए छोटे-छोटे जूतों में करती थीं। उन्होंने 'किन' नाम का एक वाद्य यंत्र बजाना भी सीखा था। दादी उस शहर की सबसे खूबसूरत लड़की में गिनी जाती थीं। शहर के पुराने लोगों का कहना था कि दादी इस कदर खूबसूरत थीं कि वे चूजों की भीड़ में हंसिनी जैसी नज़र आती थीं।

मेरी दादी वाकई खूबसूरती की जीती-जागती मिसाल थीं। अंडाकार चेहरा, गुलाबी गाल और मुलायम त्वचा। उनके चमकते बालों की काली चोटियाँ उनकी कमर तक पहुँचती थीं। बेहद दुबली-पतली, नाजुक, खूबसूरत फिगर और ढलके हुए कंधे, जो आदर्श माने जाते थे।

लेकिन उनकी सबसे बेशकीमती संपत्ति थी, उनके बँधे हुए पैर जिन्हें चीनी में 'सान-त्सुन-जिन-लिएन' यानी थ्री इंच गोल्डेन लिलिज—तीन इंच के सोने के फूल कहा जाता है। इसका मतलब था कि छोटे-छोटे पैरों से वह ऐसे चलती थीं जैसे वसंत की हवा में नाजुक कोमल कोपलें लहरा रही हों। बँधे हुए पैरों पर धीरे-धीरे ठुमक-ठुमककर चलना पुरुषों पर बड़ा उत्तेजक प्रभाव डालता है, ऐसा माना जाता था, ख़ासतौर पर इसलिए भी क्योंकि उसकी दुर्बलता सामनेवाले के मन को सुरक्षा देने की भावना से भर देती थी।

जब दादी सिर्फ दो साल की थीं, उनके पैरों को बाँध दिया गया था। उनकी माँ, जिनके

अपने पैर भी इसी तरह बाँधे गए थे, पहले एक बीस फीट लंबा सफ़ेद कपड़ा उनके पैरों पर लपेट देती थीं, अंगूठे के अलावा पैर की सभी उँगलियों को भीतर की तरफ मोड़ते हुए। फिर वे एक बड़ा पत्थर लपेटे हुए पैर के उभरे हुए हिस्से को कुचलने के लिए पैर के ऊपर रखती थीं। दादी दर्द से चीखती थीं और उसे यह क्रिया बंद करने की मिन्नतें करती थीं। तब उनकी माँ उनका चीखना-चिल्लाना बंद करने के लिए उनके मुँह में कपड़ा ठूँस देती थीं। दादी को बार-बार इस तकलीफ़ से गुज़रना पड़ता था।

यह क्रिया बरसों तक दोहराई जाती थी। पैरों की सारी हड्डियाँ कुचल देने के बाद भी पैरों को मोटे कपड़े में दिन-रात बाँधकर रखना पड़ता था क्योंकि जैसे ही पैरों को कपड़े के बंधन से आजाद किया जाता, वे फौरन बढ़ना शुरू कर देते थे। सालों तक दादी इस अनवरत और असह्य पीड़ा से गुजरती रहीं। जब दादी अपनी माँ से हाथ जोड़कर पट्टियाँ खोल देने की मिन्नतें करतीं, तो उनकी माँ रो-रोकर अपनी मजबूरी का बयान करने लगतीं कि अगर उन्होंने पैरों को खुला छोड़ दिया तो ये पैर उनकी सारी ज़िंदगी बरबाद कर देंगे और कि वह उनकी खुशी और उनके भविष्य को ध्यान में रखकर ही कर रही हैं।

कभी-कभी किसी माँ को अपनी बेटी पर तरस आ जाता और वह बँधी हुई पट्टियाँ खोल देती। वही बेटी बड़े होने पर जब पति के परिवार की अवहेलना और समाज के तिरस्कार का पात्र बनती तो वह अपनी माँ को इतना कमजोर होने के लिए कोसती।

उन दिनों, जब भी किसी लड़की की शादी होती, सबसे पहले दूल्हे के परिवारवाले उसके पैरों का मुआयना करते। बड़े पैर यानी औसत साइज़ के पैर देखकर ससुरालवालों को सबके सामने शर्मिंदा होना पड़ता। सास घर आई बहू की लंबी स्कर्ट उठाकर पहले उसके पाँव देखती और अगर पाँव चार इंच से लंबे हुए तो वह तिरस्कार की मुद्रा में स्कर्ट को नीचे डालकर, उसे अकेले सब रिश्तेदारों की आलोचनाभरी निगाहों का शिकार होने के लिए छोड़कर नाराज़गी में बाहर निकल जाती। वे रिश्तेदार लड़की के पैरों को हिकारत से घूरते और अपनी नाखुशी जाहिर करते हुए उसे अपमानित करने के लिए कुछ भी बड़बड़ाते।

पैरों को बाँधने की इस प्रथा की शुरुआत लगभग एक हजार साल पहले किसी चीनी सम्राट के हरम की किसी रखैल द्वारा हुई थी। छोटे-छोटे पैरों पर बत्तखों की तरह फुदक-फुदककर चलती हुई औरतें न सिर्फ पुरुषों के लिए उत्तेजक मानी जाती थीं बल्कि पुरुष इन छोटे बँधे हुए पैरों के साथ खेलते हुए उत्तेजित होते थे क्योंकि वे पैर हमेशा बेहद खूबसूरत कसीदेदार जूतों से ढके रहते थे। युवा होने के बाद भी औरतें अपने पैरों की पट्टियाँ खोल नहीं सकती थीं क्योंकि उन्हें खोलते ही पैर फिर से बढ़ना शुरू कर देते थे। इन पट्टियों को सिर्फ थोड़ी देर के लिये रात को सोते समय ढीला कर दिया जाता था और नरम सोल वाले जूते पहन लिए जाते थे। पुरुष कभी इन पैरों को नंगा नहीं देख पाते थे क्योंकि पट्टियाँ खोलते ही गली हुई त्वचा की सड़ाँध चारों ओर दुर्गंध बिखेरती थी।

मुझे अपने बचपन के वे दिन बहुत अच्छी तरह याद हैं जब हम खरीदारी करके बाजार से लौटते थे और दादी हमेशा दर्द से कराहती रहती थीं। बाजार से लौटते ही वह गरम पानी की देगची में अपने पाँव डुबाकर रखतीं और लगातार राहत की लंबी साँसें भरतीं। फिर वह अपनी चमड़ी में से मरी हुई रूखी त्वचा की पपड़ियाँ उतार-उतार फेंकतीं। पैरों के उभरे हुए हिस्से की कुचली हुई हड्डियों में तो दर्द होता ही था, उससे भी ज़्यादा तकलीफ़ उँगलियों के नाखूनों से होती थी जिन्हें नीचे की तरफ लगातार मोड़ने के कारण उनके नाखून पीछे की ओर बढ़ गए होते थे।

दरअसल मेरी दादी के पैर उन दिनों बाँधे गए थे, जब यह प्रथा समाप्ति के चरण पर थी क्योंकि दादी की छोटी बहन जो 1917 में पैदा हुई, इस यातना का शिकार होने से बच गई क्योंकि तब तक इस प्रथा का बहिष्कार किया जा चुका था।

(चीनी लेखिका युंग चांग की आत्मकथा 'वाइल्ड स्वॉन्स' के पहले अध्याय 'थ्री इंच गोल्डेन लिलिज़'—'कॉन्क्यूबाइन टु वॉरलॉर्ड जनरल' से साभार)

अंग्रेज़ी से अनुवाद : सुधा अरोड़ा

झरते हुए पत्ते :एक अनचाही चीनी बेटी की सच्ची कहानी

एडेलिन येन माह

महज़ तीन साल की उम्र में मेरी एक चचेरी दादी (गॉन्ना गॉन्ना) ने अपने पैर बँधवाने से साफ़ इनकार करते हुए अपनी आजादी का ऐलान किया। जैसे ही उसके पैर बाँधे जाते, वह हाथ-पैर फेंककर उन्हें फाड़ डालतीं या फिर तब तक खाने-पीने का बहिष्कार कर देतीं, जब तक उनके पैर पट्टियाँ खोलकर आज़ाद नहीं कर दिए जाते। उनका जन्म 1886 में हुआ था, जब चीन में राजाओं का शासन था और बाल सम्राट कुआँग सू सुदूर उत्तर में रहते थे।

मेरी उस ग्रैंड आँटी ने शादी नहीं की। वह साफ़ अंग्रेज़ी बोलती थीं और घुड़सवारी का शौक़ रखती थीं। बपतिस्मा के बाद वह क्रिश्चियन हो गई थीं और चर्च के कारण उनके ढेर सारे विदेशी मित्र थे। उनमें से एक ने, जो उनके साथ 'एँटी फुट बाइंडिंग लीग' (पैर बाँधना विरोधी संघ) का सदस्य था, आँटी को बैंक ऑफ शंघाई में क्लर्क की नौकरी दे दी और अगले बीस सालों में उन्होंने बैंकिंग व्यवसाय के सारे गुण सीख लिये और फिर उस विभाग की मैनेजर बन गईं। 1924 में उन्होंने अपना शंघाई महिला बैंक खोला। वह बैंक आज भी शंघाई के 480, नानजिंग लू में चल रहा है। उनकी उपलब्धियों की ऊँचाइयों को मापना असंभव है। चीन में उस समय के एक ऐसे सामंती समाज में जहाँ व्यवसाय के महत्त्वपूर्ण निर्णायक फ़ैसलों की बात तो दरकिनार, रोज़मर्रा के सामान्य निर्णय लेने में भी एक औरत की भागीदारी को बेहूदा और हास्यास्पद माना जाता था, आँटी का साहस अभूतपूर्व था।

पाँच फुट सात इंच की मेरी वह आँटी अपने सामान्य पैरों के साथ बिल्कुल सीधी तनकर खड़ी होती थीं और घर में बेहद सम्माननीय थीं। मेरे पिता और घर के दूसरे सदस्य भी उनकी बड़ी इज़्ज़त करते थे और उनकी सलाह की क़द्र करते थे जो ऐसे समाज में विलक्षण था, जहाँ औरतों को हमेशा नीची नजर से देखा जाता था और उनका तिरस्कार किया जाता था। इस आदर और सम्मान के तहत हम सभी बच्चों को यह आदेश था कि हम उन्हें 'गान्ना गान्ना' कहें, जिसका अर्थ है—ग्रैंड अंकल। यह एक सामान्य व्यवहार की स्थिति थी, जब किसी लब्धप्रतिष्ठित

और समाज में सम्माननीय महिला को उसकी औरताना ओहदे के समानांतर पुरुष समानार्थी ओहदे से उसे संबोधित किया जाता था। उस सदी की नीची निगाह से देखी जाने वाली जी-हुजूरी छाप औरतों के विपरीत आँटी की उपस्थिति बहुत मजबूत और आकर्षक औरत की तस्वीर पेश करती थी। उनके काले बाल कान से ऊपर तक छोटे कटे हुए थे और उनके अंडाकार चेहरे को उभारते उनके चौड़े और चिकने माथे पर से बाल सीधे पीछे की ओर जाते थे। पीतल की गोल तारों के रिम में बने उनके चश्मे के गोल शीशों से झाँकती उनकी आँखें मन में भीतर उतर जाती थीं। अपने पहरावे में बेहद संभ्रांत वह ज्यादातर मैंडरिन कॉलर और बटरफ्लाई बटनों से सजे गाढ़े रंगों के रेशमी किपाओ (चीनी पोशाक) पहनती थीं। वह साठ की उम्र में भी एथलेटी संभ्रांतता से टेनिस खेलतीं और घुड़सवारी करती रहीं।

आँट की सामाजिक प्रतिष्ठा की वजह से बैंक की अर्थव्यवस्था खड़ी करने में कोई दिक़्क़त नहीं हुई। उनके बैंक का पूरा स्टाफ महिलाओं का ही था और महिलाओं की ख़ास ज़रूरतों को मद्देनज़र रखते हुए ही खोला गया था। वहाँ आती थीं—अनब्याही माँओं की नाजायज़ बेटियाँ, अपने उत्तराधिकारों के सवालों के साथ, अपना दहेज लिये पहली बीविया (या जिन्हें बड़ी बीवियाँ कहा जाता था), रखैलें (जिन्हें छोटी बीवियाँ कहा जाता था) अपने तथाकथित मरदों के नकद उपहारों के साथ। और आती थीं—शिक्षित और प्रतिभासंपन्न औरतें, जो पुरुष शासित समाज के संरक्षण से थक-टूट चुकी थीं।

शंघाई महिला बैंक शुरू से ही व्यावसायिक बाजार में प्रतिष्ठा पा चुका था और इसकी छह मंज़िलों की भव्य इमारत शंघाई शहर के बीचोबीच खड़ी थी। छठी मंज़िल के विशालकाय पेंटहाउस में आँटी अपनी महिला मित्र मिस गुआँग के साथ रहती थीं जिसे वह अरसा पहले चर्च में मिली थीं। उनके संबंधों के बारे में यह अफवाह थी कि वे साथ-साथ रहती थीं और एक ही बिस्तर पर सोती थीं। चीन में उन दिनों दो अकेली औरतों के बीच गहरी दोस्ती की खिल्ली उड़ाई जाती थी और वे उपहास का पात्र बनती थीं। मिस गुआँग 1903 में पैदा हुई थीं और आँटी के बैंक की पहली निवेशक थीं। बाद में आँटी ने एक बेटी को गोद ले लिया। चीनी समाज में संतानहीन प्रतिष्ठित औरतों में बच्चे को गोद लेना एक सामान्य बात थी।

दूसरी ओर मेरी दादी थीं—बचपन से ही जिनके पैर लंबे पतले बैंडेज वाजे कपड़ों से बाँध दिए जाते थे, अँगूठे को छोड़कर बाकी चारों उँगलियों को पीछे की तरफ मोड़ते हुए ताकि सिर्फ अँगूठा बाहर दिखाई देता रहे। दुखती हुई उँगलियों को भीतर की ओर मोड़कर यह बैंडेज कई सालों तक रोज बाँधा जाता था ताकि पाँव

का बढ़ना स्थायी रूप से रोका जा सके और चीनी मर्दों को लुभानेवाले छोटे-छोटे पैर बरकरार रखे जा सकें। इसका नतीजा यह होता था कि औरतें लगभग अपंग-सी हो जातीं और आसानी से ज़्यादा दूर चल नहीं पाती थीं। छोटे पैर उनकी पारिवारिक समृद्धि और समर्पण के प्रतीक थे। मेरी दादी के छोटे-छोटे पैरों ने उन्हें जीवन-भर बेहद तकलीफ दी। बाद में उन्होंने इस सामाजिक प्रथा का बहिष्कार करने का साहस दिखाया और अपनी बेटी पर इस यातना को लादने से इनकार कर दिया।

ग्रैंड आँटी के तीसरे भाई से मेरी दादी का एक रिश्ता करवाने वाली महिला के माध्यम से तयशुदा विवाह हुआ था। पंद्रह साल की मेरी दादी शंघाई के एक नामी संभ्रांत परिवार से थीं। उन दोनों की शादी चीनी कहावत के अनुसार 'मेन दैंग हू दुई' थी जिसका अर्थ है—एक उपयुक्त दरवाज़ा सही घर के खाँचे में ही फिट होता है। दूल्हा और दुल्हन ने पहली बार एक-दूसरे की शक्ल 1903 में अपनी शादी के दौरान ही देखी थी।

शादी के एक दिन पहले मेरी पंद्रह वर्षीया दादी की अपने पिता के सामने पेशी हुई थी। 'कल से तुम येन परिवार की सदस्य होने जा रही हो,' उन्हें बताया गया था, 'आज के बाद से यह घर तुम्हारा नहीं है और तुम अपने पति की इजाज़त के बिना हमसे संपर्क नहीं करोगी। आज से तुम्हारा फर्ज अपने पति और अपने पति के सगे-संबंधियों को खुश रखना है। तुम्हें उस परिवार को बहुत सारे पुत्र देने हैं। शालीन बनो और अपनी इच्छाओं को उदात्त बनाओ। येन परिवार के लिए अपनी इच्छा से अगर तुम अपने को उनका पेशाबदान या पीकदान भी बनाती हो तो हमें तुम पर गर्व होगा।'

अगले दिन एक काँपती हुई नववधू लाल रेशमी सलमे-सितारे जड़े गाउन में और लाल रेशमी परिधान से अपना चेहरा ढके, लाल और सुनहरी कुर्सी पर बिठाकर, जिस पर फीनिक्स और ड्रैगन अंकित थे और जो शादियों और अंत्येष्टियों में पास के स्टोर से किराए पर ली जाती थी, अपने ससुराल के भव्य गृह में दाखिल की गई। शादी का पूरा जुलूस एक शोर-शराबे वाला रंगीन कार्यक्रम था जिसमें आगे-पीछे लाल लालटेनें थीं, लाल बैनर थे और ढोल-नगाड़े पूरी ताक़त से पीटे जा रहे थे। ऐसे मौकों पर अपनी दौलत का प्रदर्शन ऊँचे खानदानों के लिए इज्जत का सबब था।

दादी का संशय निर्मूल सिद्ध हुआ क्योंकि दादा बहुत समझदार और स्नेही इंसान थे। दादी के कहने पर दादा परंपरा तोड़ते हुए पुश्तैनी घर से अलग होकर अपना किराए का घर लेकर रहने लगे। अपने बँधे हुए छोटे-छोटे पैरों के बावजूद दादी छोटे बालों और कैंची जैसी तेज जबान में बेहद दृढ़ इच्छाशक्तिवाली महिला के रूप में आज भी मेरी स्मृतियों में जिंदा हैं।

मेरे दादा-दादी एक दूसरे से बहुत प्यार करते थे और एक के बाद एक उनके सात बच्चे हुए, पर उनमें से दो ही जीवित रहे। 1905 में मेरी बुआ पैदा हुईं और उनके दो साल बाद पिता। जब बुआ छह साल की थीं, मंचू शासन समाप्ति पर था। डॉ. सुनयातसेन, उसी साल क्रिसमस के दिन अपने निर्वासन से शंघाई लौटे थे। चीन के वह प्रेसिडेंट घोषित किए गए थे। उनके सुधार कार्यक्रमों का सबसे पहला और महत्त्वपूर्ण कार्यक्रम था—औरतों के पांव बाँधने की प्रथा का कानूनी रूप से बहिष्कार करना।

(चीनी लेखिका एडेलिन येन माह की आत्मकथा 'फॉलिंग लीव्स-द मेमॉयर्स ऑफ़ एन अन्वॉन्टैड चाइनीज़ डॉटर' के पहले अध्याय से साभार)

अंग्रेजी से अनुवाद : सुधा अरोड़ा

हव्वा का पर्दानशीन चेहरा *(अरब देश की औरतें)*

नवल अल् सादवी (मिस्र)

(प्रस्तुत है नवल अल् सादवी की पुस्तक 'द हिडेन फ़ेस ऑफ़ ईव—वीमेन इन द अरब वर्ल्ड' का एक अंश जिसमें लेखिका अपने सुन्नत किए जाने का दिल दहला देनेवाला वर्णन प्रस्तुत करती है।

इस अमानवीय प्रथा को समाप्त करने के लिए अंतर्राष्ट्रीय स्तर पर कोशिशें की गई हैं। 1994 में काहिरा में संपन्न अंतर्राष्ट्रीय सम्मेलन में यह स्वीकार किया गया कि महिला सुन्नत मानवाधिकार का उल्लंघन है और इससे महिलाओं के स्वास्थ्य व जीवन को ख़तरा है। कई देशों में इस प्रथा पर रोक लगाने के लिए कानून भी बनाए गए हैं...

गाँव कफ्र तहला में जन्मी लेखिका नवल अल् सादवी ने अपनी डॉक्टरी की शुरुआत गाँव की अनपढ़ औरतों के बीच ही की, उसके बाद वह काहिरा अस्पताल और फिर पब्लिक हेल्थ की निदेशक रही। 1972 में अपनी पहली विवादास्पद पुस्तक 'वीमेन ऍंड सेक्स' के प्रकाशन के तहत उन्हें अपने ओहदे से हाथ धोना पड़ा और 'हेल्थ' पत्रिका के संपादन से भी उन्हें हटा दिया गया। इसके बावजूद नवल अल् सादवी का लेखन जारी रहा और उन्होंने औरतों की सामाजिक स्थिति, मनोविज्ञान और यौन संबंधी प्रश्नों पर लिखना जारी रखा। उनकी लिखी सभी पुस्तकों पर मिस्र, सउदी अरब, सूडान और लीबिया में प्रतिबंध लगाया जा चुका है। लेबनान, बेरूत से उनकी पुस्तकों का प्रकाशन हुआ है।

'द हिडेन फ़ेस ऑफ़ ईव' सादवी की अंग्रेज़ी में अनूदित पहली पुस्तक है। आयरीन.एल. गेंजियर ने इस किताब की भूमिका में लिखा है, 'कुछ किताबों की यह नियति होती है कि वे पढ़ते हुए आपको आनंद नहीं देती, उन्हें पढ़कर आप खुश नही हो सकते। इन किताबों की सार्थकता इसी में है कि उन्हें पढ़ते वक़्त आपके भीतर पैदा हुआ घृणा, शर्म या गुस्से का भाव आपको बहुत बेचैन कर देता है।')

उस रात मैं छह साल की थी और अपने नर्म बिस्तर पर शांत और सुकून-भरी नींद की उस खुमारी में थी जब जागने और सोने के बीच बचपन के गुलाबी सपने और खूबसूरत परियाँ पलकों पर तारी रहती है। उस नींद की खुमारी में मुझे लगा जैसे मेरे कम्बल के नीचे अचानक कोई बड़ा सा हाथ-ठंडा और रूखा—मेरे जिस्म पर कुछ टटोलता-सा घूम गया है जैसे वह कुछ ढूँढ़ रहा हो। इसके साथ ही उतने ही बड़े और खुश्क हाथ ने मेरे मुँह को ढँक लिया, होंठों से निकलती चीख़ को रोकने के लिए।

वे मुझे उठाकर बाथरूम में ले गए। मुझे पता नहीं, वे सब गिनती में कितने थे, आदमी थे या औरतें, मुझे उनके चेहरे भी याद नहीं। मेरे सामने की पूरी दुनिया एक स्याह अँधेरे में क़ैद थी जो मुझे देखने से रोक रही थी। मुझे बस इतना याद है कि मैं बेतरह डर गई थी और वे एक नहीं कई थे और मेरी हथेलियों, बाँहों और मेरी जाँघों पर उनकी पकड़ लोहे-सी सख़्त थी जिसकी वजह से मैं हिल भी नहीं पा रही थी। मुझे अपने जिस्म के नीचे बाथरूम की ठंडी टाइलों का स्पर्श याद है जिसके इर्द-गिर्द कई सारी फुसफुसाती आवाज़ें थीं जिन्हें बीच-बीच में सान पर चढ़ाई जाती छुरी का स्वर तोड़ रहा था। मेरी बंद आँखों के सामनें ईद का दिन कौंध गया, जब बकरे को ज़िबह करने से पहले क़साई अपने छुरे की धार तेज करता था।

मेरा ख़ून मेरी पसलियों में जम गया था। मुझे लगा, मेरे घर में कुछ चोर घुस आए थे जो मुझे मेरे बिस्तर से उठा लाए थे और अब मेरा गला काटने के लिए तैयार हो रहे थे। क़िस्सों-कहानियों में सुनी हुई बिल्कुल अपने जैसी उस बाग़ी लड़की की तरह, जिनके किस्से मेरी गाँवठी दादी माँ बड़े प्यार से मुझे सुनाया करती थीं।

उस लोहे के औज़ार की घिसघिसाहट सुनने के लिए मैंने अपने कानों पर जोर डाला। जैसे ही वह आवाज़ रुकी, मेरे दिल ने उसके साथ ही धड़कना बंद कर दिया था। मैं देख नहीं पा रही थी और मेरी साँस भी उसके साथ ही थम गई थी। लेकिन मैं महसूस कर रही थी कि लोहे का वह औज़ार धीरे-धीरे मेरे बहुत नज़दीक आ रहा था। उन सख़्त हाथों का दबाव ज़रा भी ढीला नहीं पड़ रहा था और मुझे लगा अब वह तेज़ किया हुआ छुरा सीधे मेरे गले की ओर बढ़ रहा है, लेकिन वह मेरी गर्दन की ओर नहीं, पेट पर नीचे की ओर मेरी जाँघों के बीच जैसे कुछ ढूँढ़ता-सा बढ़ रहा था। उसी पल मैंने महसूस किया कि मेरे दोनों पैरों को, जाँघों को और निचले हिस्से को जितना चौड़ा खींचा जा सकता था, खींच दिया गया था, फिर अचानक छुरे की तेज धार मेरी जांघों के बीच गिरी और मेरे शरीर से माँस का एक टुकड़ा अलग होकर जा पड़ा।

अपने मुँह पर पड़ी हथेली के सख़्त दबाव के बावजूद मैं दर्द से बेइंतहा चीख़ी क्योंकि वह दर्द सिर्फ़ दर्द नहीं था, जैसे आग की एक तीखी लपट मेरे पूरे शरीर को चीरती हुई मेरे भीतर से गुज़र रही थी। कुछ पलों के बाद मैंने देखा, मेरे कूल्हों के आसपास खून का तालाब बन रहा था।

मुझे नहीं मालूम था, मेरे शरीर में से उन्होंने क्या काट डाला था। मैंने इसे जानने की कोशिश भी नहीं की। मैं सिर्फ रो रही थी और अपनी माँ को मदद के लिए चीख़-चीख़ कर पुकार रही थी। और मुझे सबसे गहरा सदमा पहुँचा जब मैंने अपने आसपास देखा और पाया कि माँ मेरी बग़ल में खड़ी थी। हाँ, यह मेरा वहम नहीं था, यह मेरी माँ ही थी, अपने हाड़-मांस के साथ, उन अजनबी औरतों के ठीक बीचोबीच, उनसे बतियाती और मुस्कुराती जैसे अभी कुछ मिनटों पहले उनकी बेटी को ज़िबह करने में उनकी कोई हिस्सेदारी न रही हो।

वे मुझे उठाकर बिस्तर तक ले गए। मैंने देखा, अब वे मेरी बहन को, जो मुझसे दो साल छोटी थी, बिल्कुल उसी तरह उठाकर ले जा रहे थे जैसे वे मुझे ले गए थे। मैं अपनी पूरी ताक़त के साथ चिल्लाई—नहीं, नहीं। मैं उन बड़े-बड़े सख़्त हाथों के बीच अपनी बहन का मासूम चेहरा देख रही थी। एक क्षण के लिए मेरी आँखें उसकी बड़ी-बड़ी काली आँखों में जमी दहशत से टकराईं। उसकी आँखों का वह भयानक ख़ौफ़ मैं कभी भूल नहीं सकती। दूसरे ही पल बाथरूम के उसी दरवाज़े के पीछे वह बंद हो गई थी, जहाँ से मैं अभी-अभी होकर आई थी।

मेरा परिवार एक अशिक्षित परिवार नहीं था। उस समय के स्तर से मेरे पिता पढ़े-लिखे थे। पिता अपने प्रांत के ग्रेजुएट थे और शिक्षा नियंत्रक के ओहदे पर थे। मेरी माँ की शिक्षा फ्रेंच स्कूल में हुई थी और उनके पिता सेना में थे। लेकिन गाँव हो या शहर, उच्च वर्ग हो, या मध्य या निम्न मध्य वर्ग, सुन्नत की प्रथा का प्रचलन हर क्षेत्र में क़ायम था। कोई भी लड़की अपनी योनि के ऊपरी हिस्से (Clitoris) को कटवाए जाने से बच नहीं सकती थी। जब मैंने स्कूल में अपनी साथिनों से अपने अनुभव को बाँटा तो मुझे पता चला कि बिना किसी अपवाद के हर एक लड़की इस मर्मांतक अनुभव का शिकार हो चुकी थी।

इस हादसे की याद बहुत बाद में भी एक दुःस्वप्न की तरह मुझे पीछे धकेलती रही। मुझमें एक असुरक्षा की भावना ने घर कर लिया था कि मेरे साथ कुछ भी घट सकता है। जिस दिन मैंने ज़िंदगी में आँखें खोलीं, समाज ने मुझे बता दिया था कि मैं लड़की हूँ और कि 'बिंत' (लड़की) शब्द का जब भी उच्चारण किया जाएगा, माथे पर सलवटों के साथ ही किया जाएगा।

1955 में जब मैं डॉक्टर बनी, तब भी वह दर्दनाक घटना भूल नहीं पाई, जिसने एकबारगी मेरा बचपन छीन लिया था और शादी के बाद भी जिसने मुझे ज़िंदगी की पूर्णता और यौन के आनंद से मरहूम रखा, जो अंततः एक मनोवैज्ञानिक संतुलन से ही हासिल किया जा सकता है। जब मैं गाँव में प्रैक्टिस कर रही थी, मुझे अपने दुःस्वप्न से कई-कई बार फिर से गुजरना पड़ा। अक्सर मुझे उन लड़कियों का इलाज करना पड़ता था जो सुन्नत के बाद खून से तरबतर वहाँ आती थीं, सुन्नत करनेवाली दाइयाँ अप्रशिक्षित होती हैं जो आमतौर पर काँच के टुकड़े या विशेष किस्म के चाकू का इस्तेमाल करती हैं। सुन्नत करने के दौरान न तो एनस्थीसिया दिया जाता है, न किसी तरह का एँटीसेप्टिक लगाया जाता है। रक्तस्राव रोकने के लिए तरह-तरह की चीजें रगड़ दी जाती हैं जिनसे संक्रमण का खतरा बढ़ जाता है। इस क़िस्म के अमानवीय और आदम तरीक़े की वजह से बहुत सी लड़कियाँ सुन्नत के दौरान अपनी जान से भी हाथ धो बैठती थीं। कइयों को गंभीर किस्म का इंफेक्शन और सेप्टिक हो जाता था। और उनमें से अधिकांश इस बर्बर अनुभव की यातना के कारण मानसिक और यौन विक्षिप्ति का शिकार हो जाती थीं।

मुझे अपने डॉक्टरी के पेशे के कारण एक बार अरब देश के अलग-अलग हिस्सों

से कई औरतों का परीक्षण करने का मौक़ा मिला। इनमें सूडान की औरतें भी थीं। मैं उन्हें देखते ही दहशत से भर गई कि सूडानी लड़की को सुन्नत की जिस प्रक्रिया से गुज़रना पड़ता है, वह मिस्र की सुन्नत प्रथा से दस गुना ज़्यादा क्रूर और बर्बर है। इस ऑपरेशन में जननेन्द्रिय के सभी बाहरी हिस्सों को निकाल दिया जाता है। योनि का ऊपरी हिस्सा तो वे काट ही देते हैं, साथ ही बाहरी पटल (labia mijora) और भीतरी पटल (labia minora) को भी काट दिया जाता है। फिर उस घाव को सिला जाता है। इस दौरान सिर्फ योनि का छिद्र ही छोड़ दिया जाता है जो घाव की मरम्मत के दौरान कुछ अतिरिक्त टाँकों से छोटा कर दिया जाता है। इसका नतीजा यह होता है कि आमतौर पर शादी की रात उस संकुचित जगह को दोनों ओर से काटकर कुछ चौड़ा करना पड़ता है ताकि पुरुष का लिंग उसमें प्रवेश कर सके। जब किसी सूडानी औरत का तलाक़ होता है तो इस बाहरी खोल को फिर से कुछ टाँकों द्वारा छोटा किया जाता है ताकि वह किसी से शारीरिक संबंध स्थापित न कर सके। और अगर वह फिर से शादी करती है तो फिर से टांकों को खोला जाता है।

जब मैंने 1969 में सूडान की यात्रा की तो वहाँ की औरतों से बात कर और यह देखकर कि वहाँ गाँव, क़स्बे और बड़े शहरों की शत-प्रतिशत लड़कियाँ इस प्रथा की शिकार थीं और इस प्रथा की जड़ें गहरे धँसी हुई थीं, मुझमें गुस्से और विद्रोह का भाव कई गुना बढ़ गया। अपनी सारी डॉक्टरी पढ़ाई और अपने अपेक्षाकृत खुले माहौल में बड़े होने के बावजूद मैं यह समझ पाने में असमर्थ थी कि लड़कियों को इस बर्बर प्रक्रिया से क्यों गुजरना पड़ता है। मैं हमेशा अपने आप से सवाल करती, क्यों? आखिर क्यों? मुझे इसका कोई जवाब नहीं मिलता। और यह सवाल मेरे दिमाग़ में उसी दिन पैदा हो गया था, जब मुझे और मेरी छोटी बहन का सुन्नत किया गया था।

बाद में अपने शोध के दौरान मैंने पाया कि मिस्र के अशिक्षित परिवारों का 97.5 प्रतिशत लड़कियाँ इस प्रथा का शिकार होती हैं लेकिन शिक्षित परिवारों में यह प्रतिशत घटाकर 66.2 प्रतिशत रह गया है।

जब-जब मैंने इस बारे में उन लड़कियों से बात की तो पाया कि उन्हें इसका क़तई इलहाम ही नहीं था कि सुन्नत से उनके शरीर को कितना नुक़सान पहुँचता है बल्कि कुछ तो यह समझती थीं कि यह उनकी सेहत के लिए मुफीद है और उनके शरीर को पाक-साफ रखने के लिए निहायत ज़रूरी है। सुन्नत की प्रक्रिया से गुज़री पढ़ी-लिखी औरतें भी इस तथ्य से अनजान थीं कि योनि के ऊपरी हिस्से को काट फेंकना उनके मनोवैज्ञानिक और यौन संबंधों पर नकारात्मक असर डालता है। इन औरतों के बीच और मेरे बीच आमतौर पर इस तरह का एक औसत संवाद चलता था:

"सुन्नत के समय तुम्हारी उम्र क्या थी?"

"मैं बच्ची थी तब। यही कोई सात-आठ साल।"

''तुम्हें ऑपरेशन की सारी बातें याद हैं?''

''बिल्कुल! भला उन्हें कैसे भूला जा सकता है!''

''क्या तुम्हें डर लगा था?''

''बेहद, मैं जाकर अलमारी के ऊपर छिप गई थी (कोई कहती पलंग के नीचे, कोई पड़ोसियों के घर) लेकिन उन्होंने मुझे पकड़ ही लिया और उनके हाथों में मेरा पूरा शरीर काँप रहा था।''

''दर्द महसूस हुआ?''

''बेहद, मैं चीख़ी थी। मेरी माँ ने मेरा सिर पकड़ रखा था ताकि मैं हिल भी न सकूँ। मेरी चाची ने मेरा बायाँ हाथ पकड़ा था और दादी ने दायाँ। दो अजनबी औरतें, जिन्हें मैंने पहले कभी देखा नहीं था, मेरी दोनों जाँघों को एक-दूसरे से जितनी दूर अलग खींच सकती थीं, खींच रखी थीं ताकि मेरे ज़रा भी हिलने की गुंजाइश न रहे। इन दोनों चेहरों के बीच हाथ में तेज धारवाला चाकू लिये दाय बैठी थी। जैसे ही उसने मेरे एक हिस्से को काटा, मेरे पूरे शरीर में आग की लपटें दौड़ रही थीं और मैं तेज दर्द से बेहोश हो गई थी।''

''ऑपरेशन के बाद क्या हुआ?''

''मेरे पूरे शरीर में भयंकर दर्द था और मैं हिल भी नहीं सकती थी। कई दिन मैं बिस्तर पर ही रही। हर बार जब मैं पेशाब करने जाती तो कटी हुई जगह पर असहनीय जलन होती थी। घाव से खून बहता रहता था और मेरी माँ दिन में दो बार उस जगह की ड्रेसिंग बदलती थी। कितने ही दिन तक मैं पानी पीने से डरती थी ताकि पेशाब करने न जाना पड़े।''

''जब तुम्हें पता चला कि तुम्हारे शरीर का एक छोटा सा हिस्सा काट दिया गया है तो तुम्हें कैसा महसूस हुआ?''

''मुझे सिर्फ यह बताया गया था कि यह एक मामूली-सा ऑपरेशन है जो हर लड़की को पाक-साफ रखने के लिए किया जाता है और इससे उसकी इज़्ज़त बची रहती है। जिस लड़की का ऑपरेशन नहीं किया जाता, उसका बर्ताव ख़राब होता है, वह लड़कों के पीछे भागने लगती है और उसके बारे में लोग-बाग बातें बनाने लगते हैं, जिसकी वजह से शादी की उम्र आने पर उससे कोई शादी करने को राजी नहीं होता। मेरी दादी ने बताया कि जाँघों के बीच उस छोटे से हिस्से का बना रहना मुझे नापाक बना देगा और शादी के बाद मेरा शौहर मुझसे नफरत करने लगेगा।''

''क्या तुम्हें इन दलीलों पर भरोसा हुआ?''

''हाँ, हुआ। ऑपरेशन के बाद जब मैं बिल्कुल ठीक हो गई तो मुझे खुशी हुई कि मैंने उस चीज़ से छुटकारा पा लिया जो मुझे गंदा और नापाक बना सकती थी।''

मुझे कमोबेश सबसे यही जवाब मिलते थे। वहाँ ऐन शम्स स्कूल ऑफ मेडिसिन के आख़िरी साल की एक छात्रा थी। जब उससे मैंने यह सवाल किया कि ''क्या वह इसे मानती है कि औरत की योनि का ऊपरी हिस्सा काट दिया जाना एक सेहतमंद क्रिया है या कम

से कम हानिकारक नहीं है?''

''मुझे तो सबने यही बताया है,'' उसने कहा, ''हमारे परिवार में सभी लड़कियाँ इस क्रिया से गुजरी हैं, मैंने डॉक्टरी पढ़ी है पर मुझे आज तक किसी प्रोफेसर ने नहीं बताया कि एक औरत के शरीर में उसकी योनि के ऊपरी हिस्से (Clitoris) की कोई अहमियत है, न ही हमारी मेडिसिन किताबों में इसका कोई जिक्र है।''

यह सच है! आज तक चिकित्साविज्ञान में औरत के जिन अंगों पर अलग से चर्चा की जाती है, वे उसकी जननेन्द्रियों से सीधे ताल्लुक़ रखते हैं जैसे योनि (vagina) गर्भाशय (uterus) और अंडकोश (ovarils)। चिकित्सा शास्त्र में योनि के ऊपरी हिस्से को उपेक्षित रखा गया है, उसी तरह जैसे वह समाज द्वारा उपेक्षित और तिरस्कृत है।

दरअसल एक बार एक छात्रा ने प्रोफ़ेसर से क्लिटोरिस के बारे में पूछ लिया तो प्रोफ़ेसर का मुँह तमतमा गया और उन्होंने रूखा-सा जवाब दिया कि आगे से कोई इस बारे में सवाल न पूछे क्योंकि औरत के जिस्म में इसकी कोई अहमियत नहीं है।

यहीं से मेरी शोध शुरू हुई। मुझे यह जानना था कि सुन्नत की प्रथा का लड़की पर मानसिक रूप से और उसके सेक्स जीवन पर क्या असर होता है। पर मैंने जिनसे भी पूछा—सबने आँखें झुकाकर मेरी ओर देखे बिना यही उत्तर दिया कि उन पर कोई असर नहीं पड़ा। दरअसल मिस्र की औरतें जिस तरह से सख्त और घुटे हुए माहौल में बड़ी होती हैं, वहाँ उनके लिए शादी के बाद शौहर के हाथ का पहला स्पर्श पाने से पहले किसी भी तरह से यौन सुख या अनुभव की बात करना भी गुनाह समझा जाता है। बहुत कोंचने पर शादीशुदा औरतों ने स्वीकार किया कि अपने पति के साथ सहवास के दौरान उन्होंने कभी राई-रत्तीभर भी आनंद महसूस नहीं किया।

अपने शोध में 651 औरतों से सुन्नत के बारे में लंबी बातचीत करने के बाद जो नतीजे हाथ लगे, ये हैं:

1. सुन्नत एक ऐसा ऑपरेशन है जो औरत के शरीर पर हानिकारक असर छोड़ता है। इससे उसकी कामवासना मंद पड़ जाती है और इससे औरत की यौन-संबंध की चरम सुख तक पहुँचने की क्षमता कम हो जाती है। अरब समाज में औरतों का सेक्स संबंधी ठंडापन (frigidity) मुख्यतः इसी कारण से है।

2. अशिक्षित परिवार आज भी परंपरा के तहत इसी धारणा को मानते हैं कि लड़की की कामेच्छा के दमन का एकमात्र तरीका सुन्नत ही है और सुन्नत द्वारा ही उसके कौमार्य और इज़्ज़त को शादी से पहले बरकरार रखा जा सकता है।

3. यह धारणा भ्रामक है कि सुन्नत द्वारा औरत के प्रजनन अंगों में कैंसर की संभावना कम हो जाती है। सच्चाई यह है कि सुन्नत—वह किसी भी रूप में पहली, दूसरी किसी भी डिग्री का हो (ख़ासतौर पर सूडानी, जो चौथी डिग्री का माना जाता है और सुन्नत का सबसे बर्बर स्वरूप है) अपने साथ इंफेक्शन, सेप्टिक या हेमरेज और मूत्रनली में गाँठ (cyst)

या सूजन लेकर ही आता है, साथ ही इससे योनि का द्वार संकुचित होता है और पेशाब के बहाव में काफी समय तक रुकावट महसूस होती है।

4. सुन्नत की गई लड़कियों में हस्तमैथुन की क्रिया बहुत कम पाई जाती है बजाय उन लड़कियों के, जिनका ऑपरेशन नहीं किया गया है।

5. इसमें कोई शक नहीं कि सुन्नत लड़की के यौन जीवन के लिए एक सदमा साबित होता है और मनोवैज्ञानिक विकास में बाधा पहुँचाता है। अंततः यह लड़की को उसके माहौल के अनुरूप यौन संबंधी ठंडेपन (sexual frigidity) की ओर ही धकेलता है। शिक्षा ही एकमात्र रास्ता है जिसमें पढ़े-लिखे माँ-बाप अपनी बेटियों को इस अमानवीय प्रथा से गुजरने से इनकार कर सकते हैं। आज के शिक्षित माँ-बाप यह समझ गए हैं कि यह ऑपरेशन किसी भी रूप में लाभदायक नहीं है और इसलिए इसका बहिष्कार किया जाना चाहिए।

आइन शम्स यूनिवर्सिटी में 'वीमेन एँड न्यूरोसिस' पर अपना शोध शुरू करने से पहले क़ाहिरा यूनिवर्सिटी के क़स्र अल् आइनी मेडिकल कॉलेज से इसे करने की मैंने बहुत कोशिश की पर हर बार मुझे कई मुश्किलों का सामना करना पड़ा। हमारी सबसे बड़ी रुकावट सत्तारूढ़ दक़ियानूसी मानसिकता वाले प्रोफ़ेसरों से ही थी जिन्होंने 'सेक्स' को हमेशा 'शर्म' के साथ जोड़कर ही देखा है। उनके अनुसार, 'प्रतिष्ठित' शोध सेक्स जैसे विषय पर नहीं हो सकती थी। मैंने अपने शोध के आलेख का शीर्षक दिया था 'मिस्र की आधुनिक औरत के यौन जीवन में आने वाली समस्याएँ' (problems that confront the sexual life of modern egyptian women)। लेकिन लंबी चर्चा और बातचीत के बाद आख़िर मुझे शीर्षक से 'यौन' शब्द हटाकर 'मनोवैज्ञानिक' (psychological) शब्द डालना पड़ा।

('द हिडन फ़ेस ऑफ़ ईव' के पहले भाग 'द म्यूटिलेटेड हाफ' के पहले और छठे अध्याय के कुछ चुने हुए अंशों से साभार।)

अंग्रेज़ी से अनुवाद : सुधा अरोड़ा

शक्लोंवाली ज़िंदगी : अकेली स्त्री का सच

जयंती

''लेट्स हैव ए रिलेशनशिप!''

...और मुझे पहली बार अहसास हुआ कि अकेले रहनेवाली स्त्री के पास यह ख्वाइस भी होती है! मैं उस वक्त टीनएज़र नहीं थी, अकेले रहते हुए बस छह-सात महीने हुए थे, अट्ठाइस साल पूरे कर चुकी थी। मुंबई महानगर में तीन कमरे के फ्लैट में अकेली रहती थी। शुरू में तो अपने घर को अपनी तरह से सजाने का भूत-सा सवार हुआ। टेराकोटा की अजीबोगरीब आकृतियों से कमरे भरने के बाद एक तृप्ति का सा एहसास हुआ। मुझे लगता है, कोई भी लड़की जब एकदम से अकेले रहना शुरू करती है, तो सबसे पहले वह अपने घर को अपनी तरह से सुविधाजनक बनाती है। शुरुआती दिनों में अकेले रहना फैंटेसी की तरह लगता था। ऐसा था भी। घर की एक-एक चीज अपने हाथों से लेते हुए, कील-ठोंकते, फ्यूज़ ठीक करते एक गर्व का सा अहसास होता। आह! दफ्तर और कालोनी के एक ख़ास वर्ग से भी सुनने को मिला, 'वाह, अकेली रहती हो?'

यह दौर जल्दी ही गुज़र गया। भाई और दीदी ज़रूर कुछ दिनों तक मुझे 'विचित्र किंतु सत्य' की भूमिका में देखते रहे, फिर वहाँ से भी शांति की झंडी दिख गई। उसी वक्त मेरा परिचय हुआ रघु से। मैं अपना घर बना रही थी। दफ्तर, माँ की बीमारी और फ्लैट की ख़रीद-फ़रोख़्त की भागदौड़ कुछ ज़्यादा हो रही थी। रघु उसी बिल्डर के दफ़्तर में काम करता था। काम के सिलसिले में मिली, तो पता चला वह भी दक्षिण भारतीय है और मेरी ही कालोनी में रहता है।

ईमानदारी से स्वीकार करती हूँ कि उसकी दोस्ती, दोस्ती के आगे के सुझाव सुखद लगे थे। जब पहली बार वह घर आया, तो उसने साफ ही पूछ लिया, ''न तुम्हें शादी करनी है, न मुझे, वाई कांट वी हैव रिलेशनशिप!''

पहली बार मेरे साथ ऐसा हो रहा था! मैं सच कह रही हूँ, उसका प्रस्ताव मुझे बेढ़ब और गलीज लगा था। उम्र के उस दौर तक भी मैं स्त्री-पुरुष संबंधों में एक तरह की पवित्रता की उम्मीद करती थी। या यह मानती थी कि जिस पुरुष से आप प्रेम नहीं

करते, देह उसकी माँग नहीं करती।

आज छह साल बाद न जाने कितने सच मेरी समझ में आ गए हैं। उस वक्त के बाद मैंने तेजी से जैसे दुनिया देख डाली। उस वक्त मैं अपने नीड़ में बैठी बस अपना सजा-सँवरा घर, बैंक बैलेंस और कलम लेकर छोटी-मोटी चीजें लिख डालने को ही दुनिया का अंतिम सच समझ बैठी थी। सच वह नहीं था, सच यह है, जो मैंने झेलकर अनुभव करके हासिल किया है!

'तुमने शादी क्यों नहीं की?' सरिता दास ने मुझसे पूछा। वह गैंगटोक से आयी थी, दिल्ली में मेडिकल कांफ्रेंस में हिस्सा लेने। हम दोनों वाइ.एम.सी.ए. में एक ही कमरे में रह रहे थे। इसके बाद जब मैंने जंगपुरा में घर किराए पर लिया, तो वह भी मेरे साथ रहने आ गयी। बस, वह मुझसे साल भर छोटी थी।

उसने ईमानदारी से स्वीकार किया कि अगर मौक़ा मिले तो वह भी अकेली रहना चाहेगी। मेरी जीवनशैली से उसे बस एक शिकायत थी, "तुम बहुत नीरस ज़िंदगी जीती हो। बस ऊपरी रंग है, अंदर कोई रंग नहीं, एकदम डिब्बा!"

"अकेले रहनेवाली लड़कियों को अपने लिए लाइन ड्रा करनी पड़ती है। अकेले रहने का मतलब नहीं है मनमानी करना।"

उसने मुझे 'प्रूडिश' कहा। सरिता के इस कमेंट से मुझे अपनी युवा मौसेरी बहन की भी एक टिप्पणी याद आ गयी, "जो कुछ करने के लिए तुम अकेली रह रही हो, वो तो कर ही नहीं रही!"

काफ़ी सोचा मैंने इस बारे में। मैं अकेली क्यों रह रही हूँ? अगर मुझे मुँबई या दिल्ली में ही नौकरी करनी है, जहाँ मेरा कोई रिश्तेदार नहीं रहता, तो मैं वर्किंग वूमन हॉस्टल में या किसी दूसरी लड़की के साथ रूम शेअर करके क्यों नहीं रहती? यह अलग बात है कि मुँबई और दिल्ली में मेरी मौसी और ममेरी बहन रहती हैं। मैंने काफी खँगाला है, जवाब मिले हैं—मैं अकेली रहने से नहीं डरती, मुझे अपने लिए ढेर सारी ब्रीथिंग स्पेस चाहिए, मैं अपने हिसाब से दिन में रात, रात में दिन बनाना चाहती हूँ। तो क्या मैं किसी की कंपनी नहीं चाहती? ऐसा नहीं है। तन्हाइयों के दौरे भी पड़ते हैं, एँटी सोशियल भी महसूस करती/करवाई जाती रही हूँ, तो फिर शादी क्यों नहीं कर लेती?

यहाँ आकर खँगालना रुक जाता है। मैं यहाँ कुछ मामलों में मेरे ज्ञान चक्षुओं को नयी रोशनी देने वाली शहनाज के बारे में कहना चाहूँगी। उसकी ईमानदारी मुझे हद से ज़्यादा प्रभावित कर गयी थी।

हम दोनों का परिचय महज़ चंद सप्ताह का था। वह समाजसेविका थी, मैं उसका इंटरव्यू लेने गयी थी। मैंने देखा है कि दो अकेले रहनेवाली स्त्रियों में मित्रता बहुत जल्दी हो जाती है। सो एक सप्ताहाँत वह मेरे घर रहने आ गयी। उसे लगा था कि

मेरे विचार 'क्रांतिकारी' होंगे, मैं भी ऐसा दिखाने की कोशिश कर रही थी। यह मुंबई की बात है। रात को वोदका के दो-दो पैग पीने के बाद हम दोनों ने विवाह संस्था की जमकर धज्जियाँ उड़ायीं, पुरुषों को हिप्पोक्रेट कहा, शादीशुदा महिलाओं को आरामपरस्त। वह तलाक़शुदा थी उसने मुझसे बिंदास पूछा, "तुम पुरुषों के लिए क्या करती हो?"

मैं इस प्रश्न के लिए तैयार नहीं थी। यह ऐसी दुखती रग है, जिसे मैंने खुद भी कभी 'फेस' नहीं किया। उसने कहा, "मैं सेक्स के बिना नहीं रह सकती। बस, इसी के लिए मैं पुरुषों के साथ थोड़ा-बहुत कम्प्रोमाइज कर लेती हूँ!"

यह मेरे लिए एक नंगा सच था। शादी नहीं करोगी, ठीक है, तो फिर पुरुषों के लिए क्या करोगी? इसके बाद मैंने महसूस करना शुरू किया कि अकेले रहनेवाली लड़कियाँ सेक्स को लेकर कितना 'फैंटेसाइज' करती हैं। पुरुषों के साथ रहने के बजाय, उनके साथ की कल्पना पर इतनी विस्तारपूर्ण चर्चा मैंने किसी पोर्नो की किताब में भी नहीं पढ़ी थी, (हालाँकि इस विषय में मेरा अध्ययन पूर्ण नहीं है, फिर भी...)

मैं अपने मौसेरे भाई की शादी में गयी थी। मुझसे छोटे सारे मौसेरे-ममेरे भाई-बहनों की शादी हो चुकी थी। मैं तथाकथित शादी की उम्र को पार कर चुकी थी। उस भीड़ में मुझे अपने आपको अलग दिखाना था, मुझे साबित करना था कि मैं अकेली हूँ, तो क्या? यहाँ उपस्थित तमाम शादीशुदा स्त्रियों से कहीं ज़्यादा खुश हूँ, मेरी अपनी अलग ज़िंदगी है, इसके लिए मुझे काफी कोशिश करनी पड़ी थी। लेकिन हर वक्त यह अहसास कचोटता रहा कि मैं इतना बन क्यों रही हूँ! जैसी हूँ, वैसी क्यों नहीं सबके सामने आती। पर डर था कि इसमें सबको पता चल जाएगा कि मेरे भीतर किस तरह की कुंठाएँ हैं, मेरे अंदर की सामान्य लड़की बाहर आ जाएगी, तो 'मैं' मैं नहीं रह पाऊँगी।

फिर भी मुझे कभी यह नहीं लगा कि अपने अंदर के तनाव को भरने के लिए आसान रास्ता अपना लूँ। हमारी कौम की सभी स्त्रियाँ 'विवाह' को आसान रास्ता मानती हैं। कई बार अपने डर पर चादर ओढ़ाने के लिए भी हम बार-बार दोहराती हैं कि विवाहित स्त्रियों ने आसान राह चुनी है, हमारे सामने भी विकल्प थे, हमने अपनी राह खुद तय की है। शुरू-शुरू में अपने जैसी स्त्रियों की बिरादरी में यह दावा करना कि हम इसलिए अकेले हैं, क्योंकि हमें ये पसंद है, बहुत ज़रूरी हो जाता है। ख़ासकर मुझ जैसी पृष्ठभूमि से आनेवाली स्त्री के लिए छोटे शहर में पली-बढ़ी, कुछ ज़रूरतवश तो कुछ परिस्थितिवश 'कैरिअर गर्ल' की उपाधि पानेवाली और अहम बात परिवार की तरफ से किसी तरह का दबाव न झेलनेवाली स्त्री को अगर एक समय में एक साथ ढेर-सा ब्रीथिंग स्पेस मिल जाए, तो कई बार सँभालना मुश्किल हो जाता है।

एक बात मैंने शिद्दत से महसूस की है कि जो आपके पास नहीं होता, अंतर्मन

में उसके न होने की कुंठा डर बनकर बैठ जाती है। रहना तो मुझे भी इस समाज में ही है। रोज़ न जाने कितनी बार अपनी विवाहित दीदियों, कलीग और मित्रों से यह सुनती हूँ कि तुम लकी हो, शादी के पचड़े में नहीं पड़ी। नून-तेल की चिंता नहीं, बच्चों की झकझक नहीं, पति नाम के प्राणी को 'झेलना' नहीं पड़ता, रिश्तेदारों की 'चिकचिक' नहीं। मुझे कुछ खरीदना हो, कहीं जाना हो—किसी से पूछने या इजाजत लेने की ज़रूरत नहीं है। कई बार लगता है यह आजादी मुझे मिली हुई है, इसलिए मैं इसकी कम कीमत आँक रही हूँ। जब छिनेगी, तो इसकी कीमत का अंदाजा होगा।

ऐसा नहीं है कि परिवार होने पर ही घर-गृहस्थी बसती है। मैं यह तर्क देते हुए कई बार परेशान हो जाती हूँ कि मैं अकेली हूँ, तो इसका मतलब यह नहीं कि मैं दस इंच का टीवी देखूँ। मेरा टीवी भी इक्कीस इंच का होगा, फ्रिज भी डबल डोर होगा। टोस्ट खाती हूँ, इसलिए टोस्टर की भी ज़रूरत है। कपड़े पहनती, धोती हूँ तो वाशिंग मशीन भी चाहिए। अकेली रहती हूँ तो यह तो नहीं होगा न कि एक प्लेट, एक कप और एक सॉसपेन में गुजारा कर लूँ। दफ्तर में भी हमेशा देर तक बैठकर काम करने पर यही सुनने को मिलता है, 'घर जाकर करोगी भी क्या?'

वह मेरे कंधे पर सिर रखकर जार-जार रो रही थी। मैंने उसे कुछ देर समझाने की कोशिश की। पर उसके प्रलाप के आगे मेरा चुप रहना ही बेहतर था। लगभग चालीस एक साल की बेहद हँसमुख, मेहनती जाँबाज़ स्त्री—कमलेश। दस साल पहले वह पति से अलग हुई थी। रूढ़िवादी परिवार की बुरी तरह सतायी गयी कमलेश को जब अपने लिए जमीन मिली तो उसने पूरी तरह इस्तेमाल किया। दो-तीन पुरुषों के साथ लिव इन रहकर देखा, दोबारा शादी के लिए ज़बरदस्त कोशिश की। कहीं उसे ठहराव मिलता नहीं लगा। अब वह निपट अकेली रहती है। चर्चित फोटोग्राफर है, ठीक-ठाक कमा लेती है। तन्हाई से वह इस कदर घबराती है कि देर रात उसी समय घर लौटती है, जब बिस्तर पर लेटते ही उसे नींद आ जाए।

उसे रह-रहकर दौरे पड़ते हैं—अकेलेपन के अहसास के दौरे! 'हाय, मेरा क्या होगा? मुझे पुरुष का साथ चाहिए, दोस्त नहीं, ऐसे आदमी का जो मेरी तन्हाइयों को बाँट सके।'

वह खुद मानती है कि जिस तरह की उसकी जीवनशैली बन गई है, वहाँ किसी भी टाइप्ड पुरुष के लिए जगह नहीं है, न वह सेक्स भर के लिए किसी से एक रात का रिश्ता कायम कर सकती है।

इस मामले में मेरी अपने पुरुष मित्रों से अक्सर बहस होती है। वे मानते हैं कि मैं विचारों से क्रांतिकारी लगती हूँ, लेकिन सिर्फ थ्योरी में हूँ, व्यवहार में नहीं।

यह भी एक परेशानी है मेरी पीढ़ी और मुझ जैसी पृष्ठभूमि से आयी अकेली स्त्रियों की। कुछ चीजों के लिए आँखों में पट्टी बाँधकर मैं आगे बढ़ना चाहती हूँ, ठोकर भी लगती है। पर सबको बताते डरती हूँ, कहीं लोग यह न कह दें—अकेले

रहने का फैसला तो तुम्हारा था न, अब?

अब? सर्दी की गुलाबी सुबह और मीठी धूप बेहद खूबसूरत लगती है, गर्मी की चाँदनी रातें, बरसात के हिचकोले खाते बादल, बरसाती के झूले पर छमछम टपकती बूँदें—रोमाँटिक लगती हैं। ये सब हैं। ज़िंदगी में एक रफ्तार है, रवानगी है। कहीं कुछ कमी है। ऐसा तो सबके साथ होता है।

साल-भर पहले से यह अहसास होने लगा कि मैं अपने शरीर के प्रति लापरवाह होती जा रही हूँ। दो सालों में छह किलो वजन बढ़ गया, (कोई टोकनेवाला जो नहीं है) तो सुबह-शाम सैर पर जाना शुरू किया। एक्ससाइजर साइकिल भी ली। सैर के दौरान ही अंजुमन से 'हाय-बाय' होने लगी। इससे ज़्यादा बात बढ़ी, तो पता चला कि वह भी मेरे कौम की प्राणी है। सप्ताह-भर बाद में उसकी बरसाती में क्रोटन की क़लम मैं लेने पहुँच गयी।

कुछ ईर्ष्या भी हुई उसे देखकर। कहीं कोई 'इनहिबिशन' नहीं, बनावटीपन नहीं। छोटा सा एक कमरा, किचनेट, खुले बरामदे में दसेक गमले, उसने अपने घर को 'मेक शिफ्ट अरेंजमेंट' की संज्ञा दी।

बात निकली, तो दूर तक गयी और शाश्वत सवाल पर आकर रुक गई।

तुमने शादी क्यों नहीं की, नॉर्मल तो हो, बॉय फ्रेंड है कि नहीं, वगैरह। वह आसानी से बोल गई, "मैं बदलाव की प्रक्रिया से गुजर रही हूँ। चार साल तक लिव इन रही, मुझे लगा मैं बँध-सी गई हूँ। मुझे अपने आसपास बंधन नहीं चाहिए, घुटन-सा लगता है।"

अंजुमन मल्टीनेशनल में सीनियर पद पर है, मुझसे दोगुनी तनख्वाह, पिताजी का आर्मी बैकग्राउँड। देहरादून में परिवार। खुद वह शिमला में हॉस्टल में रहकर पली-बढ़ी। चौदह साल की उम्र में डेटिंग शुरू किया, सोलह में कौमार्य विर्सजन किया। उसे लीक पर चलना कभी पसंद नहीं था, शादी, बच्चे, घर, बोरिंग और ओल्ड फैशंड लगते थे। हालाँकि उसने बड़े चाव से पंद्रह हजार की चनिया चोली दिखाई जो उसने अपने छोटे भाई की शादी में पहनने के लिए खरीदी थी।

"वहाँ सब मम्मा से पूछेंगे, अंजुमन ने शादी क्यों नहीं की या उसके बारे में ये-ये सुना, क्या सही है? मम्मा इन बातों को लेकर दुखी होती हैं, पर मुझे फर्क नहीं पड़ता।" अंजुमन शादी नहीं करना चाहती। किसी भी उम्र में नहीं। उसका सपना है देहरादून के पास रेस्तराँ खोलने का।

मैं उसके साथ अपने को बिल्कुल भी आइडेंटीफाई नहीं कर पायी। वह मुझसे एक क्लास आगे थी। मुझ जैसी लड़कियाँ जो ज़रा भी संस्कार या नैतिक मूल्यों की बात करतीं, वह उसे ढोंग कहकर उड़ा देती। उसने साफ कहा—तुम्हारे दिल में कुछ है, बाहर कुछ! शायद कुछ हद तक वह ठीक भी थी।

रात को जब नींद खुलती है, कमरे का घुप्प अँधेरा भयानक शक्लें लेने लगता है,

घबराकर रोशनी में आने को जी चाहता है। कितनी भयंकर होती है असुरक्षा भी। कल को अगर आर्थिक स्वतंत्रता छिन जाएगी, तो? न ये घर रहेगा, न ज़िंदगी। पैरों के नीचे जैसे रेत आ जाता है, लगता है, धँसते चले जा रहे हैं और उबारनेवाला कोई नहीं। कल को जब शरीर अक्षम हो जाएगा, दोस्तों के अपने दायरे-परिवार हो जाएँगे, तब मेरा क्या होगा? अभी भी, बीमार पड़ने पर खुद घिसटते हुए चाय का भगौना चढ़ाना पड़ता है, खिचड़ी बनानी पड़ती है, और बिना किसी के याद दिलाए दवाई लेनी पड़ती है।

सिर्फ दुःख या कष्ट नहीं, सफलता के क्षणों में भी लगता है पास किसी को होना चाहिए। अकेलेपन को भरने के लिए बहुत सारे कोने तलाश करने पड़ते हैं। कभी-कभार तो इन कोनों में अच्छा ख़ासा सुकून मिलता है। और जब सब कुछ ठीक हो जाता है, तो पहले की तरह ज़िंदगी ढर्रे पर आ जाती है। फिर से लगने लगता है कि यही ज़िंदगी भली। हम मध्यमवर्गीय स्त्रियाँ अगर बहुत ज़्यादा 'असामान्य' न दिखें (विचित्र वेशभूषा वगैरह) तो पारिवारिक कालोनी में आसानी से खप जाती हैं। मेरी भूतपूर्व मकान मालिकिन को मेरी हिप्पी जैसी पोशाकों में रहनेवाली मित्र तरणजीत से ख़ास एलर्जी थी। टीजे यानी तरणजीत एनजीओ के लिए काम करती थी। वह भी जंगपुरा में ही रहती थी। मस्तमौला थी टीजे कभी भी, कुछ भी कर लेती थी। धड़ल्ले से मोटरसाइकिल चलाती, फटी शार्ट्स और बिना बाँहों के बाल निकाले स्लीवलैस शर्ट पहनकर यूँ बाहर निकलती, मानो सिर पर अदृश्य ताज हो।

उसके घर में बेहिचक उसके पुरुष मित्र आते। रातभर ताश खेलते। गपशप, सिगरेट, बियर। टीजे का कोई हेंगअप नहीं था। बस वह पुरुष मित्रों से इतना भर अनुरोध करती कि वे सावधानी बरतें। उसने मुझसे कहा भी तुम आना चाहो तो नो प्राब्लम। पर ऐसी लाइफ स्टाइल कब तक रास आएगी उसे इस बात की चिंता नहीं। कल जो होगा देखा जाएगा। 'सेटल' होने पर जो घर के बड़े जोर देते हैं उसे वह हँसी में उड़ा देती कि मैं कोई केस नहीं हूँ, जो सेटल कर दी जाऊँ। मेरी नानी मुझसे मिलते ही पहला सवाल पूछती हैं, "तुम सेटल कब होओगी?" मैं कहती हूँ, "मैं चौदह साल से सेटल हूँ।" घर के लिए ज़रूरी सभी सामान है, अगर आदमी भी सामान की शक्ल में मिल सकता, तो ले आती।

नसीहतें तो खैर हर क़दम पर मिलती हैं, ख़ासकर महरी, नौकरानी, मालिशवाली, आसपड़ोस की आँटियों से! 'कब तक एकला चलो रे, शादी कर लो।'

मैं कुछ जवाब नहीं देती, मुस्कुराकर कह देती हूँ, 'हाँ, ज़रूर।'

एक बार गलती से मैंने अपनी पड़ोसिन को तर्क से समझाने की कोशिश की थी कि मैं शादी क्यों नहीं करना चाहती? मेरी दलीलों से पता नहीं वह क्या समझी, क्या नहीं, उसने अपने पति को ताकीद कर दिया कि मुझसे न बोलें और मैं 'सही' कैरेक्टर की नहीं हूँ। (यह बात मुझे दूसरी पड़ोसिन ने बतायी।)

कुछ और भी दिलचस्प वाकए हुए, जैसे तीन पुरुष मित्र जो मुझसे ख़ासे प्रभावित थे और यदा-कदा पत्नियों के सामने भी गुणगान कर दिया करते थे, उन पत्नियों ने पति से मेरी दोस्ती लगभग तुड़वा दी। एक पति ने ईमानदारी से स्वीकार किया कि उनकी अविवाहित महिला मित्र से पत्नी असुरक्षित महसूस करने लगी थी। जब ये हादसे हुए तो धक्का भी लगा और उबाल भी आया। लेकिन काफी हद तक यह सही है कि अविवाहित स्त्रियाँ विवाहित स्त्रियों के लिए चुनौती की तरह सामने आती हैं।

क्या अकेली स्त्रियाँ कैरियर की वजह से शादी नहीं करतीं? या एक उम्र के बाद लगता है कि शादी में निबाह नहीं हो पाएगा? आजादी छिन जाएगी? जिम्मेदारियाँ बढ़ जाएँगी?

हर स्त्री के पास अलग जवाब होते हैं। मैं ऐसी भी अधेड़ स्त्रियों से मिली हूँ जिन्हें लगता है कि अकेले रहने का उनका निर्णय गलत था। मेरी सैंतालीस वर्षीय मित्र प्रोफेसर रानी द्विवेदी ने अपनी शादी पर मुझे बुलाया था। उस उम्र में लाल जोड़े में काफी विचित्र लेकिन प्यारी लग रही थी रानी दी। सफ़ेद बाल करीने से काढ़े हुए, माँग में लाल सिंदूर, पैर में बिछुआ! वह कोई भी चाह, इच्छा अधूरी नहीं छोड़ना चाहती थीं।

उनकी शादी से वापस आने के बाद कई दिनों तक मन में डर लगा रहा कि कुछ गलत न हो जाए उनके साथ। ऐसा नहीं हुआ। कम से कम ऊपरी तौर पर तो वे खुश लगती हैं।

उनसे मेरी लंबी बहस हुआ करती थी। अकेले रहने को लेकर वे जोर देती थीं कि कम से कम तुम तो 'वक्त रहते' शादी कर लो, न निभे तो अलग हो जाना, पर भोगो तो सही परिवार में रहने का सुख! सुख की परिभाषा सबकी अलग-अलग होती है। मुझे लगता है सिर्फ जिद की वजह से उसूलों पर अड़े रहना मूर्खता है, पर स्त्री के पास यह च्वाइस तो होनी चाहिए कि वह कब, कहाँ, किसके साथ रहे, कैसे रहे। स्त्री को पुरुषों पर लादना और पुरुष को स्त्री पर लादने का खेल जिसे सूट करता हो करे, पर जो अपने खेल खुद खेलना चाहता है, उन पर जोर-जबरदस्ती क्यों हो?

फिर राजस्थान में हो रहे बाल विवाह में और हममें क्या फर्क रह जाएगा? 'यही होता है, इसलिए यही होना है' के दायरे से अगर स्त्रियों को मुक्त कर दिया जाए, तो वह ज़्यादा अच्छे से अपने बारे में सोच सकेंगी।

अगर स्त्री सामान्य है, तो उसकी ज़रूरतें भी सामान्य होंगी। आर्थिक स्वतंत्रता के अलावा दैहिक ज़रूरतों की पूर्ति के लिए पुरुष का जो संसर्ग चाहिए, उसे नैतिकता का जामा पहनाए बिना भी वह जी सकती है। यह भी व्यक्तिगत पसंद-नापसंद की बात है। कुछ अकेली रहनेवाली स्त्रियाँ 'नन' की तरह रहना पसंद करती हैं, ऐसी स्त्रियों को निकटता से मैंने जानने की कोशिश की है। पता नहीं। उनके दिल में क्या है, पर वे दफ्तर से घर और घर से दफ्तर के अलावा मंदिर या अपने रिश्तेदार के घर

जाती हैं। सप्ताह में तीन-चार व्रत करती हैं, सादे कपड़े पहनती हैं। मुँबई में मुझसे काफी वरिष्ठ परित्यक्ता श्रीमती मालिनी नारकर जब मुझसे ढके शब्दों में सेक्स की बात करती थीं, पत्रिकाओं में छपने वाले 'एगोनी आँट' या 'सेक्स जानकारी' जैसे स्तंभों को बाकायदा पढ़कर सुनाती थीं, तो मुझे अजीब लगता था। पर अब मैं उनका दर्द, कुंठा महसूस कर पाती हूँ।

एक सप्ताह पहले मैं कुछ महिला मित्रों से खुशवंत सिंह की ताज़ातरीन पुस्तक 'द कंपनी ऑफ वूमन' का जिक्र कर रही थी। हम चारों ने बारी-बारी यह उपन्यास पढ़ने के बाद एक-दूसरे से पूछा—इस उपन्यास की किस महिला किरदार के साथ तुम आइडेंटिफाई करती हो?

हम चारों ने कहा—किसी के साथ नहीं। लेकिन जब हम आपस में फोन पर बात करने लगे तो अलग-अलग सबने स्वीकार किया कि उपन्यास का कोई न कोई महिला किरदार उनकी फैंटेसी ज़रूर है। बस, हम सबके सामने स्वीकार करना नहीं चाहते। हिप्पोक्रेट्स!!

बहुत लंबा सफ़र तय किया है! कभी मैं सोचती हूँ पाषाण युग में अगर एक स्त्री अकेली रह रही होती, तो क्या होता? अकेली शिकार पर जाती, जानवरों का मुकाबला करती—नहीं, तब स्त्रियों को इसकी ज़रूरत ही नहीं थी। क्या सीता, द्रौपदी, मीराबाई कभी किसी के मन में यह ख़याल नहीं आया होगा कि वे अपनी अलग दुनिया बना सकती हैं? आगे क्या होगा? अब तक मैं जितनी अकेली स्त्रियों से मिली हूँ, सत्तर प्रतिशत ने जानबूझ, सोच-समझकर यह निर्णय नहीं लिया। बस, परिस्थितियाँ ऐसी बनती चली गयीं, जहाँ अकेले रहने का विकल्प ही सबसे सही था। मेरे साथ भी ऐसा ही है। पहले की अपेक्षा अब निर्णय लेना आसान हो गया है। अब लगता है कम से कम महानगरों में हमारी कौम को स्वीकृति मिल गयी है। न पहले की तरह भृकुटियाँ उठती हैं, न असामान्य करार दिया जाता है। मुझसे नयी पीढ़ी की लड़कियाँ पूछती हैं, क्या हम भी अकेली रह सकती हैं, हमें क्या करना चाहिए? विवाह स्त्रियों को रचनात्मक रहने नहीं देता। मैं कहती हूँ निर्णय तुम्हारा है। ज़िंदगी एक है। दोनों निर्णयों के अपने-अपने फायदे हैं। किसी को गलत-सही कहने वाली मैं खुदा नहीं हूँ। जब मैं अपने लिए खुदा नहीं बन पायी, तो दूसरों के लिए क्या बनूँगी?

पितृ-सत्ता के षड्यंत्र
और
स्त्री-छवि

हम 'पुरबिया' औरतें और 'हमारा' स्त्री-विमर्श

अनामिका

वैयक्तिक यातनाओं का सामाजिक संदर्भीकरण उनके प्रतिकार का एक आज़माया हुआ अस्त्र है। तकलीफ़ ख़तरनाक चीज़ होती है। उससे यह उम्मीद नहीं करनी चाहिए कि वह अनंत काल तक अँधेरे कोनों में मुँह लपेटे पड़ी रहेगी! न्यूटन ने गति का जो तीसरा नियम दिया, वह प्रगति पर भी उतना ही लागू है, जितना सामान्य गति पर! आदमी का स्प्रिंग-तत्त्व उसे एक सीमा के बाद दबने नहीं देता; और जितनी ज़ोर से स्प्रिंग दबता है, उतनी जोर से उछलता भी है। पर स्त्रीवाद को उछल-कूद के निरे प्रतिक्रियावाद से जोड़कर देखना भी एक गहन राजनीतिक षड्यंत्र है, जिससे हम आज तक उबर नहीं पाए! जिन मुद्दों पर बहुत बहस हो चुकी हो और जिनके बारे में हर व्यक्ति एक अलग राय रखता हो, उनके बारे में नए सिरे से बात करना आसान नहीं होता। ऋग्वेद के आचार्य यह समझते होंगे, तभी उन्होंने 'मूल क्या है' बताने से पहले 'मूल क्या नहीं है' बताने की खूबसूरत परंपरा शुरू की! 'क्या नहीं था' ही 'क्या था' तक पहुँचने की राह बनाः 'नासदासीन्नो सदासीत्तदानी नासीद्रजो नो व्योमा परोयत्। किमावरीयः कुह कस्य शर्मन्नम्भः किमासीदहनंगंभीरम्' आदि (असत् नहीं था, सत् भी नहीं था; रज नहीं था, न ही उसके पार का आकाश था। क्या ऊँचा और क्या नीचा था? गहन गंभीर पानी कहाँ था? और ब्रह्मांड कहाँ था? मृत्यु नहीं थी; अमरत्व भी नहीं था; न तो रात का कोई चिन्ह था, न दिन का। अपनी आंतरिक शक्ति से परमेश्वर ने वायुहीन निःश्वास लिया, उससे परे और कुछ भी नहीं था, आदि) इसी सृष्टि सूक्त से प्रेरणा लेकर 'स्त्री-आंदोलन की मूल मान्यताएँ और आदर्श क्या है' पर आने के पहले मैं, इसके बारे में जो बद्धमूल भ्रांतियाँ फैली हैं या फैलाई गयी हैं, उनकी चर्चा करना चाहूँगी। 'यह क्या है' के पहले 'यह क्या नहीं है!' –'चुनने' के पहले 'फटकना'–यही हमें सिखाया भी तो गया है! इस क्रम में सबसे पहले यह किः

- स्त्री-आंदोलन, प्रतिशोध-पीड़ित नहीं है। ड्रैकुला जिन स्त्रियों का खून पीता था, वे स्त्रियाँ जब ड्रैकुला बनती थीं तो वे मूल ड्रैकुला से ज़्यादा खूँखार हो जाती थीं। स्त्री की अगाध शक्ति के प्रति पुरुषों का यह प्रच्छन्न भय ही 'माया महाठगिनी' आदि सारे

कन्स्ट्रक्ट रचता रहा है, पर अब समय आ गया है कि अच्छी तरह समझ लिया जाए—स्त्री-आंदोलन की समर्थक मानवियाँ हैं, मादा ड्रैकुलाएँ नहीं! इन्हें न्याय चाहिए पर वे जानती हैं कि अन्याय का प्रतिकार अन्याय नहीं है, एक दमन-चक्र का जवाब दूसरा दमन-चक्र नहीं।

- स्त्री-आंदोलन की समर्थक स्त्रियाँ पुरुष नहीं बनना चाहतीं। ब्रा-बर्निंग आदि एकाध आवेशमूलक घटनाओं के साक्ष्य से यह नहीं समझना चाहिए कि ये स्त्रियाँ अपनी विशिष्ट दैहिक, मानसिक और भाषिक संरचना पर गर्व नहीं करतीं। जो प्राकृतिक विशिष्टताएँ हैं, शर्मनाक वे नहीं, शर्मनाक आरोपित सामाजिक मानदंड हैं जो दोहरे हैं और जिन पर पुनर्विचार होना ही चाहिए ताकि विकास के अवसर सबको समान मिल सकें।

- स्त्री और पुरुष की लड़ाई का व्याकरण सामंतों और आसामियों, पूँजीपतियों और मजदूरों, औपनिवेशिक ताकतों और शोषितों के बीच की लड़ाई के व्याकरण से अलग है। स्त्री और पुरुष के बीच की यह लड़ाई दो वर्गों, दो नस्लों, दो जातियों, दो दलों, दो राष्ट्रों के बीच की लड़ाइयों से तुलनीय नहीं। संपन्न और विपन्न, ऊँच और नीच, शासक और शासित, गोरे और काले के बीच जो जंग छिड़ी है, उनमें प्रतिपक्षियों के हित-निकाय (इंटरेस्ट ग्रुप) अलग-अलग हैं, इसलिए हार और जीत वहाँ एक अलग ही मायने रखती है। लेकिन स्त्री और पुरुष के बीच की लड़ाई में दो पीढ़ियों के बीच की लड़ाई की तरह हित-निकाय अलग-अलग नहीं होते। दोनों का हित-निकाय एक ही होता है—परिवार। यह अच्छा है कि बुरा—मैं नहीं जानती, पर मानवता की इतनी लंबी यात्रा के बावजूद, कम-से-कम तीसरी दुनिया के देशों में, सामाजिक व्यवस्था की मूल इकाई अभी तक स्त्री और पुरुष दोनों के लिए, उनका परिवार ही है जिसमें कम-से-कम उनके बच्चे तो शामिल हैं ही। उनके हित-निकाय से बहुत अलग उनका कोई स्वतंत्र हित-निकाय हो, ऐसा प्रायः नहीं देखा जाता। इसलिए हार क्या? और जीत किसकी? एक के मान में दूसरे का मान समझना दोनों के हित में है, क्योंकि इससे जिस सौहार्दपूर्ण वातावरण की सृष्टि होती है, उसका सबसे बड़ा लाभ उनके बच्चों को होता है, जो दोनों की अमूल्य निधि हैं। कुल मिलाकर यह एक ऐसी लड़ाई है जिसमें सत्ता का हस्तांतरण उतना महत्त्वपूर्ण मुद्दा नहीं जितना दृष्टियों और व्यक्तियों का शांतिपूर्ण सह-अस्तित्व और सामंजस्य।

- स्त्री-आंदोलन पितृसत्तात्मक समाज में पल रहे स्त्री-संबंधी पूर्वग्रहों से पुरुषों की क्रमिक मुक्ति को असंभव नहीं मानता। दोषी पुरुष नहीं, वह पितृसत्तात्मक व्यवस्था है जो जन्म से लेकर मृत्यु तक पुरुषों को लगातार एक ही पाठ पढ़ाती है कि स्त्रियाँ उनसे हीनतर हैं, उनके भोग का साधन-मात्र। आंदोलन की सार्थकता इसमें है कि वहाँ-वहाँ उँगली रखे जहाँ-जहाँ मानदंड दोहरे हैं; विरूपण, प्रक्षेपण, विलोपन (डिस्टॉर्शन, प्रोजेक्शन, एबोलिशन) के तिहरे षड्यंत्र स्त्री के खिलाफ लगातार कारगर हैं जिनसे निस्तार मिलना ही चाहिए और सारा संघर्ष इसी बात का है।

● स्त्री-आंदोलन धनी महिलाओं का कोरा वाग्विलास और 'न्यूज़ में बने रहने' की उनकी साज़िश नहीं है। ग्रासरूट स्तर तक इसका विस्तार है और हर वर्ग, हर नस्ल तक सार्वभौम भगिनीवाद (यूनिवर्सल सिस्टरहुड) का मूलमंत्र पहुँचाने में यह सफल भी हुआ है क्योंकि वर्ग, नस्ल या देश कोई भी हो, स्त्रियों की भावनात्मक, मनोवैज्ञानिक, नैतिक, भाषिक और अस्मिता-संबंधी समस्याएँ प्रायः एक-सी हैं जिन्हें फ्रेंच मनोवैज्ञानिकों ने बखूबी समझा है। स्त्रियों का यह आपसी सखी-भाव ही सामान्य संकटों की उस उदात्त साझेदारी का नाम है जिसे स्त्री-आंदोलन कहते हैं और जिसकी मूल प्रपत्तियाँ ये हैं :

1. व्यक्ति-सत्य ही समष्टि-सत्य है, इसलिए 'पर्सनल इज पॉलिटिकल'।
2. 'समता, स्वतंत्रता और भाईचारा'—ये सारे प्रजातांत्रिक मूल्य स्त्रियों की दृष्टि से नये मूल्यांकन की अपेक्षा रखते हैं।
3. सारे आर्ष-ग्रंथ, क्लैसिक्स, रीति-रिवाज, शास्त्रीय और लोक-कला के स्तंभ, साहित्य, दर्शन, इतिहास, मिथक, अर्थशास्त्र, यहाँ तक कि भूगोल आदि की वे मान्यताएँ भी—जो स्त्री के शोषण को प्रकृति/पर्यावरण-दोहन के समकक्ष देखती हैं और बहुत कारगर ढंग से—नये मूल्यांकन की अपेक्षा रखती हैं।
4. विज्ञान, नृशास्त्र और मनोविज्ञान-संबंधी नये अन्वेषण जो तथ्य सामने रखते हैं, उनसे स्त्री-आंदोलन को बहुत बल मिलता है। इनमें कुछ महत्त्वपूर्ण तथ्यों की चर्चा यहाँ समीचीन होगीः

● स्त्रियों की अपनी स्वतंत्र यौन-इयत्ता है जो किसी 'कैस्ट्रेशन कॉम्प्लेक्स' से पीड़ित नहीं और यौन-सुख के लिए पुरुषों की मुखापेक्षी भी नहीं। क्लाइटोरिस नामक इनका अंग-विशेष बहुत-सारे ऐसे स्नायुतंत्रों की सिद्ध-पीठिका है जो इसे शिश्न से भी अधिक संवेदनशील और तृप्तिमुखी बनाता है। इसलिए यह मानना कि स्त्री सिर्फ 'पैसिव पार्टनर' और 'लदा हुआ गर्भ' है—सिरे से गलत है। यौन-सुख हो, सत्ता-सुख हो, किसी नैतिक आध्यात्मिक तृप्ति का बिंदु हो—स्त्रियों का पुरुषों पर अवलंबन बस उतना ही है, जितना पुरुषों का स्त्रियों पर। पर दोनों अलग-अलग भी अपने आपमें पूर्ण और आत्मनिर्भर रहें—यह असंभव नहीं। पूरा 'लेस्बियन कल्ट' इसका ज्वलंत उदाहरण है। यहाँ यह स्पष्ट कर देना भी बहुत जरूरी होगा कि 'लेस्बियनिज़्म' अपने मूल अर्थ में दैहिक तादात्म्य से कहीं ऊपर की चीज़ है। एँड्रीन रिच इसे 'लेस्बयन कॉन्टिन्यूअम' (सखी-भाव परिविस्तार) के रूप में देखती हुई, इसका संबंध विश्व-भर की महिलाओं के अंतश्चेतनागत साहचर्य से जोड़ती हैं और मानती हैं कि विश्व-भर में उनकी समस्याएँ प्रायः एक-सी हैं—बलात्कार और अन्य तरह के यौन-शोषण, गृहकार्यादि में पुरुषों की साझेदारी का अभाव, कामकाजी महिलाओं के संदर्भ में उत्कृष्ट क्रैश और डे-केयर सेंटर आदि का अभाव, पैतृक संपत्ति, मैट्रिमोनियल संपत्ति, एलिमनी आदि के संदर्भ में व्यावहारिक अड़चनें, विवाह-विच्छेद के बाद चाहकर भी गोदी के बाहर के बच्चों को साथ न रख पाने की कानूनी विवशता आदि।

● पुरुषों का 'वाई फैक्टर' उन्हें स्वभाव से उग्र, दुर्दम्य और विध्वंसक बनाता है। स्त्रियों में यह होता ही नहीं, इसलिए वे स्वभावतः शांतिप्रिय, स्नेही, कोमल और उच्च मानवीय गुणसंपन्न होती हैं। ये उच्च मानवीय गुण पुरुषों में ज़्यादातर सतत प्रशिक्षण से पैदा होते हैं, और नारी-आंदोलन इस प्रशिक्षण की बड़ी भूमिका अदा कर सकता है, क्योंकि उत्तरसंरचनावादी आलोचकों की तरह यह भी मानता है कि चेतना कोई ठोस या ठस्स वस्तु नहीं, एक सतत प्रवहमान इकाई है, जहाँ अस्मिताएँ लगातार बदलती रह सकती हैं, इसलिए परकायाप्रवेश या दूसरे की दृष्टि से स्वयं को देखना और अपना दृष्टिकोण मार्जित करना असंभव नहीं।

स्त्रीवादी समीक्षा पर यह आरोप बार-बार लगाया जाता है कि यह अनुभवमूलक (इम्पेरिसिस्ट) है, प्रपत्तिमूलक (पैरेडाइमबेस्ड) नहीं, इसलिए न इसकी मेथेडोलॉजी तय है, न शोध की दिशाएँ। इसका उत्तर स्पष्ट है—प्रपत्तियाँ आकाश से नहीं टपकतीं; अनुभूतियाँ ही बीन-फटककर प्रपत्तियों के रूप में सजा ली जाती हैं। स्त्रीवादी समीक्षा का एक बड़ा अवदान यह है कि वैयक्तिक अनुभूतियों का सामाजिक संदर्भीकरण इसने संभव बनाया और बताया कि जिसे स्त्रियाँ वैयक्तिक विफलता मानकर घुटती रहती थीं, उस 'असमंजन' और 'असमंजस' का मूल उस पूर्वग्रहग्रस्त पितृसत्तात्मक समाज में है जिसके शिकार पुरुष भी हैं, क्योंकि दरअसल यह स्त्री और पुरुष दोनों का सम्यक् विकास अवरुद्ध करता है, दोनों का जीवन विषाक्त करता है; एक को भेड़ और दूसरे को भेड़िया बना डालता है तो दोनों ही मानवीय गरिमा से नीचे गिरते हैं। इसलिए 'ऐक्शनबेस्ड रिसर्च' का नारा दिया गया और 'जेंडर-सेंसिटाइजेशन' की जरूरत दोनों के लिए उतनी ही जरूरी समझी गयी। इस संदर्भ में और भी जो बीज-मान्यताएँ उभरीं, उनकी सूची प्रस्तुत कर देना आवश्यक है:

● पहली बात की गयी 'फेमिनिस्ट ऑन्टोलॉजी' की, जिसका अर्थ है स्त्री के अनुभूतिमंडल के आलोक में घटनाओं का विश्लेषण; पुरुषों में स्त्री का नजरिया विकसित कर उसे अर्द्धनारीश्वर की गरिमा देना।

● ग्लैसर और स्ट्रॉस (1967) ने इस प्रसंग में 'गुणमूलक' (क्वालिटीबेस्ड) के स्थान पर 'परिमाणमूलक' (क्वांटिटीबेस्ड) डाटा-बेस का सहारा लेते हुए यह आधारभूत प्रपत्ति सामने रखने की बात की कि एक सार्थक जीवन के लिए किसी भी व्यक्ति में वे सारे गुणसमूह—जिनका प्रतिनिधित्व स्त्रियों के सिर आता है (ममता, प्रेम, सहिष्णुता, उदारता, क्षमा)—उतने ही जरूरी हैं जितने वे गुणसमूह जिनका प्रतिनिधित्व करते हुए पुरुष दिखाए जाते हैं (वीरता, शौर्य, नियंत्रण, न्याय, दमन, तटस्थता)। व्यक्तित्त्व के सम्यक् विकास के लिए किसी को किसी पर तरजीह नहीं दी जा सकती।

● बीज-रूप में ये सारे गुण स्त्री-पुरुष दोनों में विद्यमान होते हैं। सामाजिक, सांस्कृतिक और साहित्यिक कंस्ट्रक्ट कुछ ऐसे हैं कि पुरुषों में खास तरह के गुण, और स्त्रियों में

किसी और तरह के गुण आदर्श बताए जाते हैं। 'मर्दाना स्त्री' और 'स्त्रैण पुरुष' गालियों के रूप में विकसित कर ली गयी अवधारणाएँ हैं। किसी को भी यह सुनकर हँसी इसलिए आ जाती है क्योंकि अक्सर उग्र प्रतिक्रियावाद के दबाव में होता यह है कि स्त्रियाँ 'पुरुषसम्मत' गुण विकसित करती-करती 'स्त्रीसम्मत' गुणों को ताक पर रख देती हैं, और पुरुष 'स्त्रीसम्मत' गुण विकसित करते-करते पुरुष सम्मत गुणों को पिटारे में बंद कर देते हैं। जरूरत तो दोनों तरह के मूल्यों की होती है; एक गुणसमूह विकसित करने का अर्थ यह नहीं है कि दूसरे को धता ही बता दिया जाए। आदर्श 'ऐंड्रोजेनेस' व्यक्तित्त्व दोनों तरह के गुणों का सार ग्रहण करते हैं। अर्द्धनारीश्वर की भारतीय अवधारणा के पीछे भी यही मान्यता होगी।

- 1970 के बाद 'सेक्स' और 'जेंडर' के बीच का यह विवाद एक नयी दिशा पा गया है। 'सेक्स' जीवविज्ञानपोषित होता है, 'जेंडर' सामाजिक कंसट्रक्ट—जब तक यह मन्ना जाता रहा, सेक्स पोलराइजेशन दूर करने के एक उपाय के रूप में 'एँड्रोजेनी' का यह सिद्धांत पल्लवित-पुष्पित होता रहा, पर बाद में इसको चुनौती देने वाले कुछ वैज्ञानिक/जीववैज्ञानिक तथ्य भी सामने आए जिन्होंने स्त्रियों की नैतिक विलक्षणता स्थापित की और इनके आलोक में एक नए लेस्बियन कल्ट की बात चलाई।
- जिसे फ्रायड Conscientizacao कहते हैं, वह स्त्रीवाद की एक खास रणनीति है। 'ऐक्शनबेस्ड रिसर्च' का मूलमंत्र इसी से निकला है जिसके तहत यथास्थितिवाद से निबटने की खातिर अकादमिक विमर्शकर्त्ताओं (सिद्धांतकारों) और आंदोलनकर्त्ताओं (एक्टिविस्ट्स) के बीच की दूरी पाटनी होगी। विमर्शकर्त्ताओं को ऐक्टिविस्ट भी होना होगा, ऐक्टिविस्ट विमर्शकर्त्ता हों न हों। जब तक 'इनसाइडर' के रूप में चीज़ें देखी-सुनी-परखी न जाएँ, तब तक न आंदोलन प्रामाणिक होता है और न विमर्श।
- जिसे हिसेनबर्ग सिद्धांत, हॉथॉर्न प्रभाव, आर्टिफैक्ट प्रभाव, रेस्पांस प्रभाव, रिऐक्टिविटी या आर्टिफिशिएलिटी के दोष कहते हैं, उनसे पूर्ण विमुक्ति संभव नहीं, पर समाजशास्त्रीय मेथेडोलॉजी में 'बहुलतावाद' नाम का जो विकट अंतर (कोपरनिकन शिफ्ट) आया है, वह स्त्रीवादी विमर्शों (प्रैक्सिस) के लिए भी बहुत उपयोगी सिद्ध हुआ है। फिनॉमिनॉलॉजिकल/एथनोग्रैफिक अंतर्क्रियात्मक संघात अपने पूर्ण वैभव में तभी संभव हैं जब सभी शास्त्रों के पूर्वापर अनुभवों का लाभ उठाकर ये आगे बढ़ें।
- गिने-चुने प्रतिनिधि महिला चरित्रों (टोकेन विमेन) के विकास का हवाला देकर यह जताने की कोशिश नहीं की जानी चाहिए कि स्त्रियाँ अब तो हाशिए पर नहीं रहीं। अगर गायत्री स्पिवैक कहती हैं कि जब सबऑल्टर्न अपनी स्वतंत्र वाणी विकसित कर लेते हैं, तब वे सबऑल्टर्न रहते ही नहीं, तो उनके कहने का अभिप्राय यह कदापि नहीं लगाना चाहिए कि सब्ऑल्टर्न का तो मुँह खोलना ही पर्याप्त होता है—उसने मुँह खोला नहीं कि किसी दैवी शक्ति से उसकी सारी समस्याएँ धड़ाधड़ सुलझते जाने की प्रक्रिया प्रारंभ हुई।

'मुँह खोलने' और 'समस्याएँ सुलझने की प्रक्रिया प्रारंभ होने' के बीच कितनी खाइयाँ होती हैं—यह समझना कोई बहुत कठिन नहीं। फिर समस्याओं के निराकरण का कोई 'अंतिम बिंदु' होता हो—ऐसा भी नहीं है। समस्याएँ रक्तबीज की तरह नये-नये वेश में लगातार उठती निरस्त होती रहती हैं। उठने-निरस्त होने की प्रक्रिया चूँकि अनंत है, यह एक ऐसी लड़ाई है जो शुरू तो होती है, कभी खत्म नहीं होती।

- स्त्री-समाज एक ऐसा समाज है जो वर्ग, नस्ल, राष्ट्र आदि संकुचित सीमाओं के पार जाता है, और जहाँ कहीं दमन है—चाहे जिस वर्ग, जिस नस्ल की स्त्री त्रस्त है—वह उसे अपने परचम के नीचे लेता है। तकलीफें मिल-बाँटने का घरेलू तरीका अँतर्राष्ट्रीय क्षितिज पर .ऐसा सफल होगा, किसने सोचा था! एक-दूसरी की जुएँ चुनती हुई, साथ कपड़े पछोटती हुई, धूप में झुंड बनाकर सिलाई-बुनाई करती हुई औरतें एक-दूसरी को जो दुख-सुख सहज-अकुंठ भाव से सुना लेती थीं वही औरतें अपनी तकलीफों का एल. सी.एम. निकालकर अंतर्राष्ट्रीय स्तर पर उनके निराकरण की माँग रख रही हैं—यह निश्चय ही एक बड़ी उपलब्धि है।

- कम-से-कम तीसरी दुनिया के देशों में मुख्य टार्गेट-ग्रुप के निम्नवर्गीय, निम्नमध्यवर्गीय स्त्रियाँ हैं जिनकी वोट आदि के संदर्भ में भी अपनी निजी राय नहीं होती और जिनके पातिव्रत्य की हजार मिसालों में एक मिसाल है कि वोट तक वे पति के निर्देशों के अनुसार ही डालती हैं और आरक्षण आदि के प्रताप से यदि कहीं मुखिया या सरपंच चुनी भी गयीं तो उनके सारे निर्णय उनके पति-परमेश्वर ही लेते हैं।

स्त्री-आंदोलन है तो एक पश्चिमी अवधारणा, पर तीसरी दुनिया के भारत जैसे देश अपनी परंपराओं और परिस्थितियों के आलोक में इसे वैसे ही एडैप्ट कर सकते हैं। जैसे माओ ने मार्क्स को किया था! इस संदर्भ में इसके पहले कि अपनी ओर से कोई टिप्पणी करूँ, भारत के विभिन्न आर्ष-ग्रंथों से कुछ श्लोक उद्धृत करना चाहूँगी जो देवीपूजक इस प्राचीन संस्कृति में स्त्री-विषयक मान्यताओं पर खुद एक सप्राण टिप्पणी हैं:

युवां ह घोषा पर्यश्विना यतो राज्ञ ऊचे दुहिता पुच्छे वा नरा।
भूतं मे अहन् उत भूतमक्तवे श्वायते रथिने शक्तमर्वते।

मैं, राजकन्या घोषा, सर्वत्र वेद की घोषणा करने वाली, वेद का संदेश सर्वत्र पहुँचानेवाली स्तुति-पाठिका हूँ। हे देव, मैं सर्वत्र आपका ही यशोगान करती हूँ और विद्वानों से आपकी चर्चा करती हूँ। आप सदा मेरे पास रहकर मेरे इन इंद्रियरूपी अश्वों से युक्त शरीर-रूपी रथ के साथ मेरे मनरूपी अश्व का दमन करें।

यहाँ शरीर, मन और इंद्रियों के जैसे 'दमन' की बात की गई है, उसे फ्रॉयडियन दमन की भाषा में अनूदित करें तो 'रिप्रेशन' न कहलाकर वह 'सब्लिमेशन' (उदात्तीकरण) कहलाएगा, जो सिर्फ उस कोटि के प्राणियों में संभव होता है जो आध्यात्मिक दृष्टि से विशिष्ट या 'सर्जनशील' हों। जिस आत्मानुशासन की अपेक्षा यहाँ स्त्री को स्वयं से है,

वह परिष्कृत मनीषावाली समधीत स्त्रियों की एक पूरी परंपरा की ओर हमारा ध्यान खींचती है जो ब्रह्मवादिनी कहलाती थीं और इस निश्चिंतता से शास्त्रार्थ करती हुई दिग्भ्रमण करती थीं जैसे आज की विदुषियाँ।

युवां मृगेव वारणा मृगण्यंवो दोषावस्तोर्हविषा निह् वयामहे।
युवम होत्रांतथा जुह् ते नरेशं जनाय बहवः शुभस्यती।

हे नायक अश्विनीकुमारो! जिस प्रकार शिकारी बड़े-बड़े सिंहों का मृगया में पता लगाते हैं, वैसे ही हम ब्रह्मचारिणी कन्याएँ भी रात-दिन प्रेम-पूरित हविष्य द्वारा आपका आह्वान करती हैं।

किंतु ये ब्रह्मचारिणी कन्याएँ जीवन के भौतिक सुखों के संधान से एकदम विरत रखी गयी हों—ऐसा भी नहीं है। अश्विनीकुमारों से प्रार्थना करती हुई घोषा कहती हैं:

जीवं रुदन्तिवि मन्यंते अध्वरे दीर्घामनुप्रसीति दीधियुनरः
वामं पितृभ्यो य इदं समेरिरेमयः पतिभ्योः जनयः परिष्वजे।

जब भी कोई ब्रह्मचारिणी नारीलक्षणों से संपन्न होकर कमनीय वर की इच्छा करे, उसे उसकी मनोदशा के अनुकूल वर मिले। पति के घर वधू को जीवन के सभी साधन सुलभ रहें और सदा उस गृह में दया, परोपकार, उदारता और शालीनता आदि गुण नदी के प्रवाह की तरह गतिशील बने रहें।

यहाँ रोचक बात यह है कि अनुकूल माहौल जुटाने की अपेक्षा सिर्फ वर से नहीं, पूरे घर से की गयी है। घर के एक-एक व्यक्ति, एक-एक जीव से यह उम्मीद की गयी है कि वह स्त्री को विकास का अनुकूल परिवेश दे।

यही घर विकसित होकर समाज बनता है जिसके बारे में स्त्री आश्वस्त है कि वह भी उसका हित-संवर्द्धन ही करेगा। इस बात के प्रमाण के रूप में ऋक्संहिता के दशम् मंडल के 109वें सूत्र में आयी जुहू की कथा उद्धृत की जा सकती है। वृहस्पति ने जब प्रमादपूर्वक अपनी प्रमदा जुहू का परित्याग कर दिया, तो वह ज़रा भी विचलित हुए बिना निर्णायक मंडल के पास गई। निर्णायकों के आदेश से पत्नी-त्याग का प्रायश्चित कर वृहस्पति फिर से गृहस्थाश्रम में दाखिल हुए :

पुनर्वै देवा अददुः पुनर्मनुष्या उत।
राजानः सत्यं कृण्वाना ब्रह्मजायाँ पुनर्ददुः।
पुनर्दाय ब्रह्मजायाँ कृत्वो दवौर्निकिल्विषम्
ऊर्जं पृथिव्या भक्तत्त्वायोरुगायमुपासते।

पर्दा-प्रथा अस्तित्व में ही नहीं थी, इसका संकेत सूर्या सूक्त की तैंतीसवीं ऋचा में है, जहाँ वर स्वयं अपनी पत्नी को देखने का आग्रह और लोगों से करता है :

सुमङ् लीरियं वधूरिमाँ समेत पश्यत्।

सास-ससुर के साथ (एक थाली में भी) बहुएँ खाती-पीती थीं, इसका प्रमाण अट्ठाईसवें

सूक्त में है:

विश्व ह्यन्योअरिराजगाम ममेदह श्वसुरो नाजगाम।

सब देवता मेरे यज्ञ में आ गए हैं, किंतु अभी तक मेरे ससुर इंद्र नहीं आये, यदि आ जाते तो भुने जौ के साथ वे भी सोम-पान करते।

ऐसे अनुकूल परिवेश का ही प्रभाव था कि वागांभृणी आदि तेजस्वी स्त्रियों का आत्मविश्वास इतना प्रखर हुआ और वे कह पायीं:

अहमेव वातइव प्रवाम्यरभमाणा भुवनानि विश्वापरो
परो दिवा पर एना पृथिव्यैतावनी महिना सं बभूव।

हे विज्ञ! मैं जो कहती हूँ, वह पूर्ण यथार्थ है; मुझे न माननेवाले क्षीणता को प्राप्त होते हैं, मै देवताओं और मनुष्यों के परम पुरुषार्थ की उपदेशिका हूँ, मेरी कृपा से ही लोग बलवान्, मेधावी, स्तोता और कवि बनते हैं।

अहमेव स्वयमिदं वदामि जुष्टं देवेभिरुत मानुषेभि
यं कामये तं तमुग्रं कृणोमि तं ब्रह्माणँ तमृषिं तं सुमेधाम।

इसके बाद वे कहती हैं: "मैं जब सृजन कार्य करती हूँ, तो मेरी गति वायु के समान होती है। मैं अपने महत्त्वपूर्ण कार्यों से महिमामयी होकर आकाश और पृथ्वी की सीमाओं को भी लाँघ चुकी हूँ।"

इस प्रकार की सर्वशक्तिमान, सर्वव्यापी इयत्ता स्थापित करने के लिए स्त्रियाँ कभी-कभी राजनीति भी करती थीं, जहाँ वृहत्तर उद्देश्य की पूर्ति के लिए उन्हें मोह-माया-ममता आदि स्त्रीसम्मत भावनाओं का परिलंघन भी साधक-भाव से करना पड़ता था। इसका भास्वर उदाहरण है—सरमा, जो ऋग्वेद के दशम् मंडल के एक सौ आठवें सूक्त की ऋषिका मानी गयी है। पणियों ने आर्यों का गोधन चुराकर किसी अज्ञात स्थान पर रख दिया है। इंद्र की संदेशवाहिका होकर सरमा पणियों के पास पहुँचती है तो वे उसे अनेक प्रकार के प्रलोभन देते हैं, गोधन का हिस्सा देने का लालच भी, पर वह अपने व्रत पर दृढ़ रहती है। अंत में नवम् मंत्र में वे उसे अपनी बहन बनाने का प्रस्ताव भी रखते हैं जिसे वह दशम् मंत्र में साफ ठुकरा देती है:

नाहं वेद भ्रातृत्वं नो स्वसृत्वमिन्द्रो विदुरडिंगरसश्च घोराः

(मैं किसी भाईचारे को नही जानती!)

इसी प्रकार की हृदय विदीर्ण करनेवाली बात उर्वशी पुरुरवा से कहती है (वह कहती है कि स्त्री का हृदय भेड़िए के समान होता है, वह कोई संबंध नहीं जानती), पर इस कटूक्ति का भी मंतव्य ऊँचा है—विरह-विदग्ध पुरुरवा के मन में वैराग्य उत्पन्न करना, जिससे उसका जीवन जीने लायक हो जाए।

इस प्रकार वैयक्तिक संबंधों के ऊपर सामाजिक उद्देश्यों को प्रतिष्ठित करनेवाली स्त्रियों की भी एक पूरी परंपरा है। बहुत सी मंत्रद्रष्टाएँ स्त्रियाँ रही हैं, जिनके कुछ मंत्र तो

ऐसी सम्यक् सामाजिक दृष्टि से महमह हैं कि उन्हें पूरा उद्धृत करना समीचीन होगा :

"आ ब्रह्वनब्राह्मणो ब्रह्मवर्चसी जायतामारराष्ट्रे राजन्यः शूर इषण्योतिव्याधी महारथी जायताम् दोग्धी धेनुर्वोढानड्वानाशुः सप्तिः पुरन्धिर्योषा जिष्णुरथेष्टाः सभेयो युवास्य यजमानास्य वीरो जायताम, निकामे निकामे नः पर्जन्यो वर्षतु फलवत्यो न ओषधयः पच्यन्ताम्, योगक्षेमोः न कल्पताम्।"

हे भगवान्, हमारे ब्राह्मण ब्रह्मतेज से युक्त हों, क्षत्रिय शस्त्रास्त्र में निपुण हों, वैश्य का व्यापार सुचारु रूप से चले, गौएँ दूध देनेवाली, अश्व द्रुतगामी, योद्धा जयशील, युवक-युवतियाँ निर्भीक हों, मेघ समय पर बरसें, औषधियाँ स्वास्थ्यवर्द्धक हों और संपूर्ण देशवासियों का योगक्षेम चलता रहे।

'संस्कारों' के विश्लेषण से यह भी स्पष्ट है कि सती-प्रथा तो अस्तित्व में नहीं ही थी, विधवा-विवाह का भी प्रावधान था। अथर्ववेद संहिता में तो एक पूरा कांड ही इस विषय पर प्रकाश डालता है।

मृत व्यक्ति की पत्नी शोकाभिभूत-सी चिता पर जा लेटती भी थी तो बाद में अन्य संबंधियों द्वारा उसे वहाँ से हटा दिया जाता था। इतना ही नहीं, इसके बाद उसका पुनर्विवाह भी हो जाता था, जैसा कि अथर्ववेद संहिता (18/3/1-2) से स्पष्ट है। इसी की पुष्टि सूक्त के तृतीय मंत्र में है :

अपश्यं युवतिं नीयमानां जीवां मृतेभ्यः परिणीयमानम्
अंधेन यत्तमसा प्रावृतासीत्प्रोक्तो अपाचीवमवयं तदेनाम् ।

मृतक पति के साथ चिता में लेटी स्त्री को देखने के बाद मैंने उसे वहाँ से हटाया जो शोक-रूपी घनांधकार से आवृत्त थी।

पूर्व-पति की चिता से उठाकर जो भी पुरुष स्त्री को ले जाता था और तोष-भरोस देने में सक्षम होता था, उससे उसका विवाह वैध माने जाने के भी संकेत हैं।

ऋग्वेद संहिता (10/93/14) में राजा वेन का उल्लेख है, जिसे पृथी या पृतु भी कहा गया है (11/2/15)। यह वह वेन राजा है जिसके बारे में मनु ने स्पष्ट लिखा है कि उसने विधवाओं का पुनर्विवाह जबरदस्ती कराया था। ऋग्वेद संहिता (10/18/8) में एक विधवा स्त्री को संबोधित करते हुए कहा गया है कि तुम मृत पति को छोड़कर भावी पति को प्राप्त करोः

उदीर्ष्वं नार्यभि जीवलोकं मतासुमेतमुपशेष एहि
हस्तग्रामस्य दधिपोस्तवेदं पत्युजमित्यभमि संवभूव।

महर्षि यास्क ने निरुक्त (1/3/15) में देवर शब्द का अर्थ 'द्वितीय वर' किया है, जिससे स्पष्ट है कि प्रथम पति के कालग्रस्त हो जाने पर द्वितीय विवाह की प्रथा थीः

विधवेव देवरं देवरः तस्माद्द्वितीयो वर उच्यते।

पर वैधव्य की कठिनाइयों और असुविधाओं की ओर जो संकेत आर्ष-ग्रंथों में मिलते

हैं, उनके प्रति भी सजग रहना आवश्यक है। ऋ. 1/87/3 में बहुत ही काव्यात्मक ढंग से विधवाओं का साम्य काँपती हुई पृथ्वी के साथ स्थापित किया गया है :

प्रैषामज्मेषु विधुरेव रेजते भूमिर्यामेषु युद्ध युंजते शुभे।

ते क्रीलयो धुनयो भ्राजदृष्ट्यः स्वयं महित्वं पनयन्त धूतयः।

बाल-विवाह का प्रचलन तो नहीं था, पर जिन आठ तरह के विवाहों का उल्लेख मनुस्मृति में मिलता है, उनमें अंतिम तीन विवाह स्त्रियों की दुर्दशा के ही द्योतक हैं:

1. ब्राह्मविवाह में वस्त्रालंकारादि से विभूषित कन्या का विवाह वैदिक रीति से सुयोग्य वर के साथ रचाया जाता था।
2. दैव-विवाह में कन्या ऋत्विक को उपहारस्वरूप दी जाती थी।
3. आर्ष-विवाह में वर-पक्ष से दो गायें लेकर कन्या का पिता कन्यादान करता था।
4. ''तुम दोनों मिलकर गृहस्थाश्रम का पालन करो''—बस, इस संबोधन के साथ वर-वधू, गृहस्थाश्रम में प्रवेश करें तो यह 'प्रजापत्य विवाह' कहलाता था।
5. गान्धर्व विवाह में स्त्री-पुरुष की आपसी सम्मति ही विवाह की इकलौती शर्त मानी गयी थी। वैयक्तिक निर्णय को सामाजिक गरिमा देती यह व्यवस्था शकुंतला-दुष्यंत, नल-दमयंती आदि कई बड़ी प्रेम-कहानियों का आश्रय तो बनी ही, स्वयंवर की परवर्ती परपंरा का आधार-स्तंभ भी बनी।
6. असुर-विवाह में वर-पक्ष से धन लेकर कन्या उसे दे दी जाती थी। यह विक्रय-जैसी व्यवस्था सचमुच आसुरी रही होगी, पर आर्ष-विवाह कहलानेवाली व्यवस्था ही कौन बहुत अच्छी थी जहाँ दो गायें मिलकर एक कन्या के मान की बराबरी कर लेती थीं।
7. राक्षस-विवाह में कन्याग्रहण के लिए युद्ध, हत्या, घात-प्रतिघात सब होता था, जिससे बेचारी कन्या की मानसिक शांति तो जाती ही होगी, जो बेचारा उसे पाने के उपक्रम में मर जाता होगा, उसके लिए उसका मन भारी भी रहता होगा।
8. पैशाच-विवाह में नशे, निद्रा या रोग की स्थिति में कन्या का बलात्कार कर लेने के बाद विवाह का प्रस्ताव दिया जाता था। जिसने विवाह के पहले से ही त्रास देना शुरू कर दिया हो, वृत्तियों पर जिसे नियंत्रण ही न हो, उस पुरुष के साथ विवाह कैसा होता होगा, यह भी सोचने की बात है।

अंतिम तीनों प्रकार के विवाह तो स्त्री के लिए त्रासद ही होते होंगे, फिर भी स्त्रियाँ उसके लिए प्रस्तुत हो जाती थीं, तभी तो ये परंपरा में आए। कैसी वे विवशताएँ होती होंगी जिनमें स्त्रियों को ये विवाह मान्य होते होंगे—यह भी विचारणीय है। वर-चयन के संदर्भ में स्त्रियों की स्वतंत्रता सीमित क्यों थी—यह एक बड़ा प्रश्न है। विवाह के साथ

इतने भौतिक-आधिभौतिक प्रयोजन जुड़े हुए माने गए हैं, पति-पत्नी के सम्मिलित दायित्व इस लोक और उस लोक—दोनों में इतने संघनित कहे गये हैं—फिर भी वर-वधू का मानसिक-नैतिक स्तर एक रहे, इस पर अधिक जोर नहीं दिया गया, असुर, राक्षस और पैशाच विवाह घटित होते रहे और आज तक किसी-न-किसी रूप में घटित हो ही रहे हैं, और इन विवाहों से मुक्ति भी आसान नहीं—यह भारतीय जनजीवन की बड़ी विडंबना रही है।

मनुस्मृति (8/371) में तो विवाह-विच्छेद करनेवाली स्त्री को जनसमूह के सामने कुत्तों से कटवाने का विधान है। स्मृतियों, सूत्रग्रंथों एवं नाटकों तथा काव्यों में भी विवाह-विच्छेद की चर्चा नहीं है। क्योंकि अपत्नीक को यज्ञ करने के अधिकार से वंचित रखा जाता था, धर्मभीरु लोग अपत्नीक होने की संभावना से ही घबरा जाते होंगे—परिणामतः उन्होंने इस तरह का कोई प्रावधान ही नहीं रखा।

कौटिल्य का 'अर्थशास्त्र' विवाह-विच्छेद के प्रावधान की चर्चा करनेवाला एकमात्र ग्रंथ है। 3/2/17-19 में कौटिल्य कहते हैं कि जब स्त्री-पुरुष दोनों एक-दूसरे से द्वेष करते हों तो उन्हें अलग किया जा सकता है।

'कन्यादान' को 'गोदान' से तुलनीय माननेवाला वैदिक समाज घर में गाय आने पर जितना खुश होता होगा, उससे कुछ कम ही कन्या के जन्म पर होता था, तो शायद इसलिए कि (अ) कन्या का पालन-पोषण, उसकी सुरक्षा की जिम्मेदारियाँ पुत्र के पालन-पोषण से दुरूहतर होती थीं, (ब) पढ़ी-लिखी कन्या भी आखिर दूसरे घर को सौंप देनी पड़ती थी तो उसका विद्या-वैभव और उसके नाम काढ़ा गया धन (दहेज) भी दूसरे घर चला जाता था; और सबसे महत्त्वपूर्ण यह कि (स) मृत्यु के बाद की आत्मिक शांति पुत्र द्वारा दिए गए पिंडदान से ही संभव मानी गयी थी।

विवाह-सूक्त में दस पुत्रों की उत्पत्ति की कामना अवश्य की गयी है, पर कन्याओं के विषय में कुछ भी नहीं कहा गया है। अथर्वसंहिता में कहा गया है कि हमारे यहाँ पुत्र का जन्म हो और कन्या का जन्म किसी और के घर हो :

प्रजापतिरनुमतिः सिनीवाल्यचीक्लृपत्।
स्त्रैषूयमन्यत्र दद्यत्पुमाँसमुदधादह।

अथर्वसंहिता के एक और सूक्त में यहाँ तक कहा गया है कि हमारे यहाँ पुत्र के बाद पुत्र का ही जन्म हो, न कि कन्या का :

पूमाँस पुत्रं जनयतं पुमाननु जायताम्।
भवासि पुत्राणां माता जातानां जयनाश्च यान्।

तैत्तिरीयसंहिता में कहा गया है कि पुत्र का जन्म होने पर पिता आनंदपूर्वक माता के पास लेटे हुए नवजात शिशु को हाथों में उठा लेता था, किंतु यदि कन्या होती थी तो उसे वह वहीं लेटे रहने देता था।

ऐतरेय-ब्राह्मण में तो कन्या की उत्पत्ति को स्पष्ट शोक का कारण माना गया है (कृपणँ हि दुहिता, ज्योतिर्हि पुत्रः)। आगे चलकर बृहदारण्यक-उपनिषद् में पुत्र-कामना के साथ कन्या-जन्म को भी आदर दिया गया हैः 'दुहिता मे पंडिता जायेत।' वराहगृह्य-सूत्र में बताया गया है कि अच्छी संतान, विशेषकर सुंदर कन्याओं की उत्पत्ति के समय वधुएँ दुंदुभी, गोमुख आदि वाद्यों का वादन कर अपनी प्रसन्नता व्यक्त करती थीं।

इस संदर्भ में एक बात अवश्य कहूँगी कि जन्म के समय लड़कियों का विशेष स्वागत भले ही न तब होता था और न अब होता है, पर विकास के क्रम में लड़कियाँ हमेशा से पिता-माता, भाई-पितामह, चाचा, मामा सबकी चहेती हो जाती रही हैं। पूरी परंपरा जिनके खिलाफ खड़ी हो, उन्हें किसी का चहेता बनने के लिए पूरा आत्मिक तेज लगाना पड़ता है और विशिष्ट रूप से अच्छा भी होना पड़ता है—यह तो स्पष्ट है!

हविष्यमान् वायु अपनी ग्रहण-शक्ति से जिस प्रकार रसवान 'जलों' को अपने में संपृक्त कर लेता है, उसी प्रकार प्रत्येक गृहपति अपनी पत्नी को अपने में मिला ले—इस प्रकार के महामिलन की परंपरा जहाँ रही हो, वहाँ भी स्त्री के प्रति वैमनस्य पल्लवित हुआ और बखूबी। अब शायद बात तब बने जब सब्जेक्ट पोजिशन पलटे, हविष्यमान वायु की तरह स्त्रियाँ उठें और रसवान 'जलों' की तरह पुरुष को अपने में मिला लें। सप्तपदी की अंतिम प्रतिज्ञा का मर्म बड़ा है जिसमें पति, पत्नी को सखा कहकर संबोधित करता है। सखा के इसी भाव का स्फुरण वाल्मीकि रामायण (4/1/52) में उस समय राम के मुख से होता है जब सीता के अपहरण के बाद वे कहते हैं, "सीता के सभी भाव सचमुच मुझमें समाहित थे और मेरे भाव सीता में।" इसी तरह के कुछ भाव महाराज अज अपनी पत्नी इंदुमती के लिए विलाप में व्यक्त करते हैं, "इंदुमती मेरे घर की शोभा, मंत्रणा के समय मंत्री, भोजनादि के समय सखी, ललित कलाओं के ग्रहण के समय शिष्या थी।" (रघुवंश 8/67)

मुश्किल यही है कि विलाप में—वियोग या मृत्यु के समय तो खुले मन से प्रशस्तिपत्र बाँट दिए जाते हैं, पर जीते-जी इंदुमतियों को मान-भरे भावनात्मक उद्‌गार नसीब नहीं होते। इस कटु यथार्थ के प्रतिकार के लिए ही आंदोलन की आवश्यकता पड़ी। भीतरी आंदोलन झेलकर ही कोई बाहरी आंदोलन तक पहुँचता है—'साम' (शांतिपूर्ण प्रस्ताव) के बाद ही दाम-दंड-भेद की स्थिति आती है, विशेषकर स्त्रियों के लिए, स्वभाव से ही जो शांतिप्रिय और मातृमना होती हैं।

आदर्श पत्नी का 'कंसट्रक्ट' व्यक्त करने वाले दो श्लोक यजुर्वेद में हैं :

समख्ये देव्या धिया सं दक्षिणपोरुचक्षसा।
मा म आयुः प्रमोषीर्भोऽहं तव वीरं विदेय तव देवि संदृशि।

धारण पोषण में समर्थ, कार्यकुशल, दूरदर्शिनी पत्नी के माध्यम से मैं संपूर्ण कार्यों का संपादन करूँ। मैं उसके तथा वह मेरे जीवन को कभी भी हानि न पहुँचाए और मैं उसके

सम्यक् दर्शन से वीर पुत्र को प्राप्त करूँ।

इडे रन्ते हव्ये काम्ये चन्दे ज्योतेऽदिते सरस्वति महि विश्रुति।
इता ते अध्न्ये नामानि देवेभ्यो मा सृकृतं ब्रूयात।

हे भार्ये! तुम गृहस्थ-संबंधी समस्त कार्यों की संचालिका हो, मैं तुम्हारा पति हूँ और राजा के राज्य में सेनापति। मेरा कर्त्तव्य है कि मैं अपने शत्रु की सेनारूपी 'स्त्री' पर अधिकार करते हुए आक्रामकों का वध करूँ।

'धारण' करना और 'घर चलाना'—स्त्री के मुख्य कर्त्तव्य तो यहाँ दिखाई देते हैं, पर पुरुष के कर्त्तव्य? बाहर के आक्रामकों से बचाना, पर खुद आक्रमण और अधिकार-स्थापन के लिए हरदम प्रस्तुत रहना। दूसरे श्लोक में स्त्री की तुलना एक पूरी सेना से की गई है, और पुरुष के लिए आदर्श यह माना गया है कि पहले तो वह उस स्त्री-रूपी सेना पर प्रभुत्व स्थापित करे (कुशल सेनापति की भाँति) और फिर उसके सहयोग से बाहरी शक्तियों पर। इस प्रकार नायकत्व हमेशा पुरुषों को सौंपा गया है और इसमें बुरा मानने की भी कोई बात नहीं, क्योंकि चौकीदारी के लिए जिस तरह का बलिष्ठ शरीर चाहिए, वैसा स्त्रियों के पास नहीं होता। उनके पास सिर्फ़ एक मज़बूत मन और आत्मा होती है, जिससे पहरे पड़ सकते हैं तो सूक्ष्मतर अवयवों पर, संस्कृति पर, मूल्यों पर। भौतिक द्रव्यों की सुरक्षा भले ही स्त्रियों के वश की नहीं हो, पर संस्कृति के सारे महीन उपादान वे सुरक्षित रखती हैं। आध्यात्मिक, नैतिक और बौद्धिक तेज उनका इतना होता है कि शारीरिक बल की क्षतिपूर्ति कर सके। फिर जिस 'धारण-पोषण' के आधार पर सृष्टि चलती है, वह इसी कोमलप्राण शरीर की अलग तरह की धारिणी शक्ति का प्रतिफल है, जिसका संकेत गुरुनानक देव ने भी वार आसा (सबद 3-6) में किया है, "पंडो ही पंड ऊपजै, पंडै बाज न कोय!"

ऋक्संहिता में स्त्रियों के दम से चलनेवाली गृहस्थी की शोभा का बहुत ही रोचक वर्णन है :

यत्र ग्रावा पृथुवुघ्न ऊर्ध्वो भवति सोतेव।
उलूखलसुतानामवेद्विन्द्र जल्लुलः।
यत्र द्वाविव वधवाघिवण्या कृता।
उलूखलसुतानामवेद्विन्द्र जग्गुलः।
यत्र नार्यपच्यवभुपच्यवं च शिक्षते।
उलूखलसुतानामवेद्विन्द्र जग्गुलः।
यत्र मन्थां विबध्नते रश्मीन्यमितवा इव।
उलूखलसुतानामवेद्विन्द्र जग्गुलः।
थच्चिद्धि त्वं गृहेगृह उलूखलक युज्यसे।
इह द्युमत्तमं वद जयतामिव दुन्दुभिः।

जहाँ स्थूल पत्थर खाद्य पदार्थ-निर्माण हेतु चलता है, जहाँ सिल-बट्टा की गति अबाध रूप में विद्यमान है, जहाँ गृह-नारियाँ अतिथि-सत्कार हेतु मथानी को रस्सी में बाँधकर दही-मंथन करती हैं, जहाँ निरंतर ओखली में बजता हुआ मूसल अपनी विजय दुंदुभी बजाता है, वहाँ देवराज इन्द्र का आगमन होता है।

यहाँ ओखली में बजते हुए मूसल की विजय-दुंदुभी से संकेतित है गृहस्थी का वह साम्राज्य जिस पर स्त्रियों का एकाधिकार माना गया है। इस गृहस्थी के संचालन में पहले तो स्त्रियाँ सिर्फ तन-मन से लगती थीं, अब तन-मन-धन से लगती हैं (आर्थिक स्वावलंबन के दम से) और फिर भी उन्हें यथेष्ट मान नहीं मिलता; दाल में नमक कम-बेशी होने के दोष पर आज तक थालियाँ पटक दी जाती हैं, और इस प्रकार जीवन का वास्तविक नमक छीन लिया जाता है—कुछ इतना कि उसमें कोई स्वाद ही न बचे। स्त्री-आंदोलन की सार्थकता यह है कि 'गृहस्थी' को स्त्री के जीवन का केंद्रीय सत्य यह नहीं मानता, उसकी ज्ञान-दीप्ति एवं विश्व के उद्बोधन की भूमिका पर उसका जोर है जिसके दर्शन वाक (ऋ 10/125) के कतिपय मंत्रों में होते हैं, जिनका भावार्थ उद्धृत कर मैं अपनी बात खत्म करती हूँ। भावार्थ है :

''जीव पुनः-पुनः जन्म-मृत्यु के घात-प्रतिघात से, रोग-शोक के अनुताप की मर्मभेदी पीड़ा से, चंचलता के घोर आवर्तन से गलित दलित छिन्न मर्म होकर, हताशा के साथ उष्ण, दीर्घ निःश्वास का परित्याग कर रहे हैं, परंतु मैंने तुम्हारे लिए अपना विशाल वक्षस्थल अनावृत्त कर दिया है और अनंत भुजाओं का प्रसारण कर तुम्हारे पीछे दौड़ रही हूँ। तुम मेरी संतति हो, मैंने तुम्हें कभी भी अपनी गोद से दूर नहीं किया। यहाँ दुख और संताप कहाँ? जिसे देखकर तुम्हें भीति और आशंका है, वह मेरा ही स्तन्य है; सत्य उद्भासित है, ज्योति से दिग्मंडल उद्भासित है, मधुमय व्योम मातृमुख से मुखरित है और अंतरिक्ष प्रणव-नाद से परिपूरित है, मातृगोद की अमृतमयी संजीवनी-धारा में अवगाहन करो और अभेद की अनुभूति के साथ जीवन के आनंद की उपलब्धि करो।''

यहाँ दूध प्रतीक है Milk of humankindness का और यह दूध उन स्त्रियों के पास भी होता है जो किसी कारणवश माँ नहीं बन सकतीं, और उन पुरुषों के पास भी जो जीवन का मर्म समझते हैं। केवल आत्मज्ञान और बुद्धितत्त्व से यदि काम चल जाता तो भाव और माया की सृष्टि की आवश्यकता ही नहीं होती, 'नैष स्थाणोरपराधो यदेवमन्धो न पश्यति,'' शिव अर्द्धनारीश्वर की स्थिति में प्रतिष्ठित ही नहीं होते।

माई री, मैं कासे कहूँ पीर अपने जिया की!''

स्त्री-संबंधी विमर्श के शास्त्रीय आधार जितने संपुष्ट हैं, उससे कम संपुष्ट उसके लोकतात्त्विक आधार नहीं।

लोक-मनीषा में स्त्री-संबंधी दो द्वित्व विलोम आपस में टकराते हुए दीखते हैं। 'सुखिया' और 'दुखिया'—दो तरह की स्त्रियाँ मानी गयीं हैं जो लोककथाओं में दो बहनें, दो पत्नियाँ, ननद-भाभी, सास-बहू, दो सहेलियाँ बनकर अक्सर प्रकट होती हैं। एक का पति उसे टूटकर प्यार करता है तो दूसरी का बिल्कुल ही प्यार नहीं करता; एक के पास भरपूर सुख-सुविधाएँ हैं तो दूसरी के पास बिल्कुल नहीं। दो मनःस्थितियों/परिस्थितियों में पलती हुई भी वे किसी प्रकार आपसी संवाद कायम रखती हैं। अक्सर ऐसा दिखाया जाता है कि जिसके पास सुख-सुविधाएँ हैं, उसके पास नैतिक तेज उतना नहीं, शायद इस तर्क के आधार पर कि प्रकृति क्षतिपूर्ति के सिद्धांत पर कार्य करती है और यह संभव ही नहीं कि इस धरती पर कोई एक कोना हर तरह से भरा-पूरा हो।

स्त्रियों के बीच सिर्फ़ एक रिश्ता ऐसा माना जाता है जहाँ 'सुखिया-दुखिया' का द्वित्व विलोम काम नहीं करता और वह रिश्ता है माँ-बेटी का! यह एक रिश्ता ऐसा है जहाँ एक सुखी हो, दूसरा दुःखी—यह संभव ही नहीं। एक के सुख में ही दूसरे का सुख है, और उसके दुःख में दूसरे का दुःख। इस रिश्ते में तादात्म्य कुछ इतना घनीभूत रहता है कि कम-से-कम माँ के लिए बेटी के दुख से निरपेक्ष रहकर किसी अपने सुख (जैसे दांपत्य सुख) से जुड़ा जाना बिल्कुल संभव नहीं होता। इसका विलोम संभव होता है यानी कि संतान के सुख से अपने वैयक्तिक दुख का तन्वीकरण संभव हो जाता है, पर उसके दुख के साथ अपने किसी नितांत निजी सुख की प्रायः कल्पना भी नहीं सधती। प्रेम और सहानुभूति की यह चरम घनीभूत स्थिति पति-पत्नी और प्रेमी-प्रेमिका में भी संभव हो सकती है—शिव-पार्वती, नल-दमयंती आदि कुछ मिथकीय चरित्रों में संभव दिखाई भी गई है और उसका सजल साक्ष्य लोकसाहित्य देता है।

बेटी की विदाई के बहुत से गीत ऐसे हैं जिनमें स्त्री-जीवन की पीड़ाएँ अपने ढंग से व्यक्त हुई हैं। सबका सार-संक्षेप प्रस्तुत करता पार्वती की माँ का यह कथन है :

केहि विधि सृजी नारि जग माही
पराधीन सपनेहुँ सुख नाही।

बचपन में पिता की, किशोरावस्था में भाइयों की, युवावस्था में पति की और बुढ़ापे में बेटों की अधीनता—लंबे समय तक भौतिक/आर्थिक/ भावनात्मक परावलंबन स्त्री-जीवन का केंद्रीय सत्य रहा है, किन्हीं अर्थों में अभी भी है। स्त्रियाँ साधनों का विनियोग करती हैं, उनका उत्पादन और साज-सँभाल भी उनके हिस्से होता है, पर उन साधनों के संवितरण (Dispersal) पर उनका कोई नियंत्रण नहीं रहता। मायके से आया स्त्री-धन और स्वयं उपार्जित वेतन भी खर्च होता है पिता-भाई, पति-पुत्रों की आज्ञा से ही। अपने हाथ से उठाकर वह किसी को एक अद्धी भी दे दें तो बहुधा इस पर हंगामे होते हैं। इसी का प्रतिशोध लोकगीतों के हास-परिहास, व्यंग्य-कटाक्ष आदि कई प्रसंगों में हो जाता है जहाँ जोगी भीख माँगने आता है तो बहू ससुर को दे आती है, कूड़ा फेंकने जाती है तो देवर

को फेंक आती है।

शादी-ब्याह के अवसर पर मज़ाक़-मज़ाक़ में जो गालियाँ वधू-पक्ष की ओर से वर-पक्ष के लिए गायी जाती हैं, वह भी शायद दो परिवारों के बीच संबंध-विस्तार के क्रम में हुई गलतफहमियों/मनमुटावों से निजात पाने का, खुदरा खुंदकों की भड़ाँस निकालने का एक उपाय ही है—बोलकर बात खत्म कर लेने के विवेक से परिचालित एक तरह का रेचन।

दो सौतिनों (सपत्नियों) के बीच पलनेवाले खट्टे-मीठे रिश्तों का भी खास मार्मिक साक्ष्य कुछ लोकगीत प्रस्तुत करते हैं। उनमें से दो-तीन उदाहरण पर्याप्त होंगे। मैंने वही उदाहरण चुने हैं जिनमें उपेक्षिता पत्नी/प्रेमिका की व्यथा मूर्त होती है और उसका मान भी, जो एक तरह से उसकी अस्मिता का जयघोष भी है :

झरोखे से झाँक रही,
मेरो जिया जाने।
राजाजी लाए, लाए सौतिनिया—
मैं दुल्हन-सी लाग रही, मेरो जिया जाने!

यहाँ गानेवाली का 'जिया' तो जो जानता है सो जानता ही है कि उसे कैसा लग रहा है, सुननेवालियों का 'जिया' भी यह जानकर कम विचलित नहीं होता कि उसे उसके 'राजाजी' ने छोड़ा भी है तो इसलिए कि वह माँ नहीं बन सकती :

सौतन ने जायो, जायो एक ललना—
मैं जच्चा-सी लाग रही, मेरो जिया जाने!

बच्चा सौतन के घर हो रहा है, जच्चा-सी लग रही है उपेक्षिता। क्या यह तादात्म्य है? अथवा इच्छा-पूर्ति? शायद दोनों। वह खुश है, वह संतप्त है। वह इतनी खुश और इतनी संतप्त है कि दोनों के बीच का फर्क ही मिट गया है। और उसकी स्थिति वह हो गयी है जो सिर्फ 'द्रष्टा' की हो जाती है—तभी तो झरोखे का प्रसंग आता है। यह एक तरह का रामझरोखा है जहाँ बैठकर 'जग का मुजरा' ही लिया जा सकता है, और कुछ नहीं किया जा सकता।

दूसरे लोकगीत में उपेक्षिता अपने पति को जो चिट्ठी लिखती है, वह पूरी-की-पूरी सामने रख देने लायक है :

पिरिए परानाथ,
सादर परनाम!
इहाँ त सब-कुछ कुसले-कुसल छै।
अहें के हाल ला अत्मा बिकल छै।
यादो नै हैत पिया हमरी सुरतिया।
बिसरल नै हैब मुदा ससुरक नाम!

यानी मेरी सूरत तो आपको अब तक भूल गयी होगी, पर ससुर का यानी मेरे पिता

का नाम शायद नहीं भूला हो, क्योंकि वे तो आपकी ही तरह एक पुरुष हैं; उनकी अपनी एक सामाजिक हैसियत है, जिसे किसी स्त्री की सूरत की तरह आसानी से भुलाया नहीं जा सकता। कहने का अर्थ शायद यह कि मेरी सूरत में इतनी कांति कहाँ जो आपको खींच लाए, पर पिता के नाम में शायद इतनी ताकत बची है अभी।

आगे वह कहती है कि मायके में दिन-भर खाली बैठी रहती हूँ तो मेरी भाभी ने तरस खाकर मुझे कोर्ट-पीस (ताश) का खेल सिखा दिया। कम-से-कम वही खेल खेलने आ जाइए! फिर ताश के खेल से ही रूपक लेकर वह कहती है :

अहाँ छी बादशाह, हम छी गुलाम

तीसरे छंद में छोटी बहन के पति के घर आने का वर्णन है। तंज़ यह कि छोटी बहन का पति आकर उसे ले गया, मुझे लेने आप अब तक नहीं आए। पति के मधुर भाव जगाने का एक छोटा यत्न उस कथन में भी द्रष्टव्य है जहाँ वह कहती है कि छोटी बहन के पति से मिलने जैसे ही मैं देहरी में गयी, उन्होंने अपने साढ़ू (यानी आपका) नाम मुझसे पूछ लिया और मैं बैठ भी नहीं पायी थी कि पलटकर भागी। किस मुँह से लेती मैं आपका नाम! आपका-मेरा संबंध ही कुछ ऐसा है...आदि।

तीसरा जो लोकगीत मैं उद्धृत कर रही हूँ, वह औरत की अस्मिता के साथ-साथ उसकी यौन इयत्ता का भी जयघोष है :

मैं चंदा-जैसी नार, राजा, क्यों लाए सौतिनिया।
जो मैं होती काली-कलूटी तो लाते सौतिनिया—
मेरे गोरे-गोरे गाल, राजा...

आगे इसी क्रम में वह कहती है कि मैं लँगड़ी-लूली होती और तुम सौतन लाते तो फिर भी एक बात थी, मेरी चाल तो हिरणी जैसी है; मैं 'गंजिन-गुंजिन' भी नहीं, मेरे बाल लंबे-लंबे हैं...आगे वह कहती है कि मैं 'बाँझिन-बूझिन' भी नहीं, मेरे 'लाल' तो इस गाँव के हर घर में खेलते हैं—इतनी मैं उर्वर हूँ, इतनी सक्षम कि घर-घर मेरे चाहनेवाले हैं, तुम क्या खाकर मुझसे टक्कर लोगे—यौन-इयत्ता भी मेरी तुमसे सघनतर ही है।

हँसते-हँसते जान निकाल लेने की ग्राम-वधुओं की यह कला सूरदास के ऊधव-शतक में लहकर सामने आयी है। लड़ाई का घरेलू अस्त्र ही है ग्राम्य परिहास की यह परंपरा, जिसका साक्ष्य लोक-साहित्य देता है। कोमलता, धैर्य और सहिष्णुता कभी-कभी स्त्री के ऐसे अस्त्र बन जाते हैं जिनसे बड़े-से-बड़े परास्त हो जाएँ! कैसे? इसकी आहट महादेवी वर्मा में सुनाई पड़ती है :

''पुरुष चाहे उसे युद्ध में जीतकर लाया, चाहे अपहरण करके, चाहे उसकी इच्छा से उसे प्राप्त कर सका, चाहे अनिच्छा से; परंतु उसने प्रत्येक दशा में नारी को अपनी भावुकता का अर्घ्य देकर पूजा। नारी भी नारियल के कड़े छिलके के भीतर छिपे जल के समान पुरुष की बाह्य कठोरता के भीतर छिपी स्निग्ध प्रवृत्ति का पता पा गयी थी। अतः

उसने सारी शक्ति केवल उसकी कोमल भावना जगाने में लगा दी। उसने न अपनी भुजाओं में शक्ति भरने और उस शक्ति के प्रदर्शन से पुरुष को चमत्कृत करने का प्रयत्न किया और न अपनी विद्याबुद्धि से पुरुष को पराजित करने का विचार किया। वह जानती थी कि इन गुणों के प्रदर्शन से पुरुष में प्रतिद्वंद्विता की भावना जागेगी, परंतु वह पराजित होकर भी वशीभूत न हो सकेगा, क्योंकि प्रतिद्वंद्वियों की हार-जीत में किसी प्रकार का आत्म-समर्पण संभव नहीं।''

यही नैसर्गिक प्रज्ञा भारत की ग्राम-वधुओं में लोकगीतों-लोककथाओं के आश्रय से लगातार व्यक्त हुई है जहाँ कोमल हास-परिहास का भी वे एक रणनीति के तहत उपयोग करती रही हैं, आज से नहीं बल्कि आदिकाल से। यह बात अलग है कि उनकी वाचिक परंपरा को कोई अपना संकलनकर्त्ता, कोई अपना व्यास नहीं मिला। जो कुछ सुरक्षित रह सका, वह केवल धर्म के आश्रय से; धर्मनिरपेक्ष सारी चीज़ें संतरणशील रहीं।

लगभग भक्ति-आंदोलन के ही काल में लौकिक संस्कृत में अनेक कवयित्रियों की स्फुट रचनाएँ उपलब्ध होती हैं, जिनमें प्रमुख हैं—विकटनितंबा, शीलाभद्रारिका, सुभद्रा, प्रभुदेवी, बिज्जा, मरुला, पदमावती, गौरी, अवंति सुंदरी, फाल्गुहस्तिनी, मोरिका आदि। बारहवीं शताब्दी से ही लोकजिह्वा पर चढ़ा यह गीत भी एक लोककवयित्री की ही रचना है जिसमें बेटी अपने 'लखिया बाबुल' से शिकायत करती है कि भाई को तो महले-दुमहले मिले और उसके हिस्से में आया परदेश :

काहे को ब्याहे बिदेस से लखिया बाबुल मेरे,
भैया को दीन्हें बाबुल महला-दुमहला
हमका दिए परदेस
रे लखिया बाबुल मेरे।

लोकगीतों के आदिशोधकर्त्ता श्री रामनरेश त्रिपाठी ने गहरा अध्ययन करके यह निष्कर्ष निकाला है कि स्त्रियों के गीतों में पुरुषों का मिलाया हुआ एक शब्द भी नहीं है। स्त्री-गीतों की सारी कीर्ति स्त्रियों के ही हिस्से की है। यह संभव हो सकता है कि एक-एक गीत की रचना में बीसों वर्ष और सैकड़ों मस्तिष्क लगे हों, पर मस्तिष्क थे स्त्रियों के ही, यह निर्विवाद है।

'धिन उमादे साँखली' नाम से राजस्थान में गाया जानेवाला एक गीत तो और पहले का है—चारणकाल का। महत्त्वपूर्ण बात यह है कि चारणियों ने वीर-काव्य प्रायः नहीं लिखे, पर हास-परिहास और व्यंग्य उनके स्फुट दोहों में अवश्य मिलते हैं। चारण अचल दास की सातवीं पत्नी थीं झीमा चारणी। अचल दास को अपनी दूसरी पत्नी लीला प्रिय थी। तीसरी पत्नी उमादे को संबोधित कर झीमा इस गीत में कहती हैं :

धिन उमादे साँखली ते पिय लियो भुलाय
सात बरसरो वाँछड्यो, तो किम रैन विदाय।

पगे बजाऊँ घूँघरू, हाथ बजाऊँ तूँब,
उमा आँचल मुलावियो, ज्यूँ साँवल की तूँब।

लोकगीत का ही आसन पा चुके पृथ्वीराज राठौड़ की पत्नी चंपादे के भी कई गीत हैं। पति-पत्नी के बीच काव्य-विनोद की कई कथाएँ उनके नाम से प्रचलित हैं। कहते हैं, एक बार पृथ्वीराज राठौड़ ने दर्पण देख अपना श्वेत केश उखाड़ फेंका। चंपादे की मुस्कान दर्पण में झलक गयी। पृथ्वीराज ने कहा :

पीथल धोला अविया बहुली लागी खोड़,
कामण मत्त गयंद ज्यूँ ऊभी मुक्ख मरोड़।

उत्तर में चंपादे हँसती हुई बोली :

हल तो धूना धोरिया पंथज गग्धां पीर,
तराँ, तुराँ अरउ बनफल पक्का पक्का साँव।

स्त्री-मनोविज्ञान की यथेष्ट समझ के लिए जाँत-गीतों का अध्ययन भी आवश्यक दीखता है। सुमन राजे इन पर टिप्पणी करती हुई खूबसूरती से कहती है : ''यह लोकगीतों का एक एकांत कोना है जहाँ स्त्रियाँ एक पहर रात रहे उठकर चक्की चलाती हुई अपनी व्यथा-कथा कहती हैं।'' एक गीत में बहू का भाई मिलने आता है। बहू बड़े चाव से पूछती है कि वह क्या भोजन बनाए तो सास कहती है कि 'कोदो' और 'मसउढ़ा' बना दो। 'कोदो' एक प्रकार का निकृष्ट चावल है और 'मसउढ़ा' एक प्रकार की घास। इस पर बहन दुखी होकर भाई से कहती है :

कै मन कूटौ भैया कै मन पीसो रे ना।
भैया कै मन सिझवंउ रसोइया रे ना।
सास खाँची भरि बसना भजारै रे ना।

इतना काम करने के बाद भी बहन की स्थिति है :

पीठ देखो भैया तो पीठ देखो—
जैसे धोबी का पाट रे।
कपड़ा देखो भैया कपड़ा देखो—
जैसे समनवाँ के बदरी रे।

माँ से कहा नहीं जा सकता, पिता से कहा नहीं जा सकता—वे वृद्ध हैं, अशक्त हैं, इतना दुख कैसे सहेंगे, इसलिए भाई से ही कहती है, ''हे भाई, मेरे दुख अपनी गठरी में बाँध लो; जहाँ उसे खोलना, वहाँ रोना।''

इ दुख बाँधो भैया अपनी गठरिया
जहवाँ खोलऊ तहवाँ रोवऊ रे।

परदेश में काम करनेवाले पतियों की पत्नियों को सत्परीक्षा के जिस त्रास से सीता की तरह गुजरना पड़ता था, उसके भी कुछ मार्मिक प्रसंग लोकगीतों में हैं। यहाँ एक का

सारांश दे देना पर्याप्त होगा, ''आग जल उठी/ तेल खौलने लगा/बहन पास खड़ी होकर शपथ देने लगी—जब वह गंगा की शपथ देने लगी/घड़े का गंगाजल सूख गया/जब वह सूर्य की शपथ देने लगी/तो सूर्य छिप गया/जब वह आग की शपथ देने लगी तो खौलता तेल ठंडा हो गया/लांछित स्त्री ने एक बार हाथ डाला, दूसरी बार डाला, तीसरी बार में वह पार हो गयी/हाथ में रुमाल लेकर भाई हँसने लगा/मुँह पर दुपट्टा डालकर पति रोने लगा कि हाय मेरी सती स्त्री रूठकर मान में अब नैहर चली जाएगी।''

जिस स्त्री-तत्त्व की मान-रक्षा के लिए पूरी प्रकृति सहयोगिनी हो चली है, खुद उसका तेज कितना प्रखर है, यह तो ओखली में चावल कूटते-कूटते गाये जाने वाले इस छोटे से लोकगीत से भी स्पष्ट है :

कूटो, कूटो, धान कूटो—
साहब गोरा आए
तो उसे भी कूट दो।

स्त्री-विमर्श : इतिहास में अपनी जगह

प्रभा खेतान

समकालीन स्त्री चिंतन का विषय है—स्त्री, उसका जीवन और उस जीवन की समस्याएँ। नारीवाद का सही उद्देश्य दलन के अनुभवों की अभिव्यक्ति ही है। यह भी स्त्री को सोचना है कि आनेवाली शताब्दी में स्त्री अपने लिए कौन से नये पृष्ठ खोलेगी, किन सिद्धांतों को अपनायेगी, कौन सा नया चैनल, स्त्री मुक्ति के संघर्ष की विचारधारा को विकसित करेगा तथा उसे किस भाषा में अभिव्यक्त किया जाना चाहिए। यों तो स्त्री पर प्रत्येक दार्शनिक विचारधारा का प्रभाव पड़ा है, वैचारिक परंपरा से उसने बहुत कुछ सीखा भी है, लेकिन ये सारे विचार पुरुष केंद्रित एवं अमानवीय हैं, जिन्होंने बड़ी गहराई से स्त्री मानस का अनुकूलन किया है।

नारीवाद पारंपरिक ज्ञान और दर्शन को चुनौती देता है। ऐतिहासिक रूप से हम पुरुष प्रधान समाज में रहते आये हैं, जहाँ स्त्री ज्ञाता नहीं बल्कि ज्ञान की विषय-वस्तु है। हम जिसे यथार्थपरक ज्ञान या वस्तुपरक ज्ञान कहते हैं वास्तव में वह पुरुषों द्वारा निर्मित एवं उत्पादित ज्ञान है। इसी ज्ञान को पुरुष सत्ता ने समाज के केंद्र में अधिष्ठित किया। इसके विपरीत नारीवादी सिद्धांत स्त्री-केंद्रित ज्ञान की चर्चा करता है।

ज्यों-ज्यों नारीवाद का विकास होता गया इसकी शाखा-प्रशाखाएँ विभिन्न दिशाओं में फूटती गईं। वक़्त के साथ इन नारीवादिनों के दृष्टिकोण में भी काफी परिवर्तन आया और यही कारण है कि बहुतेरी स्त्री विचारकों के प्रारंभिक लेखन में एक प्रकार की अस्पष्टता और विरोधाभास है। सरल स्पष्ट शब्दों में, इन नारीवादी विचारों का लेखा-जोखा देना एक बड़ा कठिन अध्यवसाय है क्योंकि निरंतर घटनेवाली सामाजिक घटनाएँ, विभिन्न ख़ेमों से निकलनेवाली चुनौतियाँ, विचारधारा को स्थिर नहीं रहने देतीं।

पारंपरिक दर्शन की स्त्री-विरोधी प्रवृत्ति पर प्रकाश डालते हुए, नारीवादी चिंतकों ने यही कहा कि पारंपरिक दर्शन ने न केवल स्त्री के बौद्धिक प्रयास का अवमूल्यन किया बल्कि स्त्री के निजी मूल्यबोध को भी तुच्छ किया है। दार्शनिक चिंतन के जगत् में स्त्री भी अपना स्थान बना सकती थीं किंतु पारंपरिक दर्शन, पुरुष केंद्रित सोच तक ही सीमित रहा। पश्चिमी दर्शन की अधिकतर अवधारणाओं एवं सिद्धांतों का आधार जैसा कि एलिसन

जैगर कहती हैं, "दुनिया को तौलने का पुरुषोचित नजरिया रहा है। हालाँकि कुछेक दार्शनिक जैसे प्लेटो, जॉन स्टुअर्ट मिल एवं मार्क्स ने स्त्री-पुरुष को समकक्ष रखने की चेष्टा भी की। किंतु इनमें से अधिकतर दार्शनिकों—अरस्तू, कान्ट, हीगेल और नीत्शे को स्त्री जाति की बौद्धिक और तार्किक क्षमता पर गहरा संदेह था।" महान् दार्शनिक देकार्ते ने जब कहा कि 'मैं सोच सकता हूँ अतः मैं हूँ' तो सोच से उनका आशय पुरुष की सोच से था। देकार्ते के अनुसार स्त्री की तर्क क्षमता पुरुषों की तरह विकसित नहीं। जाने-अनजाने इन दार्शनिकों ने जगत् को दो हिस्सों में बाँट दिया तथा जीवन में जो कुछ भी वैयक्तिक और निजी था उसे स्त्री से जोड़ दिया। पितृसत्ता ने परिवार के इस निजी क्षेत्र की रक्षा जरूर करनी चाही, सुरक्षित रखा भी, मगर बस इतना भर ही। इससे ज़्यादा इन मुद्दों को दार्शनिकों ने विचार-विनिमय के काबिल ही नहीं समझा।

स्त्री तत्त्व अर्थात् ठोस, वैयक्तिक एवं विशिष्ट के विरुद्ध अमूर्त, सार्विक तथा शाश्वत का महिमा मंडन किया गया। स्त्री के पास संवेग था तो पुरुष के पास तर्क एवं बुद्धि थी।

इस मूल विरोध को छोड़कर यदि हम दर्शन को पुनः समझने की चेष्टा करें तो पायेंगे कि हम स्त्रियों का चिंतन भी इन विभिन्न दार्शनिक स्कूलों में उपलब्ध ट्रेनिंग से ही संवर्धित हुआ है। स्त्री-विचारकों ने स्त्री-संबंधित न केवल नये सिद्धांत को प्रतिपादित किया बल्कि स्त्री-जीवन के अन्य विभिन्न प्रसंगों पर ज्ञान, कर्म और यथार्थ का लेखा-जोखा भी प्रस्तुत किया, जिससे कम से कम यह तो स्पष्ट हुआ कि स्त्रियों का समूह एक मिश्रित समूह है। नारीवादिनों की प्रतिबद्धता इन दार्शनिक विचारों के प्रति नहीं है। वे स्त्री-मुक्ति के प्रसंग में इन विचारों का उपयोगभर करना चाहती हैं। उनके अनुसार नारीवाद पर इन विभिन्न विचारधाराओं का प्रभाव तो जरूर पड़ा है, मगर पुरुषों के ये विचार नारीवाद की परिभाषा नहीं बन सकते। कुछ अन्य नारीवादिनों ने इन विभिन्न नारीवादी विचारधाराओं को अलग-अलग नाम देने की कोशिश भी की। मसलन उदार नारीवाद, मार्क्सवादी नारीवाद, मनोविश्लेषक नारीवाद, अराजक नारीवाद एवं सामाजिक नारीवाद आदि।

इनमें उदारवादी नारीवाद का अपना एक लंबा इतिहास रहा है। अठारहवीं और उन्नीसवीं शताब्दी के विचारक मेरी उलनस्टोक्राफ्ट (1759-1873), हैरियट टेलर (1807-1858), जॉन स्टुअर्ट मिल (1806-1873) जैसे सभी नारीवादियों ने दार्शनिक जॉन लॉक और रूसो की सामाजिक अनुबंध की आलोचना करते हुए कहा कि, ये दार्शनिक अपने लेखन की वैयक्तिक स्वतंत्रता और सामाजिक परिवर्तन की चर्चा तो करते हैं किंतु इनकी उदारवादी राजनीति स्त्री-पुरुषों को समान अधिकार दिलाने में असमर्थ रही हैं। उदारवादियों ने ऐसी सामाजिक संरचना करनी चाही थी, जिसमें प्रत्येक व्यक्ति का महत्त्व हो, उन्हें समान सुविधा मिले। इस महत उद्देश्य को ध्यान में रखते हुए इन दार्शनिकों ने पितृसत्तात्मक राज्य संरचना का विरोध तो किया, किंतु पारिवारिक संरचना का विरोध नहीं किया। अमेरिका में समान अधिकार संशोधन बिल तो जरूर पास हुआ, किंतु परिवार में अब भी पति

सर्वेसर्वा था और पत्नी को पति के अधीन रहना था। जाईला आइजेनेस्टाइन के अनुसार, ''व्यक्ति स्वतंत्रता के प्रसंग में उदारवादी विचारधारा केवल बाह्य दुनिया में लागू होती है परिवार में अब भी पितृसत्ता की दलनकारी नीतियाँ बरकरार हैं। अतः हमें पारिवारिक संस्था के रूप में बची हुई पितृसत्ता को खत्म करना होगा।''

उदार नारीवाद का आंदोलन 1960 में शुरू हुआ था। इनमें प्रमुख हैं—बेला अबलेक्स, बेट्टी फ्रीडाँ, एलिजाबेथ हाउसमैन आदि। इनके अनुसार स्त्री जीवन के प्रत्येक क्षेत्र में पुरुषों की बराबरी कर सकती है, बशर्ते समाज उसे पुरुषों के बराबर सुविधाएँ प्रदान करे। किंतु समाज ऐसा करता नहीं, श्रम के क्षेत्र में भी स्त्री-पुरुष के बीच भेद-भाव की नीति बनी हुई है। साथ ही इनके उदारवादी आंदोलन का सबसे बड़ा मुद्दा था—गर्भपात का, जो कि अपने-आप में एक बड़ी क्रांतिकारी माँग थी। उन्होंने कहा कि समाज में पितृसत्तात्मक संरचना को बदला जाना चाहिए। स्त्री को मानवीय गरिमा मिलनी चाहिए, किंतु जाईला आइजेनेस्टाइन ने अधिकार एवं सुविधा की इस उदारवादी माँग की आलोचना करते हुए पूछा कि अधिकार का विश्लेषण वास्तव में विभाजनकारी है, क्योंकि व्यक्ति के दो पक्ष हैं। एक उसकी निजी स्वतंत्रता और दूसरा अन्य के साथ उसका संबंध। एक को सुविधा और अधिकार मिलने से दूसरा वंचित होगा। अतः दूसरे के प्रति हमारी जिम्मेवारी है। दूसरे के लिए हमें अपनी व्यक्तिगत स्वतंत्रता को सीमित करना होगा।

किंतु क्या व्यक्ति अपने स्वार्थ और स्वायत्तता को सीमित करना चाहेगा। विशेषकर अन्य के संदर्भ में? कम से कम अब तक तो पुरुषों ने स्त्री के प्रसंग में ऐसा नहीं किया है। दूसरे समाज में अधिकतर स्त्रियाँ न केवल पुरुष की तुलना में बल्कि स्त्री की तुलना में भी समान नहीं हैं। अमेरिका में सबसे बड़ा मुद्दा श्वेत और अश्वेत स्त्री का उठा। सत्ता के कुछ अधिकार तो मिले, किंतु वे सारे अधिकार श्वेत स्त्री तक ही सीमित रहे। सामाजिक एवं आर्थिक रूप से उदार नारीवाद केवल मध्यमवर्गीय श्वेत स्त्री के अधिकार एवं कर्तव्य का लेखा-जोखा बनकर रह गया।

यह वही वर्ष था, जब पश्चिमी दुनिया में वामपंथी विचारधारा अत्यंत सक्रिय थी तथा दो-दो महायुद्धों के बाद क्रमशः समृद्ध होता हुआ यूरोप एवं अमेरिका आमूल सामाजिक परिवर्तन की संभावना देख रहा था। सिमोन द बुवा की *सेकेंड सेक्स* प्रकाशित हो चुकी थी। अमेरिका में 1970 में केट मिलेट की *सेक्सुअल पॉलिटिक्स* और सुलामिथ फायरस्टोन की *डॉयलेक्टिक ऑफ सेक्स* प्रकाशित हुई। ये पुस्तकें उदारपंथी सुधारवादियों से बिल्कुल अलग हटकर थीं। साथ ही इन नारीवादिनों पर मार्क्सवाद का प्रभाव ज़्यादा था। तभी जूलियेट मिशेल की मार्क्सवादी विचारधारा पर आधारित पुस्तक *वूमैन स्टेट* प्रकाशित हुई। इनका कहना था कि स्त्री मुक्ति संबंधी सारे सिद्धांतों का स्रोत स्त्री का निजी जीवन है। इनका प्रमुख नारा था—दि पर्सनल इज पॉलिटिकल। इन विचारकों ने स्त्री को अपनी खामोशी तोड़ने को कहा तथा सामाजिक मंचों पर, दलन पर विचार-विमर्श के लिए

नियंत्रित किया। शीला रोबॉथम की *हिडेन फ्राम हिस्ट्री* (1973), एलेन सोवोलटा की *ए लिट्रेचर ऑफ देयर ओन* प्रकाशित हुईं। ऐलेन सोवोलटा के अनुसार, स्त्री दलन का मुख्य कारण निजी संपत्ति की अवधारणा है। यह अवधारणा एक ऐसी व्यवस्था की जनक है, जो सिर्फ कुछ व्यक्तियों के हाथों में संपत्ति और सत्ता दोनों दे देती है। अतः स्त्री-दलन का कारण पितृसत्ता नहीं बल्कि पूँजीवाद है। यदि हम स्त्री की मुक्ति चाहते हैं तो पूँजीवाद के स्थान पर हमें मार्क्सवाद से प्रेरणा लेनी चाहिए ताकि अर्थ का समान वितरण हो। आर्थिक रूप से स्वावलंबी स्त्री ही पुरुष की बराबरी कर सकती है।

1970 से 80 तक अधिकतर नारीवादी सिद्धांतों की प्रमुख समस्या थी कि स्त्री को अधीनता से मुक्ति मिले और इसके लिए बहुतेरी नारीवादिनों ने मार्क्स को एक मसीहा के रूप में पाया। यह वही दौर था जब अतिवादी वामपंथी सक्रिय थे। पढ़ी-लिखी स्त्रियाँ जिनमें से अधिकतर स्कूल-कॉलेजों में टीचर और प्रोफेसर थीं, बौद्धिक जगत् से संबंधित थीं तथा उन्हें मार्क्सवाद से पूरी सहानुभूति थी। उनके अनुसार मार्क्सवाद सामाजिक संरचना में निहित दलन का विश्लेषण बड़े व्यवस्थित तरीके से करता है। स्त्री की अधीनता का कारण उसकी सामाजिक स्थिति है। किंतु नारीवाद मार्क्सवाद का पर्याय नहीं बना और न ही उसने मार्क्सवाद की एक शाखा के रूप में स्थापित होना चाहा। स्त्री श्रम द्वारा उत्पादन की दो प्रणालियाँ हैं। एक बाह्य जगत् में उत्पादन की तथा दूसरे गृहस्थी में जहाँ वह दिन-रात बिना किसी मूल्य के श्रम करती है, संतान का भरण-पोषण तथा परिवार के सदस्यों की देख-रेख एवं अन्य प्रकार का सेवा कार्य करती है। किंतु स्त्री श्रम के इस पक्ष का समाज आर्थिक मूल्याँकन नहीं करता, परिणामस्वरूप स्त्री श्रम का शोषण होता है। दूसरे स्त्री को केवल आर्थिक संघर्ष ही नहीं झेलना पड़ता। स्त्री-पुरुष का यौन संघर्ष और इससे जनित स्त्री के प्रति यौन हिंसा एवं उत्पीड़न, अब तक एक सही सामाजिक आंदोलन का रूप नहीं ले पाया। संतानोत्पादन की क्रिया को मार्क्स एक मूक पशुवत् और औचक क्रिया मानते हैं। स्त्री को यह धारणा स्वीकार नहीं। दूसरी ओर पुरुषों ने मातृत्व को एक विशिष्ट गुण के रूप में सर्वोच्च शिखर पर आसीन तो कर दिया, परंतु कालांतर में यह महज एक औपचारिक महिमामंडन ही बनकर रह गया। माँ के रूप में भी स्त्री श्रम का दोहन आज भी होता है। अतः स्त्री न केवल भावनात्मक रूप से बल्कि सामाजिक एवं आर्थिक रूप से भी ठगी जाती है। मार्क्सवादी नारीवाद श्रम के इस शोषण पर प्रकाश डालता है।

पुरुष सत्ता द्वारा आर्थिक उत्पादन की ज़्यादा विशद आलोचना हम एंगेल्स के लेखन में पाते हैं, किंतु प्रजनन श्रम की द्विअर्थी व्याख्या से एँगेल्स का लेखन भी मुक्त नहीं। परिवार में पुनरुत्पादन के श्रम में लगी हुई स्त्री पुरुष सत्ता का कभी विरोध नहीं करती। स्त्री, पितृसत्ता द्वारा प्रतिपादित विवाह संस्था को इसलिए सहर्ष स्वीकारती है कि सुरक्षित रहे, भिन्न-भिन्न पुरुषों के संसर्ग से बची रहे। इसके लिए वह पुरुष की इस शर्त को भी स्वीकारती है कि जन्म देने के अलावा वह पुरुष की बीज रक्षा के रूप में संतान का

पालन-पोषण अपने भरण-पोषण के लिए करती रहेगी, ताकि संतति को पुरुष की विरासत मिले।

मानवीय जरूरत और कामना के संदर्भ में यह एक संकुचित और संकीर्ण परिभाषा है। एँगेल्स और मार्क्स दोनों ही स्त्री कामना के संबंध में एक विक्टोरियन मानसिकता के शिकार हैं। उनके अनुसार स्त्री के जीवन में कामना महज एक बेस्वाद जरूरत है। स्त्री शारीरिक रूप से असुरक्षित है। वह स्वयं कामना की वस्तु है। मार्क्स, मॉर्गन के लेखन से प्रभावित थे और उनके अनुसार मातृसत्तात्मक समाज से पितृसत्तात्मक समाज का रूपांतरण इतिहास की एक स्वाभाविक घटना है। जबकि नृतत्त्वशास्त्र के अनुसार प्राचीन मातृसत्तात्मक समाज का पितृसत्ता में रूपांतरण वास्तव में मानव इतिहास की एक खूनी दुर्घटना थी, स्त्री जाति और पुरुष जाति के बीच सत्ता के वर्चस्व का कठिन संघर्ष था।

मार्क्स वास्तव में पुरुष वर्चस्व की विचारधारा के पारंपरिक बोधि वृक्ष हैं, प्रकृति के वास्तविक स्वरूप के प्रश्न पर अपने दार्शनिक पूर्वजों की भाँति मार्क्स भी दो-चित्तेपन का शिकार हैं। उन्होंने प्रजनन की द्वंद्वात्मकता का विश्लेषण ही नहीं किया और अपनी ज़िद में जैविक नैरंतर्य को ही मानवीय नैरंतर्य की संज्ञा देते रहे। मनुष्य की जन्मदात्री कौन है या फिर उसका सामाजिक एवं आर्थिक आधार कैसा होना चाहिए—जैसे प्रश्नों को रुग्ण या अमूर्त कहकर ख़ारिज कर दिया और मार्क्स के अनुसार किसी अर्थहीन अमूर्तन की जरूरत है ही नहीं।

किंतु यदि मनुष्य जाति के वास्तविक नैरंतर्य का आधार स्त्री की प्रजनन प्रक्रिया को मानें एवं इसे स्त्री श्रम का क्षेत्र कहें तो क्या बहुत गलत होगा? मान लिया कि बाहरी स्तर पर उत्पादन की प्रक्रिया में पुरुष की भागीदारी भी है, किंतु क्या स्वयं ये पुरुष केवल बाहरी स्तर पर ही निर्मित हुए हैं? क्या अपने जन्म की घटना से ये तमाम दार्शनिक पुरुष अपरिचित हैं? इनके पास इनके अपने जन्म की कोई जानकारी नहीं? बड़ी सहजता से मार्क्स भी ऐतिहासिक काल और जैविक काल की गतिशील द्वंद्वात्मकता को एकरूप, एक साँचे में ढाल देते हैं।

स्त्री के इस विशिष्ट पारिवारिक योगदान को यों पहचान रहित छोड़ देना तथा परिवार को केवल पुरुष कर्ता द्वारा निर्धारित एकल सामाजिक संबंध के रूप में स्थापित करना स्त्री के साथ अन्याय है। बाद में ग्रामशी जैसे मार्क्सवादियों ने तथा डोना हार्वे जैसी नारीवादिनों ने पारिवारिक संबंधों के निरंतर संघर्ष पर काफी प्रकाश डाला और इसे जन क्रांति का एक प्रभावी तथा निर्णायक तत्त्व माना।

हालाँकि इन मार्क्सवादी नारीवादियों ने जिसमें डोना हार्वे, शीला रोबॉथम, जूलियट मिशेल प्रमुख हैं, मार्क्स के विचारों की पुनर्व्याख्या करने की कोशिश की। पूँजीवाद और पुरुष वर्चस्व के आपसी संबंध पर अंतहीन बहसें भी होती रहीं, किंतु अंततः स्त्री-मुक्ति आंदोलन वर्ग संघर्ष से अलग हट गया। यहाँ दो धाराएँ उत्पन्न हुईं—पहली धारा का संबंध पारंपरिक मार्क्सवाद से था, जहाँ मार्क्सवादी अवधारणात्मक संरचना के भीतर ही

स्त्रियों को मुक्ति की अवधारणा का विश्लेषण करना था। दूसरी धारा में वे स्त्रियाँ थीं जो केवल सर्वहारा से अलग हटकर, स्त्री की समस्या को विश्व मंच पर रखना चाह रही थीं। 1968 की छात्र सभा में जर्मन मार्क्सवादी स्त्री कार्यकर्ता हेल्के सेंडर ने कहा—''स्त्री को पहचान तभी मिलेगी जब वह मंच पर अपने निजी जीवन की समस्याओं को अभिव्यक्त करे और इसी आधार पर राजनैतिक रूप से एकबद्ध होकर संघर्ष करे।'' दोनों धाराओं में विवाद का केंद्रीय मुद्दा था पितृसत्ता।

स्त्री दलन के संदर्भ में इन्हीं दिनों सुलामिथ फायरस्टोन ने यह कहा कि स्त्री वास्तव में जन्म से स्त्रीकरण का शिकार है। स्त्री होने के लिए उसे पुरुष सत्ता का वर्चस्व स्वीकारना पड़ता है। वह सत्ता द्वारा निर्धारित होने को बाध्य है और इसी को लिंगीकरण अर्थात् जेंडराइजेशन की प्रक्रिया कहते हैं। स्त्री की योनि और उसके स्त्रीकरण में फर्क करते हुए अपनी पुस्तक *द डॉयलेक्टिक आफ सेक्स* में सुलामिथ कहती हैं कि, केवल आर्थिक या राजनैतिक संस्थाओं में सुधार लाने से ही स्त्री को दलन से मुक्ति नहीं मिलेगी। आवश्यकता है कि स्त्रीकरण की इस यौनवादी व्यवस्था को रूपांतरित किया जाये। स्त्री को आमूल रूप से स्वयं को भी बदलना होगा। इसे ही उग्र नारीवाद की संज्ञा दी गई। उग्र नारीवादिनों ने बहुतेरे सामाजिक मुद्दों विशेषकर चिकित्साशास्त्र, धर्म, प्रजनन, जातिवाद, पर्यावरण और राजनैतिक सिद्धांतों पर काफी कुछ लिखा है, उनका सबसे महत्त्वपूर्ण विमर्श है—पुरुष सत्ता द्वारा स्त्री कामना का निर्धारण। पहली बार नारीवादिनों ने यह स्पष्ट किया कि अपने यौन जीवन में स्त्री को किस-किस प्रकार के उत्पीड़न एवं हिंसा का शिकार होना होता है। बलात्कार, अश्लील साहित्य, अनैच्छिक मातृत्व तथा जन्म निरोध एवं बाध्यकारी इतरलिंगी कामुकता जैसे मुद्दों को उठाने से यह स्पष्ट हुआ कि यौन जीवन के प्रसंग में स्त्री को पुरुष की इच्छा के अधीन रहना पड़ता है। तथा इन्हीं संस्थाओं के माध्यम से पुरुष ने अपना वर्चस्व स्थापित किया हुआ है। कैथरीन मेक्नीन जैसी महत्त्वपूर्ण नारीवादिन के अनुसार पुरुष को स्त्री पर वर्चस्व मिलता है क्योंकि वह यौन जीवन में, स्त्री को पीड़ित कर सकता है। कामना के स्तर पर स्त्री से यह अपेक्षा की जाती है कि, वह न केवल पुरुष की कामेच्छा के प्रति समर्पण करे बल्कि पुरुष कामना के उद्दीपन का कारण भी बने।

साथ ही पितृसत्ता की इतरलिंगी समाज व्यवस्था समलिंगी स्त्रियों को बहिष्कृत करती है, किंतु शायद बहिष्कार के कारण बहुतेरी समलिंगी नारीवादिनें बड़ी सूक्ष्मता से स्त्री के निजी से निजी अनुभव की व्याख्या करने में सफल हुईं। पुरुष समाज समलिंगी स्त्री की कोई सामाजिक भूमिका स्वीकार नहीं करता क्योंकि अपने-आप में वह इसे विरोधाभास मानता है। उसके अनुसार कामना के प्रसंग में स्त्री का अपना चुनाव नहीं, वह तो केवल पुरुष की संतुष्टि के लिए है। एक स्वतंत्र प्राणी अपनी कामना की पूर्ति के लिए दूसरों के द्वारा निर्धारित नहीं हो सकता? स्त्री के लिए यह भी कहा गया कि शारीरिक रूप से स्त्री

असहाय है, दुर्बल है, ख़तरे में है अतः सुरक्षा के लिए जरूरी है कि वह पुरुषों के संरक्षण में रहे अन्यथा अपनी इस दैहिक दुर्बलता के कारण वह पुरुषों की हवस की शिकार होगी। यहाँ स्त्री की सुरक्षा को अधीनता के साथ सहज रूप से जोड़ दिया गया और कहा गया कि स्त्री के नियंत्रण और पुरुष के वर्चस्व में ही समाज का भला है।

किंतु क्या चाहने से ही स्त्री अपने जीवन में इस आरोपित एवं प्रत्यारोपित नारीत्व की भूमिका को नकार सकती है। विशेषकर, शाश्वत नारीत्व की उन भावनाओं को जो उसके मानस में बड़े गहरे धँसी हुई हैं। स्त्री मानस के विश्लेषण पर मनोविश्लेषक नारीवादिनों ने पाया कि किसी भी व्यक्ति की अस्मिता उसके अचेतन मन की स्थायी गठन पर निर्भर है, जो जीवन के प्रारंभिक तीन वर्षों के भीतर ही ठोस आकार ग्रहण कर लेती है। जब तक स्त्रियाँ अपने मनोजगत् का पूरा विश्लेषण नहीं करतीं तथा नारीत्व की ठोस जड़ भूमिकाओं को नहीं नकारतीं उनकी स्थिति ऐसी ही दयनीय रहेगी। अपने यौन जीवन में भी अपने इसी ठस्सपने को वे अभिव्यक्त करेंगी। मनोविश्लेषक नारीवादिन, नैन्सी सोडोरो के अनुसार यह स्वाभाविक है कि प्राक् इडिपल स्तर पर बच्चा अपने माँ-बाप से जुड़ा हुआ रहता है और उन्हें ही सर्वशक्तिमान मानता है, किंतु माँ और बच्चे का संबंध दोहरा है। बच्चा अपनी माँ की निरंतर उपस्थिति से कभी परेशान होता है, तो कभी उसकी औचक अनुपस्थिति से निराश। बच्चे का अपनी माँ के साथ गहरा लगाव है। लड़के का पहला प्यार उसकी माँ है, किंतु पिता के भय से वह आतंकित होकर माँ को छोड़ने पर बाध्य है, अतः मन के गहरे में लिंगविहीन होने का आतंक समाया हुआ है। इसे ही बधियाकरण की ग्रंथि कहते हैं। पिता की सामाजिक मानसिकता के साथ तादात्म्य से लड़का पुरुष संस्कृति में इसलिए पूरी तरह निमज्जित होने की कोशिश करता है ताकि प्रकृति और स्त्री पर विजय प्राप्त कर सके। इसके विपरीत लड़की के पास चूँकि लिंग नहीं है अतः बधियाकरण का उसके मन में आतंक भी नहीं है और शायद यही कारण है कि मानसिक रूप से अपनी माँ से वह पूरी तरह कभी अलग भी नहीं हो पाती। माँ के साथ उसकी अंतरंगता कायम रहती है। और इसी कारण स्त्री कभी पूर्ण रूप से पितृसत्तात्मक संस्कृति में निमज्जित नहीं हो पाती। हाशिये पर रहना उसकी नियति है। चूँकि वह परिधि पर है इसलिए वह शासित है शासक नहीं। अतः सोडोरो के अनुसार प्राक् इडिपल स्तर पर ही लड़के-लड़की की कामना का निर्धारण होता है। पिता को नाराज करके लड़का माँ के साथ रह नहीं सकता। इस मानसिक बाध्यता के कारण अधिकतर पुरुष आत्मनिर्भर और महत्त्वाकांक्षी हैं जबकि स्त्री परिवार के भरण-पोषण में व्यस्त रहती है। जहाँ पुरुष वैयक्तीकरण के माध्यम से जीता है। वहाँ स्त्री संबंधीकरण के माध्यम से जीती है। अपनी माँ से अलगाव के कारण लड़के के मन में लगाव एवं संबंधों की तरावट नहीं। उसका जीवन झूठी सामाजिक महत्त्वाकांक्षा, कार्य जगत् में दक्षता तथा आपसी होड़ एवं प्रतिस्पर्धा पर आधारित है। जेन फेलेक्स के अनुसार, इस यौनवादी मानसिक विकास का तत्त्वमीमाँसीय एवं

ज्ञानशास्त्रीय उद्देश्य भी है। कारण जीवन दर्शन को हम दार्शनिक के व्यक्तित्व से अलग नहीं कर सकते। दार्शनिक भी पुरुष है और उसने भी कहीं पुरुषों की भांति प्राक् इडिपल संक्रांति को भोगा है। स्वाभाविक है इस ग्रंथि से उसका दर्शन प्रभावित होगा तथा जीवन को भावना एवं संवेग के बदले तर्क केंद्रित महत्त्व देगा।

प्लेटो और देकार्ते जैसे दार्शनिक भी शरीर और मन में विभाजन करते हैं तथा मन की तुलना में शरीर की निंदा करते हैं। हॉब्स के अनुसार, प्रजनन कोई महत् कार्य नहीं है। रूसो गृहस्थी के काम को एक ऐसा मीठा माहौल मानते हैं जहाँ किसी भी प्रकार का कोई संघर्ष नहीं। नारीवाद को ज्ञान और सत्ता के सिद्धांत पर पुनः चिंतन करना होगा। हर व्यक्ति जीवन के इन प्रारंभिक अनुभवों की अवमानना नहीं कर सकते क्योंकि इन्हीं अनुभवों के आधार पर पारस्परिकता की भावना का विकास होता है। *मनोविश्लेषण और इतर लिंगी निर्देशन* नामक अपनी पुस्तक में नेलसन गार्नर कहती हैं कि, फ्रायड पूर्वानुमानित रूप से तथा अनिवार्य रूप से व्यक्ति के यौन जीवन को इतरलिंगी मानते हैं। स्त्री-पुरुष जीवन में वे इसे एक आदर्श नियामक के रूप में प्रस्तुत करते हैं। किंतु पचास के दशक के बाद बहुतेरे मनःशास्त्रियों ने समलैंगिकता का वर्णन एक जीवनशैली के चुनाव के रूप में किया। इससे पहले समलैंगिकता समाज की नजर में एक बीमारी थी। गार्नर स्वीकारती है कि समलैंगिकता न केवल स्त्री के लिए स्वाभाविक है बल्कि स्त्री के यौन जीवन में यह एक सहज प्राकृतिक इच्छा भी है। चूँकि आरंभिक लगाव माँ के साथ रहता है अतः हमें यह भी जानना चाहिए कि स्त्री क्योंकर अपने इस प्रेम का त्यागकर वह पुरुष की ओर झुकती है। निःसंदेह ऐसा करने से स्त्री को पीड़ा होती है। एड्रियन रिच के अनुसार, यह पुरुष सत्ता है, उसकी ताकत, जो स्त्री पर इतरलिंगी व्यवस्था को आरोपित करती है। इसी व्यवस्था के माध्यम से पुरुष अपना शारीरिक, आर्थिक और भावनात्मक वर्चस्व स्त्री पर लागू कर पाता है। पितृसत्ता ने समलैंगिकता को स्त्री के लिए असंभव माना, क्योंकि स्त्री कामना की व्याख्या भी पुरुष सत्ता ने अपने अनुसार की है। यानी पुरुष ने अपने इतरलिंगी यौन जीवन के अनुभव को स्त्री कामना पर आरोपित किया। सत्ता ने कामना के प्रसंग में स्त्री की इच्छा-अनिच्छा का सवाल ही नहीं उठाया।

एक सवाल और, क्या सामाजिक ढाँचे, और स्त्री-मुक्ति के प्रसंग में ये मानसिक विश्लेषण काफी हैं? मानसिक संरचना की समझ मात्र से स्त्री अपने जीवन में संघर्ष के काबिल नहीं हो जायेगी। वह समाज में रहती है और सामाजिक परिस्थितियों का उसे ज्ञान होना चाहिए। सामाजिक विश्लेषण करते हुए नारीवादिनों ने पाया कि स्त्री दलन का कारण केवल पूँजीवाद नहीं है बल्कि पुरुष की सत्ता है तथा पुरुषों के मन में जातीय श्रेष्ठता का बोध है। ऐन फागुसन एवं नैन्सी फोलबर के अनुसार, परिवार के केंद्र में आज सत्ता और अर्थ की व्यवस्था छन-छनकर पहुँच गई है, वहाँ भी अहम केंद्रित जोड़-घटाव है, हिंसा है, स्त्री की सेवा, श्रम और सेक्स का शोषण है।

इस यौनवादी समाज को ही खतम करना होगा। अपने इस अतिवादी दृष्टिकोण के कारण ही नारीवादिनें सक्रिय राजनीति की समर्थक रहीं तथा सत्ता ने इन्हें अराजक के खिताब से विभूषित भी किया। अराजक नारीवाद, प्रत्येक प्रकार के श्रेणीकृत समाज तथा सार्विक और राजनैतिक व्यवस्था के विरुद्ध है। इनके अनुसार मार्क्सवादी नारीवादिनों ने श्रेणीकृत क्रांतिकारी संघटन को स्वीकारा, यह उनकी गलती थी। स्वाभाविक है कि पुरुष प्रधान पार्टी की व्यवस्था में स्त्री कार्यकर्ताओं को निचली सीढ़ियों पर बैठना पड़ा है। स्त्रियोचित गुणों का निर्धारण स्त्री की जैविकता से नहीं बल्कि स्त्री की राजनैतिक शक्तिहीनता तथा सामाजिक संबंधों में अधीनस्थ भूमिका की स्वीकृति से होता है। अतः व्यक्ति चाहे स्त्री हो या पुरुष, दलन के माध्यम से उसका स्त्रीकरण होता है। कल्याणकारी व्यवस्थाएँ या नौकरशाही संस्थाएँ अपने ग्राहकों को शक्तिहीन बनाती हैं। श्रेणीकृत सामाजिक व्यवस्था का हम तब तक उन्मूलन नहीं कर सकते जब तक मनुष्य और प्रकृति के बीच घटित संबंधों को पुनर्स्थापित न किया जाये। पर्यावरणवादी नारीवाद द्वारा चलाये गये आंदोलन इसी विश्लेषण के विकसित क्षण हैं। इन पर मिखाइल बुकानेन, एम्मा गोल्डमैन, मेक्स्टर्नर पीटर, क्रोपोत्किन जैसे विचारकों का प्रभाव पड़ा। इनके अनुसार अश्वेत पुरुष, दलित तथा जीव-जंतु का जगत् और प्रकृति के साथ समान स्तर पर संबंध कायम करने के लिए स्त्रियों को अपने उस दृष्टिकोण को महत्त्व देना होगा जो प्राकृतिक और सांस्कृतिक विभाजन को दूर करना चाहता है। दलन के विभिन्न आयाम होते हैं। स्त्री को चाहिए कि कोई भी संस्था या व्यवहार जो दलन को प्रोत्साहित करे उसे खत्म करे। पर्यावरण का सबसे महत्त्वपूर्ण मुद्दा है जीव-जंतुओं पर होने वाले अत्याचार। प्रयोगशाला में अन्वेषण की वस्तु के रूप में या फिर मानव देह में पशु अंगों के प्रत्यारोपण के लिए इस्तेमाल की जैविक हिंसा का नारीवाद विरोध करता है।

अस्सी के दशक के बाद बहुतेरी नारीवादिनों ने गृहस्थी और श्रम के बाज़ार के भौतिक विश्लेषण के बदले भाषा की संरचना, प्रतिनिधित्व का अधिकार एवं समस्या तथा सत्ता के विमर्श पर प्रश्न उठाये तथा वैश्विक स्तर पर सामाजिक संरचना पितृसत्ता और पूँजीवाद के विश्लेषण के बदले विभिन्न संस्कृतियों के विमर्श, विचारधारा और मनोविश्लेषण को प्रस्तुत किया।

बहुतेरी नारीवादिनें जो कि, लाकाँ से प्रभावित थीं, पलटकर उत्तर संरचनावाद की ओर मुड़ गईं। कुछ अन्य मार्क्सवादी नारीवादिनों ने अल्थूसर के सिद्धांत, मनोविज्ञान तथा भाषाई संरचना और भाषा के महत्त्व पर प्रकाश डाला इसमें आवेंड और ऐलिस 1977 में काफी मशहूर हुई थी। 1978 में मार्क्सवादी नारीवादी जर्नल एम/एफ को प्रकाशित किया गया। जब मिशेल फूको के विचारों को एक बार सन्निहित किया जा चुका तो भाषा और प्रतीक की संरचना के बदले नारीवाद का झुकाव, सत्ता के विमर्श की ओर बढ़ा। फूको के अनुसार विचारधारा की अवधारणा हमें स्वीकृत नहीं हो सकती। कारण सत्य तो

केवल विमर्श का परिणाम है। किसी की कोई भी विचारधारा हो सकती है और एक विचार की तुलना में दूसरे विचार को हम सच या झूठ से अलंकृत नहीं कर सकते। मार्क्सवाद जिस वैज्ञानिक पद्धति का जिक्र करता है वह उनका व्यक्तिगत सच है कोई सार्वभौमिक सच नहीं। इसका परिणाम यह हुआ कि दलन के सिद्धांतों को प्रतिपादित करने के लिए भौतिक जगत् एक निर्धारक तत्त्व नहीं रहा। नारीवादिनें भी क्रमशः उत्तर संरचनावाद और उत्तर आधुनिकवाद को अपनाने लगी। जूडिथ बटलर ने स्त्री को एक संरचना के रूप में संबोधित करते हुए कहा है कि, स्त्री महज सेक्स और लैंगिक प्रक्रिया के प्रसंग में बनी हुई एक संरचना है। विमर्श से पहले इसका कोई यथार्थ नहीं था।

जुलिया क्रिस्तेवा भी स्त्रीत्व या स्त्रियोचित स्वभाव की चर्चा करते हुए कहती हैं कि परिधि पर रहना उसकी नियति रही है, वह हमेशा निषेध अर्थात् जो वह नहीं है, (Lack) के द्वारा ही व्याख्यायित होती रही है। स्त्री प्राकृतिक संरचना नहीं बल्कि सत्ता की एक सामाजिक संरचना है और यदि वह अपनी बुर्जुवा संरचना को तोड़ने के लिए संघर्षरत है, तो क्रिस्तेवा के अनुसार स्त्री संघर्ष को क्रांतिकारी वर्गीय संघर्ष तथा साम्राज्यवाद के विरुद्ध अन्य संघर्षों से अलग नहीं किया जा सकता। स्त्री भी बौद्धिकों, श्रमिकों, अश्वेत पुरुषों की तरह परिधिकृत है और इसी कारण महती क्रांतिकारी भूमिका की संभावना रखती है।

किंतु परिधिकृत लोगों ने जब भाषा, वर्ग, जाति एवं अचेतन मानस की संरचना को तोड़ना शुरू किया तो पहला सवाल था कि यह किसकी संरचना है, किसका वर्ग, यह स्त्री जाति क्या है...इन अवधारणाओं का स्रोत क्या है? ऐसे ढेरों सवाल थे जिनका सामना अस्सी के दशक के बाद बदलते हुए वक्त में नारीवाद को करना पड़ रहा था। उत्तर संघटनाओं का सिलसिला शुरू हो चुका था।

ये संघटनाएँ थीं—उत्तर औद्योगिकवाद, उत्तर मार्क्सवाद, उत्तर मानववाद की और अब कहा जा रहा था कि यह तो उत्तर नारीवाद का दौर है। 'उत्तर' यानी 'पोस्ट' शब्द की विराट पकड़ से नारीवाद भी नहीं बच सकता था। आधुनिक नारीवादिनों के प्रतिनिधित्व पर बहुधा प्रश्नचिन्ह लगे।

कारण श्वेत नारीवादिनों को न केवल अश्वेत स्त्रियों बल्कि तीसरी दुनिया की स्त्रियों के विरोध का सामना करना पड़ा। सवाल उठा कि बिना सोचे-समझे आखिर किसलिए इन आधुनिक नारीवादिनों ने प्रगति और मानवीय गरिमा के नाम पर बहनापे की छतरी के नीचे सबको इकट्ठा किया। हेजेल कारबाइज ने जब पूछा कि, आप श्वेत नारीवादिनें किस अर्थ में 'हमलोग' शब्द का उच्चारण कर रही हैं तो ये पश्चिमी स्त्रियाँ निरुत्तर थीं। कारबाइज (1982, पृ. 233) के अनुसार इस आपसी बहस के कारण नारीवादिनों में यह स्पष्ट होता गया कि स्त्रियाँ कोई एकल संवर्ग नहीं हैं और न ही स्त्री-दलन की कोई एकीकृत व्याख्या संभव है। यदि हम ऐसा करने का प्रयास करते हैं तो स्त्री जनसंख्या के बहुत बड़े हिस्से की उपेक्षा करेंगे। (फ्लेक्स-1990) उत्तर औपनिवेशिक युग का प्रारंभ हो

चुका है। आज भूमंडलीकरण का दौर है तथा एक बड़ी संख्या में आप्रवासी श्रमिकों की समस्या तथा विस्थापित शरणार्थियों की समस्या बड़े-बड़े देशों को चिंता में डाले हुए है। उत्तर औपनिवेशिक नारीवाद-सिद्धांतकर्ताओं में गायत्री स्पीवॉक (1988), वुडलेक्सी आदि मशहूर हुई हैं। गायत्री स्पीवॉक के अनुसार, इस उत्तर औपनिवेशिक दुनिया में स्त्रीकरण से उत्पन्न जटिल समस्याओं का सामना केवल उत्तर आधुनिक तरीके से ही किया जा सकता है।

बात यह है कि उत्तर आधुनिकवाद में विभिन्नता का विचित्र जमावड़ा है। तरह-तरह के विमर्श हैं, भिन्न-भिन्न सांस्कृतिक व्यवहार, लेखक, कलाकार, विचारक एवं आधुनिकों के अर्धव्याख्यायित सिद्धांतीकरण हैं जिनके दबाव से हम स्वयं मुक्त नहीं, मानो अब तक हम जो सोच रहे थे, वह सब गलत हो गया। निरंतर प्रगति की अवधारणा से यह कैसा मोहभंग हुआ। जागरण काल की विरासत से हमें कुछ नहीं मिला।

निःसंदेह हमारे पूर्वज, जागरणकाल के मसीहा...अपने तर्क के अनुसार वस्तुपरक विज्ञान, सार्विक नैतिकता और कानून तथा स्वयंचालित कला के पक्षधर थे। इसे ही प्राप्त करने को प्रतिबद्ध थे। किंतु उत्तर आधुनिकवाद का तर्क है कि कला, मूल्यबोध, नीतिशास्त्र और विज्ञान को हम अलग-अलग संवर्गों में बाँटकर उन पर चर्चा नहीं कर सकते। विज्ञान, वस्तुपरक हो नहीं सकता क्योंकि वैज्ञानिक अन्वेषण में व्यक्ति का दृष्टिकोण भी अंतर्निहित रहता है। निरपेक्ष सत्ता जैसी कोई चीज़ नहीं। सौंदर्यशास्त्र का कोई अलग संवर्ग नहीं जिसे हम रोजमर्रा के सांस्कृतिक व्यवहार तथा वैज्ञानिक क्षेत्र से अलग रख सकें।

तब क्या जागरणकाल के सारे सपने विफल हो गये? नारीवाद ने भी तो सपने देखना इन्हीं से सीखा था। किंतु इसके बावजूद उत्तर आधुनिकवादियों से कटकर रहना असंभव था। क्योंकि इनके सवाल इनसे मिली हुई चुनौतियाँ केंद्रीकरण की उसी सत्तात्मक वृत्ति, उन्हीं की संरचनाओं को ही संबोधित की जा रही हैं, जिनके द्वारा दलन को स्त्रियाँ भी झेल रही हैं। ज्ञान की तथ्यपरकता का दावा सत्ता करती आई थी। ऐसे शुद्ध ज्ञान के आग्रह के पीछे धुंधीकरण की प्रवृत्ति थी एवं संवर्गीकरण की चाहना के पीछे छुपी हुई स्वार्थलोलुपता की। नारीवाद भी समझ रहा है कि यह सार्वभौमिक तर्कशील बुद्धिपरायण व्यक्ति ही वास्तव में वह सत्ता पुरुष है...जिसने प्रगति का महावृत्तान्त लिखा था। यह उन्हीं पुरुषों की भाषा द्वारा निर्मित जगत् है, भाषा उन्हीं की है। नियम कानून...सब कुछ तो सत्ता का विमर्श है।

तब नारीवाद को क्या करना चाहिए...इस पितृसत्तात्मक श्रेणीकृत समाज में स्त्री कैसे अपना स्पेस कायम करे...क्या लौट जाये उसी मातृसत्तात्मक व्यवस्था में? फंतासी के जगत् में, तोड़ दे इस सारी व्यवस्था को, सभ्यता की उपलब्धि को। यह भी स्पष्ट था कि ऐसे किसी सुरक्षित आधारवाद के मोह में स्त्री को अब नहीं पड़ना चाहिए, वह हमेशा ठगी गई है। स्त्री के सामने बिखरा हुआ समाजवाद है। वृद्ध पूँजीवादी जीवन की उपभोक्तावादी विभीषिका है। उत्तर आधुनिक स्थिति को निर्मित करने में ये सभी सहायक हैं। यानी

सत्यम्, शिवम्, सुंदरम् का कोई स्थायी आधार नहीं। जिस वैयक्तिक चेतना का देकार्ते ने चिंतन किया था वह वैयक्तिकता तो वास्तव में ऐतिहासिक रूप से निरंतर परिवर्तित होती चलनेवाली तर्क प्रणाली है। यह बात अचानक नहीं घटी है, मार्क्स ने भी व्यक्ति पर विमर्श प्रस्तुत किया था—व्यक्ति, एक सामाजिक उत्पाद है। मगर उत्तर संरचनावादी विचारक अल्थूसर, जॉक लॉकाँ, देरिदा आदि सॉसुआ के समर्थन में यही स्वीकारते हैं कि भाषा सामाजिक यथार्थ का चिंतन नहीं करती बल्कि सामाजिक यथार्थ को हमारे लिए निर्मित करती है। जिस वैयक्तिकता की स्थिर पहचान के लिए हम संघर्षरत थे वह कुछ नहीं, कोई ऐसा सारतत्त्व नहीं जो प्रत्येक मनुष्य के हृदय में मनुष्यता के रूप में विद्यमान हो और न ही मनुष्यता जैसा कोई स्थायी मूल्य है। उत्तर संरचनावादी उस व्यक्तित्त्व की, आत्मा की बात करते हैं जो विरोधाभासी है, एक प्रक्रिया मात्र है, जो विमर्श के दौरान हर क्षण बोलते और सोचते समय निरंतर पुनः निर्मित होता रहता है।

किंतु उत्तर आधुनिकवादियों को सबसे बड़ी चुनौती मिली है सिल्विया वॉलवाई (1992) से। संस्कृति की भिन्नता को स्वीकारते हुए भी सिल्विया का तर्क है कि हम यों स्त्री को जाति और वर्ग में नहीं तोड़ सकते और न ही उसे उसकी स्थानीयता में कैद कर सकते हैं। सत्ता की प्रासंगिकता में सामाजिक संदर्भ की उपेक्षा करने का परिणाम है कि उत्तरआधुनिकवादी, जाति वर्ग या लिंग के आधार पर व्यवस्थात्मक दलन को नहीं समझ पाये हैं। केवल भिन्न कह देने से ही किसी के कर्तव्य की इतिश्री नहीं हो जाती, स्त्री जीवन की असमानता और शोषण की हम उपेक्षा नहीं कर सकते। वॉलबाई स्वीकार करती हैं कि स्त्री-पुरुष के संबंध सांस्कृतिक और ऐतिहासिक रूप से परिवर्तनशील हैं। भिन्न होते हुए भी यदि आपस में वे असमान हैं, वंचित हैं तो असमानता पर प्रकाश डाला जाना चाहिए। स्त्री-पुरुष के बीच में ऐतिहासिक और सांस्कृतिक कटाव का नैरंतर्य है। (1992 वॉलबाई), बहुतेरी नारीवादिनों ने ऐतिहासिक परिवर्तन तथा सांस्कृतिक भिन्नताओं का सटीक अध्ययन नहीं किया यह उनके विश्लेषण की कमी थी, पितृसत्तात्मक अवधारणा की विशेषता नहीं।

जहाँ तक सत्ता के विश्लेषण का सवाल है यहाँ मैं दो बातों पर ज़ोर देना चाहूँगी। एक तो नारीवाद केंद्रीय सत्ता में निःसंदेह स्त्रियों की पूरी भागीदारी चाहेगा तथा दूसरे यह सत्ता का स्त्रीकरण भी चाहेगा यानी सत्ता में उन मूल्यों को सन्निहित करना जिससे स्त्री को सुविधा मिले।

सत्ता, सेक्स और स्त्रीकरण के बीच संबंध स्थापित करते हुए हम कह सकते हैं कि—''स्त्री कामना की राजनीति अपने प्राचीन रूप में मानव संघर्ष का सबसे आदिम उदाहरण है, दलन का सबसे गहरा मुद्दा स्त्री-पुरुष का यह संघर्ष है, जो कि मानव सभ्यता में एक बेमिसाल उदाहरण है।''

स्त्री-पुरुष में भिन्नता तो हम सभी स्वीकारते हैं, मगर फिर कहा गया कि स्त्री, स्त्री में भिन्नता है। और इसके बाद भिन्नता के भीतर भिन्नता की बात उठी, हम निजी क्षेत्र में

किस सार्वभौमिक स्त्री की चर्चा कर रहे हैं? श्वेत-अश्वेत, तीसरी दुनिया, हमारे अपने देश में सवर्ण एवं दलित ऐसी अनेक विभाजनकारी रेखाएँ खींची जाने लगीं। बड़ी जल्दी स्त्री वर्ग को समझ में आने लगा कि मुक्ति आंदोलन राजनैतिक रूप से अप्रभावी हो जायेगा। जरूरी है कि जागरण के विमर्शों के साथ संबंध स्थापित किया जाये, बिना सोचे-समझे बोलने का, तर्क एवं ज्ञान के विखंडन को स्वीकारने का नतीजा हम स्त्रियों के अपने हित में नहीं है। आप चाहें तो मुझे सारतत्त्ववादी कह सकते हैं। किंतु स्त्री की स्थिति वह चाहे पश्चिमी हो या तीसरी दुनिया की, अब भी बड़ी भंगुर है...पहले हमें यह देखना है कि इन सारे विमर्शों का उत्पादक एवं चिंतक कौन है? वही श्वेत मध्यमवर्गीय पुरुष सत्ता, जो अब अपने-आप को उत्तर आधुनिक कह रही है। यही वह सवर्ण पुरुष हैं, विशिष्ट लोग जो अकादमिक दुनिया में जगह खोज रहे हैं। नारीवाद के आदर्श इन पुरुषों के आदर्श से अलग हैं, इन पुरुषों ने व्यक्तिगत स्तर पर निजी क्षेत्र में दलन को नहीं झेला है। इन्हें पता नहीं है शारीरिक असुरक्षा किसे कहते हैं, बलात्कार की त्रासदी क्या है? दलित पति भी अपनी पत्नी से वही अपेक्षा रखता है जो कि सवर्ण रखता है। अतः सारी समस्या को एक वृहत्तर प्रसंग में देखना उचित होगा। उत्तर आधुनिकवादियों से अत्यधिक प्रभावित होने का नतीजा होगा स्त्री की राजनैतिक क्षमता को प्रभावहीन करना। मुक्ति के सपनों को यों नहीं बिखरने दिया जा सकता। यह ठीक है कि नारीवाद भी किसी निरपेक्ष ज्ञान के एकल आधार को नहीं स्वीकारता, किंतु आधार की अस्वीकृति का यह अर्थ नहीं कि दलन की प्रक्रिया को भी अनदेखा कर दिया जाये। इसके विकल्प में हम कह सकते हैं कि नारीवाद अब भी स्त्री की पहचान को निर्मित करने वाली ऐतिहासिक प्रगति में विश्वास रखता है—स्त्री अपने सार्वभौमिक राजनैतिक उद्देश्यों एवं आदर्शों के साथ, अपनी आपसी भिन्नताओं को मद्देनज़र रखते हुए भी जगत् में एक भाव से अवस्थित है। अपने प्रसंग में, अपनी विशिष्ट जरूरतों के अनुसार उसने आधुनिक युग के आदर्शों में परिवर्तन जरूर किया है, किंतु विरासत को, उसकी देन को संपूर्ण रूप से नकारा नहीं है। नारीवाद किसी भी प्रकार के अशरीरी वायवीय दृष्टिकोण के खिलाफ है।

पश्चिम जिस जनतंत्र की विजय घोषणा कर रहा है वह पुरुषों का जनतंत्र है। यह ऐसा जनतंत्र है जहाँ अमीर और अमीर तथा गरीब और गरीब होता जा रहा है। जहाँ स्त्री के प्रति हिंसा बढ़ती जा रही है। मार्क्सवाद खत्म हो सकता है, मगर समाजवाद तो नहीं। मार्क्सवाद खत्म हो गया है, सुनकर बड़ा अजीब लगता है। बिना यह जाने कि समाजवाद कहते किसे हैं? इसकी रूपरेखा क्या है? नारीवादी विमर्श का आधार वह विचारधारा होनी चाहिए जो सत्ता के जनतांत्रिक संबंधों को समेटकर चले। जो न केवल इतिहास बल्कि जातीय स्मृति को पुनः परिभाषित करे तथा ऐसा वैश्विक दृष्टिकोण अपनाए जो मृत्यु के बाद भी जीवन की आशा न छोड़े। आज कई मुकामों पर शायद हम हार रहे हैं, पर इससे क्या होता है, क्या समाजवाद के अतीत में कुछ भी अच्छा नहीं था?

अंततः एक सवाल और, क्या यह केवल पश्चिमी विचारधारा है? क्या वहाँ की स्त्रियाँ केवल अपनी समस्या से जूझ रही हैं, यहाँ भारतीय समाज में उसकी उपयोगिता? जहाँ तक उपयोगिता का प्रश्न है, पश्चिम की बहुतेरी चीज़ों, तकनीक और ज्ञान को हमने अपने समाज में काम में लिया है, यह सही है कि पश्चिम केंद्रित कोई भी विचारधारा हम उसी रूप में नहीं अपनाते जैसे कि वहाँ की तकनीक को अपनाते हैं। यह कोई गाड़ियों का कारखाना नहीं कि तकनीक और ढाँचा हम उठाए चले आ रहे हैं। कम से कम सामाजिक आलोचना के क्षेत्र में हम उन पूर्वानुमानों को काम में लेते रहेंगे, जिससे वैचारिक जगत् में सुविधा मिले।

वास्तव में ऐसे उपयोगी एवं सृजनात्मक महत्त्व वाले ज्ञान का हमारे जीवन में पितृसत्ता ने जानबूझकर मिथकीकरण किया है। उसे न केवल शोषित और दलित समाज से छुपाया बल्कि कमोबेश पूरे मानव समाज को अँधेरे में रखा। स्त्री का दलन एवं उत्पीड़न, वह चाहे भावनात्मक स्तर पर हो या आर्थिक स्तर पर, परिवार हो या समाज पितृसत्ता अब तक इसे बचाये हुए है। कुछ लोग हैं, कुछ संस्थाएँ, व्यवस्था का एक हिस्सा, कुछ उन्नत राष्ट्र, जिनकी मिलीभगत है। नारीवाद को पर्त दर पर्त झूठ और दलन की इन तहों को उधेड़ना है। मुझे अपनी आस्था पर संदेह नहीं और यह भी सच है कि जो कुछ भी घट रहा है वह एक प्रक्रिया का अंश है—क्या है वह प्रक्रिया? और अधिक मनुष्य होना। हमें उस प्रक्रिया पर ध्यान देना है जो सृजनात्मक समाज को निर्मित करती है। अन्यथा हम सभी एक-दूसरे के विनाश पर उतर आयेंगे।

पूरी शताब्दी में जितने भी आंदोलन हुए उसमें स्त्री-मुक्ति आंदोलन का ही सबसे दूरगामी प्रभाव है। कारण स्त्री-सत्ता, धन, कमाना सबके करीब रही और स्त्री की ही सबसे अधिक उपेक्षा हुई। अब तक हम कोई मौलिक नारीवादी विमर्श तैयार नहीं कर सके हैं, जो मानव समाज को और अधिक मानवीय बनाये। जिन्हें सदियों दबाया गया, उनकी समवेत शक्ति का सामना करने की सत्ता में न हिम्मत है और न काबिलियत।

जातीय संबंध, सांस्कृतिक भिन्नता, सत्ता की चाह, अंततः स्त्री की इनमें भागीदारी नहीं तो वह क्रांति का हिस्सा कैसे होगी। सामाजिक व्यवस्था को निर्मित करने के लिए हमें अपना इतिहास जानना होगा। सत्ता ने हमारा इतिहास नहीं बनने दिया...स्त्री होने की स्मृतियों को कुचलकर रख दिया गया...हमारी स्त्री संस्कृति के मूल्यों को विरूपित एवं विकृत किया गया।

अतः हम कैसे अपनी सत्ता को पुनः परिभाषित करें? कैसे अपने और अपने समाज के लिए नयी रूपरेखा तैयार करें? हमारे सामने पहले से कोई स्वस्थ एवं संपुष्ट आदर्श मौजूद नहीं...हम जानती हैं कि हम केवल देह के कारण स्त्री नहीं हैं। हमारा स्त्री होना निर्भर करता है संस्कृति, वर्ग और जाति पर। लेकिन यह पितृसत्ता आज भी प्रत्येक स्तर पर स्त्री का दलन करती है। अतः स्त्री का मसीहा अन्य कोई नहीं, स्त्री स्वयं है।

पितृ-सत्ता के षड्यंत्र

मार्क्सवाद और नारी-मुक्ति

परिवार से हारती पार्टी

अभय कुमार दुबे

मैं यह नहीं कहना चाहती कि अगर वे (मार्क्स और एंगेल्स) औरत होते तो वे नारी मुक्ति की समस्या का अंतिम हल पेश कर देते। लेकिन, यह एक तथ्य है कि वे औरतों को पुरुष की आँखों से देखने के लिए मजबूर थे। वे मजदूर वर्ग की औरतों को एक मध्यवर्गीय पुरुष की निगाह से देखते थे। इसका असर पड़ना ही था। उन्होंने जिस तरह देखा और जहाँ देखा, उस पर उनके पुरुष होने का प्रभाव पड़ा।

—शीला रोबॉथम
डायलेक्टिकल डिस्टरबेंसिज़
वोमेन, रजिस्टेंस एंड रिवोल्यूशन

उन्नीसवीं शताब्दी के चौथे दशक में जब मार्क्स ने 'इकनॉमिक एंड फ़िलासफ़िकल मैन्यूस्क्रिप्ट' में मानव मुक्ति के प्रश्न को दार्शनिक रूप से समझना शुरू किया तो उनके पास फूरिये और सेंट साइमन के स्त्री मुक्ति संबंधी विचारों की समृद्ध धरोहर थी। उनके पास औरत की आज़ादी के लिए सत्रहवीं और अठारहवीं सदी में पितृसत्ता, विवाह और परिवार की संस्था की जकड़ के खिलाफ तथा समतामूलक प्रेम व यौन जीवन के पक्ष में लड़ी गई लड़ाइयों और महिला कार्यकर्ताओं व नेताओं के त्याग और बलिदान का प्रेरक इतिहास था। यूटोपियन और रोमानी समाजवाद के बीज-विचारों से प्रभावित युवा मार्क्स ने अपनी दार्शनिक निष्पत्ति में औरत की हालत को समाज और प्रकृति की हालत का प्रतीक बनाया। इस तरह उनका वह मशहूर कथन प्रकाश में आया जिसका आशय यह था कि अगर किसी समाज में पर्यावरण और पारिस्थितिकी की हालत को समझना है तो उस समाज में औरत की स्थिति देख लेनी चाहिए। आज तक दुनियाभर में मार्क्सवादी कार्यकर्त्ता नारीवादियों द्वारा मार्क्सवाद पर किए जानेवाले हमलों के जवाब में मार्क्स की इस उक्ति को अपने रक्षा कवच के रूप में इस्तेमाल करते हैं।

दरअसल, नारी मुक्ति का करीब सौ वर्ष का मार्क्स-पूर्व इतिहास बड़े महत्त्वपूर्ण ढंग से औरत की आज़ादी को संपूर्ण सामाजिक क्रांति के लक्ष्य के साथ जोड़ने की कोशिशों

से भरा हुआ था। फ्रांसीसी क्रांति के ज़माने से ही यह सवाल अनसुलझी शक्ल में मुक्तिकामियों को मुँह चिढ़ा रहा था कि 'स्वतंत्रता, समानता और भ्रातृत्व' के नारे का औरतों के लिए क्या अर्थ है। क्रांति के सिद्धांतकार रूसो औरत को उसकी 'निर्धारित जगह' यानी रखे जाने के पक्षधर थे लेकिन इसके बावजूद उनके रेडिकल विचारों ने आज़ादी के लिए छटपटाती कई 'स्त्री-आत्माओं' के ज्ञान चक्षु खोल दिए थे। फ्रांस की क्रांति लिंग के लिहाज़ से निश्चित रूप से एक पुरुषवादी क्रांति थी, लेकिन उससे जुड़ी सैद्धांतिकता में नारी मुक्ति की संभावनाएँ थीं। क्रांतिकारी नारीवादियों को अपने अतिउत्साह में लगा कि स्वतंत्रता और समानता प्राप्त करने के लिए उनके हस्तक्षेप के सकारात्मक परिणाम निकल सकते हैं लेकिन उन्हें बहुत आश्चर्य हुआ जब उन्हें सबसे ज़्यादा विरोध महिलाओं की तरफ से ही झेलना पड़ा। उस समय उन्हें अहसास हुआ कि औरतें इस क़दर उपनिवेशीकृत हो चुकी हैं कि वे स्वयं अपने दायरे में उठ रहे आंदोलनों को निष्प्रभावी करने वाली 'पुलिस' की भूमिका स्वाभाविक रूप से निभाने लगती है। ये क्रांतिकारी महिलाएँ भ्रातृत्व के नारे में छिपे पुरुषवाद को भी चिन्हित नहीं कर पाईं। बहरहाल नारीवादी महिलाओं ने प्रयास जारी रखा। उन्होंने महिलाओं के क्रांतिकारी क्लब स्थापित किए, एसेंबली को अपनी आज़ादी के पक्ष में प्रतिवेदन दिये और मैडम डिस्टेल और मेरी वोल्स्टनक्राफ्ट जैसी अग्रगामी हस्तियाँ पैदा कीं। नारी के अधिकारों की बहस इन महिला नेताओं के क्रियाकलापों से होती हुई फूरिये, साइमन, मिल व दिदेरो के विचारों से नए तेवर ग्रहण करते हुए भविष्य के सबसे महान क्रांतिकारी कार्लमार्क्स तक पहुँची।

मार्क्स और उनके मित्र एंगेल्स एक दृष्टि से उन उम्मीदों पर खरे उतरे और एक लिहाज़ से एक कदम पीछे भी रह गए। इन दोनों महाविद्वानों ने स्त्री के प्रश्न को पूरी गंभीरता से लिया और उस युग के घटनाक्रम को क्रांतिकारी निगाह से कुछ इस तरह देखा जो उस जमाने में किसी अन्य के बस की बात नहीं थी। उन्होंने परिवार की संस्था पर अपना ध्यान केंद्रित किया और परिवार, निजी संपत्ति और राज्य की उत्पत्ति के बीच नृतत्त्वशास्त्रीय व समाजशास्त्रीय संबंध खोज निकाले। 1844 की 'मैन्यूस्क्रिप्ट' के बाद 1847 में 'कम्युनिस्ट घोषणापत्र' के मसविदे 'प्रिंसिपल आफ कम्युनिज्म' में अपने इरादों का परिचय देने के बाद 'द होली फेमिली' में मार्क्स ने पूँजीवादी पुरुष के नारी शोषण संबंधी पाखंड का पर्दाफाश किया। उन्होंने यूजेन स्क के उपन्यास *मिस्ट्रीज आफ पेरिस* की समीक्षा करते हुए उसके नायक के एक सेविका के प्रति रबैये की आलोचना की और यह मानने से इनकार कर दिया कि उस नारी पात्र का 'पतन' उसका निजी दुर्भाग्य और ऐतिहासिक दुर्घटना की शब्दावली में समझा जा सकता है। इस तरह मार्क्स ने रोमानी समाजवाद के सूत्रीकरणों से अपना पिंड छुड़ाया। 'द जर्मन आइडियालोजी' में मार्क्स व एंगेल्स ने भौतिक परिस्थितियों के ऐतिहासिक रूप से बदलते हुए पहलुओं के रूप में औरत की स्थिति का अधिक ठोस अध्ययन करना चाहा। उन्होंने निष्कर्ष निकाला कि श्रम

के ज़रिये किए जाने वाले उत्पादन और नवजीवन के उत्पादन को मिलाकर ही उत्पादन की संपूर्ण शक्ल को पहचाना जा सकता है। मार्क्स ने इसे दोहरे संबंध के रूप में समझना चाहा जो एक तरफ प्राकृतिक यानी प्रजनन का और दूसरी तरफ सामाजिक यानी उत्पादन का संबंध था। लेकिन इस बिंदु पर मार्क्स ने 'प्रजनन के सामाजिक संबंधों' के अध्ययन पर ज़ोर देने की बजाय 'उत्पादन के सामाजिक संबंधों' के अध्ययन को प्राथमिकता दी। बाद में एंगेल्स ने 'द ऑरिजिन आफ़ फ़ैमिली' में मार्क्स द्वारा छोड़े गए सूत्र को पकड़ा। उस युग में जीवविज्ञान, पुरातत्त्व शास्त्र, प्राक्-इतिहास और नृतत्त्वशास्त्र के अध्ययन का सीमित विकास ही हुआ था। उसी जमाने में लुई एच. मोर्गन ने अपनी तत्त्वशास्त्रीय खोजों पर आधारित पुस्तक *एंशिएंट सोसाइटी* प्रकाशित की थी। एंगेल्स को उनकी खोजें दिलचस्प लगीं और उन्होंने मनुष्य की नृवंशीय प्रगति का रैखिक समीकरण वहीं से उठा लिया। ऐसा उन्होंने इसलिए किया क्योंकि वे और मार्क्स काफ़ी अरसे तक मानव और प्राक्-ऐतिहासिक प्रकृति की अन्योन्यक्रिया के बारे में जानने के लिए बेचैन रहे थे। बाद में पता चला कि मोर्गन की धारणाएँ अतिसरलीकृत थीं और चूँकि वे अमेरिकी रेड इंडियनों के समाज के अध्ययनों पर निर्भर थीं इसलिए उन पर भरोसा करना ख़तरे से खाली नहीं था। एंगेल्स ने मोर्गन द्वारा उपलब्ध सामग्री का जो मूल्यवान विश्लेषण किया वह यूटोपियाई समाजवाद से आगे की चीज़ था, लेकिन उनकी सीमाएँ वही थीं जो मोर्गन द्वारा खोजे गए तथ्यों की सीमाएँ थीं।

'मैन्यूस्क्रिप्ट' ने जो दार्शनिक सीमा बाँध दी थी, बाद का मार्क्सवाद भी उसे लाँघ नहीं पाया। मार्क्स का 'मानव' अघोषित रूप से पुरुष ही निकला क्योंकि वे 'स्त्री' नामक ऐतिहासिक संस्था की धारणा विकसित नहीं कर पाए। यह स्पष्ट नहीं हो पाया कि औरत अपने ऊपर लदी हुई 'वेश्यावृत्ति' से कैसे मुक्ति प्राप्त करेगी। मार्क्स की निगाह में उसकी यह वेश्यावृत्ति श्रमिक की सार्वभौमिक 'वेश्यावृत्ति' को व्यक्त करने का जरिया तो बनी लेकिन मार्क्सवाद सिर्फ श्रमिक को ही उसकी इस सार्वभौमिक लानत से मुक्त कराने की कोशिश करता दिखाई दिया। स्त्री की मुक्ति उसने साम्यवादी समाज की उपलब्धि के लिए छोड़ दी। ऐसा नहीं कि स्त्री का प्रश्न कभी भी वैज्ञानिक समाजवाद के संस्थापकों की निगाह से ओझल हुआ हो। एंगेल्स ने इंग्लैंड के मजदूर वर्ग का अपनी मशहूर कृति में और फिर 'कैपिटल' में मार्क्स ने परिवार और उससे जुड़ी हुई स्त्री की अधीनता पर निगाह फेंकी। लेकिन, उनकी प्राथमिकता हमेशा वही रही। उत्पादन के सामाजिक संबंध न कि प्रजनन के सामाजिक संबंध। यौनिकता के मनोवैज्ञानिक पहलुओं को विश्लेषित करने की मार्क्सवाद ने कभी जरूरत नहीं समझी। वह परिवार को ज़्यादा से ज़्यादा निजी स्वामित्व पर आधारित इकाई ही मानता रहा।

परवर्ती मार्क्सवादियों ने भी इस सीमा का अतिक्रमण करने की चेष्टा नहीं की। वे स्त्री मुक्ति समर्थक उक्तियों को मार्क्सवाद की पोथियों में रेखांकित करते रहे लेकिन उन्होंने

समाजवादी क्रांति को स्त्री मुक्ति के विशिष्ट संदर्भ से जोड़ने के कार्यभार में सदा हिचकिचाहट दिखाई। नतीजतन सीमोन द बोउवार जैसे प्रतिष्ठित नारीवादियों ने मार्क्सवाद की यह आलोचना पेश की कि मार्क्सवाद स्त्री की पुरुष से जैविक भिन्नता के तथ्य की उपेक्षा करता है। एंगेल्स यह स्पष्ट नहीं करते कि व्यक्तिगत संपत्ति की संस्था क्यों अनिवार्यतः औरत की गुलामी का कारण बनती है। संपत्ति की अवधारणा औरत की दलित अवस्था के व्यक्तिगत आधारों को स्पष्ट नहीं करती। एंगेल्स ने औरत की कमजोरी को केवल ताम्र और लौह औज़ारों के विनियोजन के संबंध से उपजी परिघटना माना। उन्होंने श्रम की क्षमता से अलग प्राकृतिक रूप से ही माँ बनने को विवश औरत की एक मौलिक और ठोस असुविधा की समस्या का महत्त्व नहीं समझा।

सीमोन ने प्रश्न उठाया कि श्रम के विभाजन से दो सेक्सों में मैत्रीपूर्ण संबंध क्यों विकसित नहीं हुआ? एंगेल्स स्त्री-पुरुष के संघर्ष को भी वर्ग-भेद के एक रूप की तरह देखते हैं जबकि औरत पुरुष से जैविक रूप से भिन्न है और वर्गभेद का कोई जैविक आधार नहीं होता। औरत केवल श्रमिक नहीं हो सकती। वह उत्पादन ही नहीं प्रजनन भी करती है। एंगेल्स ने इस समस्या का अमूर्त हल खोजा कि समाजवादी व्यवस्था परिवार की संस्था को मिटा देगी। बेबेल जैसे समाजवादियों ने औरत की समस्या का हल यॉंत्रिक सभ्यता के विकास में बताने की चेष्टा की क्योंकि उनके विचार से श्रम विभाजन में औरत की स्थिति यंत्रों के प्रयोग के कारण कमजोर नहीं रह जानी थी।

एंगेल्स और बेबेल ने औरत की आज़ादी को उपलब्ध करने के लिए जो हल बताए थे वे आज बेकार साबित हो चुके हैं। समाजवादी समाज बनाने का प्रयोग किसी एक देश में नहीं वरन् दुनिया के कई देशों में पचास से लेकर पचहत्तर साल तक हो चुका है। यॉंत्रिक सभ्यता सारी दुनिया में आज अपने चरमोत्कर्ष पर है लेकिन औरत को आज भी आज़ादी की लड़ाई लड़नी पड़ रही है। उसकी मंजिल अभी भी बहुत दूर है। रूसी क्रांति का उदाहरण इसका प्रमाण है।

रूस में वोल्शेविक क्रांति के काफी पहले ही दुनिया-भर के मार्क्सवादियों ने समझ लिया था कि जब तक वे परिवार की संस्था को खत्म नहीं करेंगे तब तक वे आधी मानवता को दासता से मुक्त नहीं कर सकते। यह समझ मार्क्सवादियों को दुनिया के पैमाने पर औरतों की नाना प्रकार की गोलबंदियों और अन्य प्रयोगों की तरफ ले गई। वोल्शेविक क्रांति तक का दौर ऐसे ही संभावनावान प्रयासों से भरा रहा। लेकिन, कम्युनिस्टों के हाथ में राजसत्ता नहीं थी। परिवार की संस्था पर प्रहार करने, उसके जरिये विवाह की संस्था को कमजोर करने और परिणामस्वरूप औरत और मर्द के मुक्त समागम को प्रोत्साहित करने के आदर्श को धरती पर उतारने के लिए साम्यवादियों के लिए राज्य पर कब्जा करना पहली शर्त थी। मुक्त समागम की यह धारणा एंगेल्स ने लोकप्रिय की थी। इसका अर्थ सिर्फ शारीरिक जरूरतें पूरा करना न होकर स्त्री-पुरुष में गहरी मित्रता कायम करना

और यौन-दमन से मुक्त मानव का निर्माण करना था। इन लक्ष्यों की पूर्ति के लिए उत्पादन के साधन कम्युनिस्टों के हाथ में आने चाहिए थे, तभी वे औरत की गुलामी के संस्थागत रूपों पर हमला कर सकते थे। लेनिन के नेतृत्व में सोवियत कम्युनिस्ट पार्टी पूरी तरह से स्त्री मुक्ति के इस कार्यभार के प्रति संकल्पबद्ध थी।

जैसे ही सोवियत समाजवादी गणतंत्र की स्थापना हुई, पार्टी ने इस ओर ध्यान देना शुरू किया। यह कोई मामूली लक्ष्य नहीं था। जारशाही के तहत रूसी औरत की हालत बहुत अफ़सोसनाक थी। उसकी बदतर हालत का प्रमाण इस रूसी उक्ति से मिलता है, "मेरे ख़याल से मैंने दो लोग देखे थे, लेकिन वहाँ तो केवल एक पुरुष और उसकी पत्नी ही निकली।" किसान परिवारों में विवाह होने पर लड़की का पिता अपने दामाद को दहेज में एक कोड़ा भी भेंट करता था ताकि पति अपनी पत्नी को संपूर्ण नियंत्रण में रख सके। 23 फरवरी, 1917 को सूत मिलों की महिला मजदूरिनों ने पार्टी के तमाम निर्देशों के बावजूद कई कारखानों में हड़ताल कर दी और धातु मिलों के मजदूरों से समर्थन हासिल करने के लिए अपने प्रतिनिधियों को रवाना कर दिया। लियोन ट्राट्स्की ने 'हिस्ट्री आफ द रशियन रिवोल्यूशन' में क्रांति के इस पहलू का दिलचस्प वर्णन किया है। ट्राट्स्की का मानना था कि महिला मजदूरिनों की यह कार्रवाई क्रांति के पहले दिन के रूप में दर्ज की जानी चाहिए। यह घटना इस तथ्य की सबूत थी कि महिलाओं को सोवियत क्रांति की सफलता में कितनी दिलचस्पी थी। ज़ाहिर था कि क्रांति के महिलाओं पर पड़ने वाले प्रभाव पूँजीवादी नारीवाद के सरोकारों के मुक़ाबले कहीं अधिक व्यापक थे। क्रांति ने जो दुनिया पुरुषों के लिए खोली थी, महिलाओं की दुनिया को उससे अलग करके नहीं देखा जा सकता था। लेकिन, महिलाओं की स्थिति पुरुषों से कहीं ज़्यादा खराब थी। उद्योगों में महिलाओं की सुरक्षा करने के लिए कोई कानूनी प्रावधान न था। कामगार औरतों के लिए यदाकदा वेश्यावृत्ति करना आम बात थी। तलाक़ लेना बहुत कठिन था। गर्भ निरोधकों की समाज में चर्चा तक नहीं थी। पत्नी द्वारा पति का किसी भी तरह का प्रतिरोध असंभव था। औरत के पास संपत्ति का मालिक बनने का कोई अधिकार नहीं था। पूर्वी प्रांतों में तो औरतें पर्दे में रहती थीं और बहुपत्नी प्रथा का खूब प्रचलन था। रईस और सामंत परिवारों की औरतें आम दिक्कतों से मुक्त थीं लेकिन उनके पास भी अधिकार नाम की कोई चीज़ नहीं थी। बालिका शिशुओं को पैदा होते ही मार डालने पर कोई आपत्ति नहीं की जाती थी। स्त्रियों को उच्च शिक्षा देना उन्हें अभद्र बना देने के समान माना जाता था।

सोवियत पार्टी ने सत्ता हाथ में आते ही महिलाओं को मजदूर वर्ग में पुरुषों के समान अधिकारों के साथ प्रवेश दिया। इससे महिलाओं को बहुत लाभ हुआ। छोटे-छोटे बच्चों वाली मजदूरिनों को सर्वाधिक जरूरतमंद करार दिया गया। पार्टी और मजदूर कौंसिलों ने उनकी ओर ज़्यादा ध्यान दिया। गर्भवती स्त्रियों के लिए सुरक्षा और सुविधाओं के विशेष

इंतजाम किए गए। अलेक्जेंड्रा कोलंताई के विशेष प्रयासों से पहला श्रमिक महिला सम्मेलन सोवियत सरकार के गठन के कुछ ही हफ्ते के अंदर आयोजित किया गया जिसमें 50 हजार महिला प्रतिनिधियों ने भागीदारी की। कारखानों में कार्यरत महिलाओं की सुरक्षा के लिए एक के बाद एक ऐसे नियम कानून बनाए गए जिनके बारे में रूस में तो क्या दुनिया के किसी अन्य देश में भी कल्पना नहीं की जा सकती थी।

श्रमिक के रूप में औरत को उसका पूरा हिस्सा देने के साथ-साथ पार्टी ने परिवार की दुनिया को भी बदलने के लिए असाधारण किस्म की कानूनी पहल की। क्रांति के छह हफ्ते बाद ही विवाह पर दैवी नियंत्रण के चलन को बदल दिया गया और नागरिक पंजीकरण के माध्यम से विवाह होने लगा। एक साल के अंदर वैवाहिक संहिता बनाकर पति-पत्नी कानून के समक्ष बराबर बना दिए गए। वैध और अवैध बच्चों का फर्क मिटा दिया गया। परिवार पर पुरुष की कानूनी सत्ता खत्म कर दी गई और औरत को अपने नाम और नागरिकता के बारे में निर्णय करने का अधिकार मिल गया। अब उनके लिए पति के साथ-साथ हर जगह जाना जरूरी नहीं रह गया। तलाक़ आसान हो गया और किसी भी आपसी संबंध को परस्पर सहमति के आधार पर विवाह माना जाने लगा। इसी तरह परस्पर सहमति की बिना पर अलगाव भी होने लगा। विवाद की स्थिति में अदालती आदेश को दोनों पक्षों द्वारा मानने की बाध्यता लागू की गई। 1926 में नई परिवार संहिता लागू की गई। किसान महिलाओं और गृहिणियों को परिवार की संपत्ति का संयुक्त मालिक बना दिया गया। उन्हें गृह कार्य तक का पारिश्रमिक दिलवाने का कानून बना।

महिलाओं को राजनीतिक रूप से संगठित करने के प्रयास भी साथ-साथ चले। पार्टी ने 1919 में एक विशेष विभाग बनाया जो 'जनोट्डल' के नाम से मशहूर हुआ। पार्टी में कई तत्त्वों ने इस विभाग की कुछ ज़्यादा ही नारीवादी कहकर आलोचना की। पर पार्टी ने इस आपत्ति की उपेक्षा कर दी। जेनोट्डल ने महिलाओं को गृह युद्ध और अकाल के समय संघर्ष में उतारा। महिलाओं के छापामार दस्ते गठित किए गए जिन्होंने श्वेत डाकुओं से कई हफ्तों तक घुड़सवार योद्धाओं के रूप में लोहा लिया।

रूसी साम्यवाद बिना किसी संकोच के मान चुका था कि क्रांति को न सिर्फ कारखानों के स्तर पर प्रभावी होना है वरन् घर-परिवार के स्तर पर भी प्रभावी होना है। उसे उत्पादन और प्रजनन दोनों बिंदुओं पर रूपांतरण करना है। उन दिनों सोवियत संघ में महिलाओं को घरेलू काम-काज से मुक्ति दिलाने का विचार अत्यंत लोकप्रिय था। सार्वजनिक रेस्त्राओं, सामुदायिक रसोइयों, लांड्रियों, कपड़े सिलने के केंद्रों, घरों के सामूहिक रख-रखाव और अन्य सामुदायिक बंदोबस्तों के जरिये यह काम किया जा सकता था। लेनिन की धारणा थी कि घर के काम से हटकर और उत्पादन से जुड़कर औरत का प्रवेश एक नई और उन्नत स्तर की दुनिया में हो सकेगा। दूसरी तरफ सोवियत अर्थशास्त्री यह साबित करने में लगे हुए थे कि औरतों की गृह कार्य से मुक्ति समाजवाद की भौतिक प्रगति के लिए भी

लाभकारी है। अतएव हर तरह से परिवार को खत्म करने के नारे को व्यापक मान्यता मिलती चली गई। अलेक्जेंड्रा कोलंताई ने इस नारे का आगे बढ़कर समर्थन किया। ट्राट्स्की ने 'प्राब्लम्स आफ़ लाइफ़' में इसी मुद्दे को जोरदारी से उठाया और मजदूरों को किए गए अपने संबोधनों में इसी को केंद्र बनाया।

इन प्रयासों ने एक नई संस्कृति और एक नए किस्म के परिवार के जन्म लेने से जुड़ी बहसों को पैदा कर दिया। ट्राट्स्की का विचार यह था कि पुराना परिवार तब तक तिरोहित नहीं हो सकता और नए परिवार के लिए तब तक हालात नहीं बन सकते जब तक पर्याप्त आर्थिक समृद्धि का आधार न तैयार हो जाए। उसी आर्थिक समृद्धि के आधार पर वे सामुदायिक और सामूहिक सुविधाएँ खड़ी की जानी थीं जिनके कारण महिलाओं को गृह कार्य से मुक्ति मिलनेवाली थी। इस बहस के कारण रुझान धीरे-धीरे यह बना कि आर्थिक उत्पादन बढ़ाना स्त्री मुक्ति के लिए भी अधिकाधिक जरूरी समझा जाने लगा।

कम्युनिस्ट पार्टी के सामने सबसे बड़ी समस्या यह आई कि निजी और यौन जीवन की गत्यात्मकता में क्रांति कैसे की जाए। इसके लिए मार्क्सवाद में उसे कोई तैयारशुदा सिद्धांत नहीं मिला। मार्क्स और एंगेल्स दोनों ही युवावस्था में प्रेम कविताएँ लिखते थे। बाद में मार्क्स जेनी के साथ विवाह के पारंपरिक बंधन में बँध गए और एंगेल्स आजीवन मुक्त समागम के प्रयोग करते रहे। जेनी के बीमार और कुरूप हो जाने के बाद मार्क्स ने अपनी नौकरानी से एक अवैध संतान भी उत्पन्न की। ऐतिहासिक भौतिकवाद के संस्थापकों के जीवन से भी पार्टी को कोई ठोस सुराग नहीं मिला जिसके अनुसार वह अपनी कार्यदिशा बना सकती। प्रयोग के तौर पर आवास की समस्या के समाधान के रूप में सामुदायिक रिहाइश के कम्यून बनाए गए जिसमें प्रेम और यौन क्रिया को लेकर खासी अव्यवस्था फैल गई। स्थान की कमी के कारण कम्युनार्डों ने विचित्र व्यवहार करना शुरू कर दिया। कुछ ने तो ब्रह्मचर्य ही धारण कर लिया। जो यौन क्रिया में गए भी उन्होंने संतानोत्पत्ति से परहेज किया। यौन क्रिया के लिए एकांत की माँग एक अपराध समझी जाने लगी। सामुदायिक रिहाइश ने यौन संतुष्टि की गारंटी देने के बजाय यौन असंतुष्टि से ही एक गुण का दर्जा दे दिया। यहाँ भी यौनिकता तात्कालिक आर्थिक आवश्यकताओं के मातहत कर दी गई।

कानून बनाने और संगठन के स्तर पर प्रयास करने में पार्टी ने कोई कसर नहीं छोड़ी। सिद्धांत की दुनिया में परिवार के तिरोहित होते चले जाने की पूरी परिस्थितियाँ तैयार हो गईं लेकिन व्यवहार में पार्टी धीरे-धीरे परिवार का विकल्प तैयार करने में नाकाम होती चली गई। इसमें कई स्थितियों ने योगदान किया जिनमें प्रमुख थी—सोवियत समाज का पिछड़ापन, सोवियत अर्थव्यवस्था का औद्योगिक रूप से कमज़ोर होना और परिवारों के अंदर सोवियत पुरुषों द्वारा दोहरा रवैया अपनाना अर्थात् सार्वजनिक तौर पर महिलाओं की राजनीति और उत्पादन में भागीदारी के लिए प्रतिबद्धता, लेकिन निजी तौर पर पत्नियों पर

घरेलू काम-काज के लिए दबाव डालना। लेकिन इन सबसे ऊपर और अधिक गहरी समस्या यह थी कि मार्क्सवाद के पास यौन व्यवहार से जुड़ी मनोवैज्ञानिक समस्याओं के समाधान के लिए कोई चिंतन उपलब्ध नहीं था। मनोविज्ञान को एक 'फर्जी विज्ञान' समझने की प्रवृत्ति कम्युनिस्ट बुद्धिजीवियों में बहुत पुरानी थी। ज़्यादा से ज़्यादा वे इन मसलों को 'सुपरस्ट्रक्चर' का मसला बताकर टाल देते थे। क्रांति के दौरान प्रेम और यौन जैसे विषयों पर बौद्धिक विचार-विमर्श सबसे कम हुआ था। कुछ कम्युनिस्टों ने तो प्रेम को 'पूँजीवादी रहस्यवाद' कहकर ठुकरा दिया था। तरुण कम्युनिस्ट लीग के एक परिपत्र में इसे 'प्रकृति की भौतिकीय परिघटना' बताया गया था। यह कुछ बेहतर लेकिन समस्याग्रस्त व्याख्या थी। प्रेम जैसे मानवीय अनुभव को इस व्याख्या के तहत 'शारीरिक सनसनी' में सीमित कर दिया गया था। नई और पुरानी पीढ़ी के कम्युनिस्टों में इस प्रश्न पर खासा विवाद छिड़ा कि समाजवादी समाज में प्रेम को कैसे परिभाषित किया जाना चाहिए लेनिन ने इसमें हस्तक्षेप किया और उनके इस प्रयास को हम क्लारा ज़ेटकिन से हुई उनकी बातचीत के रूप में जानते हैं।

लेनिन ने क्लारा से जो कहा वह सोवियत साम्यवाद के अंतर्विरोधों का प्रतिनिधित्व करता था। सिद्धांत रूप से सोवियत व्यवस्था एक ऐसे मानव के विकास के लिए प्रतिबद्ध थी जिसे दमित नहीं होना चाहिए था, लेकिन व्यवहार में समाजवाद की आर्थिक रचना के लिए एंगेल्स द्वारा प्रचलित 'मुक्त सहवास' की उन्मुक्तता की नहीं हर तरह के आत्मानुशासन की जरूरत थी। पूँजीवाद से टकराने के लिए जिस शक्तिशाली समाजवादी अर्थव्यवस्था की जरूरत समझी जा रही थी वह बिना देर किये हुए केवल पुराने पूँजीवादी तरीकों से ही बन सकती थी। इसलिए फैक्ट्री के स्तर पर एक व्यक्ति के प्रबंधनवाला पूँजीवादी 'टेलर सिस्टम' अपनाया गया। बदले में मजदूरों की कौंसिल बनाकर कारखानों के जनवादी प्रबंधन की संभावनाएँ धूल-धूसरित हो गईं। सिद्धांत कुछ भी रहा हो व्यवहार में पुराने पूँजीवाद द्वारा स्थापित कठोर परिश्रम, यौन संयम और आत्मदमन की प्रवृत्तियाँ अपनाने की अपीलों का बोलबाला हो गया। इस माहौल का खामियाजा कोलंताई को भी उठाना पड़ा। यौन पूँजीवादी के 'यौन मनोवैज्ञानिक नाटक' में पूँजीवादी नारीवाद की आहट सुनी गई।

बीस का दशक खत्म होते-होते आर्थिक पुनर्निर्माण को सर्वोच्च प्राथमिकता मिल गई और मानवीय क्षमता के यौनिकता में बह जाने के प्रति कम्युनिस्ट पार्टी चिंतित हो गई। निजी प्रेम के बारे में एंगेल्स के उद्धरणों को पढ़ना-पढ़ाना अव्यावहारिक मान लिया गया। 1992 में 'जेनोट्डल' को भंग कर दिया गया। तीसरे दशक में परिवार की संस्था को दो सरकारी नीति में फिर से स्थापित किया गया। परिवार के तिरोहित होने पर चर्चाएँ बंद हो गईं। 1936 में गर्भपात को वैध करनेवाला कानून मंसूख़ कर दिया गया। नए कानूनों का यह सिलसिला बनाया गया जिसने तीस के दशक में नारी मुक्ति के मकसद से बनाए गए कानूनों को पलट दिया। शादी की अँगूठियाँ और कर्मकांडयुक्त विवाह समारोह फिर प्रकट

हो गए। अख़बारों में परिवार, प्रजनन और विवाह की प्रशंसा में लेख छपने लगे। स्तालिन के नेतृत्व में तो 'सोवियत मातृत्व' के गुण गाना सरकारी नीति बन गया। हर चीज़ उत्पादन के साथ जोड़ दी गई। समलैंगिकता को कानून बनाकर प्रतिबंधित किया गया क्योंकि वह नए जीवन का उत्पादन नहीं कर सकती थी।

सोवियत संघ में हुए नारी मुक्ति के इस असफल प्रयोग की रोशनी में अन्य कम्युनिस्ट देशों के प्रयोगों को भी देखा जा सकता है। चीन, वियतनाम, क्यूबा और पूर्वी यूरोप के अन्य सभी समाजवादी देश महिलाओं की आज़ादी के रास्ते पर केवल उतने ही चले जितनी उपयोगिता उन्हें समाजवादी आर्थिक रचना के लिए लगी। वे यौनिकता, प्रजनन के सामाजिक संबंधों, परिवार की जकड़ से मुक्ति आदि बौद्धिक झंझटों में नहीं पड़े। परिवार की पूँजीवादी संस्था को इकाई के रूप में स्वीकार करने के बाद केवल आर्थिक उत्पादन के दम पर नया समाज बनाने की असफलता के लिए अभिशप्त कोशिशें की गईं।

जिन देशों में समाजवादी परियोजना शुरू नहीं हुई थी, लेकिन जहाँ कम्युनिस्ट आंदोलन मज़बूत था, वहाँ भी यह सवाल उठना लाजमी था। भारत एक ऐसा ही देश था। 1925 में स्थापित हुई कम्युनिस्ट पार्टी ने चालीस के दशक और पचास के दशक की शुरुआत में स्वयं को एक ऐसे मोड़ पर खड़ा पाया, जहाँ उसे तय करना था कि वह पार्टी के कार्य और स्त्री के अंतर्संबंधों को कैसे परिभाषित करेगी। तेलंगाना के सशस्त्र संघर्ष में पुरुषों के साथ कंधे से कंधा मिलाकर लड़ने वाली नारियाँ एक विराट प्रश्नचिन्ह की तरह पार्टी के सामने खड़ी हो गईं। जब पार्टी ने संघर्ष-वापसी का फैसला किया तो वह उन शानदार और उन्नत चेतनावाली महिलाओं को अपने आगोश में ले सकती थी। वह उन्हें रक्त संबंधों वाले परिवार से मुक्ति दिलाकर कामरेडों के संयुक्त और सामुदायिक परिवार का अंग बना सकती थी। लेकिन अविभाजित कम्युनिस्ट पार्टी ने बंदूक उठानेवाले हाथों से कहा कि वे दोबारा चूल्हा-चक्की की जिंदगी में लौट जाएँ। पार्टी के इस निर्देश के कारण तेलंगाना की उन वीरांगनाओं को जो वेदना हुई वह आज स्त्री शक्ति संगठन द्वारा दस्तावेजबंद की जा चुकी है। उसी के साथ पार्टी के वरिष्ठ नेताओं का वह पश्चाताप भी दस्तावेज बन चुका है जो पुकार-पुकारकर कहता है कि नया समाज बनाने की मार्क्सवादी परियोजना स्त्री मुक्ति की लड़ाई को केवल एक ही सोपान तक ले जा सकी और वह था स्त्री को श्रमिक वर्ग में बराबर का अधिकार देने का सोपान। लेकिन व्यापकतर समाज में निजी व यौन जीवन के 'यौन मनोवैज्ञानिक नाटक' को प्रभावित करने के लिए उसे और भी आगे जाना चाहिए था।

स्त्रीत्ववाद में मर्दों की जगह

सुधीश पचौरी

फ्रायड ने पूछा है कि औरत चाहती क्या है?...
बौदलेयर ने जबाव दिया है कि वह 'फक' होना चाहती है...

मैन इन फैमिनिज्म में 'मेल फेमिनिज्म' नामक अपने विवादास्पद लेख में स्टीफन हीथ ने लिखा है—'स्त्रीत्व के साथ पुरुष का संबंध एक असंभव संबंध है। यह बात दुःख या गुस्से के साथ नहीं कही जा रही है। (यद्यपि वैसा दुःख या गुस्सा आम प्रतिक्रियाएँ हैं) बल्कि राजनीतिक ढंग में कही जा रही है। स्त्रीत्ववाद से पुरुष का जरूरी संबंध है। आखिर उसका हेतु भी तो उन्हें बदलना है। इसका मतलब औरत होने के तरीकों को समझना और पुरुष होने को समझना है। स्त्रीत्ववाद ऐसा मसला भी है जो ज़रूरी विशिष्टतावादी है क्योंकि एक बिंदु के बाद यह औरतों का ही विशेष मसला बन जाता है, कि उनकी वाणी और उनके काम में परिवर्तन और पुनर्व्याख्या को तय करेंगे। ध्यान करें—उनकी वाणी, उनकी कार्रवाई! हमारी नहीं। हम चाहें कितने भी 'ईमानदार' हों और उनके कितने 'हमदर्द' हों, हम हमेशा एक पुरुष-स्थिति में ही होंगे जिसके साथ पुरुष-वर्चस्व और आत्मसातीकरण होता रहेगा। यानी वही सब जिसे स्त्रीत्ववाद चुनौती देता है और जिसे बदलने की वह ठाने है।'

सत्ता के उत्तर-आधुनिक विमर्शों में स्त्रीत्ववाद के एक बड़े चरण के मुकम्मल होने के बाद 1984 में वाशिंगटन में माडर्न लैंग्वेज एसोसिएशन की ओर से जो दो शुरुआतें की गईं उनमें से एक है स्टीफेन हीथ का उक्त लेख जिससे एक नई बहस शुरू हुई। बहस के लिए यह लेख सबके पास भेजा गया। खासकर स्त्रीत्ववादियों और उनके विरोधियों के पास और सबके प्रतिकथनों को एकत्र किया गया।

स्त्रीत्ववादी विमर्श में पुरुष की जगह क्या है और उसकी हमदर्दी का क्या हासिल है? ये सवाल देर-सवेर स्त्रीत्ववाद द्वारा पेश किए ही जाने थे। औरतें स्त्रीत्ववाद की न केवल कर्ता हैं बल्कि वे ही शक्ति हैं और 'एक औरत के रूप में एक औरत होकर' स्त्रीत्ववाद के सत्ताविमर्श को अर्जित करना उसका सार है क्योंकि तभी वह कर्ता बन

सकती है। ऐसी स्थिति में इतिहास उलट जाता है। अब तक 'विषय' बनी रही स्त्री के लिए अब 'पुरुष' एक विषय (ऑब्जेक्ट) बन जाता है। अब तक जो मर्द करते रहे, उसका प्रत्यावर्तन हो जाता है। अब मर्द विश्लेषण का विषय बनता है, 'परिवर्तित किए जाने योग्य विषय' और इस तरह पितृसत्तात्मकता को चुनौती मिल जाती है। जो हमेशा 'कर्ता' ही रहा वह कर्म (विषय) बन जाता है। पीड़ा होती है। उपद्रव होने लगता है। आलोचना के अब तक के शास्त्र जो कर्ता के रूप में मर्द को ही प्राप्त करते थे कर्ता के रूप में यानी कर्त्री के रूप में स्त्री को पाते हैं तो निराश हो उठते हैं। स्टीफेन हीथ का लेख इस मायने में प्रतिनिधि लेख है जो स्त्रीत्ववाद में मर्दों की जगह को रेखांकित करता है।

हीथ कहते हैं कि स्त्रीत्ववाद में मर्दों की जगह खोजने में एक स्वार्थ यह भी काम करता है कि मैं उनके बीच भी अपने कर्तव्य को फिर से आबाद करना चाहता हूँ। (पृ.1) फैमिनिस्ट होकर मैं स्त्रीत्ववाद में भी कर्ता बनना चाहता हूँ ताकि मैं अपने बचे हुए उपनिवेश को बहाल रख सकूँ (वही)।

यदि ऐसा न किया जा सके तो क्या कुछ भी नहीं किया जा सकता? क्या मैं स्त्रीत्ववाद के बारे में कुछ भी कहने का हकदार सिर्फ इसलिए नहीं हूँ कि मैं मर्द हूँ? क्या मैं उसके लिए नहीं बोल सकता? इसका मतलब इतना ही है कि मैं यह समझूँ कि यह एक कोशिश ही हो सकती है कोई टुच्चापन नहीं कि मैं वहाँ नहीं हूँ जहाँ कि 'वे' हैं। अब मैं कोई भी बहाना नहीं बना सकता जिसके झाँसे में (वे) आ जाएँ क्योंकि मेरा संबंध ही ऐसा है! (वही)

फैमिनिज्म जिसे हिंदी में स्त्रीत्ववाद कहा जा सकता है, एक सत्ता में स्त्री के बलीकरण का विचार है और इस तरह वह अब तक के सत्ताविमर्श में निहित बलीकरण की प्रक्रिया को उलटता है। उसका आधार 'देह' (बॉडी) है और 'यौनता' (सैक्सुअलिटी) उसका केंद्र है। स्त्रीत्ववाद 'सहजात' दशा नहीं है। वह एक 'अर्जित' केंद्र है। सभी औरतें औरत होने के नाते भर से स्त्रीत्ववादी नहीं होतीं। वे औरत होते हुए भी स्त्रीत्ववाद के बाहर हो सकती हैं। यानी पुल्लिगी-विमर्श की कैद में हो सकती हैं। इस अर्थ में स्त्रीत्ववाद एक समाज-राजनैतिक विचार है, वह एक संघर्ष है, एक प्रतिबद्धता है। औरतें स्त्रीत्ववादी 'होती' नहीं हैं, वे स्त्रीत्ववादी 'बनती' हैं। औरत का फैमिनिस्ट बनना इसलिए सहज है क्योंकि औरत होने का अनुभव उनके ही पास प्रकृत्या होता है। वे अपनी देह से उसे अर्जित कर सकती हैं। इसीलिए देह के प्रति सजगता स्त्रीत्ववाद में एक अनिवार्य तत्त्व है। दैहिक विमर्श में जाए बिना और देह को जगाए बिना स्त्री को नहीं पढ़ा जा सकता और न ही स्त्रीत्ववाद को समझा जा सकता है। वे लोग जो इस देह के दावे का विरोध करते हैं वे दरअसल अपने कब्जे से बाहर जाती 'स्त्री-देह' को देखकर चीत्कारभर करते हैं। दरअसल यह अपने महफूज स्पेस के छिन जाने का डर है। नए ग्लोबल जनतंत्र में और नए पूँजीवादी उत्तर आधुनिक दौर में लिंग-केंद्रित विमर्शों को जगह मिल रही है। इससे

अब तक के सौंदर्यशास्त्र के पैमाने बदल रहे हैं।

पुरुष द्वारा औरत के देह और आत्म का दमन पुरुष को उनके अनुभवों में नहीं जाने देता। दमन से ही जो अनुभव शुरू होता है तो दमनकारी उस अनुभव के दूसरी तरफ होता है। इस तरह जिसे अनुभव की 'एकान्विति' कहा जाता रहा है और जिस पर अब तक का सौंदर्यशास्त्र और रस शास्त्र खड़ा हुआ है वह संदिग्ध और विखंडित हो उठता है। इस तरह किसी भी अनुभव के कथन का 'सार्वभौमिक प्रतिनिधान' असंभव हो जाता है। एक का अनुभव सबका नहीं हो पाता। आधुनिकतावादी ट्रांसेंडैंस गिर जाती है। भाषा बदल जातीं है उसके पाठ में अब तक तिरोहित कर दिया गया दुश्मन आ बिराजता है। इस तरह पढ़ने से स्त्री की भाषा अलग हो जाती है और पुरुष के लिए परायी हो जाती है। वह सार्वभौमिक, 'सबके लिए एकार्थ देने वाली' (सुरसरि सम सब कहँ हित होई) नहीं रहती। पुरुष की अपनी भाषा में अपनी दमनकारी पोजीशन से अपने शिकार से संवाद मुश्किल होता है। अब अगर वह स्त्रीत्ववाद का समर्थक होता भी है तो अनुभव के प्रायः विपक्ष में और बाहर रह जाता है। इस तरह सभी पुल्लिगवादी लेखकों के लिए सबसे बड़ा प्रश्न यह हो जाता है कि फैमिनिज्म के बारे में लिखें तो पुरुषवाद के अपने गड्ढे से कैसे बचें? अपने लेख में हीथ बार-बार इस डर को कहते हैं कि 'पुरुष का स्त्रीत्ववाद अंततः एक मर्दाना काम ही है। क्योंकि मर्दानेपन के खत्म होते ही औरतानापन भी खत्म हो जाता है।

कोमलता, मृदुता, कमनीयता, धीरज, प्रेम, सजगता ये तमाम औरतों की विशेषताएँ बताई जाती हैं। परंपरागत साहित्य में स्त्री की छवि, जो नायिका भेद में, और कहें तो वात्स्यायन के कामसूत्र में स्थिर की गई वही लोकप्रिय रही है। बाद की पॉपुलर कल्चर में भी कमोबेश ऐसी ही छवि स्थिर रही है। कोमलता वह बुनियादी विशेषण है जिससे स्त्री को कैद किया गया है। यहीं से मर्दों का स्त्रीत्ववाद अब भी जगह बनाता है। यहीं से हमदर्दी शुरू होती है। हमदर्दी एक संदिग्ध विचार है। स्त्रीत्ववाद का एक बड़ा विमर्श ऐसा मानता है।

स्त्रीत्ववाद जिस तरह से लेखन को देह के पाठ में बदलता है लगभग उसी तरह से लेकिन कुछ भिन्न किस्म के बलीकरण की माँग के साथ दलित विमर्श भी लेखन को एक देह के अनिवार्य पाठ में बदलता है। जन्म से ही दी गई विभक्ति अंततः देह को पाठ के केंद्र में ले आती है। दलित विमर्श को हिंदी में समझने के लिए स्त्रीत्ववादी देह के विशिष्ट सत्तावादी विमर्श को समझना जरूरी है। जिस तरह औरत के औरतपन को पुरुष जैविक रूप में और इसी तरह मानसिक रूप में नहीं लाँघ सकता उसी तरह गैर दलित दलित के अनुभव संसार में जैविक ढंग से प्रवेश नहीं पा सकता। फूको के जैविक विमर्श में स्त्री की देह एक ऐसा ही बहुलांश में एक अनुल्लंघ्यपाठ है। यही बात दलित के साथ है। जो बामन ठाकुर दलित को धिक्कारकर फिर फुसलाकर काम चलाना चाहता है वे एक

मूलतः अपने जाति के भीतर से आखिरी कार्रवाई करते हैं। स्त्रीत्ववाद पर होने वाले कटाक्ष लगभग वैसे ही हैं जैसे अलग होते दलित साहित्य पर होते कटाक्ष, वे किसी नुक्कड़ पर निकलती औरत को शर्मिंदा करने के लिए किए जाते लफंगों की फब्तियों जैसे ही लगते हैं। लफंगों को कहाँ पसंद कि कोई औरत अपनी देह भाषा को अपने ढंग से बनाए। किसी बामन ठाकुर को कहाँ पसंद कि कल तक और आज तक उनका मैला उठानेवाला 'भंगी', उनके जूते गाँठनेवाला कोई 'चमार' 'चूहरा' घोड़ी पर बैठकर बारात निकाले। देह के विशिष्ट होने, त्वचा के रंग और योनि के विशिष्ट होने ने अनुभव के निर्माण और 'पाठ' की जिस विशिष्टता और अद्वितीयता को स्थापित किया है उससे सारे सौंदर्यशास्त्र और अब तक के समाजशास्त्रों में गड़बड़ होने लगी है। इस प्रसंग में यहाँ इतना कहना ही काफी होगा कि जैविक यानी आत्यंतिक रूप से देह विमर्श होने के कारण, जैसे कि सभी विमर्श होते हैं, दलित विमर्श स्त्रीत्ववादी विमर्श की तरह दूर तक पढ़ा जा सकता है और तभी वे भेद भी सामने आते हैं जो लिंग और जाति के बीच बार-बार उठते हैं। जैसे कि हम संसद में तैंतीस फीसदी महिला प्रतिनिधि आरक्षण और उसमें भी दलित या पिछड़ी औरतों के लिए अलग से आरक्षण की बात सुनते-करते हैं। यही 'पर्सनल' का 'पॉलिटिकल' होना है।

हीथ के उक्त छूटे हुए कथन को फिर याद करें तो उसे हम यों भी सोच सकते हैं। अगर पुल्लिगी केंद्र गिर जाता है तो क्या होता है? तब आप अवचेतन, मनोविश्लेषण से बाहर आ जाते हैं, फ्रायडवाद के घेरे के बाहर आ जाते हैं। हीथ अपने 'मेल इन फेमिनिज्म' में तर्क को जहाँ तक लाते हैं उसमें स्त्रीत्व को लेकर एक छल सक्रिय है जो कहता है कि हम नहीं तो तुम नहीं। स्त्रीत्ववाद जिस पुल्लिग पर हमला करता है अगर वह न रहेगा तो स्त्रीलिंग कहाँ रहेगा? हीथ तर्क देते हैं। तर्क देते हैं कि तुम्हें रहना है तो हमें भी रहने दो। यह स्त्रीत्ववाद के लिए एक विमर्शगत चुनौती है जिसे पुल्लिगी सत्ता बार-बार बनाती है।

हीथ का दावा है कि हम लिंग के केंद्र के बिना नहीं हो सकते। इसलिए ऐसे में मर्द होकर स्त्रीत्ववाद के बारे में लिखने का अर्थ है कि हम उसके प्रति प्रतिक्रिया करते हैं उसमें होते नहीं हैं। हीथ के लिए मर्द के लिए स्त्रीत्ववादी होना एक मिथ भर है। वह आत्मसातीकरण का मर्दवादी तरीका है। वह सामने से नहीं तो पीछे से वर्चस्व कायम रखने का तरीका है।

हीथ कहते हैं कि एक जमाना था जब जॉन स्टुअर्ट मिल की किताब *द सब्जेक्शन आफ वूमन* स्त्रीत्ववादी मानी जाती थी। शुरू के स्त्रीत्ववाद ने उसे अपना ग्रंथ माना, लेकिन आज का फैमिनिज्म नहीं मानता। मिल का उदाहरण मर्द के स्त्रीत्ववाद में प्रवेश देने और फिर मना कर दिए जाने का उदाहरण कहा जा सकता है। आज उसका मर्दवादी केंद्र स्पष्टतः निकाला जा सकता है जो स्त्री के आत्मसातीकरण करनेवाला दिखेगा।

मर्द के स्त्रीत्ववादी होने की इच्छा मूलतः 'पालिटिकली करेक्ट' होने की इच्छाभर है,

नीतिभर है 'स्त्रीत्ववादी' होना नहीं। सवाल उठता है क्या ऐसा करके मर्द उसे उसी तरह आत्मसात् कर सकता है जैसा कि कहा जाता है? हीथ कहते हैं, जिन बैठकों में औरतें ज़्यादा उपस्थित होती हैं वहाँ ये सवाल कमोबेश इसी तरह आते हैं, वहाँ मर्द अपने मर्दवाद के साथ नहीं आते। वे निजी (पर्सनल) को उस तरह राजनीतिक नहीं बनाते जताते, जिस तरह से स्त्रीत्ववाद बनाता जताता है। वे अब तक बनाते जताते ही आए हैं, औरत को अब बनाना जताना पड़ रहा है। 'निजी ही राजनैतिक है' (पर्सनल इज पॉलिटिकल) जैविक विमर्शों की देन है। जो मर्द स्त्रीत्ववाद में जाना चाहते हैं उन्हें निजी को राजनीतिक बनाना छोड़ना होता है क्योंकि उनका निजी मूलतः पुल्लिंग होना होता है। वे एक अनिवार्य विलोम होते हैं। विलोम को यह विमर्श बहुत दूर तक स्त्रीत्ववादी विमर्श को उत्तर-आधुनिकता के भीतर आधुनिकतावादी समस्या पैदा करनेवाला बनाता है।

इस तरह मर्द को महसूस होता है कि चाहकर भी वह अपनी पहचान को स्त्री से पुनर्परिभाषित नहीं कर सकता। वह बाहर रहने को अभिशप्त है। मर्द की हैसियत और उसका इच्छित विमर्श इस तरह अलग ही नहीं विपरीत जा पड़ता है। लेखन के लिए यह एक नई विखंडनात्मक स्थिति है जहाँ उसकी सद्भावना बेकार जाती है। प्रतिनिधान यहाँ समस्याग्रस्त होता है।

कई साल पहले टेरी ईगलटन ने मार्क्सवादी आलोचना पर एक व्याख्यान दिया जिसमें उन्होंने स्त्रीत्ववाद और आलोचना के भविष्य के बारे में कहा कि स्त्रीत्ववादी आलोचना एक क्रांतिकारी नया पैमाना (पैराडाइम) है। (11) लेकिन उनकी कुछ आपत्तियाँ भी थीं जो उन्होंने गिनाईं। मसलन उन्होंने कहा कि अभी स्त्रीत्ववादी आलोचना अनुभववाद से आगे नहीं गई है। वह अभी अविकसित है। और सिद्धांतिकी के स्तर पर बहुत कृशकाय है। (11) उपस्थित स्त्रीत्ववादियों के बीच इस पर बड़ा क्षोभ देखा गया। उनकी कड़ी आपत्तियाँ थीं। हीथ ने यह नोट किया है। (वही)

इस तरह ईगलटन द्वारा स्त्रीत्ववाद को दी जा रही जगह वस्तुतः 'बाहर वाले' द्वारा दी जा रही जगह मानी जा रही थी। यहाँ स्वयं को श्रेष्ठ जगह पर दाता की जगह पर पहले ही अधिष्ठित कर लिया गया था।

हीथ का साफ कहना है कि मैं हमेशा ही लज्जित होता हूँ मुझे हमेशा ही एक दुविधा होती है जब मैं स्त्री-यौनता (सैक्सुअलिटी) को लेकर मर्दों का लेखन देखता हूँ। मैं चकित होता हूँ। वे कैसे अब भी ऐसा मानकर चलते हैं कि उनकी कोई जगह हो सकती है। लेकिन फिर मुझे केट मिलेट की 'सेक्सुअल पालिटिक्स' याद आती है जो औरत द्वारा मर्द यौनता पर लिखी किताब है या एंड्रीया ड्वोरकिन, एंजिला कार्टर, सुजन ग्रिफिथ इत्यादि अनेक लेखिकाओं की रचनाएँ याद आती हैं। वे 'मर्द की यौनता' के बारे में बात करती हैं। मैं उनसे सीखता हूँ इस तरह इसे उलटकर चलने से कहा जा सकता है कि मर्द भी औरत की यौनता पर लिख सकता है। और औरतें उससे सीख सकती हैं। विमर्श

में ऐसा उलटफेर बेहतर रहता यदि हमें यह न मालूम होता कि दोनों लिंगियों में भारी भेद अभी है। (वही)

फ्रायड ने स्त्री-यौनता पर लिखा और उसके होने को मना किया। सीधे शब्दों में कहें तो फ्रायड के लिए स्त्री की कोई अपनी यौनता नहीं है। उन्नीसवीं सदी से यौनता के प्रति लगातार चेतना बढ़ी है। मर्द की यौनता एक तरह का दुहराव है और औरत की यौनता जिज्ञासा है, पहेली, अँधेरा है—ऐसा बार-बार कहा जाता है। मर्दवादी विमर्श है यह। यौन विमर्श ने यौन को आत्मप्रमाणित सत्य नहीं रहने दिया है। यौन से संबंधित कर्म और तज्जन्य विमर्श को यौनता कहा जाता है। (13)

एक सैक्सोलोजिस्ट का कहना है कि लिंग पुरुष का हो सकता है। लेकिन उसका इरेक्शन स्त्री से संबंधित है। (15) यौन कर्म में किससे संबंधित होता है ठीक-ठीक नहीं कहा जा सकता। मिशेल मोंटरले के अुनसार बेटा माँ का होता है। यौनता का अर्थ मर्द के लिए माँ के स्त्रीत्व में हिस्सेदारी करना भी है। (वही)

औरतें क्या चाहती हैं? कभी फ्रायड ने पूछा था। वे मर्द बनना चाहती हैं! यह जवाब भी खुद दिया था। उसके मत में यह स्त्री की 'पेनिस एन्वी'/'लिंग-ईर्ष्या' है। वह लिंग से ईर्ष्या करती है। क्या इन बातों को पढ़ते हुए हमें अभी छपे उपन्यास *नमो अंधकारं* (दूधनाथ सिंह) के मर्दवादी संसार की याद नहीं आ रही? या पत्नी पीड़ित पतियों के मंच या गलियों के नुक्कड़ों पर खड़े अपने शिश्न खुजलाते हुए, लड़कियों को छेड़नेवालों की दैनिक भाषा की याद नहीं आ रही है? इन दिनों तो कथित प्रगतिशील आचार्य लोग तक चकित हो पूछते हैं—ये औरतें आखिर क्या चाहती हैं? वही तर्ज है—ये दलित आखिर चाहते क्या हैं। दलित में भी ये चमार-चूहरे आखिर चाहते क्या हैं?

रेनेसाँ में औरत का 'औरतपन' या स्त्रीत्व एक बड़ी समस्या की तरह है जिससे फ्रायड दो-चार हो रहा है। ये औरत क्या चाहती है? महान बॉदलेयर ने जवाब दिया कि औरत गर्म होती है और सिर्फ 'फक' होना चाहती है। लिंग की श्रेष्ठता का ऐसा दावा तब आम था और आज भी है। इस सबको साहित्य में भी दूसरे शब्दों में कहा-पढ़ा जा सकता है। हिंदी में अभी लोग इसी स्तर पर प्रतिक्रिया करते हैं कि आखिर औरत चाहती क्या है? हम जानते हैं कि हमारे पास इस सवाल का कानोंकान उत्तर क्या है! यह मर्दवादी यौनता का विमर्श है।

साहित्य में इसका उत्तर ज़रा दूसरी भाषा में मिलता है। आलोचना का आखिरी भरोसा अब स्त्रीत्ववाद है। डेढ़ सौ साल से आधुनिक आलोचना ने उसे सहने योग्य पाया है। कुछ लोग तो यहाँ तक कहते हैं कि आप स्त्रीत्ववादी होकर नए रेडिकल क्षेत्र में दाखिल हो सकते हैं। विखंडनात्मक पाठ ने उसे नए रास्ते दिखाए हैं। गायत्री चक्रवर्ती स्पिवाक का कहना है कि नस्ल या वर्ग से ज़्यादा बड़ा विमर्श स्त्री का इसलिए है कि पुरुष उसके लिए अपने भीतर से श्रोता पा सकते हैं (18) यौनता देह मात्र नहीं है। न यह संभोग है

वह एक 'अर्जन' है जो चेतना से भी ताल्लुक रखता है। हीथ कहते हैं कि देह भले बुनियादी न हो, लेकिन वह बेकार नहीं है।

उत्तर फ्रायडवादी लाकाँ का कामना पर जोर है, लेकिन कामना यौनिक हो अनिवार्य नहीं। लाकाँ तो कहते हैं कि कामना को यौनिक नहीं किया जा सकता। हीथ का कहना है कि यौन के प्रश्न सिर्फ ईडिपस के माँ के साथ सोने-भर के सवाल नहीं हैं।

तब क्या स्त्रीत्ववाद में मर्द के आने के सवाल व्यक्तिवाद के हाशिए पर चले जाने के सवाल हैं? हीथ मानते हैं कि ऐसा ही लगता है। 'अगर मैं औरत होता तो मेरी प्रामाणिक पहचान होती' यह एक मनोविश्लेषणपरक वाक्य ही है। जो मर्द फेमिनिज्म के प्रति सचेत हैं वे औरतों के लिए समानता के बारे में नहीं अपने प्रति असमानता के बारे में ज़्यादा सचेत होते हैं। (25)

क्या मर्द मर्द के रूप में ही लिखता है? चिन्ह विज्ञान, मनोविश्लेषण, विखंडन तमाम पाठात्मक सिद्धांतिकी हमें इसका उत्तर दे चुकी हैं। हीथ कहते हैं कि 'लिखे' के साथ कोई भी सीधा संबंध नहीं होता। जो हम लिखते हैं वह भाषा के अनंत चक्रों से संभव होता है। जिसमें मर्द औरत सब शामिल होते हैं। लेकिन इसका मतलब उन सवालों का खात्मा नहीं है जो उठते हैं।

जिस तरह समाज ने एक मर्द को जगह दी है उससे जिस तरह वह अर्थ (मानी) का नियंत्रण करता है उसे देखते हुए स्त्री का स्त्री के रूप में लिखने-पढ़ने पर जोर देना देह का लेखन करना इत्यादि नए सवाल तो पैदा होते ही हैं। टिली औलसन ने लिखा है—अपने देह के बारे में सच को बताना स्त्री लेखन कर्म में कर्ता को स्वतंत्र करने का औजार है। हीथ कहते हैं कि यही बात मर्द के लिए कही जा सकती है।

इस तरह दो प्रकार का मर्द लेखन है—एक दमनकारी लेखन के रूप में और एक आदर्शवादी (यूटोपियन) के रूप में। इस तरह वे कहते हैं कि मैं 'मर्द लेखन' करता हूँ। विखंडन कहता है कि औरत के रूप में पढ़ना भिन्न कर्म है। पेगी कामुफ ने कहा था कि 'एक औरत के रूप में लिखना' में एक द्वैधता है, विभक्ति है। औरत की पहचान तदाकारिता को तोड़ती है और भेद को सक्रिय करती है। औरत के रूप औरत को पढ़ना एक पहचान को बनाना है जिनमें भेद को व्यवस्थित किया जाता है। औरत को पढ़ना अलग है। औरत के रूप में पढ़ना अलग है। यदि औरत के रूप में पढ़ना एक संरचना है तब औरत के पढ़ने और औरत के रूप में पढ़ने के बीच संबंध कहाँ बनता है? स्त्रीत्ववाद का तत्त्ववाद उसका अपना संकट है—हीथ कहते हैं।

लेकिन इसका जवाब भी पढ़ लीजिए—इसी बहस में भाग लेने वाली एलिस जार्डीन कहती हैं कि आदमी क्यों हमारे संघर्ष में आना चाहते हैं जबकि वे जानते हैं कि यहाँ उन्हें पीड़ा मिलेगी? (58) *मैन इन फैमिनज्म* (वही)।

यहाँ से जार्डीन 'मेल राइटिंग' मर्द लेखन के बारे में बात करती है। वह कहती है कि

उक्त प्रश्न का उत्तर इस मर्द लेखन में मिलता है। हीथ चाहते हैं कि मर्द औरत के लेखन से सीखे। इसके लिए वह स्त्रीत्ववादी बने जहाँ तक हो सके। जार्डीन के लिए यह स्पेस की लड़ाई है। जार्डीन कहती हैं कि इतने से काम न चलेगा। 'हमें आपका काम चाहिए आपकी जगह चाहिए। आप अब भी अपनी यौनता के बारे में आधिकारिक ढंग से बोलते हैं...हमें अपनी यौनता के बारे में बोलना है।

हमारे मर्द सहयोगी या हमदर्द सबसे पहले तो फैमिनिटी के बारे में कहना-सुनना बंद करें। औरत के बारे में बोलना आसान है खासकर उसकी देह के बारे में मर्द होकर बोलना आसान है। (60) (वही) लेकिन उसकी देह के बारे में उसकी तरह बोलना आसान नहीं है। इस तरह एक मर्द की जगह एक दयनीय हमदर्द की हो सकती है। यह सदियों से चले आते विमर्श का विपर्यय है।

एलिजाबेथ वीड आदमी की जगह के बारे में थोड़ा ज़्यादा निष्करुण हैं। देरिदा के विखंडन को लाभकर मानते हुए वे उससे एक गहरी शिकायत करती हैं कि देरिदा ने कहा कि स्त्रीत्ववादी विमर्श सिर्फ एकेडेमियों में ही है यानी स्वीकृत विमर्श बन गया है यानी उसने अपनी क्रांतिकारिता खो दी है। वे कहती हैं कि जिस तरह औरत मर्द की तरह सार्वभौमिक विमर्श नहीं बना सकती इसी तरह मर्द भी सार्वभौमिक विमर्श नहीं बना सकते यानी स्त्रियों के जगत् में नहीं आ सकते। स्त्रीत्ववाद का विमर्श मूलतः देह का विमर्श है यह हम कह चुके हैं। देह का अर्थ यहाँ तन और मन दोनों है। देह के रूप को नियंत्रित करके मन को नियंत्रित किया जाता है।

संरचनावादी बार्थ ने अपने ग्रंथ 'फैशन सिस्टम' में देह के विमर्श को रेखांकित करते हुए बताया है कि किस तरह स्त्री के शरीर को फैशन नियमित-नियंत्रित करता है। फैशन एक 'एकसा विमर्श' है जो औरत के शरीर को औरत के लिए व्याख्यायित करता है। ड्रीमिंग डिसमिट्री/नाओमी शॅर (103, उद्धृत, वही)।

बार्थ ने एक अध्याय स्त्रीपन (फैमिनिटी) के बारे में भी लिखा है जिसमें वे यौन को निर्णायक नहीं मानते।

फूको का इस मामले में खास काम है। 'हिस्ट्री ऑफ सेक्सुअलिटी' स्त्रीत्ववाद के संदर्भ में एक बड़ा काम है। एक बातचीत में फूको का कहना है कि स्त्रीमुक्ति आंदोलनों की ताकत यह नहीं है कि उन्होंने अपनी यौनता की खासियत का दावा किया है बल्कि यह है कि वे यौनता के विमर्श के आगे निकल गई हैं। इसका परिणाम यह हुआ है कि हम अ-यौनीकरण में आ गए हैं जिसने यौन केंद्र को बेकार कर दिया है। (104-105 उद्धृत वही) फूको ने हर्कूलिन बार्बिन का उदाहरण दिया है जो बाईस साल की उम्र में लड़की से लड़का बनी और उसने अपने यौन परिवर्तन के संस्मरण लिखे। फूको के लिए कामना और कानून में यहाँ संघर्ष पैदा हुआ। कामना कहती थी कि वह पुरुष होना चाहती है और कानून मना करता था। कानून किसका था? अठारहवीं उन्नीसवीं सदी में यूरोप में

'हर्माफ्रोडाइट्स' यानी हिजड़ों को अपनी यौनता चुनने का अधिकार नहीं था। माना जाता था कि उनकी 'एक' यौनता है। और उसकी खोज करना मेडिकल साइंस का काम है। (105 वही) जैसे अपने यहाँ हिजड़ा अनिवार्यतया पुल्लिग ही होता है। वैसा ही वहाँ था। फूको ने कहा कि यौनता सिर्फ सेक्स का नाम नहीं है, एक पूर्ण विमर्श है। (106 वही)

'स्त्रीत्ववाद में मर्द' विषय पर स्त्रीत्ववादी एलेन शूवाल्टर ने कहा है कि हमें मर्दों के ऐसे विमर्श का स्वागत करना चाहिए क्योंकि हम लोग लगातार उनकी संवेदनहीनता की शिकायत करते रहे हैं (क्रिटीकल क्रॉस डैसिंग/एलेन शूवाल्टर/117/ वही) एलेन के मुकाबले गिसिंग और गायत्री चक्रवर्ती स्पिवाक गोरे मर्दों बुद्धिजीवियों की हमदर्दी को संदेह से देखती हैं। गिसिंग ने कहा कि औरत अपने को मुक्त कर लेगी, लेकिन आदमी क्या करेगा? गायत्री का कहना और साफ है कि मर्द की आलोचना में दूसरे 'स्टेक्स' होते हैं दाँव होते हैं। (119 वही)

हिंदी में स्त्रीत्ववाद पर जो भी काम हुआ है खासकर लेखिकाओं ने जो जितना लिखा है, उक्त प्रसंग में अभी मर्दों की दुनिया द्वारा ही निर्धारित-सा किया जाता लगता है। आज भी हिंदी में स्त्रीत्ववादी विमर्श को लेकर कुल जमा एक दर्जन किताबें नहीं मिल पाएँगी। अनेक लेखिकाएँ लिंगाधारित लेखन की सत्ता को मानती ही नहीं और शायद जानती भी नहीं, नई लेखिकाओं में स्त्रीत्ववाद को लेकर एक खुलापन नजर आने लगा है, लेकिन अभी भी हिंदी का सारा स्पेस इतना अधिक पुल्लिगवादी है कि औरतें लेखिका होने के लिए मर्द रचनाकारों या आलोचकों की ओर देखती हैं। चौतरफा छाए पुल्लिगी वर्चस्व कहता है कि औरत उनके बिना लेखिका तक नहीं बन सकती। हिंदी साहित्य में भयानक मर्दवादी *नमो अंधकारं* का साम्राज्य है। लेखिकाओं की अपनी कोई अलग कंस्टीटवेंसी नहीं है। स्त्रीत्ववादी विमर्श की जैविकता का दावा अभी उतना मुखर नहीं है जितना कतिपय स्त्रीत्ववादी आंदोलनों में नजर आता है। मर्दों को लिए स्त्रीत्ववादी लेखन की विशिष्ट श्रेणी अभी एक मजाक, एक पहेली और अंततः अबूझ आफत है। स्त्री की सैक्सुअलिटी की अवधारणा और उससे निकलनेवाले सवाल अभी कायदे से हिंदी साहित्य में उठे ही नहीं हैं यद्यपि उनकी अनुगूँजें सुनाई पड़ती रही हैं।

कभी स्त्रीत्ववादियों को महादेवी वर्मा के रेखाचित्रों में, गीतों में एक रणनीति के रूप में विकसित सैक्सुअलिटी के विमर्श को भी पढ़ना चाहिए। मृणाल पांडे की 'देवी' में देवी और समकालीन औरतों की सैक्सुअलिटी के दबे-छिपे इशारों को समझना चाहिए। हिंदी में कृष्णा सोबती की *ऐ लड़की* में प्रकट कोख के विमर्श को क्या सैक्सुअलिटी के सत्तात्मक विमर्शों के बिना खोला जा सकता है? *औरत होने की सजा* में अरविंद जैन 'मर्दवाद' की पुनर्रचना करके उसके बीच जिस स्त्रीत्ववाद की संरचना करते हैं वह काबिले गौर होना चाहिए। क्षमा की किताब *स्त्री का समय* में मनुवादी विमर्शों की पड़ताल या अनामिका की *स्त्रीत्व का मानचित्र* पश्चिम के स्त्रीत्ववादी विमर्श और भारतीय परंपरा में

उपलब्ध स्त्रीत्ववादी विमर्श की पूरकता को देखा जाना चाहिए क्योंकि ये तथा अनेक स्त्रीत्ववादी रचनाएँ हिंदी में अपने ढंग का लगभग देशज किस्म का स्त्रीत्ववादी विमर्श बनाती हैं और यौनता के नए दावे और पाठ की माँग करती हैं। कोई चाहे तो अब भी हिंदी में स्त्रीत्ववाद के विविध स्वरों को सँजोने वाले काव्य एवं कथा संकलन तैयार कर सकते हैं। ऐसा बिखरा हुआ हिंदी में बहुत सा आया है जो एक वातावरण बनाता है। शायद इक्कीसवीं सदी में कोई ऐसा काम करे। ऐसा काम सामने आएगा तो वैसी पुल्लिगी खुसफुसाहटें बंद हो जाएँगी जो कहती हैं कि यह सब तो पश्चिमी है, फैशन की नकल है और इसमें अपना कुछ नहीं है। इक्कीसवीं सदी में स्त्रीत्ववादी विमर्श एक स्वतंत्र विकसित विमर्श होने जा रहा है। ज़रा आरक्षण आने दीजिए।

यह लेख हीथ के लेख से आरंभ किया गया था जो अपने मर्दवाद के चीत्कारों फूत्कारों को समझने के लिए उपयोगी है। हिंदी का मर्द फ्रायड की तर्ज़ पर आज भी पूछता है—यह औरत आखिर चाहती क्या है और बौदलेयर की तरह बोलता है—वह 'फक' होना चाहती है! जाहिर है उत्तर आधुनिक विपर्यासों ने औरत की यौनता के दावे को बराबर कर जगह देने के लिए नया स्पेस दिया है। स्पेस की यह लड़ाई ही स्त्रीत्ववाद की लड़ाई है।

कात्यायनी के *दुर्गद्वार पर दस्तक* में पुराने ढंग के मार्क्सवाद के भीतर स्त्रीलिंगी विमर्श को अंतर्मुक्त करने की कोशिश मार्क्सवाद और स्त्री-विमर्श के बीच नये तनाव की सूचना देती है।

नाच गोरी नाच, मुझे मिलेगा पैसा

समरेन्द्र सिंह

नारी और मुक्ति! यह एक त्रासद यथार्थ है कि हज़ारों वर्षों से पुरुष निर्मित इस समाज में नारी और मुक्ति नदी के दो किनारों की भाँति ही रहे हैं। समय की धारा में किसी-किसी मोड़ पर यह अहसास जरूर हुआ कि वह सामाजिक बंधनों एवं मिथकों को तोड़कर मुक्त हो जाएगी, लेकिन यह अहसास बिखर गए। हाँ, पुरुषों के बनाए मिथक खत्म नहीं हुए। इतना अवश्य हुआ कि पितृसत्तात्मक व्यवस्था ने समय की माँग के अनुसार पुराने मिथकों की जगह नए मिथक गढ़े। इस निरंतर जारी प्रक्रिया या साजिश को हम भारत के अंदर नारी की स्थिति का मूल्याँकन करके बखूबी समझ सकते हैं क्योंकि यह वही देश है, जहाँ एक तरफ आदिम सभ्यता की धरोहर या अवशेष के रूप में कबीलाई लोग हैं, तो दूसरी तरफ कंप्यूटर एवं तकनीक से प्रभावित आधुनिक व उत्तर-आधुनिक लोग भी हैं। इन्हीं दोनों के बीच सबसे अधिक आबादी उन लोगों की है, जो आज भी मध्यकाल के तमाम रूढ़िवादी रीति-रिवाजों को ओढ़े हुए हैं। तीनों समुदायों में नारी के लिए अलग-अलग मिथक हैं और हरेक मिथक अपने समुदाय में नारी की स्थिति, उसकी पीड़ा व मुक्ति के उसके संघर्ष को दर्शाते हैं। इन मिथकों के निर्माण के बारे में सीमोन ने लिखा है कि ''प्रत्येक लेखक अपनी-अपनी कलम से स्त्री के बारे में एक महान् सामूहिक मिथक की ही रचना करता है...पुरुष के सम्मुख वह उर्वरा धरती है, भौतिक सौंदर्य और जगत् की आत्मा है...कविता है...प्रसाद या वेदवाक्य, ध्रुवतारा या जादूगरनी...वह अति इंद्रिय का दरवाजा खोलती है...शांति और संगतता पुरुष के जीवन में लाती है तो देववाणी है, किंतु आरोपित भूमिका के खिलाफ जाती है तो बद्धहस्त कीट है, राक्षसी है।'' सच में, समूचा इतिहास स्त्री पर आरोपित मिथकों एवं इनके जाल में फँसी स्त्री के विद्रोह, कभी मूक तो कभी मुखर, की दास्तान है। उसके शोषण और दमन का चित्रण है—उसे 'भोगने' का यथार्थ है।

मिथकों की इसी श्रृंखला में एक नया मिथक है 'सौंदर्य मिथक'। वर्तमान समाज में धीरे-धीरे इसकी पकड़ इतनी मजबूत हो गयी है कि आम स्त्री को मुक्ति के संघर्ष में समानता की इस लड़ाई में सौंदर्य ही एकमात्र हथियार दिखने लगा है। वह सोचती है कि

यह हथियार उसकी सभी इच्छाएँ पूरी कर देगा। इस मिथक की आक्टोपसी गिरफ़्त में जकड़ी स्त्री किशोरावस्था से लेकर उम्र ढलने तक अपनी शारीरिक सुंदरता को बनाए रखने में लगी रहती है। वह चाहती है कि सुंदर गुलाब की तरह आजीवन खिली रहे और पुरुष उसके इशारे पर नाचते रहें।

इस मिथक की गिरफ्त का अंदाजा हजारों बिलियन डालर की 'डाइटिंग इंडस्ट्री', 'कास्मेटिक इंडस्ट्री' एवं 'कास्मेटिक सर्जरी इंडस्ट्री' से लगाया जा सकता है। ये उद्योग-धंधे इस मिथक के साथ दिन-ब-दिन बढ़ते जा रहे हैं। इनकी गिरफ्त में अधिकाधिक स्त्रियाँ फँसती जा रही हैं। इसकी वजह से पढ़ी-लिखी स्त्रियाँ, जो कि स्त्री-मुक्ति का झंडा बुलंद कर सकती थीं और समाज में व्याप्त स्त्री शोषण के कुचक्र को खत्म करने का प्रयास कर सकती थीं, आज सड़कों, चौराहों और पर्दों पर अपने बदन की नुमाइश से किसी उत्पाद को बेचती या फिर इन्हीं उत्पादों को ख़रीदती नज़र आती हैं। बहुत कम स्त्रियों को इस बात का अहसास है कि स्त्री-मुक्ति एवं स्त्री-सौंदर्य के बीच एक गहरा विरोधी रिश्ता है। रिश्ता जिससे स्त्री-मुक्ति के लिए वर्षों का आंदोलन कमजोर पड़ गया है। आज स्त्री अपनी देह मात्र में सिमट गयी है। उसे लगता है कि उसका शरीर सामाजिक एवं धार्मिक बंधनों से मुक्त हो गया है और वह अपने देह की मलिका स्वयं है। लेकिन शरीर का मालिक तो वह होता है जिसका मस्तिष्क पर नियंत्रण हो। इस लिहाज़ से सौंदर्य मिथक में घिरी स्त्री को ऐसा भले ही लगता हो कि वह अपने शरीर की मलिका है, पर वस्तुतः वह और उसकी देह, दोनों इस व्यवस्था की पकड़ में ठीक उसी तरह हैं जिस तरह एक मध्ययुगीन स्त्री। मध्ययुगीन स्त्री पर पुरुषों का शासन धर्म एवं मर्यादा के नाम पर होता था और आज यह सौंदर्य के 'नए धर्म' के नाम पर।

यहाँ 'सौंदर्य मिथक' को 'नए धर्म' की संज्ञा देना उचित है, क्योंकि प्राचीन धर्मों के कानूनों के जैसे इसके भी कुछ रीति-रिवाज हैं। इन रीति-रिवाजों का पालन आवश्यक है। पहले की स्त्रियों के लिए जिस प्रकार बुर्क़ा एवं घूँघट रखना अनिवार्य था, उसी प्रकार नए धर्म की स्त्रियों के लिए 36-24-36 के ढाँचे को बरकरार रखना आवश्यक है। इस धर्म के कानून में मोटापा, साँवलापन, रूखी त्वचा, बेजान बाल अपराध हैं, विकृतियाँ हैं। इन विकृतियों को दूर करने के लिए नियमों एवं कार्यों की सूची 'बाज़ार' जैसे नए धार्मिक स्थलों के अनेक मठों—ब्यूटीशियनों के पास मौजूद हैं। सभी वर्गों की स्त्रियों ने इसे सामर्थ्य एवं सीमा के अनुरूप स्वेच्छा से अपनाया क्योंकि लंबी गुलामी के उपरांत उन्हें गुलामी की आदत-सी हो गई थी। ऐसी स्थिति में धार्मिक, आध्यात्मिक एवं पारंपरिक अवरोधों के टूटने से एक रिक्तता उत्पन्न हुई। इसे भरने के लिए उन्होंने नए धर्म की रीतियों का अनुसरण शुरू किया। इस पर चर्चा से पहले कुछ प्रश्नों का उत्तर आवश्यक है।

प्रश्न है कि इस मिथक के पनपने एवं विस्तार के लिए आवश्यक धरातल कहाँ से मिला? इसके उत्तर में विश्व की सभी धार्मिक एवं ऐतिहासिक कथाएँ और ग्रंथ खड़े हैं।

बचपन से ही एक लड़की को बार-बार बताया जाता है कि विश्व की सभी कहानियाँ सुंदर स्त्रियों को समर्पित हैं। दूसरे शब्दों में कहानियाँ या इतिहास रचने का अधिकार सिर्फ सुंदर स्त्रियों के हिस्से है। सीता, पार्वती, लक्ष्मी, अहल्या, द्रोपदी, राधा, मेनका, रम्भा, शकुंतला...की भीड़ में मंथरा व शबरी व काली अपवादस्वरूप खड़ी हैं और इन अपवादों का कोई पुरुष साथी नहीं है। 'सुंदर' स्त्रियों की कहानियों के अतिरिक्त यदि कुछ कथाएँ शेष रह जाती हैं तो वह सती-सावित्री जैसी आदर्श एवं पतिव्रता स्त्रियों के हिस्से हैं। इस माहौल में पढ़ी-बढ़ी लड़की को 'सुंदरता' का चमत्कार आतंकित करता रहता है। उसमें एक हीन-भाव जन्म लेता है और वह सुंदर-सौम्य दिखने की कोशिश करने लगती है। वह अपने 'फिगर' एवं 'फीचर' के प्रति बहुत सजग एवं तत्पर रहती है। ऐसी स्थिति में यदि कोई लड़की सामान्य है या तथाकथित मानदंडों पर खरी नहीं उतरती है, तो उसमें कुंठा इस हद तक बढ़ जाती है कि उसका मानसिक संतुलन तक बिगड़ जाए। स्त्रियों में धर्मग्रंथों द्वारा 'इंजेक्टेड' इस हीन भावना को पुरुष-संस्कार वाली व्यवस्था ने अपने तंत्र के माध्यम से और उभारा।

यहाँ इसका मतलब यह क़तई नहीं है कि 'सुंदरता' के सभी पहलुओं पर खरी उतरने वाली स्त्रियाँ समाज में सुरक्षित हैं, बल्कि ख़तरा उन पर और अधिक है। आए दिन ख़बर पढ़ने को मिलती है कि किसी व्यक्ति ने किसी स्त्री के चेहरे पर एसिड बंब फेंक दिया; किसी बड़े पुलिस अधिकारी के पुत्र ने किसी स्त्री के साथ दुष्कर्म किया, किसी राजनेता के मनचले बेटे ने ब्यूटीपार्लर में जबरन घुसकर एक स्त्री के साथ बलात्कार किया...वग़ैरह वग़ैरह। वस्तुतः एक 'सुंदर' स्त्री बलात्कार या छेड़-छाड़ के डर के साए में जीने को अभिशप्त है। उस पर हमेशा दुधारी तलवार लटकी रहती है। एक तरफ तो उम्र के साथ 'सुंदरता' के क्षीण होने का ख़तरा और दूसरी तरफ़ अय्याशवृत्ति वाले पुरुषों द्वारा सुंदरता को 'चखने' के प्रयासों का ख़तरा। यह 'सुंदरता' और 'मर्यादाओं' से उत्पन्न ख़तरा ही तो है, जिसके चलते शाम आठ बजे के उपरांत बस में जब कोई स्त्री चढ़ती है तो अधिकांश पुरुषों की निगाहें उसके जिस्म को भेदने लगती हैं। इन्हीं पुरुषों को मौक़ा मिले, तो ये उस स्त्री को 'भोगने' से पीछे नहीं हटेंगे। इस समाज में 'सुंदरता' स्त्री को एक हथियार के साथ ही गुनाह भी प्रतीत होता है। गुनाह क्योंकि यदि कोई उसके साथ छेड़-छाड़ करता है तो कहा जाता है कि इतनी सुंदर स्त्री के इर्द-गिर्द भँवरे तो मँडराएँगे ही।

स्त्री पर यह हमला और हिंसा तो पुरुषों द्वारा की जा रही है, लेकिन एक हिंसा ऐसी भी है, जो सौंदर्य मिथक में फँसी स्त्री स्वयं अपने ऊपर करती है। इसके प्रभाव में दिनों दिन कास्मेटिक सर्जरी कराने की होड़ बढ़ती जा रही है। कास्मेटिक सर्जरी के व्यवसाय से जुड़े डॉक्टर और पूँजीपति प्रचार करते हैं कि असुंदर दिखना एक बीमारी है और उनके पास इसका इलाज है। इस हीनता की डिग्री का अंदाजा इसी से लगाया जा सकता है जब ब्रह्मांड सुंदरी सुष्मिता सेन अपने स्तन में उभार लाने के लिए ऑपरेशन करवाती है,

बहुचर्चित फिल्म अभिनेत्री श्रीदेवी अपने नाक एवं माधुरी दीक्षित को अपने चेहरे की त्वचा को सुधारने के लिए सर्जरी की तकनीक का सहारा लेना पड़ता है। यह बात आर्थिक रूप से सक्षम स्त्री के कानों में पड़ती है, तो वह अपनी 'असुंदरता' दूर करने के लिए इसे अपनाना पसंद करती हैं।

यह अत्याचार मध्ययुगीन समाज के उन सभी रूढ़िवादी मान्यताओं द्वारा किए गए अत्याचारों की ही तरह है, जहाँ दर्द और स्त्री एक-दूसरे के पर्याय बन गए थे। उस समय भी औरतें श्रृंगार के लिए अपने नाक-कान छिदवाती थीं, जो आज भी फैशन है। मुझे याद है कि मैंने अपनी दादी के हाथों पर भारी-भरकम 'गोदना' देखकर उनसे पूछा था कि क्या गोदवाने में दर्द नहीं होता था? तो उन्होंने जवाब दिया कि बहुत होता था। फिर क्यों गुदवाया इसे? क्योंकि सभी गुदवाते थे। इसी प्रकार सुंदरता के नाम पर अपने शरीर को कास्मेटिक सर्जरी के जरिए प्रताड़ित करना एक फैशन बनता जा रहा है। जिनके पास इस फैशन को अपनाने का सामर्थ्य नहीं है उनमें हीनभावना और बढ़ रही है।

अपने शरीर को दंडित करने की एक अन्य पद्धति 'डाइटिंग' है। व्रत की पुरानी परंपरा का नया नाम। महान स्त्री 'सुंदर' दिखने के लिए अपने वजन को नियंत्रित करने का प्रयास करती है। उसी प्रकार जैसे धार्मिक स्त्रियाँ अपने पति, बच्चों एवं परिवार की संपन्नता के लिए त्योहारों पर व्रत रखा करती हैं। इस नए मिथक में अधिक वज़न या मोटापा अपराध है। पुरुषों का मोटा होना उसकी संपन्नता की निशानी है। वह देवता हैं, गणेश हैं। लेकिन स्त्री के लिए मोटापा विकृति है—ऐसी विकृति, जिसके लिए वह मजाक का पात्र है। मोटे पुरुषों के शादी-ब्याह में कोई खास दिक्कत नहीं होती है, पर स्त्री के लिए यह बहुत बड़ी बाधा है। इसलिए आज स्त्री हर कीमत पर अपना वजन संतुलित रखने का प्रयास करती है। इसी प्रयास में हल्का-सा भी वजन बढ़ने पर 'डाइटिंग' यानी भूखा रहने की प्रक्रिया शुरू। तैलीय भोजन मना है। अधिक मीठा भी नहीं और इन सबके लिए नए मठाधीशों के पास लंबी व बृहत सूची मौजूद है। यहाँ सब कायदे-क़ानून हैं जिससे वज़न नियंत्रित हो जाए। फिर भी यदि किसी का वजन बढ़ जाए तो इसका भी समाधान है। कॉस्मेटिक सर्जरी के माध्यम से उसके शरीर के विभिन्न हिस्सों से चर्बी को निकाला जा सकता है।

वज़न के अलावा एक अन्य महत्त्वपूर्ण बात है त्वचा का रंग एवं चमक। यहाँ साँवलापन भी कमजोर पहलू है। इसके लिए बाज़ार में अनेक उत्पाद हैं, जो गोरा बनाने का दावा करते हैं। फेयर एँड लवली, पोंड्स, लक्मे, एल-18, टिप्स एँड टोज़...जैसे अनेक ब्रांड हैं जो आपका रंग तीन-छह हफ्तों में निखार दें, गोरापन ले आएँ। पोंड्स, पीयर्स, अयूर, नाइल, मेडिमिक्स...जैसे अनेक फेस वाश, कैडिला, शहनाज हर्बल जैसे अनेक फेस पैक—सभी का दावा है कि इस्तेमाल से चेहरे पर चमक और गोरापन झलकने लगेगा। यह रंग-भेद का ही एक रूप है। बचपन में हम एक कविता पढ़ते थे, जिसमें निग्रो बच्चा

अपने रंग को लेकर चिंतित है और भगवान से दुआ करता है कि उसे भी गोरा बना दिया जाए। अब उसकी यह इच्छा पूरी हो सकती है। ब्यूटीपार्लर में मौजूद ये भगवान अपने जादुई क्रीम और पैक के जरिए उसे गोरा बना देंगे। रंग को लेकर इस कुंठा की ऐतिहासिक पृष्ठभूमि है। वस्तुतः संसार में गोरापन शासकों का रंग रहा है। आधुनिक विश्व में गोरों (यूरोपियनों) ने कालों पर शासन किया। इसलिए गोरापन उत्कृष्टता का द्योतक है। और कौन उत्कृष्ट होना नहीं चाहेगा? इसलिए साँवली एवं काली स्त्रियों में यह हीन भावना रहती है जिसको और उभारकर ये कास्मेटिक उद्योगवाले अपना मुनाफा कमाते हैं।

इस नए धर्म के भी कुछ तीज-त्योहार हैं। ये त्योहार बड़े जोर-शोर से मनाए जाते हैं, जिससे अधिकाधिक लोगों को इधर खींचा जा सके। स्त्रियों के अर्धनग्न शरीर की नुमाइश होती है, 'सौंदर्य प्रतियोगिता' नामक इस त्यौहार में। हमारा देश भी इसे मनाने में पीछे नहीं है। इस बार भी भारत 'सुंदरी' को विश्व सुंदरी का तमगा मिल गया है। पिछले छह वर्षों में हमने तीन विश्व सुंदरियाँ एवं एक ब्रह्मांड सुंदरी उत्पन्न की है। दशकों का सूखा समाप्त हो गया है! सर उठाकर जीने का वक्त आ गया है!

इस पूरे प्रकरण से एक प्रश्न बार-बार उठता है कि अचानक ऐसा क्या हुआ कि भारत की सुंदरियाँ विश्व फलक पर छाने लगीं? ऐसा इसलिए तो कतई नहीं हो सकता कि भारत की युवतियों को कोई चमत्कारी शक्ति हाथ लग गई है, जिसके प्रयोग से ये अंतर्राष्ट्रीय खिताब हासिल करने में सफल हो रही हैं। फिर क्यों हो रहा है ऐसा? वस्तुतः इसका एक राजनीतिक और आर्थिक पहलू है। राजनीतिक पहलू यह कि स्त्री की स्वतंत्रता को देह मात्र तक सीमित कर उन्हें उसी में उलझाए रखो एवं आर्थिक पहलू यह कि भारत विश्व का सबसे बड़ा बाज़ार है। अतः यहाँ की स्त्रियाँ भी एक बहुत बड़ी उपभोक्ता तादाद हैं। ऐसी तादाद जिसका अंदाजा यहाँ के 15 सौ करोड़ रुपये के कास्मेटिक उद्योग से लगाया जा सकता है। इसमें लक्मे का 2 सौ करोड़ और पोंड्स का 450 करोड़ रुपए का सालाना कारोबार है। कई सौ करोड़ का डाइटिंग उद्योग एवं कास्मेटिक सर्जरी उद्योग अलग से। इनमें दिनोंदिन विस्तार हो रहा है, क्योंकि भारत की अधिकांश आबादी आज भी मध्ययुग में जीती है इसलिए बाज़ार के विस्तार की प्रबल संभावनाएँ हैं। इस पर विश्व की बहुराष्ट्रीय कंपनियों की गिद्धदृष्टि है और इसी वजह से देश की स्त्रियों की सोच अपने हितों के अनुरूप मोड़ने का अभिक्रम जारी है। विश्व सौंदर्य प्रतियोगिताओं में खिताब भारतीय सुंदरियों की सुंदरता के लिए नहीं वरन् बाज़ार के लिए दिया जा रहा है, जिससे यहाँ की स्त्रियों में सुंदर बनने की चाह और तीव्र हो। वह उनके मकड़जाल में और गहरे फँसती जाएँ। चेतना विकसित करने की जगह शरीर को सजाने का कार्य करे।

सौंदर्य प्रतियोगिता का एक अन्य घृणित पक्ष यह है कि वह 'ब्यूटी बिद ब्रेन' का प्रचार करती है। जैसे सौंदर्य और दिमाग का समावेश कोई दुर्लभ बात हो और लाखों,

करोड़ों स्त्रियों की तादाद में एक ही स्त्री है, जिसमें दिमाग और सौंदर्य संतुलित रूप से है। यहाँ उस सौंदर्य का प्रयोग उत्पाद बेचने एवं दिमाग का प्रयोग उसके शरीर को नियंत्रित रखने में किया जाता है। कुल मिलाकर यह गुलाम मानसिकता को जन्म देने और पुष्ट करने की ऐसी साजिश है, जिसमें स्त्री का हर स्तर पर शोषण होता है।

सौंदर्य मिथक के जन्म एवं विस्तार का अपना राजनीतिक समाजशास्त्र है। वस्तुतः यह स्त्री की स्वतंत्रता को बाधित करने और पुरुषों के हितों की पूर्ति के लिए आविष्कृत किया गया। जब लंबे संघर्ष के उपरांत स्त्रियों ने वोट देने का अधिकार हासिल किया (हालाँकि भारत में इसके लिए उन्हें सामूहिक प्रयास नहीं करना पड़ा) तभी इस व्यवस्था के कर्णधारों को अपने वर्चस्व की चिंता सताने लगी। उसके उपरांत एक-एक करके धार्मिक, सामाजिक और पारिवारिक मिथकों को जागरूक स्त्रियों ने तोड़ना शुरू किया। भारत में महादेवी वर्मा और उन्हीं के कुछ समय उपरांत यूरोप में सीमोन द बोउवा ने पुरुषों के तिलिस्मों को अपनी लेखनी के प्रवाह से ध्वस्त कर दिया। फिर तो एक सिलसिला-सा शुरू हो गया। बंधनों के विरुद्ध आंदोलन होने लगे। इनसे रूढ़िवादी एवं वर्चस्वशाली पुरुष सत्ता की दीवारें हिलने लगीं। व्यवस्था के समक्ष स्त्रियाँ एक चुनौती के रूप में खड़ी हो गयीं। एंगेल्स की रिजर्व्ड वर्क फोर्स अब और रिजर्व्ड रहना नहीं चाहती थी। उसे अब कार्य क्षेत्रों का बँटवारा मंजूर नहीं था। वह घरों की चारदीवारी से बाहर निकल पुरुषों की व्यवस्था में सेंध लगा रही थी। देवी, आदर्श माँ, पतिव्रता जैसी मान्यताओं से बँधी, पुरुषों की 'सेक्सुअल स्लेव', स्वतंत्रता की माँग कर रही थी। उसे अपने शरीर के संपूर्ण अधिकार चाहिए थे। इसी दबाव के चलते गर्भपात का अधिकार मिला। पर पुरुषों को यह भय सालता था कि कहीं उनसे उनका यह उपनिवेश न छिन जाए। कहीं वह राजा से रंक न बन जाएँ। व्यापारी चिंतित थे कि स्त्री एक बार घरों से बाहर निकल आएगी तो घरेलू उत्पादों के उनके व्यापार का क्या होगा? समाज के कर्णधार आतंकित थे। अर्थशास्त्रियों के सामने चुनौती थी। इस भय से मुक्ति के लिए उन्हें एक ऐसे मिथक की तलाश थी जिसे स्त्रियों के इर्द-गिर्द आसानी से बुना जा सके और जिसकी पृष्ठभूमि भी हो। ऐसे ही परिदृश्य में 'सौंदर्य मिथक' को फैलाने की रणनीति तैयार करने का कार्य शुरू किया गया। इसके लिए पहले से ही धार्मिक एवं ऐतिहासिक कथाओं की बुनियाद मौजूद थी। इन सब प्रक्रियाओं का खुलासा नाओमी वुल्फ ने 'ब्यूटी मिथ' में किया है।

इस नए धर्म को प्रचारित करने में वही स्त्री संबंधी पत्र-पत्रिकाएँ औजार के रूप में इस्तेमाल की गईं, जिनके माध्यम से स्त्री आंदोलनों को सफलता मिली थी। इस्तेमाल किए जाने के पीछे इन पत्रिकाओं का अर्थशास्त्र भी काम करता है। इन्हें प्रकाशित करने के लिए धन की आवश्यकता होती है। यह धन विज्ञापनों के माध्यम से आता है। उत्पादों को विज्ञापित करनेवाले उद्योग धंधों पर पुरुषों का कब्जा है और इनकी बात मानना पत्रिकाओं की बड़ी मजबूरी होती है। ऐसी स्थिति में स्त्रियों के हित में कार्य करनेवाली पत्रिकाएँ नए

मिथक के विरुद्ध लिखने में असमर्थ थीं। इतना ही नहीं इन पत्रिकाओं के अलावा धीरे-धीरे मिथक के विस्तार के लिए अनेक अन्य पत्रिकाएँ भी बाज़ार में आयीं। इनमें से कुछ का यह दावा था कि वे स्त्री की 'सेक्सुअल लिबरेशन' के संघर्ष में मदद करेंगी। कुल मिलाकर अधिकांश पत्रिकाओं ने मुनाफ़े के लिए, व्यवस्था की माँग के अनुरूप स्त्री के व्यवहार में परिवर्तन लाने का कार्य किया। मुनाफ़ा मुख्य ध्येय रहा है न कि नारी मुक्ति का अभियान। इस तरह आदर्श, स्त्रीत्व एवं देवीत्व तो चला गया, लेकिन स्त्री का शरीर रह गया और इस पर नियंत्रण के लिए मस्तिष्क पर नियंत्रण का अभियान जारी रहा। इस अभियान के फलस्वरूप स्त्रियों में सौंदर्य प्रसाधनों की माँग और चाह बढ़ने लगी। एक विकृत फैंटेसी, जिससे लंबे संघर्ष से अर्जित स्वतंत्रता शनैः-शनैः क्षीण होने लगी।

विघटन की इस प्रक्रिया में टेलीविजन के आविष्कार से उत्पन्न 'संचार क्रांति' के उपरांत अद्भुत गति आयी। 'संचार क्रांति' ने औद्योगिक क्रांति की तरह विश्व का नक्शा ही बदल दिया। सोवियत संघ के विखंडन में इसका महत्त्वपूर्ण योगदान था। समाजवाद की नींव में दरार डालने के साथ ही इसने पूँजीवाद की जड़ें मजबूत कीं और मानवीय संवेदनाओं को नष्ट किया। यह मानवीय संवेदनाओं का ह्रास नहीं तो और क्या है कि युद्धों को स्क्रीन पर देखकर अधिकांश विश्व रोमाँचित हो उठता है, देश के एक हिस्से में आयी प्राकृतिक तबाही के उपरांत भी समूचा देश त्योहार और जश्न मनाता है, भूख और नंगई से उद्वेलित होने की बजाय उदारीकरण और खुली-अर्थव्यवस्था का राग अलापा जाता है और पर्दे पर बलात्कार के दृश्यों को देख लोगों में घृणा और आक्रोश की जगह 'सेक्सुअल सिहरन' उत्पन्न होती है। इस माध्यम के अनगिनत दुखद प्रभाव समाज में मौजूद हैं और स्त्रियों की स्वतंत्रता को खत्म करने के लिए पुरुषवादी व्यवस्था ने इस सशक्त माध्यम का बखूबी इस्तेमाल किया। यह अकारण नहीं है कि पिछले एक दशक में जहाँ एक ओर रामायण, उत्तर रामायण, महाभारत, श्री कृष्णा, जय हनुमान, गीता रहस्य, ओम नमः शिवाय, शिवमहापुराण, जय दुर्गा मैया, जय गंगा मैया...जैसे पोंगापंथी धारावाहिकों का प्रसारण किया गया तो दूसरी ओर स्वाभिमान, माया, श्रीमान-श्रीमती, जैसे तथाकथित आधुनिक विचारों वाले धारावाहिकों का। इसके जरिए स्त्रियों पर दोतरफा हमला बोला गया। एक ओर पुराने मिथकों को सुदृढ़ करने का प्रयास हुआ, तो दूसरी ओर नए मिथक के विस्तार का।

जिस समय भारतीय फलक पर टेलीविजन और इलेक्ट्रानिक मीडिया का विस्तार हो रहा था उसी समय समाचार पत्र जगत् में भी तेज बदलाव आ रहे थे। आठवें दशक के उत्तरार्ध में एवं नवें दशक के पूर्वार्द्ध में एक-एक करके वे सभी पत्र-पत्रिकाएँ बंद हो गयीं, जिनके कुछ सामाजिक सरोकार थे। *दिनमान, धर्मयुग, रविवार, साप्ताहिक हिंदुस्तान*, जैसी पत्रिकाओं को संबद्ध उद्योग-घरानों ने बंद कर दिया। यह प्रोफेशनल इथिक्स को त्याग, धंधाकरण की प्रक्रिया थी। अब पत्रकारिता जगत् में खबरों का चयन उसकी सामाजिक

उपयोगिता के कारण नहीं आर्थिक उपयोगिता के कारण किया जाने लगा। उस खबर की कीमत सर्वाधिक आँकी गई जो अधिकाधिक लोगों को अपनी ओर आकर्षित करे। ऐसे माहौल में स्त्री के अर्धनग्न, उत्तेजक, माँसल शरीर की तस्वीरों एवं उनसे संबंधित सनसनीखेज़ खबरों को समाचार पत्रों में व्यापक 'स्पेस' दिया जाने लगा। *नवभारत टाइम्स*, *हिंदुस्तान*, *अमर-उजाला*, *दैनिक जागरण* जैसे अधिकांश राष्ट्रीय एवं क्षेत्रीय अख़बारों ने इन रंगीन तस्वीरों और खबरों के लिए अंतिम पृष्ठ आरक्षित कर दिया है। भ्रष्ट और उन्मादी माहौल तैयार करने की मुहिम और तेज हुई। स्त्री शरीर एक प्रोडक्ट के रूप में विकसित हुआ। यहाँ ध्यान रखना ज़रूरी है कि इन सब जगहों पर सामंती पुरुषों का दबदबा रहा है और इनसे सकारात्मक बदलाव की उम्मीद नहीं की जा सकती।

मीडिया के अलावा मिथक को खाद पानी फिल्मों एवं फिल्मी गीतों से भी खूब मिला। देखा जाए तो फिल्मों ने शुरू से ही सामाजिक व्यवस्था के अनुसार स्त्री को ढालने का प्रयास किया है। इसके पूरे इतिहास में स्त्री को दोयम दर्जा दिया गया। फिल्मों में वह ऐसी वस्तु के रूप में प्रस्तुत की गई है जिसमें उन्मादी स्तर का आकर्षण है। यहाँ वह 'चौदहवीं का चाँद', 'परी', 'सपनों की रानी', 'शमा' रही है, तो इसके होंठ 'जाम', 'सुर्ख गुलाब', 'अंगारे', जुल्फें—'काली घटाएँ', 'घुमड़ते बादल', 'घनेरी शाम', आँखें—'मयखाने', 'मस्ती के प्याले', 'सागर' लचकती कमर—'मोरनी जैसी', चाल—'हिरनी जैसी' है। वह एक रहस्य है। ऐसा नशा है, जिसकी तरफ पुरुष अनायास ही खिंचा चला जाता है।

शताब्दी के अंतिम दो दशकों में फिल्मों में स्त्री की भूमिका, चाहे वह माँ, पत्नी व प्रेयसी ही क्यों न हो, आदर्श होने लगी है। गीतों में भी शालीनता होती थी और एक काव्यात्मक पुट हुआ करता था। लेकिन इन आखिरी दो दशकों में निर्माता-निर्देशकों और गीतकारों ने तथाकथित मर्यादाओं की झिल्लीदार परत को भी हटा दिया। उदारीकरण और ध्रुवीकरण के प्रभाव में स्त्री के बचे-खुचे स्वाभिमान और सम्मान को भी उससे छीन लिया गया। और उसे 'सेक्सी-सेक्सी' और मस्त-मस्त चीज़ में परिवर्तित कर दिया गया।

यहाँ पुरुषवादी संस्कारों के एक अन्य दिलचस्प दृष्टिकोण का जिक्र भी जरूरी है। वह यह है कि किस सीमा के उपरांत सौंदर्य अश्लीलता का रूप ग्रहण कर लेता है। वस्तुतः सौंदर्य तभी तक सौंदर्य है, जब तक वह पुरुषवादी संस्कारों और इसकी सामाजिक मान्यताओं की पुष्टि करता है। लेकिन, जहाँ इस मानदंड से इधर-उधर हुए कि अश्लील क़रार दे दिये गये। इसी वजह से अंजली कपूर अश्लील है, लेकिन ब्यूटी क्वीन्स सुंदर है। 'फायर' अश्लील है, लेकिन प्रातः कालीन शो में प्रदर्शित सस्ती एवं नंगी फिल्में श्लील हैं। इस विषय पर धर्म के कठमुल्ले और अर्थ जगत् के मठाधीश तक सभी एकजुट हैं। इनकी इसी दुहरी मानसिकता को अरविंद जैन ने *औरत होने की सज़ा* में परत-दर-परत उधेड़ा है।

अंत में—स्त्री के शोषण के लिए समस्त पुरुष जाति संगठित है (कुछ अपवादों को छोड़कर) और इसी कुचक्र में 'सौंदर्य मिथक' एक सशक्त हथियार। सौंदर्य जिसके चलते स्त्री की सारी प्रतिभाएँ नज़रअंदाज़ कर दी जाती हैं। यदि कोई 'सुंदर' स्त्री सफल होती है, तो उस सफलता में उसकी प्रतिभा का कोई मूल्य नहीं माना जाता है। मान्यता यह है कि वह सुंदर है इसलिए सफल है। इसी कारण शारीरिक रूप से असुंदर स्त्री को सरकारी प्रतिष्ठानों के सिवाय अन्य कहीं जगह नहीं मिलती। निजी प्रतिष्ठानो में प्रवेश के लिए सुंदरता की खास अहमियत है। चूँकि 35-40 की उम्र तक पहुँचते-पहुँचते उनका शरीर ढीला पड़ने लगता है और चेहरे पर झुर्रियाँ झलकने लगती हैं इसलिए निजी प्रतिष्ठानों में उच्च पदों पर स्त्रियाँ बहुत कम पायी जाती हैं। यह एक सार्वभौमिक सत्य है कि दूसरों को आकर्षित करने की इच्छा जीव मात्र की होती है, इनसान भी इसका अपवाद नहीं है। लेकिन क्या इसके ही बिना पर किसी के व्यक्तित्त्व का मूल्याँकन सिर्फ उसके शारीरिक सौंदर्य को आधार बनाकर किया जा सकता है? मौजूदा परिवेश स्त्री के साथ ऐसी ही संकीर्ण मानसिकता दर्शाता है। चूँकि इसका बोझ तो स्त्री को ही ढोना पड़ता है, पुरुष को नहीं, इसलिए यह स्त्री का कर्तव्य बनता है कि वह शारीरिक सौंदर्य की बजाय मानसिक सौंदर्य को जगाये। यदि शारीरिक सौंदर्य की चमक साथ में तेज होती है, तो यह सोने पर सुहागा होगा, किंतु प्राथमिकता आंतरिक, वैचारिक, मानसिक सौंदर्य को ही मिलना चाहिए। स्त्री को यदि समानता का अधिकार प्राप्त करना है, तो उसे सामंती व्यवस्था से उपजे पुराने मिथकों के साथ सौंदर्य के इस नए मिथक को भी ध्वस्त करना होगा। इसके लिए लेखनी के स्तर पर ही नहीं, सड़क पर संघर्ष करने के लिए भी उन्हें तत्पर रहना होगा। तभी उस संघर्ष का सुनहरा फल उन्हें प्राप्त हो सकेगा।

यौन हिंसा और न्याय की भाषा

अरविंद जैन

"The ideology of rape is aided by more than a system of lenient laws that serve to protect offenders and is abetted by more than the fiat of total m¡le control over the lawful use of power. The idiology of rape is fueled by cultural values that are perpetuated at every level of our society, and nothing less than a frontal attack is needed to repel this cultural attack." (Susan Brownmiller in AAgainst Our Will : Men, Women and Rape, Page 389).

"Viewing of violent pornography results in higher rates of aggression against Women by m¡le subjects". (Diana E.H. Russell in Pornography : Women Violence and Civil liberties Page 374).

"There are certainly more rapes committed in m¡rriage than outside". (Havelock Ellis)

स्त्रियों के विरुद्ध यौन हिंसा लगातार बढ़ती जा रही है। बलात्कार के (सरकारी) आंकड़े पूर्णरूप से अविश्वसनीय हैं क्योंकि बलात्कार की सभी दुर्घटनाएँ आँकड़ों तक पहुँचती ही नहीं। फिर भी जो आँकड़े उपलब्ध हैं, उनके आधार पर कहा जा सकता है कि इस प्रकार की दुर्घटनाएँ निरंतर बढ़ रही हैं। राष्ट्रीय अपराध रिकार्ड ब्यूरो की रिपोर्ट (1996) के अनुसार देशभर में 1996 में 14,849 बलात्कार हुए, जबकि 1990 में यह संख्या 10,068 थी। यानी 1990 के मुकाबले 1996 में 47.5 प्रतिशत अधिक बलात्कार। यह भी कहा जा रहा है कि अपराधों की रिपोर्टिंग बढ़ रही है। कुछ संवेदनशील विद्वानों का मत है, "अपराधों की बढ़ोत्तरी को जनसंख्या के अनुपात में देखें तो अपराध कहाँ बढ़ रहे हैं?" एक और तर्क (कुतर्क) यह भी दिया जाता है कि कुल अपराधों की तुलना में, स्त्री के प्रति अपराध का प्रतिशत तो सिर्फ 6.8 प्रतिशत ही है।

1996 में हुए 14,849 बलात्कारों में से 8281 (55.76 प्रतिशत) सोलह से तीस वर्ष की महिलाओं के साथ और 3475 (23.4 प्रतिशत) दस से सोलह वर्ष की किशोरियों के साथ हुए। दोनों को जमा करें तो मालूम होगा कि 79.16 प्रतिशत बलात्कार की शिकार

स्त्रियाँ दस से तीस वर्ष की थीं। तीस वर्ष से अधिक स्त्रियों के साथ हुए बलात्कारों की संख्या 2485 (16.7 प्रतिशत) और दस वर्ष से कम उम्र की बच्चियों के साथ बलात्कार के अपराध 608 (4.1 प्रतिशत) है। संक्षेप में 80 प्रतिशत बलात्कार दस से तीस वर्ष की महिलाओं के साथ हुए और 16 प्रतिशत तीस वर्ष से अधिक उम्र की महिलाओं के साथ। हालाँकि प्रतिशत की भाषा में दस वर्ष से कम उम्र की बच्चियों के साथ हुए बलात्कार लगभग 4 प्रतिशत ही हैं, लेकिन यह लगातार बढ़ रहा है। इसलिए गंभीर चिंता का विषय है। बच्चियों से बढ़ते बलात्कारों को अधिक गंभीर कहने का मतलब यह नहीं है कि शेष बलात्कारों को गंभीर अपराध न माना जाए। 1996 में दस वर्ष से कम उम्र की लड़कियों के साथ हुए बलात्कार का आँकड़ा 1990 के 394 से बढ़कर 608 हो गया है। मतलब 54.3 प्रतिशत अधिक बलात्कार। पिछले सात सालों में जहाँ 4 प्रतिशत बलात्कार सोलह से कम उम्र की लड़कियों के साथ बढ़े हैं, वहीं सोलह से अधिक उम्र की स्त्रियों के साथ हुए बलात्कारों में 4 प्रतिशत की कमी हुई है। यह चार प्रतिशत का परिवर्तन, बेहद महत्त्वपूर्ण बदलाव की ओर संकेत देता है।

इस बदलाव के सामाजिक-सांस्कृतिक कारणों को रेखांकित करने के लिए अपराध और संचार माध्यमों की भूमिका को भी देखना पड़ेगा। यह मात्र संयोग नहीं है कि जैसे-जैसे अश्लील यौन साहित्य, फिल्म, वीडियो वगैरह बढ़े हैं, वैसे-वैसे यौन अपराध भी बढ़ते गए हैं। संचार माध्यमों में 'सेक्स और हिंसा' का प्रदर्शन, समाज में यौन अपराधों के बढ़ने में उत्प्रेरक का काम करता है। कर रहा है। बड़ी उम्र की लड़कियों या स्त्रियों के विरोध-प्रतिरोध और शिकायत से बचने के लिए सोलह वर्ष से कम उम्र की अबोध बच्चियों से बलात्कार के अपराध बढ़े हैं। इन्हें बहलाना, फुसलाना या काबू करना अपेक्षाकृत आसान है। इसका कारण 'अक्षत योनि' की आदिम आकांक्षा भी है और विक्षिप्त यौन कुंठाएँ भी। इसके अलावा किशोर उम्र के लड़कों में, कम उम्र की बच्चियों के साथ यौन अपराध की प्रवृत्ति भी लगातार बढ़ रही है। आश्चर्यजनक है कि स्त्री के विरुद्ध हिंसा और यौन हिंसा में देश की राजधानी दिल्ली सबसे आगे है। अनुसूचित जाति की महिलाओं के साथ सबसे अधिक बलात्कार उत्तर प्रदेश में और जनजाति की महिलाओं के साथ सबसे अधिक बलात्कार मध्य प्रदेश में होते हैं। अनुसूचित और जनजातियों पर हिंसक अपराधों में उत्तर प्रदेश, मध्य प्रदेश, राजस्थान और गुजरात सबसे आगे हैं। और यह मात्र संयोग नहीं कि इन प्रदेशों में 'हिंदुत्ववादी' भारतीय जनता पार्टी का शासन है या रहा है।

उल्लेखनीय है कि जैसे-जैसे नारी चेतना, शिक्षा, जागरूकता और मुक्ति के स्वर पहले से अधिक मुखर होकर सामने आए हैं, वैसे-वैसे स्त्री के विरुद्ध हिंसा (यौन हिंसा) बढ़ी है, विशेषकर महानगरों में। स्त्रियों द्वारा जितना विरोध-प्रतिरोध बढ़ रहा है, उससे अधिक यौन अपराध बढ़ रहे हैं। अपराधियों को सुधारवादी-उदारवादी न्याय नीति के अंतर्गत, कम सजा देने से 'न्याय का लक्ष्य' भले ही पूरा हो जाए, मगर इस प्रकार के अपराधों को बढ़ावा ही

मिलता है। दंड भय ही न रहे तो अपराध कैसे कम (समाप्त) होंगे? गृहमंत्री द्वारा बलात्कारियों को मृत्युदंड देने की 'हवाई घोषणाओं' से क्या होगा? विशेषकर, जब कानूनों में इतने 'लूपहोल्स' और गहरे गड्ढे मौजूद हों। ऊपर से कानून व्यवस्था के भ्रष्ट रखवालों के रहते, क्या उम्मीद की जा सकती है?

कानूनी भाषा

भारतीय दंड संहिता, 1860 की धारा 375 के अनुसार बलात्कार के लिए 'लिंगच्छेदन' (पैनीट्रेशन) अनिवार्य शर्त है। किसी भी अन्य वस्तु या यंत्र से यौन शोषण या उत्पीड़न को बलात्कार का अपराध नहीं माना जाता। स्त्री द्वारा सहमति की उम्र सोलह वर्ष तय की गई है। सोलह वर्ष से कम उम्र की लड़की के साथ सहवास बलात्कार होगा भले ही उसकी सहमति हो या न हो। लेकिन इस प्रावधान में अपवाद यह है कि किसी भी पुरुष द्वारा पंद्रह वर्ष से बड़ी उम्र की पत्नी के साथ सहवास को बलात्कार नहीं माना जाएगा। हालाँकि हिंदू विवाह अधिनियम, 1955 और बाल विवाह निरोधक अधिनियम, 1929 के अनुसार विवाह के समय दुल्हन की उम्र अठारह साल से अधिक होनी चाहिए। स्त्री द्वारा सहवास के लिए सहमति की उम्र सोलह साल और विवाह के लिए अठारह साल रखी गई है। लेकिन पुरुष (पति) द्वारा सहवास (बलात्कार) के लिए लड़की की उम्र सीमा पंद्रह साल काफी है। यही नहीं, अगर पत्नी की उम्र बारह साल से अधिक और पंद्रह साल से कम हो तो धारा 376 के अनुसार पति को सजा में 'विशेष छूट' मिलेगी। दो साल कैद या जुर्माना या दोनों हो सकते हैं। जबकि अन्य बलात्कार के मामलों में यह सजा कम से कम दस साल कैद और अधिकतम उम्र कैद निर्धारित की गई है। आपराधिक दंड प्रक्रिया संहिता के अनुसार बारह वर्ष से पंद्रह वर्ष तक की पत्नी के साथ बलात्कार संज्ञेय अपराध नहीं और जमानत योग्य भी होगा। मतलब, पुलिस बिना मैजिस्ट्रेट से वारंट लिये, पति को गिरफ्तार नहीं कर सकती। और पति होने के 'विशेषाधिकार' स्वरूप जमानत पर छोड़ना पड़ेगा। पंद्रह साल से कम उम्र की पत्नी, बलात्कार की शिकायत भी सिर्फ एक साल के भीतर ही कर सकती है। उसके बाद की गई शिकायत को सुनने का किसी भी अदालत को कोई अधिकार नहीं, जबकि अन्य मामलों में ऐसी कोई समय सीमा नहीं है।

सर्वोच्च न्यायालय तक कई बार कह चुका है कि बाल विवाह भले ही दंडनीय अपराध हों लेकिन विवाह गैर कानूनी या रद्द नहीं माना जाएगा। हिंदू संरक्षकता अधिनियम, 1956 की धारा 6 (सी) के अनुसार पति अपनी पत्नी का प्राकृतिक संरक्षक है, भले ही दोनों नाबालिग हों। विवाह का पंजीकरण कानूनन अनिवार्य है नहीं, इसलिए कैसे रुकेंगे बालविवाह? और ऐसे कानूनी प्रावधानों से स्त्री के विरुद्ध यौन हिंसा पर कैसे काबू पाया जा सकता है?

कानून की 'कॉमेडी' यहीं समाप्त नहीं होती। भारतीय साक्ष्य अधिनियम, 1873 की धारा 155 (4) में आज भी यह प्रावधान है कि गवाह की विश्वसनीयता खंडित करने के लिए

''अगर किसी व्यक्ति या पुरुष पर बलात्कार का आरोप हो तो उसे यह सिद्ध करना चाहिए कि पीड़िता आमतौर से अनैतिक चरित्र की महिला है।'' महिला को अनैतिक चरित्र की महिला प्रमाणित करो और बाइज्जत रिहा हो जाओ। यानी कानून के इस प्रावधान के रहते हर किसी को यह कानूनी अधिकार है कि वह वेश्याओं, कॉलगर्ल या चरित्रहीन महिलाओं (भले ही नाबालिग बच्ची हो) के साथ, जब चाहे बलात्कार कर सकता है या बलात्कार करने के बाद किसी भी महिला को अनैतिक चरित्र की औरत प्रमाणित करके, मूँछों पर ताव देते हुए अदालत से बाहर आ सकता है।

दूसरे, भारतीय दंड संहिता, 1860 की धारा 497 के अनुसार व्यभिचार का अपराध किसी अन्य व्यक्ति की पत्नी के साथ, उसके पति की सहमति या मिलीभगत के बिना सहवास (बलात्कार नहीं) करना है। आपसी सहमति से पुरुष किसी भी बालिग अविवाहित, तलाकशुदा या विधवा महिला से संबंध रख सकता है। यह कोई अपराध नहीं। परिणामस्वरूप व्यापक स्तर पर वेश्यावृत्ति और कॉलगर्ल व्यापार फैल रहा है। अनैतिक देह व्यापार नियंत्रण अधिनियम के किसी भी प्रावधान में, पुरुष ग्राहक पर कोई अपराध ही नहीं बनता। अपराधी सिर्फ 'वेश्याएँ' ही होंगी।

उपरोक्त कानूनी जाल-जंजाल को देखते हुए इतना ही कहा जा सकता है कि पितृसत्ता ने जानबूझकर ऐसा चक्रव्यूह रचा हुआ है कि बलात्कारी किसी न किसी चोर दरवाजे से भाग निकल सके। सुसन ब्राउन मिलर के शब्दों में, बलात्कार, पुरुषों द्वारा औरतों को लगातार बलात्कार से भयभीत रखकर, समस्त स्त्री समाज पर पूर्ण नियंत्रण बनाये रखने का षड्यंत्र है।

मिलर की इस स्थापना से असहमत विद्वानों का कहना है कि पुरुषों का सत्ता, संपत्ति, समाज और स्त्रियों पर वैसे ही पूर्ण नियंत्रण है/रहा है। इसलिए बलात्कार का भय बनाये रखने की क्या जरूरत है? बलात्कार; पितृसत्ता का षड्यंत्र नहीं, बल्कि कुछ विकृत, विक्षिप्त और 'स्टिरियो टाइप' बीमार अपराधियों के व्यक्तिगत अपराध मात्र हैं।

मिलर की स्थापना को सही न मानने का कोई कारण नहीं। दुनिया-भर के अधिकांश देशों में (जहाँ पितृसत्तात्मक समाज है) बलात्कार संबंधी कानूनी प्रावधानों की भाषा, परिभाषा प्रायः समान है। विवाह संस्था में सहवास पति का कानूनी अधिकार है और अनैतिक चरित्र की महिलाओं के साथ बलात्कार में यह मानना स्वाभाविक है कि हो सकता है उन्होंने सहमति दी हो। कानूनी भाषा से न्यायिक परिभाषा और सामाजिक मान्यताओं या मिथ तक में सब-के-सब एकमत हैं। कानून बनाने से लेकर पुलिस, अदालत और संचार माध्यमों तक में, स्त्री के विरुद्ध यौन हिंसा के सवाल पर पितृसत्ता की चुप्पी या तटस्थता का अर्थ (अनर्थ) इसका प्रमाण है?

स्पष्ट है कि पितृसत्तात्मक समाजों में पुरुष की कामपिपासा के लिए विवाह संस्था से लेकर वेश्यावृत्ति (देवदासी, जोगिन वगैरा) और व्यभिचार के सभी दरवाजे खुले छोड़ दिये गये हैं। पुरुष द्वारा व्यभिचार या बलात्कार की शिकार अधिकांश लड़कियों को अंततः वेश्यावृत्ति

के व्यवसाय में ही शरण लेनी पड़ती है, या पड़ेगी। वेश्यावृत्ति का व्यवसाय मूल रूप से पुरुषों के ही हित पोषित करता है, इसलिए भी नाबालिग लड़कियों का अपहरण, बलात्कार लगतार बढ़ रहा है। भारत में इस समय लगभग तीस लाख महिलाएँ वेश्यावृत्ति करने को विवश हैं, जिसमें (सरकारी आँकड़ों और मानव संसाधन विकास मंत्री महोदय के राज्यसभा में बयानानुसार) लगभग पंद्रह प्रतिशत वेश्याओं की उम्र पंद्रह साल से कम है। इसका दूसरा अर्थ यह हुआ कि करीब पाँच लाख नाबालिग लड़कियों के साथ रोज बलात्कार होता है। हो रहा है क्योंकि आपके ही कानूनानुसार सोलह वर्ष से कम उम्र की लड़की के साथ सहवास बलात्कार है, भले ही उसकी सहमति हो या न हो... हम जानते हैं कि आप फिर वही कानून पढ़ाने लगेंगे या कुतर्क करेंगे "वो सब 'भ्रष्ट' और 'अनैतिक चरित्र' की औरतें हैं... 'वेश्या' ...'कॉलगर्ल'...'रंडी'... ग्राहक से पैसे लिये हैं, सो 'बलात्कार' का सवाल ही नहीं उठता।" है ना !

बाल वेश्याओं के यौन शोषण संबंधी एक जनहित याचिका (ए.आई.आर. 1990 सुप्रीम कोर्ट 1412) में माननीय न्यायमूर्तियों ने कहा, "हमारे विचार से, देश-भर में केंद्रीय जांच ब्यूरो द्वारा पूछताछ या पड़ताल न तो व्यावहारिक रूप से संभव है और न ही वांछित। उन्हें निर्देश देने से कोई लाभदायक उद्देश्य सिद्ध नहीं होने वाला... यह सिर्फ सामाजिक नहीं आर्थिक समस्या भी है। सजा से अधिक नियंत्रण आवश्यक है।"

कहने की आवश्यकता नहीं कि अधिकांश (90 प्रतिशत) यौन हिंसा या बलात्कार के मामले परिवार की प्रतिष्ठा के कारण थाने में दर्ज नहीं कराये जाते। जो दर्ज होते हैं, उन में से अधिकांश (96 प्रतिशत) बलात्कारी निचली अदालतों द्वारा बाइज्जत बरी कर दिये जाते हैं। पुलिस ने जाँच ठीक से नहीं की या गवाह, प्रमाण, सबूत नहीं थे। जिन थोड़े से (तीन-चार प्रतिशत) बलात्कारियों को सजा होती है, वो उच्च न्यायालय से सर्वोच्च न्यायालय तक अपील दर अपील करते ही हैं। अपील में भी ज़्यादातर बरी हो जाते हैं या किसी न किसी आधार पर सजा कम करवाने में कामयाब। अपील के दौरान 'जमानत' पर छूटने की संभावना भी है और सालों मुकदमा लटकने की भी। आँकड़े बताते हैं कि निचली अदालतों से कई गुना अधिक समय, अपील का निर्णय होने करने में लगता है। यौन हिंसा की शिकार निर्धन स्त्री आखिर कब तक 'कोर्ट-कचहरी' कर सकती है? घर-परिवार-विवाह-बच्चे-समाज-खर्च-भागदौड़-कौन करेगा? कहाँ से? कब तक? बहुत सी समस्याएँ हैं। सब करने के बाद भी क्या गारंटी है कि 'न्याय' होगा? बड़े बाप की बेटियों या साधन संपन्न और सत्ता समर्थ स्त्रियों की बात अलग है।

यौन हिंसा की शिकार निर्धन, अशिक्षित, आम औरत नहीं जानती—न्याय की प्रथम अवधारणा है कि जब तक अपराध संदेह से परे तक सिद्ध न हो, अभियुक्त को निर्दोष ही माना जाएगा। वरना अभियुक्त को बाइज्जत बरी करना विवशता है। अदालत को थोड़ा सा भी संदेह हुआ तो 'संदेह का लाभ' अभियुक्त को ही मिलेगा। संदेह से परे तक अपराध सिद्ध होने के

बावजूद उम्र, समय, स्थितियाँ (सामाजिक, आर्थिक, मानसिक, राजनीतिक...), परिस्थितियाँ वगैरह...वगैरह के आधार पर, अभियुक्त की सजा कम भी की जा सकती है। न्याय के सुधारवादी, उदारवादी, मानवीय दृष्टिकोण से रचे, सारे नये शास्त्रों की व्याख्या का फायदा अभियुक्त को ही होता है। होता रहा है। न्याय की एक और उल्लेखनीय अवधारणा यह भी है कि भले ही हजारों दोषी व्यक्ति छूट जायें मगर एक भी निर्दोष आदमी को सजा नहीं होनी चाहिए। ऐसे में उसे यह विश्वास दिलाना जरूरी है कि 'दुर्लभतम में दुर्लभ' मामला हुआ तो बलात्कारी को फाँसी के फँदे से कोई नहीं बचा सकता। न्याय में देरी का मतलब, न्याय नहीं मिलना है। मगर न्याय में जल्दबाजी का अर्थ न्याय को दफनाना भी है। ज्ञानी लोगों का कहना है, 'न्याय की चक्की धीरे पीसती है, मगर पीसती है तो बहुत बारीक,...खैर।

आओ न्याय करें : रेप यानी एक कहानी

यह कहानी 1974 की है और महावीर नाम के एक बीस-बाईस वर्षीय मर्द और पंद्रह-सोलह वर्षीय औरत शीला के इर्द-गिर्द घूमती है। दोनों आपस में दूर के संबंधी हैं और दरअसल एक-दूसरे को बहुत अच्छी तरह जानते हैं। 27 सितंबर, 1974 को महावीर शीला को बहरामपुर ले गया। वहाँ वे करीब पंद्रह दिन रहे और आपस में देह का ताप बाँटते रहे। जब वे वापिस आए तो शीला के माँ-बाप बिना किसी देरी के शीला को लेकर पुलिस स्टेशन पहुँच गये, जहाँ उसकी माँ ने पहले से ही रिपोर्ट दर्ज करवा रखी थी। परिणामस्वरूप महावीर की गिरफ्तारी और बाद में अभियोग चला। 13 अगस्त, 1976 को अदालत ने महावीर को अपराधी करार दे, भारतीय दंड संहिता की धारा 366 और 376 के तहत सज़ा सुनाई।

यह उसी महावीर की अपील है।

इस मुकदमे की कुंजी, शीला के बयान में ही है। और यह क्या दर्शाती है? यह दिखाती है कि उसके महावीर के साथ अच्छे दोस्ताना संबंध थे और वह यमुना नदी के किनारे, रेस्टोरैंट और अन्य अघोषित स्थानों पर उसके साथ घूमती रही है। यह वह ही थी, जो उस दिन, 'आश्रम' नामक स्थान पर महावीर से मिली। वहाँ से वे बहरामपुर की गाड़ी पकड़ने के लिए रेलवे स्टेशन गये। यह एक लंबी यात्रा थी, जो 'एक दिन और रात' खा गई। बहरामपुर में वे बुद्धू, गवाह नंबर दो के घर पर ठहरे, जहाँ उनके पास एक कमरा था और उसी कमरे में उन्होंने मांस से विषय सुख का खेल खेला।

''शीला हमें बताती है कि किसी भी स्तर पर उसकी सहमति नहीं थी। यही नहीं, उसने तो विरोध भी किया और रोती भी रही, लेकिन सब बेकार। इससे मुझे कोई असर ही नहीं हो रहा। वह रेलवे स्टेशन गई। महावीर जब टिकट खरीदने गया तो वह वहाँ अकेली खड़ी रही। डिब्बे में अन्य यात्रियों के होते हुए वह उसके साथ घंटों यात्रा करती रही। बहरामपुर रेलवे स्टेशन से ताँगे में बुद्धू के घर तक गई। ताँगे में और सवारियाँ भी थीं। तब भी उसने कोई विरोध नहीं किया, कोई विद्रोह का झंडा नहीं उठाया और भागने का भी कोई प्रयास नहीं

किया। इस बीच उसके पास शोर मचाने, रुकने या महावीर से दूर रहने का काफी समय भी था और अवसर भी।''

''और हाँ! बहरामपुर में बुद्धू के घर पर क्या हुआ? वह कहती है कि उसने उस समय विरोध किया था, जब महावीर उसका परिचय पत्नी के रूप में दे रहा था। बुद्धू उसे झूठा सिद्ध करता है। उसका अपना व्यवहार भी उसे 'फाँसी के तख़्ते' की ओर ले जाता है। बहरामपुर में वह साड़ी, पेटीकोट और ब्लाऊज खरीदने बाज़ार भी गई थी। वह महावीर के साथ एक ही कमरे में रह रही थी और उसे अपनी देह का ताप देती रही, कभी रात में दो बार और कभी-कभी तीन बार भी। वह स्वीकार करती है कि देह की पुकार का शिकार होने से पहले वे अक्सर एक-दूसरे से बातचीत और आलिंगन करते रहते थे। और बुद्धू हमें बताता है कि वहाँ कभी भी विरोध की फुसफुसाहट तक नहीं थी।''

''यह विश्वास करना असंभव है कि वह खेल में शामिल नहीं थी। बल्कि, उसने सक्रिय रूप से पूरी सहमति के साथ इस खेल में अपना योगदान दिया है।''

''सरकारी वकील साहब ने तर्क दिया था कि उस समय अगर शीला की सहमति भी थी, तो भी उसकी उम्र सोलह साल से कम है, इसलिए उसकी सहमति का कोई मतलब नहीं।''

''क्या सचमुच शीला ने सोलह गर्मियाँ नहीं देखी? मुझे सभी महत्त्वपूर्ण दिन दोबारा बुलाने दो। वह 27 सितंबर, 1974 था। हमारे पास जन्म प्रमाण पत्र नहीं है। स्कूल प्रमाण पत्र तक भी नहीं है। हमारे पास रिकॉर्ड में डॉक्टर विरमानी की सलाह (ओपिनियन) मौजूद है। उनके अनुसार शीला की उम्र करीब चौदह साल है जोकि सोलह साल से कम है। लेकिन तब भी हम सब जानते हैं कि यह सिर्फ सलाह या विचार ही है, जिसमें डेढ़ से दो साल तक 'इधर-उधर' होना संभव है। मगर तब हम इस सलाह पर जाते ही क्यों हैं? विशेषकर जब स्वयं शीला और उसकी माँ हमें बता रही हैं कि उम्र क्या मानी जानी चाहिए? 19 अप्रैल, 1976 को अदालत में शीला का और अगले दिन यानी 20 अप्रैल, 1976 को उसकी माँ का बयान हुआ था। शीला ने अपनी उम्र अठारह साल बताई थी। उसकी माँ ने भी उसकी उतनी ही उम्र बताई थी। अगर ऐसा ही है तो, गणना के दिन निश्चित रूप से वह सोलह की सीमा रेखा पार कर चुकी है। यह उसकी सहमति के मुद्दों को मजबूत करता है। चूँकि, पूरे प्रकरण में उसकी सहमति मौजूद है, महावीर बिना किसी रुकावट के मुसीबतों के उस पार जा सकता है। महावीर की अपील में विजय होती है और उसे बाइज्जत रिहा किया जाता है।''

यह कोई मनगढ़ंत कहानी नहीं बल्कि दिल्ली उच्च न्यायालय के एक विद्वान न्यायमूर्ति श्री जसपाल सिंह द्वारा 11 मई, 1994 को सुनाये एक फैसले का अनुवाद है।[1] 1977 में दायर एक अपील, जिसका फैसला होने (करने) में लगभग सत्रह साल का समय लगा। सत्रह साल का समय कोई 'अनहोनी' या 'आश्चर्यजनक' बात नहीं। ऐसा 'न्यायिक विलंब' प्रायः हो जाता है। विलंब के एक नहीं; अनेक कारण हैं।

यहाँ उल्लेखनीय है कि बलात्कार के ऐसे मामलों में 'लड़की की उम्र सिद्ध करने का

एकमात्र अकाट्य दस्तावेज़ है—जन्म प्रमाणपत्र। मगर दुर्भाग्य से इस देश में जन्म प्रमाण पत्र प्रायः उपलब्ध ही नहीं होता।'[2] आसिफिकेशन टेस्ट के आधार पर डॉक्टर की रिपोर्ट महज सलाह, विचार (ओपिनियन) भर है। इसलिए अनुमान लगाने में, एक से तीन साल तक का अन्तर हो सकता है। 'इधर' या 'उधर'। 'जिधर' भी अभियुक्त या अपराधी को लाभ पहुँचता हो। इस संदर्भ में सैकड़ों नजीर गिनाने से क्या लाभ!

न्याय की भाषा : लिंग पूर्वग्रह

खैर... । उपरोक्त निर्णय पढ़ते-पढ़ते अचानक ध्यान आता है कि 'न्याय की भाषा' में पुरुष या लिंग पूर्वग्रह (दुराग्रह) पूरी आक्रामकता के साथ सक्रिय है। 'देह का ताप बाँटते रहे' से लेकर 'वह उसे अपनी देह का ताप देती रही, कभी रात में दो बार और कभी-कभी तीन बार भी' तक की भाषा का संपूर्ण व्याकरण, स्त्री देह की कामना और आनंद के शब्दजाल में भटक-भटका रहा है। न्याय की भाषा में मर्दभाषा की यह घुसपैठ पढ़ते हुए, सचमुच डर लगने लगता है कि क्या न्याय व्यवस्था स्त्री के प्रति, इतने हत्यारे अर्थों में खड़ी है? यह सोचते, समझते और लिखते समय, अवमानना का आतंक भी सामने आ खड़ा होता है। पारदर्शी पूर्वग्रहों के पीछे की पृष्ठभूमि क्या है—कहना कठिन है। परंतु इतना साफ दिखाई देता है कि कहीं न कहीं वृद्ध यौन कुंठाएँ, चेतन-अवचेतन को भयंकर रूप से विक्षिप्त और विकृत कर चुकी हैं।

'माँसल देह के ताप' और 'यौन संबंधों के खेल' की अवधारणा से अभिभूत न्यायमूर्ति, दमित इच्छाओं की अभिव्यक्ति के लिए प्रतीकात्मक या संकेतात्मक भाषा की बैसाखियों का सहारा लेते हैं। स्वयं से सवाल पूछते हैं 'क्या शीला ने सोलह गर्मियाँ नहीं देखी?' यहाँ 'गर्मियाँ' शब्द का प्रयोग मौसम या वर्ष गणना के लिए नहीं किया गया लगता। वसंत, सावन या सर्दी की अपेक्षा 'सोलह गर्मियाँ' लिखने का असली अभिप्राय निश्चित रूप से वह नहीं है, जो पढ़ने में आता है। जो अर्थ पढ़ने में आता है, वो समझने में नहीं आता। दोनों अर्थों का अंतर, हम सब अच्छी तरह जानते-समझते हैं। क्या नहीं?

फ़ैसला पढ़ने के बाद महसूस होता है कि महावीर जो 'खेल' देह से खेल रहा था, क्या न्यायमूर्ति उसी खेल को दोबारा शब्दों में खेलना-देखना चाहते हैं? न्यायमूर्ति की भाषा में महावीर मन ही मन सोच रहा है, 'यह एक लंबी यात्रा थी, जो एक दिन और रात खा गई।' वरना वह इस समय का उपयोग भी देह उपभोग में लगाता। शायद कहीं गहरे में ईर्ष्या और द्वेष भावना सिर उठा कहने-बताने लगती हैं 'दे प्लेड दँ गेम ऑफ सेंसुअस फ्लैश'। और कहीं आहत अतीत या अनुभव समझाता है 'यह विश्वास करना असंभव है कि वह खेल में शामिल नहीं थी।' भेष बदलते पुरुषों में यह पहचानना मुश्किल है कि कौन अपराधी है और कौन न्याय (धीश)। यह कैसा 'खेल' है जिसमें चारों ओर 'पुरुष' के बचाव में खड़े सुरक्षा प्रहरी कभी 'सहमति से संभोग' पर बहस करने लगते हैं और कभी उम्र के प्रश्न पर मतभेद।

कानूनी मुद्दों पर न्यायमूर्ति के तर्क पूर्णतया विवेकसम्मत हो सकते हैं। हालाँकि न्यायिक विवेक और आलोचनात्मक व्याख्या की भी अपनी सीमा है, क्योंकि पूर्वनिर्धारित है। निर्णय सही-गलत हो सकता है। गलत होगा तो 'ऊपरवाला' सही कर देगा। लेकिन क्षमा करें मीलार्ड! लिंग पूर्वग्रहों या व्यक्तिगत संस्कारों से ग्रस्त दुराग्रहों से रची यह भाषा, निस्संदेह न्याय की भाषा नहीं कही जा सकती। मर्दवादी भाषा का कोई भी नकाब, बीमार मानसिकता को छिपाने के लिए नाकाफी है। परपीड़ा में आनंद खोजती, अवांछित भाषा का ऐसा शब्दजाल न्याय की गरिमा के अनुकूल नहीं। 'आधी दुनिया' की गरिमा के तो बिल्कुल ही नहीं।

बलात्कार के मुकदमे में 'सेक्स' को 'गेम', स्त्री देह को 'सेंसुअस फ्लैश' और स्त्री-पुरुष को 'खिलाड़ी' मानकर चलना, स्वयं पितृसत्ता के उस सत्ता-विमर्श में शामिल हो जाना है, जहाँ स्त्री मात्र देह, वस्तु, भोग्या और संपत्ति है। 'खेल' के अंत में न्यायमूर्ति घोषणा करते हैं 'महावीर विन्ज द अपील।' महावीर की 'विजय' का अर्थ है—स्त्री देह पर विजय। यही तो है पुरुषवर्चस्व का भाषाशास्त्र। सुसन ब्राउन मिलर के शब्दों में, 'मैन डू नाट कैच विमेन, दे विन देम।' आमतौर पर अदालतों में न्यायमूर्ति अपील 'मंजूर' करते हैं या 'स्वीकार' करते हैं। अभियुक्त/अपराधी की 'हार-जीत' घोषित नहीं करते।

पितृसत्ता के प्रेत : 'मर्यादाहीन' स्त्रियाँ

आश्चर्यजनक है कि 1994 में भी स्त्री के प्रति न्याय की भाषा, सदियों पुरानी पुरुष मानसिकता की शिकार है। वर्षों पूर्व लाहौर उच्च न्यायालय के एक न्यायमूर्ति ने बलात्कार के अपराधी को रिहा करते समय कहा था, "अभियुक्त महिला की सहमति से सहवास कर रहा था। जब वह (औरत) सहवास करते हुए, रँगे हाथों पकड़ी गई तो स्वाभाविक है कि उसने अपनी लाज बचाने के लिए, यह कहानी गढ़ी कि अभियुक्त ने जबरदस्ती उसे पकड़ लिया।"[3] 'शी नैचुरेली कांकोक्टेड ए स्टोरी, टू सेव हर फेस' न्यायिक नहीं बल्कि सामंती शब्दावली है। लाहौर से दिल्ली तक, मर्द भाषा का यही 'न्यायशास्त्र' पढ़ा-पढ़ाया जाता रहा है। पटना उच्च-न्यायालय के एक न्यायमूर्ति ने तो एक निर्णय में यहाँ तक कहा कि "लेकिन...जहाँ एक औरत की कोई गरिमा (मान-सम्मान मर्यादा) ही न हो, वहाँ किसी पुरुष द्वारा उसके साथ संभोग को अपराध नहीं कहा जा सकता।"[4] इसी परंपरा में पंजाब एवं हरियाणा उच्च न्यायालय के न्यायाधीशों ने एक मुकदमे में कहा कि अभियुक्त द्वारा सात महीने की बच्ची के विशेषांगों से छेड़छाड़ करना कोई अपराध नहीं है, क्योंकि "शी इज फिजिकॅली इंकैपेबल ऑफ हैविंग ऐनी सेंस ऑफ मॉडेस्टी।"[5] न्याय की भाषा के इस शिल्प या स्वरूप को मर्दों की घृणित और घिनौनी 'मानसिक क्षमता' का उदाहरण ही कहा जा सकता है। वरना ऐसी हजारों न्यायगाथाएँ सुरक्षित हैं।

इसी क्रम में त्रिपुरा उच्च न्यायालय के एक न्यायमूर्ति ने भारतीय दंड संहिता की धारा 354 की व्याख्या करते हुए कहा है कि इस धारा के अंतर्गत अपराध के लिए 'बलप्रयोग'

अनिवार्य है। ''जहाँ अभियुक्त के विरुद्ध सिर्फ यह साक्ष्य हो कि उसने अपने कपड़े उतारे और गुप्तांग महिला को दिखाए, यह अपने आप में धारा 354 के तहत कोई अपराध नहीं होगा।''[6] कानून की भाषा-परिभाषा से लेकर न्याय की भाषा तक, पितृसत्ता का यही रूप दिखाई पड़ता है। एक और ऐतिहासिक फैसले के अनुसार, ''बलात्कार कांड को सिर्फ देखना भर, बलात्कार के अपराध की उत्प्रेरणा नहीं कहा जा सकता।''[7] सामाजिक जीवन से लेकर सिनेमा और टी.वी. के पर्दे तक पर हो रहे बलात्कारों को देखना (और आनंद उठाना) कोई अपराध नहीं। शौक से देखिए-दिखाइए। 'रेप-सीन' अभी और भी हैं, आप बस देखते रहिए। 'इंसाफ का तराजू', 'मेरी आवाज सुनो' और 'जख्मी औरत' से लेकर 'बैंडिट क्वीन' तक।

संपूर्ण मर्दवादी ढाँचे में पूर्वग्रहों और 'मनुवाद' से आतंकित, कानूनी व्याख्या में न्याय की भाषा का एक और भयावह रूप पेश होता है—स्वाति लोढ़ा बनाम राजकुमार।[8] इस मुकदमे में राजकुमार ने स्वाति से बिना विवाह किए ही देह संबंध स्थापित किया। स्वाति गर्भवती हो गई। राजकुमार ने दूसरी स्त्री से विवाह कर घर बसा लिया। इस पर स्वाति ने राजकुमार पर बलात्कार का मुकदमा दायर किया और प्रमाण के लिए राजकुमार और उससे उत्पन्न पुत्र के डी.एन.ए. टैस्ट की माँग की। राजस्थान उच्च न्यायालय के विद्वान न्यायमूर्ति श्री नवीनचंद्र शर्मा ने अपने निर्णय में लिखा, ''स्वाति में एक वह माँ नहीं बोल रही जो बच्चे के किसी कानूनी अधिकार के लिए, उसके माता-पिता का निर्धारण करवाना चाहती है। यह एक स्त्री के प्रतिशोध का परिणाम है, जो वह राजकुमार के खिलाफ ले रही है, जिसने उसका कौमार्य, अस्मिता और पवित्रता भंग करने के बाद, किसी दूसरी स्त्री से शादी कर ली है।'' यहाँ कौमार्य या पतिव्रता को लेकर जो कहा जा रहा है, लगता है वह राजकुमार कह रहा है। यह है मर्दवादी भाषा का चमत्कार इसी फैसले में यह टिप्पणी भी उल्लेखनीय है, ''उसके गंदे कपड़ों के बारे में बताया गया है कि वे धो दिये गये हैं, यद्यपि राजकुमार के कथित गंदे कपड़ों को अदालत में पेश करने की माँग की गई है।''[9] न्याय की माँग करने वाली स्त्री की बात 'प्रतिशोध का परिणाम' लगता है क्योंकि 'उसका कौमार्य, अस्मिता और पवित्रता भंग' हो चुकी है। 'गंदे कपड़े' धुल सकते हैं, लेकिन ऐसी भाषा का कोई क्या करे?

बलात्कार मृत्युजनक शर्म है—सिर्फ स्त्री के लिए

इससे भी अधिक पेचीदा स्थिति वहाँ आती है, जहाँ न्याय की भाषा स्त्री के पक्ष में बोलती दिखती है। एक मामले में सर्वोच्च न्यायालय के न्यायमूर्ति श्री वी.आर. कृष्णा अय्यर लिखते हैं, ''कोई भी प्रतिष्ठित महिला किसी पर भी बलात्कार का आरोप नहीं लगायेगी क्योंकि ऐसा करके वह जो बलिदान करती है, वही तो उसे सबसे अधिक प्रिय है।''[10] यहाँ 'विमेन ऑफ ऑनर' यानी प्रतिष्ठित महिला की परिभाषा में वेश्या, कॉलगर्ल या चरित्रहीन औरतें शामिल नहीं हैं और न 'दोहरा अभिशाप' झेलती वे गरीब, हरिजन और आदिवासी औरतें, जो बिना किसी 'मानवीय गरिमा' या किसी भी 'गरिमा' की निर्धनता-रेखा से नीचे जी रही हैं। तर्क के

दूसरी ओर यह छिपा है कि प्रतिष्ठित स्त्री को बलात्कार का आरोप लगाने की जरूरत नहीं और अप्रतिष्ठित को ऐसा आरोप लगाने का हक नहीं। यहाँ आर्थिक भेद और लिंगभेद किस क़दर मिल-जुल गए हैं कि एक तर्क से अमीर स्त्री की प्रतिष्ठा को उसका बंधन बनाया जा रहा है दूसरी ओर गरीब स्त्री को प्रतिवाद के हक से वंचित किया जाता है कि वह तो ऐसी थी ही।

उपरोक्त निर्णय से पचास साल पहले भी, अदालत ऐसी ही भाषा बोल रही थी। ''यह बहुत ही कम संभावना है कि कोई आत्मस्वाभिमानी औरत न्याय की अदालत में आगे आकर, अपने साथ हुए बलात्कार के बारे में, अपने सम्मान के विरुद्ध शर्मनाक बयान देगी, बशर्ते कि यह पूर्ण रूप से सच न हो।''[11] या (पूर्ण रूप से झूठ)। 'इज़्ज़तदार औरतें' तो बलात्कार सच में हो जाने पर भी किसी को नहीं बतातीं, शर्म के मारे डूबकर या जलकर मर जाती हैं। पचास सालों में 'आत्मस्वाभिमानी औरत' की जगह 'प्रतिष्ठित महिला' ने ले ली। चूँकि 'स्त्री के लिए बलात्कार मृत्युजनक शर्म है'[12] इसलिए चुप रहो। बेकार 'शर्मनाक बयान' देने से क्या फ़ायदा? 'न्याय के प्रहरी' इससे ज़्यादा स्पष्ट और क्या कहें? हर बार महसूस होता है कि स्त्री के प्रति यह न्याय की भाषा नहीं बल्कि क्रूरता और दमन की भाषा है। पितृसत्ता द्वारा जारी आदेश और अध्यादेश की भाषा है। न्याय के नाम पर, पीढ़ियों से विरासत में मिली अन्याय की भाषा है। बलात्कारी भाषा। मर्दवादी भाषा कहती है मर्द को बर्दाश्त कर! बस! यह भाषा न्यायालय की है। न्यायालय भी तो मर्दवादी हो सकता है।

न्याय की बुद्धिमत्ता का नियम

20वीं सदी के आरंभ से लेकर अब तक, अदालत, कानून और न्याय की भाषा-परिभाषा मूलतः स्त्री के प्रति अविश्वास, घृणा और अपमान से उपजी भाषा है। ''बलात्कार के मामलों में, सिर्फ बलात्कृत स्त्री के आरोपों पर किसी भी व्यक्ति (पुरुष) को सजा सुनाना, बेहद असुरक्षित ('क्वाइट अनसेफ') होगा।''[13] असुरक्षित ही नहीं बल्कि एक कदम आगे बढ़ न्यायमूर्ति ने चेतावनी दी, ''बिना अन्य प्रमाणों के, सिर्फ उसके बयान के आधार पर सजा देना अत्यंत ख़तरनाक होगा।''[14] तीन साल बाद एक अन्य न्यायमूर्ति ने ऐलान किया, ''बिना अन्य प्रमाणों के सिर्फ स्त्री के बयान पर विश्वास करना, प्रत्यक्ष रूप से बहुत असुरक्षित ('नोटोरियसली वेरी अनसेफ') होगा।''[15] इसलिए ''स्त्री की गवाही को अन्य स्वतंत्र साक्ष्यों से जोड़कर देखना अनिवार्य है।''[16] और ''अन्य प्रमाणों की अनुपस्थिति में, सिर्फ तथाकथित बलात्कार की शिकार स्त्री के बयान के आधार पर अभियुक्त को दोषी ठहराना उपयुक्त नहीं।''[17]

उपरोक्त फैसलों के कुछ साल बाद एक न्यायमूर्ति ने थोड़ा संशोधन करते हुए कहा, ''बलात्कार के मामलों में भी अन्य प्रमाण अनिवार्य नहीं। अदालत को अधिकार है कि वह बिना अन्य प्रमाणों के, लड़की का साक्ष्य स्वीकार कर सकती है। लेकिन इसे स्वीकारने में

धीमा रहना चाहिए। अदालत द्वारा उसकी गवाही (साक्ष्य) बहुत ध्यान से देखना अनिवार्य है।...''[18] दूसरे न्यायमूर्ति ने लिखा है, ''दस वर्षीय बच्ची के साथ बलात्कार के मामले में कानून के लिए यह जरूरी नहीं कि अन्य स्वतंत्र प्रमाण उपलब्ध हों। हाँ ! किसी औरत द्वारा बलात्कार के आरोप लगाना एकदम भिन्न स्थिति है और किसी बच्ची द्वारा यह कहना कि अमुक व्यक्ति दोषी है—भिन्न स्थिति है।''[19] परंतु तीसरे न्यायमूर्ति का विचार था, ''बलात्कार के मामले में, सिर्फ लड़की के साक्ष्य को काफी न मानना ही एक अच्छा नियम है।''[20] क्योंकि ''यह नियम कि बलात्कार की शिकार का साक्ष्य मानने के लिए अन्य प्रमाण अनिवार्य हैं दरअसल बुद्धिमत्ता का नियम (रूल ऑफ प्रूडेंस) है।''[21] इसके बिना ''अभियुक्त को सजा देने के लिए, इसे उचित आधार के रूप में स्वीकार नहीं करना चाहिए।''[22] कुल मिलाकर नतीजा वही है कि सिर्फ स्त्री की गवाही के आधार पर सजा देना 'उचित नहीं'। स्त्री के बयान पर विश्वास करना 'ख़तरनाक' है। बलात्कार के अन्य प्रमाण, सबूत और गवाह अनिवार्य हैं। बीसवीं सदी के पचास साल तक न्यायमूर्ति, बलात्कार की शिकार स्त्री से स्वतंत्र साक्ष्य की माँग करते रहे। और न्याय की भाषा 'बेहद असुरक्षित' से 'बेहद ख़तरनाक' होती गई।

1950 में लाहौर उच्च न्यायालय के न्यायमूर्तियों ने पुनर्विचार करने के बाद स्पष्ट किया, ''अन्य प्रमाणों को देखने का नियम सह-अपराधियों के लिए बनाया गया है और बलात्कार की शिकार स्त्री सह-अपराधी नहीं बल्कि अपराध से पीड़ित स्त्री है। इसलिए, बलात्कार के मामलों में पीड़िता के साक्ष्य को मानने के लिए, अन्य प्रमाण हमेशा अपरिहार्य नहीं हैं। ऐसे मामलों में याद रखनेवाली बात यह है कि क्या सिर्फ उस (स्त्री) के बयान के आधार पर सजा देना सुरक्षित है? यह हर मुकदमे की स्थितियों पर निर्भर करता है।''[23] लेकिन उसी समय नागपुर उच्च न्यायालय के न्यायमूर्तियों ने विरोध में स्थापना दी, ''यद्यपि कानूनन मानने योग्य है, लेकिन बिना अन्य प्रमाणों के अभियुक्त को सजा देना ख़तरनाक है। यह नियम समान रूप से जरूरी है, चाहे पीड़िता वयस्क महिला हो या सात वर्षीय कन्या। व्यवहार में यह नियम, मजबूत नियम है कि बिना अन्य प्रमाणों के बच्ची की गवाही न मानी जाए। हालाँकि भारतीय कानून में यह नियम, बुद्धिमत्ता का नियम है—कानून का नहीं।''[24] यह स्थापना देते हुए विद्वान न्यायमूर्तियों ने, कुछ वर्ष पूर्व सुनाये अपने ही फ़ैसले को निरस्त कर दिया। कानूनी नियम न होते हुए भी यह नियम, न्यायमूर्तियों की 'बुद्धिमत्ता का नियम' बना रहा। बना हुआ है। कौन कहे—क्यों? सवाल करो भी तो जवाब कौन देगा?

ख़ैर...आज़ादी के बाद, भारतीय गणतंत्र की सर्वोच्च अदालत ने लाहौर उच्च न्यायालय के 1950 वाले फैसले की तर्ज पर दोहराया, ''यह नियम, जो फैसलों के अनुसार कानूनी नियम बन गया है, इसका अर्थ यह नहीं है कि सजा के लिए अन्य प्रमाण अनिवार्य है। लेकिन बुद्धिमत्ता के लिए अन्य प्रमाणों का होना जरूरी है, सिवा उन स्थितियों में जहाँ इसे छोड़ना सुरक्षित हो। यह न्यायमूर्ति के दिमाग में हमेशा उपस्थित रहना चाहिए...कानूनी नियम सिर्फ यह है कि बुद्धिमत्ता का यह नियम हमेशा याद रहना चाहिए। व्यवहार में ऐसा कोई

नियम नहीं है कि, हर मुकदमे में, सजा देने से पहले अन्य प्रमाणों को देखना अनिवार्य हो।''[25] सुप्रीमकोर्ट के इस निर्णय ने 'बुद्धिमत्ता के नियम' को भी, 'कानून का नियम' घोषित कर दिया। इस निर्णय का प्रभाव यह हुआ कि सभी उच्च न्यायालयों को इसे मानना पड़ेगा। कुछ उच्च न्यायालयों के न्यायमूर्तियों ने इस फैसले को मानते हुए निर्णय सुनाये। लेकिन... कुछ न्यायमूर्ति 'बुद्धिमत्ता के नियम' अनुसार ही न्याय करते रहे। पटना उच्च न्यायालय के एक न्यायमूर्ति ने सर्वोच्च न्यायालय के उपरोक्त निर्णय के बावजूद कहा कि ''बलात्कार के मामले में, वयस्क महिला के मुकदमे में, अन्य प्रमाण अनिवार्य ही नहीं हैं बल्कि स्वतंत्र स्रोतों से भी होने चाहिए।''[26]

बलात्कार नहीं 'शांतिपूर्ण मामला'

इसके बाद करीब तीन दशकों तक, बलात्कार की शिकार स्त्री से 'बुद्धिमत्ता का नियम' प्रायः 'अन्य प्रमाण' माँगता ही रहा। आहत, अपमानित और पीड़ित हजारों स्त्रियों की चीखें, कानून की किताबों में बंद पड़ी हैं। न्याय की नजर में उसका चीख़ना...चिल्लाना. ..शोर मचाना सिर्फ झूठ के ऊतक ('टिशु ऑफ लाइज;) हैं। ये सब औरतें 'भयंकर रूप से झूठी' थीं और उनकी गवाही 'झूठ और असंभावनाओं से भरी पड़ी हैं'। उनके शरीर पर कोई 'चोट' का निशान नहीं था। 'यौन झिल्ली पहले से ही फटी' हुई थी। 'संभोग की आदी' थीं और 'कथित संभोग एक शांतिपूर्ण मामला' था। उन्होंने खुद 'पूर्ण रूप से हवस शांत करने' की सहमति दी थी। मत भूलो कि 'संभोग और बलात्कार में दुनियाभर का भेद है।' इन पर 'विश्वास' करना 'ख़तरनाक' है। ''इन महिलाओं की तुलना सभ्य और प्रतिष्ठित समाज की महिलाओं से नहीं की जा सकती। ये महिलाएँ नीच काम में शामिल थीं और इनका चरित्र संदिग्ध है।''[27]

1972 में प्रमिला कुमारी रावत के साथ तीन व्यक्तियों ने बलात्कार किया। उस समय प्रमिला गर्भवती थी। अदालत ने अपने निर्णय[28] में कहा कि प्रमिला 'रखैल' थी, संभोग की आदी थी, उसने कोई चीख-पुकार नहीं मचाई, बलात्कार के बावजूद गर्भपात 4-5 दिन बाद हुआ। (अतः) लगता है, इन परिस्थितियों में जो कुछ हुआ, उसकी मर्जी या सहमति से हुआ या फिर उसमें उसके पति (प्रेमी) की भी मिलीभगत थी। परिणामस्वरूप तीनों अभियुक्तों को बाइज्जत बरी किया जाता है। सर्वोच्च न्यायालय के न्यायमूर्ति श्री पी.एन. भगवती और एस. मुर्तजा फज़ल अली ने सेशन और हाईकोर्ट के फैसलों को रद्द करते हुए इसे 'सीरियस मिसकैरिज ऑफ जस्टिस' माना था। विद्वान न्यायमूर्तियों के अनुसार, बलात्कार के कारण प्रमिला का गर्भपात नहीं बल्कि निर्दोष अभियुक्तों को सज़ा सुनाने के कारण, न्याय का गर्भपात हुआ था।

एक अन्य मामले[29] में सर्वोच्च न्यायालय ने देव समाज स्कूल अंबाला की 9वीं कक्षा की छात्रा सतनाम कौर के साथ बलात्कार के चार अभियुक्तों को रिहा करते हुए कहा था

कि लड़की संभोग की आदी थी और उसकी यौन झिल्ली पहले से भंग थी। इसी प्रकार महादेव व रहीम बेग बनाम राज्य[30] में एक बारह वर्षीय लड़की के साथ दो अभियुक्तों ने बलात्कार के बाद हत्या कर दी। न्यायालय ने उन्हें इस आधार पर बरी कर दिया "लँगोट पर मिले वीर्य के धब्बे, अनिवार्य रूप से बलात्कार सिद्ध नहीं करते और उनके लिंगों पर भी किसी प्रकार के चोट के निशान नहीं हैं।" प्रश्न यह है कि शादीशुदा या संभोग की अनुभवी महिलाओं के साथ हुए बलात्कार को, अपराध न मानना कहाँ तक उचित है?

1978 में मथुरा बलात्कार कांड में सर्वोच्च न्यायालय के न्यायमूर्ति श्री जसवंत सिंह, पी.एस. कैलाशम और ए.डी. कौशल का फैसला[31] न्याय की भाषा का 'सर्वश्रेष्ठ' नमूना कहा जा सकता है। पुलिस स्टेशन में पुलिसकर्मियों द्वारा बलात्कार के इस मामले में न्यायमूर्तियों का (विवादास्पद) निर्णय था कि 'प्रश्नगत संभोग बलात्कार प्रमाणित नहीं होता और अपीलार्थी गणपत के खिलाफ अपराध का कोई मामला नहीं बनता।' मान लो मथुरा 'झूठी' थी और गणपत ने उसके साथ सहमति से संभोग किया था। इसलिए बलात्कार का अपराध नहीं बनता और उसे कोई सजा नहीं दी जा सकती। परंतु यह भी तो सच है कि गणपत ने पुलिस स्टेशन में संभोग किया। चूँकि सहमति से संभोग अपराध नहीं है तो क्या इसका मतलब यह नहीं कि कोई भी पुलिस या अन्य सरकारी अधिकारी दफ्तरों में खुलेआम सहमति से संभोग कर सकते हैं? क्या पुलिस स्टेशन को 'वेश्यालय' की तरह इस्तेमाल करना कोई अपराध और उपरोक्त निर्णय 'लाइसेंस' नहीं?

मथुरा केस में सुप्रीम कोर्ट के उपरोक्त निर्णय के विरुद्ध महिलाओं द्वारा राष्ट्रीय स्तर पर विरोध और आंदोलनों के परिणामस्वरूप 1983 में बलात्कार संबंधी प्रावधानों में संशोधन करना पड़ा। कानून में संशोधन के बावजूद 'गहरे गड्ढे' मौजूद हैं और न्यायिक दृष्टिकोण में भी कोई उल्लेखनीय बदलाव नहीं हुआ लगता। मथुरा के बाद सुमन से लेकर भँवरी बाई बलात्कार कांड तक में हुए निर्णय इसका प्रमाण हैं। न्यायमूर्ति कृष्णा अय्यर के शब्दों में, "इसका कारण यह है कि नारी शरीर और पवित्रता को लेकर कोई संतोषजनक राष्ट्रीय योजना नहीं है।"[32] कहना न होगा कि इसके बाद न्याय की भाषा में जो बदलाव दिखाई भी देता है, वह अगर-मगर, किंतु-परंतु और लेकिन के मर्दवादी मुहावरों में ही उलझा हुआ है। भँवरीबाई केस में अभियुक्तों को रिहा करते हुए सत्र न्यायाधीश 'ब्राह्मण जाति' की श्रेष्ठता से लेकर 'भारतीय संस्कृति' की महानता तक का गुणगान करते हैं। उच्च जाति के भद्रपुरुष नीच जाति की स्त्रियों से बलात्कार करेंगे! नहीं! न्यायाधीश को लगता है यह आरोप 'संदेह से परे तक सिद्ध' नहीं हो पाया। कैसे हो सकता है? स्त्री के विरुद्ध लगातार बढ़ती हिंसा के प्रश्न पर गहरी चिंता या चिंतन के बावजूद 'न्याय का लक्ष्य' अपराधियों की बाइज्जत रिहाई या सजा कम करना ही रहा है। बढ़ते अपराधों और घटती सजाओं के आँकड़ों को प्रतिशत की पद्धति में सिद्ध करना बेकार है।

जले पर नमक छिड़कता पुरुष वर्चस्व

1983 में सर्वोच्च न्यायालय के न्यायमूर्तियों ने एक अन्य मामले का निर्णय लिखते हुए कहा, "इस समय जरूरत है कि कानून को इस प्रकार बनाया और ढाला जाए कि यह और अधिक संवेदनशील और जवाबदेह बनकर समय की माँग पूरी कर सके और इस मूलभूत समस्या का समाधान भी कि क्या, कब और किस हद तक बलात्कार की शिकार स्त्री की गवाही को सच मानने के लिए अन्य प्रमाण/साक्ष्य अनिवार्य हैं। भारतीय स्त्रियों के लिए इस समस्या का विशेष महत्त्व है क्योंकि प्रायः उनका महिमागान, प्रशंसा और यहाँ तक कि पूजा की जाती रही है, लेकिन सदियों से उनका शोषण भी होता रहा है और उन्हें समान न्याय से वंचित भी किया जा रहा है। इस समस्या पर भारतीय स्त्रियों की साठ करोड़ उत्सुक आँखें केंद्रित हैं।"[33]

स्त्री के विरुद्ध बढ़ती हिंसा के आँकड़ों को देखते हुए और न्यायशास्त्र की पुनर्समीक्षा की जरूरत महसूस करते न्यायमूर्तियों ने बलात्कार की शिकार महिला से अन्य प्रमाण माँगने वाले नियमों को 'जले पर नमक छिड़कना' कहते हुए कहा, "बलात्कार की शिकार लड़की या महिला की गवाही को शंका, अविश्वास और संदेह के चश्मे से ही क्यों देखा जाए? ऐसा करना पुरुषप्रधान समाज में पुरुष वर्चस्व के आरोपों को सही ठहराना होगा।"

भारतीय परिप्रेक्ष्य में स्त्री की पारिवारिक, सामाजिक, धार्मिक और नैतिक स्थितियों का उल्लेख करते हुए न्यायमूर्तियों ने कहा कि कोई भी स्त्री अपनी और परिवार की प्रतिष्ठा, लाज, शर्म और बदनामी के ख़तरे नहीं उठाना चाहती। निर्दोष होते हुए भी वह, हमेशा भयभीत ही रहती है। वह तो सच कहने से भी डरती है—झूठ कैसे कहेगी? और क्यों कहेगी ? लेकिन 'वयस्क महिला' के बारे में 'बुद्धिमत्ता के नियम' को बचाते हुए कहा कि 'वयस्क महिला' अगर संभोग की स्थिति में पकड़ी जाती है और अपने को बचाने के लिए ऐसे आरोप लगाने की संभावना दिखाई देती है तो उससे अन्य प्रमाण माँगे जा सकते हैं। ध्यान से पढ़ने-देखने के बाद लगता है कि यही सब तो 1952 में भी कहा गया था। इसमें नई बात क्या है?

अंततः दस-बारह साल की दो बच्चियों के साथ बलात्कार के प्रयास के इस उपरोक्त मुकदमे में न्यायमूर्तियों ने कहा, "अभियुक्त ने जो अपराध किया, उसको बहुत ही गंभीर रूप से लेना जरूरी है" लेकिन "हाईकोर्ट द्वारा सजा के बाद (बेचारे की) नौकरी छूट गई है। घटना सात साल पहले घटी थी। अब साढ़े छह साल बाद अभियुक्त को दोबारा जेल भेजना पड़ेगा। समाज में भी अभी तक बहुत बेइज्जती और अपमान सहना पड़ा होगा... सब बातों को देखते हुए हमें लगता है कि अगर सजा ढाई साल से घटाकर सवा साल कर दी जाये तो 'न्याय का लक्ष्य' पूरा हो जायेगा।" देखा ! मर्द के साथ कितनी जल्दी हमदर्दी पैदा हुई मर्दों को।

'वर्दी वाला गुंडा' और जवान लड़की

सुमन बलात्कार कांड (1989) में सर्वोच्च न्यायालय के न्यायमूर्तियों द्वारा हरियाणा के पुलिसवालों की सजा दस साल से घटाकर पाँच साल की गई थी।[34] कारण—'लड़की संदिग्ध चरित्र' की है। पुलिस पक्ष की ओर से मुकदमे की पैरवी मानवाधिकारों के चैंपियन गोविन्द मुखौटी ने की थी। जब अखबारों और पत्रिकाओं में इस निर्णय की आलोचना हुई तो मुखौटी को सार्वजनिक रूप से माफी माँगते हुए पी.यू.डी.आर. की अध्यक्ष की कुर्सी से इस्तीफा देना पड़ा था। पुनर्विचार याचिका में न्यायमूर्तियों ने अपना फैसला तो नहीं बदला, हाँ! इतना स्पष्टीकरण जरूर दिया कि हमारे पूर्व फैसले का आधार लड़की का चरित्रहीन होना नहीं, बल्कि रिपोर्ट पाँच दिन बाद करवाना है। पुनर्विचार के बाद निर्णय में कहा गया है—''हम यह कहना चाहते हैं कि यह अदालत, स्त्री गरिमा और सम्मान की रक्षा में किसी से कम नहीं है।''[35]

पुलिस हिरासत में बलात्कार के अपराध के लिए कम-से-कम दस साल जेल का प्रावधान होते हुए, सुमन-केस में पाँच साल की सजा क्यों? सजा कम करने की 'विशेष परिस्थिति' क्या थी? क्या सिर्फ रपट लिखवाने में पाँच दिन देरी की वजह से, पाँच साल सजा कम करना उचित है? हरपाल सिंह बनाम हिमाचल प्रदेश[36] में तो रपट दस दिन बाद लिखवाई गई थी और देरी को उचित मानते हुए माननीय न्यायाधीशों ने कहा था, ''जवान लड़की के साथ बलात्कार होने पर, इस तरह की देरी स्वाभाविक है।'' सुमन-केस में तो रपट लिखने वाला भी वही पुलिस स्टेशन है, जहाँ के सिपाहियों ने उसके साथ बलात्कार किया था। और क्या सुमन 'जवान लड़की' नहीं थी? यहाँ विचारणीय है कि न्याय की भाषा ने 'जवान लड़की' पर विशेष जोर दिया है। यानी 'वयस्क महिला' हो तो देरी उचित नहीं।

एक और मामले में पुलिसकर्मी चंद्रप्रकाश केवल चंद जैन द्वारा बलात्कार के अपराध में सत्र-न्यायाधीश ने पाँच साल कैद की सजा सुनाई। अपील में सुप्रीम कोर्ट के न्यायमूर्तियों (ए. एम. अहमदी और फातिमा बीवी) ने कहा, ''सजा के सवाल पर हम सिर्फ इतना ही कह सकते हैं कि जब कोई वर्दीवाला किसी जवान लड़की के साथ ऐसा गंभीर अपराध करता है तो उसके साथ सहानुभूति या दया की कोई गुंजाइश नहीं। ऐसे मामलों में सजा उदाहरणीय होनी चाहिए।''[37] यहाँ भी सजा के प्रश्न पर न्यायमूर्ति सख्ती का पाठ पढ़ाते हैं, लेकिन... 'जवान लड़की' के साथ बलात्कार होने पर सजा सख्त होनी चाहिए का दूसरा अर्थ, क्या यह नहीं कि वयस्क महिला के मामले में सजा 'नरम' भी हो सकती है? हालाँकि 'जवान लड़की' के मामलों में भी कठोरतम (अधिकतम) सजा कहाँ सुनाई जाती है? हर बार सजा कम करने के लिए, कोई न कोई 'विशेष परिस्थिति' मौजूद रहती है। सात दशक पहले न्यायमूर्ति सीधे-सीधे कहते थे, ''जहाँ साक्ष्यों से मालूम हो कि बलात्कृत लड़की 'अक्षतयोनि' या 'पवित्र' नहीं है, वहाँ सात साल कठोर कारावास की सजा बहुत सख्त सजा है।''[38] अब, वही बात काफी 'घुमावदार' भाषा में कहने लगे हैं।

नारी अस्मिता और गरिमा पर न्याय की चिंता

न्यायमूर्ति पुरुष हो या स्त्री, न्याय की भाषा तो अक्सर वही रहती है, जो अब तक रची, गढ़ी गई है। पन्नालाल केस में न्यायमूर्ति सुनंदा भंडारे और अनिल देव सिंह के निर्णय के अलावा भी अनेक उदाहरण हैं। उपरोक्त खंडपीठ के निर्णय पुरुष न्यायमूर्तियों द्वारा लिखे गये हैं। यही नहीं बलात्कार के एक और केस में दिल्ली उच्च न्यायालय की न्यायमूर्ति सुश्री उषा मेहरा ने अपने निर्णय के आरंभ में गंभीरतापूर्वक लिखा, "हमारे समाज में नारी अस्मिता के प्रति सम्मान घटता जा रहा है और बलात्कार के मामले बढ़ते जा रहे हैं। हालाँकि ऐसे अपराध बीमार दिमाग के व्यक्तियों द्वारा किये जाते हैं, लेकिन, चूँकि यह मुद्दा सार्वजनिक जीवन में सौम्यता और नैतिकता से जुड़ा है और स्त्रीत्व की गरिमा को छूता है, इसलिए अपराधियों के साथ सख़्ती से निपटना चाहिए।"[39] लेकिन अंततः अभियुक्त को बाइज्जत रिहा कर दिया। जन्म प्रमाण पत्र उपलब्ध नहीं। डॉक्टर की रिपोर्ट महज़ राय है। स्कूल प्रमाण पत्र पर विश्वास नहीं किया जा सकता और लड़की पहले से ही 'संभोग की आदी' है। 29 मई, 1975 के इस मुकदमे की अपील का निर्णय, 14 जुलाई, 1992 को (लगभग सत्रह साल बाद) हुआ। न्यायाधीश अय्यर के शब्दों में 'वट ए पिटी!'

स्त्री के विरुद्ध हिंसा के जलते सवालों पर (महिला) न्यायमूर्ति द्वारा मानवीय सरोकारों से लैस, संवेदना के शब्द सचमुच सराहनीय हैं। लेकिन मौलिक अभिव्यक्ति न होने के कारण, पेचीदा कानूनी प्रावधान और न्याय के चक्रव्यूह में ही फँसी रह जाती है। दो साल पहले सर्वोच्च न्यायालय के न्यायमूर्तियों ने भी तो यही कहा था, "यह दुर्भाग्यपूर्ण है कि हमारे देश में स्त्रीत्व का सम्मान घटता जा रहा है और छेड़-छाड़ और बलात्कार के मामले लगातार बढ़ते जा रहे हैं...सार्वजनिक जीवन में सौम्यता और नैतिकता का विकास और रक्षा केवल तभी की जा सकती है, जब अदालतें सामाजिक नियमों का उल्लंघन करनेवालों के साथ सख़्ती से पेश आयें।"[40] बलात्कार के अपराधियों को बीमार, विकृत और विक्षिप्त मानसिकता के व्यक्ति घोषित करते, अनेक निर्णय बताये-गिनाये जा सकते हैं।

चरित्र प्रमाण पत्र कहाँ है?

बंटी उर्फ बलविंद्र सिंह बनाम मध्य प्रदेश राज्य[41] सामूहिक बलात्कार का एक ऐसा मामला है, जिसमें पच्चीस वर्षीय, विवाहित महिला के साथ बलात्कार करने वाले, पाँचों अभियुक्तों को बाइज्जत रिहा करते हुए मध्य प्रदेश उच्च न्यायालय के न्यायमूर्ति श्री एस.के. सेठ और श्री एस.के. चावला ने निर्णय में लिखा, "यहाँ यह बता दें कि यह सामूहिक बलात्कार का मुकदमा है। एक औरत, जो भले ही कितनी भी दुराचारी क्यों न हो, इतने व्यक्तियों को, अपमानजनक ढंग से सामूहिक संभोग करने की आमतौर पर सहमति नहीं देगी, जैसे वह सार्वजनिक प्रयोग के लिए कोई जानवर हो।"

उन्होंने आगे कहा, "कानून मानता है कि भले ही कोई स्त्री अनैतिक चरित्र की हो या वेश्या ही हो, उसकी अपनी गरिमा और सम्मान होता है। उसके इस नीच व्यवसाय के कारण ही, उसके साथ अतिक्रमण नहीं किया जा सकता।" लेकिन निर्णय के अंत तक आते-आते न्यायमूर्तियों ने स्थापना दी, "लेकिन यह भी मानना पड़ेगा कि फिर भी, अनैतिक चरित्र पूर्णतया गौण परिस्थिति नहीं होगी। यह स्वयं सारी कहानी को अविश्वसनीय बना सकता है। यह कहानी से उस संभावना शक्ति को छीन सकता है, जो किसी ऐसी महिला ने सुनाई हो, जिसका कोई नैतिक चरित्र नहीं। किसी अनैतिक चरित्र की महिला पर विश्वास करना कठिन है, अगर वह यह कहे कि कुछ व्यक्तियों ने उसके साथ (बलात्) संभोग किया है, बशर्ते कि इस बात का कोई संतोषजनक प्रमाण उपलब्ध न हो।"

वर्षों पूर्व मद्रास उच्च न्यायालय के एक निर्णय[42] में भी कहा गया था, "किसी वेश्या की मर्यादा को भी समान सुरक्षा का उतना ही अधिकार है, जितना किसी अन्य महिला को है।"

लेकिन हर बार, न्याय की तुला में एक तरफ बलात्कार की अपमानजनक पीड़ा होती है और दूसरी तरफ़ पीड़िता का नैतिक चरित्र। जाहिर है ऐसे में, ऐसी स्त्री के साथ न्याय असंभव है। क्योंकि उसकी पूरी कहानी संदेह के घेरे में ही घूमती रहेगी। उसकी बात पर कौन यकीन करेगा? फिलहाल ऐसे सामाजिक या मानसिक बदलाव की कोई आधारभूमि नजर नहीं आ रही। सिर्फ न्यायमूर्तियों को दोषी ठहराना भी व्यर्थ होगा, क्योंकि वे भी उसी समय और समाज की उपज हैं, जिसमें नैतिकता, मर्यादा, पवित्रता, यौनशुचिता वगैरह की सारी जिम्मेवारी सिर्फ स्त्री पर लाद दी गई है। धर्म शास्त्रों से लेकर न्याय शास्त्रों तक में। स्त्री के लिए इस दुष्चक्र से बाहर निकलने का तब तक कोई दरवाजा नहीं, जब तक सत्ता और संपत्ति पर निर्णय लेने का उसे भी बराबर हक़ नहीं मिल जाता। या वह न्यायव्यवस्था की गूढ़ भाषा पढ़ने-समझने योग्य नहीं हो जाती सुशिक्षित और प्रतिष्ठित, सचेत और अधिकारों के प्रति पूर्ण रूप से जागरूक।

वक्ष, जाँघ, नितंब या पीठ पर चोट के निशान दिखाओ!

बिरम सोरेन बनाम पश्चिम बंगाल[43] केस में अभियुक्त घर में अकेली लड़की (उम्र सोलह-सत्रह वर्ष) के साथ बलात्कार करके भाग गया। माँ-बाप लौटकर आये तो लड़की के बताने पर थाने में रिपोर्ट दर्ज करवाई। सत्र न्यायाधीश ने बलात्कार के अपराधी को दस साल कैद और सौ रु. जुर्माना की सजा सुनाई। लेकिन उच्च न्यायालय के न्यायमूर्ति एस.पी. राजखोवा ने अपील का फैसला सुनाते हुए कहा, "स्वाभाविक परिणाम यह होगा कि दोनों में प्रेम था या नहीं, मगर स्थितियों ने शारीरिक मिलन का अवसर प्रदान किया। अधिकांश ग्रामीण फुटबाल मैच देखने गये हुए थे। कुछ अड़ोसी-पड़ोसी भी फुटबाल मैच देखने गये हुए थे और माता-पिता बाज़ार। वह घर में अकेली थी। सारे तर्कों को तोड़ते हुए दोनों की आत्मीय यौन इच्छा बढ़ गई और यौन आनंद उठाते हुए उन्होंने संभोग कामना शांत की। यौन झिल्ली फटने और खून

बहने का कारण यह है कि उसके जीवन में संभोग का प्रथम अनुभव था। शरीर के किसी और हिस्से पर चोट का निशान नहीं होना, उसकी इस बात को झूठा प्रमाणित करता है कि उसने प्रतिरोध किया था और नतीजतन ब्लाउज फट गया था... बाहरी चोटों का न होना जैसे वक्षस्थल पर नाखूनों के निशान, जाँघ, नितंब और पीठ वगैरह पर खरोंच-सहमति का सुझाव ही देते हैं।''

अंत में न्यायमूर्ति ने कहा, ''पीड़िता के गुप्तांगों पर चोट के निशान हमें भय से कँपकँपा देने वाले हैं। परंतु हम यह कहने को विवश हैं कि यह बलात्कार का मामला नहीं है...अभियुक्त को जेल से आज़ादी दे दी जाये।''...दूसरे न्यायमूर्ति जे.एन. होरे ने लिखा, 'मैं सहमत हूँ' और निर्णय पर अपने हस्ताक्षर कर दिये।

लगता है अदालत के लिए बलात्कार एक 'स्टीरियो टाइप' है। कर्मकांड की तरह उसमें वही सब होना है जो होना चाहिए। यह सब बलात्कार को 'संभोग' में बदलने की युक्तियाँ हैं। बलात्कार की शिकार स्त्री सिर्फ एक गवाह है। गवाह को केवल बलात्कार का अनुभव दोहराना है। अपने अस्तित्व को भुलाकर दोबारा बताना है कि बलात्कार कब, कहाँ कैसे और किसने किया। यही नहीं, यह भी बताना है कि उसने खुद क्या किया? कुछ नहीं किया तो क्यों? यानी एक बार फिर 'बलात्कार'। मामूली-सी भूल बलात्कार को सहमति से संभोग में बदल सकती है। बदलती रही है। 'वक्षस्थल पर नाखूनों के निशान और जाँघ, नितंब और पीठ वगैरह पर खरोंच'-दिखाना मत भूलना। वरना...न्याय की भाषा में इसे 'सहमति का सुझाव' समझा जायेगा, समझा जाता है। सिर्फ यह कहना काफी नहीं कि उसने मेरी 'इज्जत' लूट ली, अपना 'मुँह काला' किया, जीवन बर्बाद कर दिया या उसने मेरे साथ वो काम किया जो उसे नहीं करना चाहिए था।

'हर सैक्सुअल लस्ट'

अपहरण और बलात्कार के एक अन्य मामले में न्यायमूर्तियों ने स्कूल सर्टिफिकेट को प्रमाणिक नहीं माना और डॉक्टरी रिपोर्ट को महज राय मानते हुए अभियुक्त को संदेह का लाभ देकर छोड़ दिया। बलात्कार के आरोप को सहमति से संभोग घोषित करते हुए न्यायमूर्तियों ने कहा, ''अपीलार्थी के साथ रहने में नंदा की पूर्व सहमति थी ताकि वह अपनी यौन लिप्सा शांत कर सके।''[44] न्याय की भाषा में, अब तक जहाँ 'हिज सैक्सुअल लॅस्ट' का इस्तेमाल किया जाता रहा है, वहाँ अब 'हर सैक्सुअल लॅस्ट' लिखा जाने लगा है।'' मर्दों की दुनिया में स्त्री की 'मौनता' को संभोगेच्छा मानकर चला जाता है।

अनिल कुमार बनाम हरियाणा[45] में उच्च न्यायालय के न्यायमूर्तियों का निर्णय है कि एक जवान लड़की और एक युवा व्यक्ति एकांत में, एक ही छत के नीचे, तीन दिन से ज़्यादा रहे हों, तो इससे यही निष्कर्ष निकलता है कि अनिवार्य रूप से वे आपस में मैथुन करते रहे होंगे। इस निष्कर्ष का आधार बिंदु वही प्रचलित मिथ है कि स्त्री-पुरुष के बीच

घनिष्ठ संबंधों का मतलब है यौन संबंध। इसके अलावा कुछ और तो सोचा ही नहीं जा सकता, ना !

सुभाष बनाम हरियाणा[46] में बलात्कार के आरोप को सहमति से संभोग मानते हुए न्यायमूर्तियों का कहना था, 'स्कूल प्रमाण पत्र के अनुसार लड़की की उम्र सोलह वर्ष से ज़्यादा है और डाक्टरी रिपोर्ट के मुताबिक वह संभोग की आदी है। शरीर पर न कोई चोट का निशान है और न खून बहने के ताजा चिन्ह। लड़की द्वारा लिखे दो प्रेम पत्रों से पता लगता है कि वह अभियुक्त से प्रेम करती थी।' अगर प्रेम और सहमति थी, तो फिर बलात्कार के आरोप वह लगाती ही क्यों?

बृजेश कुमार बनाम हरियाणा[47] में उच्च न्यायालय के न्यायमूर्ति कहते हैं 'अगर कोई सोलह वर्ष से बड़ी उम्र की लड़की संभोग का आनंद उठाने के लिए, स्वेच्छा से किसी पुरुष के सामने समर्पण-करती है तो यह नहीं कहा जा सकता कि पुरुष ने बलात्कार किया है।' यहाँ 'संभोग का आनंद' और पुरुष के सामने 'स्वेच्छा से समर्पण' की भाषा-संरचना के पीछे, वही पुराना तर्क है कि ऐसी स्त्री स्वयं बलात् (संभोग) की इच्छुक होती है। अच्छी लड़की होती तो अपनी जान जोखिम में डालकर भी 'सतीत्व' या 'कौमार्य' की रक्षा करती। औरत के प्रतिरोध न करने का अर्थ है—स्वेच्छा से समर्पण। और कानून या न्याय की भाषा में इसे 'बलात्कार' नहीं माना जाता।

विवाहित महिला के साथ बलात्कार के एक मामले में सत्र-न्यायाधीश ने तीन वर्ष कठोर कारावास की सजा सुनाई, परंतु उच्च न्यायालय के माननीय न्यायमूर्ति श्री पी.पी. गुप्ता ने अभियुक्त को रिहा करते समय कहा कि पीड़िता की गवाही पूर्णतया अमान्य और अविश्वसनीय है। निर्णय में लिखा है, "यह विश्वास करने के लिए बेहद असंभावित है कि पीड़िता को उस समय भी यह पता नहीं लग पाया कि अभियुक्त उसका पति है या कोई और, जब अभियुक्त ने संभोग आरंभ किया। एक विवाहित महिला और वह भी दो बच्चों की माँ, साँसों की गंध, डीलडौल, लिंग के आकार और लंबाई, संभोग के तरीके और अन्य तत्त्वों तक से फौरन महसूस कर लेगी कि सहवास करने वाला व्यक्ति, उसका अपना पति है या कोई अन्य व्यक्ति... अस्तु ! यह तथ्य कि संभोग शुरू होने के समय पीड़िता ने न तो कोई प्रतिरोध किया और न ही शोर मचाया, उसके अपने व्यवहार को संदेहास्पद बनाता है... उसने अभियुक्त को संभोग पूरा करने का अवसर दिया और इसके बाद ही शोर मचाना शुरू किया।"[48]

सचित्र कोकशास्त्र से मुकाबला करती न्याय की भाषा

न्यायाधीश का अगला तर्क यह था कि उस दिन अँधेरी रात थी। तब वह अभियुक्त को कैसे पहचान सकती है—यह भी स्पष्ट नहीं होता। यही नहीं, यह भी संभवतः विश्वास योग्य नहीं है कि अभियुक्त ने एक हाथ से मुँह बंद करके रखा और चारपाई से नीचे लाकर संभोग करने में कामयाब रहा...अभियुक्त को झूठे मुकदमे में फँसाने की इस संभावना से इनकार

नहीं किया जा सकता कि अभियुक्त के पिता और पीड़िता के पति के संबंध तनावपूर्ण थे।

उपरोक्त निर्णय में न्याय की भाषा, तर्क (कुतर्क) की भाषा है—सामाजिक जीवन में स्त्री की स्थिति और भयावह अनुभव की भाषा नहीं कहा जा सकता। हालाँकि कानून और न्याय हमेशा तार्किक नहीं होता। नहीं हो सकता। अँधेरे में औरत अपने पति 'परमेश्वर' को तो पहचान सकती है—अभियुक्त को नहीं। पति को 'साँसों की गंध' या 'लिंग के आकार और लंबाई' से पहचाना जा सकता है। मानो विवाहित औरतें पति के 'लिंग का आकार और लंबाई', इंचीटेप से नाप कर रखती हैं!

दरअसल कानून, न्यायशास्त्र और ऐतिहासिक निर्णय ऐसी भाषा (अंग्रेजी) में हैं, जिसे 'बहुमत' पढ़ना-लिखना ही नहीं जानता। समझना तो और दूर की बात है। जिस दिन 'बहुमत' अनपढ़ नहीं रहेगा या अपनी भाषा में जानने लगेगा, उस दिन यह 'न्याय की भाषा' नहीं रहेगी। नहीं रह सकती। जनता की भाषा में ही न्याय की भाषा विकसित और समृद्ध हो सकती है। अगर अदालत की भाषा वादी, प्रतिवादी या मुवक्किल की भाषा नहीं है तो उस बेचारे वादी, प्रतिवादी या मुवक्किल को तो पता ही नहीं लगता कि वकीलों ने बहस में क्या कहा और न्यायमूर्ति ने क्या हुक्म दे दिया। मुवक्किल, वकील और न्यायमूर्ति जब एक-दूसरे की भाषा को समान रूप से समझेंगे, तब सबको मालूम रहेगा कि क्या हुआ। न्याय या अन्याय? गलत या सही? विरोध-प्रतिरोध की संभावनाएँ बढ़ेंगी तो अन्याय की संभावना भी स्वतः समाप्त हो जायेंगी। उस स्थिति में न्यायमूर्ति के निर्णय का हर शब्द, बहुत सोच-समझ कर लिखा जायेगा। लिखना पड़ेगा, वरना...जनता सवाल करेगी और सवालों के जवाब भी देने ही पड़ेंगे।

'फिट ऑफ पैशन' : टोकन पनिशमेंट

राजू और कृष्णा बनाम कर्नाटक राज्य[49] में सैलीना डिसूजा नाम की इक्कीस वर्षीया एक नर्स को अपने भाई की शादी में जाना था। रास्ते में देर हो गई। बँगलौर पहुँची तो पाँच बज गये। बस में साथ सफर कर रहे, दो युवकों पर विश्वास करके, रात को होटल के एक कमरे में रुक गई। लड़कों ने बारी-बारी से बलात्कार किया। मौका मिलते ही चीखी, चिल्लाई, शोर मचाया। सत्र न्यायाधीश ने 1980 में राजू को अपराधी माना, मगर कृष्णा को नहीं। अभियुक्त की युवा उम्र और इस तथ्य को देखते हुए कि लड़की स्वेच्छा से अभियुक्त के साथ होटल के एक ही कमरे में रहने के लिए आई थी, जहाँ अभियुक्त ने संभोग कामना के दौरे (फिट ऑफ पैशन) में बलात्कार किया, अभियुक्त राजू को उस दिन अदालत बंद होने तक हिरासत में रखने और 500 रु. जुर्माने की सजा सुनाई। बलात्कार के मामले में ऐसी 'टोकन' सजा का, शायद यह 'अभूतपूर्व निर्णय' कहा जा सकता है।

अपील में उच्च न्यायालय के न्यायमूर्तियों ने 2 अगस्त, 1982 को दोनों अभियुक्तों को दोषी पाया और सात साल कैद का आदेश दिया। इसके विरुद्ध अभियुक्तों ने सर्वोच्च न्यायालय

में अपील दायर की। सर्वोच्च न्यायालय के न्यायमूर्ति श्री के. जयचन्द्रा रेड्डी और जी.एन. राय ने 12 अक्टूबर, 1993 को फैसला सुनाते समय कहा, ''भारतीय दंड संहिता की धारा 376 के अंतर्गत दोनों अभियुक्तों की सजा में हस्तक्षेप करने का हमें कोई कारण नहीं मिला। जहाँ तक दोनों अभियुक्तों को सात साल कैद की सजा का सवाल है, हमें ऐसा लगता है कि यह असंभव नहीं है कि शुरू में अभियुक्तों की वास्तव में ही यह इच्छा रही हो कि लड़की को भाई के घर जल्दी से जल्दी पहुँचाने में मदद की जाए। लेकिन, बाद में जब वह रात को होटल के एक ही कमरे में साथ रहने को सहमत हो गई तो दोनों नवयुवक यौन हवस के शिकार हो गये और उन्होंने लड़की की असहमति और विरोध के बावजूद बलात्कार किया। अभियुक्तों की बहुत युवा उम्र और उन परिस्थितियों को देखते हुए, जहाँ इस बात की सभी संभावनाएँ मौजूद हैं कि वे अपनी संभोग कामना के दौरे पर काबू नहीं पा सके, सारी सौम्यता तथा नैतिकता भुला बैठे और अंततः बलात्कार का अपराध किया (कर बैठे)। इस तथ्य को भी देखते हुए कि यह घटना बहुत पहले घटी थी और इस अदालत तक मुकदमेबाजी के दौरान, दोनों ही बहुत बदनामी और मानसिक पीड़ा झेल चुके हैं, हम सोचते हैं कि अगर दोनों अभियुक्तों को कम सजा सुनाई जाये, तो भी न्याय का लक्ष्य पूर्ण हो जायेगा। इसलिए हम निर्देश देते हैं कि दोनों अभियुक्तों को तीन साल कठोर कारावास का दंड भुगतना चाहिए. ..अपील के दौरान अभियुक्त जमानत पर रहे हैं। उन्हें हिरासत में ले लिया जाना चाहिए ताकि वे सजा भुगत सकें।''

अभियुक्त के विद्वान वकील का तर्क था, ''लड़की ने खुद उत्प्रेरित किया था। अभियुक्त नौजवान था। उत्प्रेरणा और गंभीर रूप से उकसाने पर, वह संभोग इच्छा के वशीभूत हो, मानसिक संतुलन खो बैठा। उस उम्र में यह सब होना बहुत स्वाभाविक है'।'' क्या सचमुच 'वेरी नैच्यूरल' नहीं?

राज्य सरकार की ओर से विद्वान अधिवक्ता ने गंभीरतापूर्वक कहा ''अगर वह थोड़ी सी बुद्धिमान और सतर्क होती तो शायद इन दो अनजान युवकों पर विश्वास न करती और ऐसा दुर्भाग्य न झेलना पड़ता। हालाँकि शिक्षित है, मगर दिल से बहुत सीधी-सरल और मानवीय अच्छाइयों का सम्मान करनेवाली। सिर्फ भरोसा और विश्वास करने का अर्थ यह नहीं कि अभियोजन पक्ष पर अविश्वास किया जाए। ...अगर अभियुक्त ने दुष्कर्म नहीं बल्कि लड़की की मदद की है तो यह अपेक्षा नहीं की जाती कि वह अभियुक्तों पर बलात्कार का झूठा आरोप लगायेगी।'' सवाल है कि आखिर वह ऐसा क्यों करेगी? वह ही क्या, कोई भी नहीं कर सकता।

उपरोक्त केस में सत्र न्यायाधीश द्वारा सुनाई 'टोकन पनिशमैंट' से लेकर सुप्रीम कोर्ट के उदारवादी-सुधारवादी निर्णय तक, एक शब्द बार-बार दोहराया गया है—'फिट ऑफ पैशन'। न्यायमूर्तियों द्वारा ही नहीं, बल्कि बचाव पक्ष के वकीलों द्वारा भी। दो युवा लड़के और एक जवान लड़की, तीनों होटल के एक ही कमरे में। रात का समय। ऐसी स्थिति में 'सभी संभावनाएँ

मौजूद' हैं। नवयुवकों को 'संभोग इच्छा का दौरा' पड़ना भी 'स्वाभाविक' है और 'सौम्यता और नैतिकता' के पाठ भूल जाना भी। तेरह साल कोर्ट-कचहरी के दौरान युवकों ने कितनी 'बदनामी और मानसिक पीड़ा' झेली होगी? तेरह में से ग्यारह साल तो सर्वोच्च न्यायालय में ही लग गये। हाँ, यही सब सचमुच बहुत स्वाभाविक है। 'वेरी नैच्यूरल', यू नो!

बचपन से बलात्कार...हत्या

जुम्मन खान बनाम उत्तर प्रदेश राज्य एकमात्र निर्णय है, जिसमें 6 वर्षीय लड़की (सकीना) के साथ बलात्कार के बाद हत्या के अपराध में फाँसी की सजा हुई। गवर्नर और राष्ट्रपति द्वारा रहम की अपील रद्द होने के बाद सुप्रीम कोर्ट द्वारा भी पुनर्विचार याचिका या रिट पिटीशन रद्द की गई। इस दुर्भाग्यपूर्ण मुकदमे में 26 जून, 1983 को करीब 4 बजे जुम्मन मियाँ ने अपने पड़ोसी यूसुफ खाँ की पत्नी दुल्हे खान बेग़म से प्रार्थना की कि वह अपनी बेटी सकीना को उसके साथ बाज़ार भेज दे, वह उसके लिए आइसक्रीम लाना चाहता है। बेगम ने बिटिया जुम्मन के साथ भेज दी और खुद सो गई। घंटेभर बाद उठी तो देखा बेटी अभी तक नहीं आई। पहले उसने सोचा शायद बाहर बच्चों के साथ खेल रही होगी। लेकिन समय बीता तो वह घबराई। इधर-उधर देखने के बाद जब सकीना नहीं मिली तो वह खुद जुम्मन के घर पहुँची, लेकिन वहाँ ताला लगा मिला। पति आये करीब सात बजे तो अड़ोस-पड़ोस में बच्ची ढूँढ़ते रहे, पर बच्ची होती तो मिलती। मामला सुन-सुनकर भीड़ इकट्ठा हो गई। जब यूसुफ खान दोबारा जुम्मन के घर जा रहे थे तो पड़ोसी ने बताया कि करीब साढ़े चार बजे उसने सकीना को एक हाथ में आइसक्रीम लिये, जुम्मन की उँगली पकड़े घर में घुसते हुए देखा था। दूसरे ने बताया कि वह जुम्मन के घर के आगे से गुजर रहा था तो उसने घर के अंदर से आती बच्ची के रोने की आवाज सुनी थी। उत्तेजित भीड़ जुम्मन के घर पहुँची और दरवाजे के सुराख से टॉर्च जला कर देखा तो अंदर चारपाई पर बुर्के में लिपटी बच्ची की लाश पड़ी थी। दरवाजा तोड़कर भीड़ अंदर पहुँची तो पाया कि लाश सकीना की ही थी; जिसके शरीर पर काफी चोटों के निशान मौजूद थे।

आगरा के जिला एवं सत्र न्यायाधीश ने जुम्मन को फाँसी का हुक्म दिया। उच्च न्यायालय ने भी फैसले की पुष्टि करते हुए कहा, ''अपराधी के जघन्य और अमानुषिक कृत्यों को देखते हुए वह किसी प्रकार की नरमी का अधिकारी नहीं है। उसने सोच-समझकर छह साल की बेबस बच्ची के साथ बलात्कार किया है और गला घोटकर हत्या करने तक गया है।''

उच्च न्यायालय के फैसले के विरुद्ध जुम्मन ने सुप्रीम कोर्ट में विशेष अनुमति याचिका दायर की। सुप्रीम कोर्ट ने 20 मार्च, 1986 को याचिका खारिज करते हुए ऐतिहासिक निर्णय सुनाया, ''जहाँ अपराध समाज के विरुद्ध हो, वहाँ ऐसे गंभीर मामलों में मृत्युदंड की सजा न देना विशेषकर हत्या के ऐसे मामलों में, जो अत्यंत नृशंसता के साथ किये गए हों भारतीय दंड संहिता की धारा 302 जो (फाँसी की सजा का प्रावधान करती है) को शून्य में बदलना

होगा। अदालत का यह कर्तव्य है कि वह अपराध की गंभीरता के अनुसार उचित सजा का निर्णय सुनाये। सामाजिक आवश्यकता और संभावित अपराधियों को रोकने के लिए भी, एकमात्र उचित सजा जो अपराधी जुम्मन को मिलनी चाहिए, वह मृत्यु के अलावा और कुछ भी नहीं हो सकती। क्योंकि उसने अपनी कामपिपासा शांत करने के लिए, एक निर्दोष बच्ची की भयंकर तरीके से कलंकपूर्ण हत्या का अपराध किया है।''

जुम्मन ने 12 अप्रैल, 1986 को गवर्नर से रहम की अपील भी की जो 18 फरवरी 1988 को रद्द हो गई। राष्ट्रपति ने भी रहम की अपील 10.6.1988 को ठुकरा दी। 15 जुलाई, 1988 को दूसरी रहम की अपील की गई। लेकिन राष्ट्रपति नहीं माने और अक्टूबर, 1988 में वह भी खारिज हो गई। इसके बाद 10 नवंबर, 1988 को फिर सुप्रीम कोर्ट में एक रिट दाखिल की गई, जिसमें मृत्युदंड की संवैधानिक वैधता को चुनौती दी गई और फिलहाल के लिए मृत्युदंड रुकवा दिया गया। इस याचिका को भी सुप्रीम कोर्ट के न्यायमूर्तियों ने 30 नवंबर, 1990 को मानने से इनकार कर दिया। जुम्मन के विद्वान वकील श्री आर.के. जैन (जो मृत्युदंड के कट्टर विरोधी हैं) की सारी दलीलें सुनने के बाद न्यायमूर्तियों को सजा घटाने का कोई उचित आधार या तर्क नजर नहीं आया। कैसे आता?

लेकिन दुखद तथ्य यह है कि जुम्मन ख़ान के बाद भी मासूम बच्चियों के साथ बलात्कार के बाद हत्या के मामलों को 'दुर्लभतम में दुर्लभ' नहीं माना गया। अनेक फैसले इसका प्रमाण हैं।

राजकीय महाविद्यालय, सुनाम के प्रोफेसर गुरपाल सिंह अपनी पत्नी मनजीत कौर और करीब दो वर्षीय बेटी मल्हार के साथ अपनी भानजी की शादी के अवसर पर चुघे कलाँ (पंजाब) गये हुए थे। शादी के अगले दिन 21.3.1991 को मल्हार, हरचेत सिंह की गोदी में खेल रही थी। हरचेत सिंह (उम्र 29 साल) गुरपाल सिंह के जीजा कश्मीरा सिंह का मित्र था जो घर अक्सर आता रहता था। दूल्हा-दुल्हन के जाने के बाद गुरपाल सिंह और उनकी पत्नी ने जब मल्हार की तलाश की तो वह आस-पास कहीं नहीं मिली। काफी ढूँढ़ने के बाद जब वे खेत में पहुँचे तो देखा कि हरचेत सिंह दो वर्षीय मल्हार के साथ बलात्कार कर रहा है। उन्हें देखकर हरचेत सिंह भाग खड़ा हुआ। मल्हार के पास पहुँचे तो वह खून से लथपथ दम तोड़ चुकी थी। पुलिस-थाना, कोर्ट-कचहरी, गवाहों के बयान और वकीलों की बहस सुनने के बाद भटिंडा के सत्र न्यायाधीश ने हरचेत सिंह को बलात्कार के जुर्म में उम्रकैद और दो हजार रुपये जुर्माना और हत्या के जुर्म में फाँसी और दो हजार रुपये जुर्माने की सजा सुनाई।

लेकिन पंजाब व हरियाणा उच्च न्यायालय के माननीय न्यायमूर्ति श्री जय सिंह शेखों और ए.एस. नेहरा ने अपील में फाँसी की सजा रद्द करके सिर्फ आजीवन कैद का फैसला[50] सुनाते हुए कहा, ''सजा के सवाल पर वकीलों की बहस सुनने के बाद, हम महसूस करते हैं कि यह केस 'दुर्लभतम में दुर्लभ' की श्रेणी में नहीं आता कि इसमें फाँसी की (अधिकतम)

सजा दी जा सके। हालाँकि यह जघन्यतम अपराध है। इस अदालत ने ऐसे ही एक केस चन्द्र पाल[51] के मुकदमे में भी फाँसी की सजा देने से मना कर दिया था, जिसमें बलात्कार के कारण पम्मी की दम घुटने और आघात से मृत्यु हो गई थी। दिल्ली उच्च न्यायालय की खंडपीठ ने भी राज्य बनाम अतरू रहमान[51ए] में फाँसी की सजा की पुष्टि नहीं की थी। हालाँकि अभियुक्त ने 6 साल की बच्ची के साथ बलात्कार करने के बाद उसकी हत्या कर दी थी। जुम्मन खान के मामले में[52] सुप्रीम कोर्ट का निर्णय यहाँ लागू नहीं होता (जिसे सेशन जज ने आधार माना है) क्योंकि उस केस में जुम्मन ने पहले से सोच-समझ और पूरी तैयारी के साथ बेबस बच्ची के साथ बलात्कार किया था और गला घोटकर हत्या की थी। प्रस्तुत मुकदमे में मृतक (मल्हार) की मृत्यु बलात्कार के कारण पीड़ा, खून बहने व सदमे से हुई है जो आम तौर पर मृत्यु के लिए काफी है। अपराध कामपिपासा शांत करने के लिए किया गया था। पहले से दोनों पक्षों के बीच कोई दुश्मनी नहीं थी। ऐसा लगता है कि अपीलार्थी में कामपिपासा इतनी अधिक बढ़ गई थी कि उसे आदमी के रूप में जानवर बना दिया था।''

दो साल की बच्ची के साथ, 29 वर्षीय नौजवान आदमी बलात्कार करेगा तो निश्चित ही है कि बच्ची जिंदा कैसे बचेगी? कामपिपासा शांत करने के लिए, दो साल की बच्ची के साथ ऐसा कुकर्म? इससे अधिक घृणित और जघन्यतम अपराध और क्या होगा? जब इसे घृणित और 'जघन्यतम अपराध' मान लिया जाता है तो यह कहने का क्या अर्थ है कि यह 'दुर्लभतम में दुर्लभ' मामला नहीं है। आदमी जब जानवर (भेड़िया) हो जाये तो उसे आजीवन कैद में रखने का मतलब सजा देना है या ऐसे भेड़ियों को जेल में सुरक्षित रखना?

दिल्ली प्रशासन बनाम पन्नालाल उर्फ पंडितजी उर्फ बन्ना उर्फ सरदार में दो वर्षीय नीतू के साथ बलात्कार और हत्या के अपराध में सत्र-न्यायाधीश श्री एस.एम. अग्रवाल ने फाँसी की सजा सुनाई, मगर उच्च न्यायालय के न्यायमूर्तियों (श्रीमती सुनंदा भंडारे और अनिल देव सिंह) ने उम्र कैद में बदल दिया। हालाँकि निर्णय में स्वीकार किया गया है कि 'दो साल की बच्ची को एक विकृत पुरुष की हवस का शिकार होते देखना, बेहद घृणास्पद है। बेबस बच्चों से बलात्कार के कँपा देने वाले अपराध, सचमुच कानून द्वारा निर्धारित अधिकतम दंड के अधिकारी हैं लेकिन...।'[53] मृत्युदंड को आजीवन कैद और आजीवन कैद को दस साल कारावास में बदलता यह प्रथम और अंतिम फैसला नहीं है। सत्र न्यायाधीश द्वारा सुनाई सजा के विरुद्ध अपील में उच्च न्यायालय या सर्वोच्च न्यायालय के न्यायमूर्तियों ने अधिकांश मामलों में सजा कम की है, जिसका व्यापक स्तर पर असर यह हुआ है कि प्रायः हर मामले में अपील दायर की जाती है। अपील मंजूर होने पर जमानत होने की संभावना और फैसला होने तक आज़ादी से इनकार नहीं किया जा सकता। अपील का फैसला होने में (पाँच से बीस साल तक) तो समय लगेगा। लगता ही है।

रियासत बनाम उत्तर प्रदेश, छः साल की गुड़िया के साथ बलात्कार के बाद नृशंस हत्या की भयावह कहानी है। गुड़िया हरिजन बाप बदलू की बेटी का नाम है, जिसकी रियासत ने

31 जनवरी, 1991 को गन्ने के खेत में बलात्कार के बाद उसी समय हत्या कर दी, जब सारे देश में हर्षोल्लास के साथ रविदास जयंती मनाई जा रही थी। हरिद्वार के जिला व सत्र न्यायाधीश श्री जे.सी. गुप्ता ने रियासत को मृत्यु दंड सुनाया, लेकिन इलाहाबाद उच्च न्यायालय के न्यायमूर्ति श्री एस.के. मुखर्जी और जे.पी. सेमवाल ने फाँसी की सजा रद्द करके उम्र कैद की सजा सुनाते हुए कहा, ''बलात्कार करने के बाद अपीलार्थी ने हत्या की है। हत्या पहले से सोचकर, योजनाबद्ध या संकल्प के साथ नहीं की गई। हत्या मात्र अधीरता या इस भय के बाद की गई, कहीं मृतक भेद न खोल दे। अपराधी एक नौजवान व्यक्ति है और गुड़िया के साथ बलात्कार करने के बाद अपने आपे में नहीं रहा और उसी बीमार मानसिक स्थिति में उसने हत्या कर दी। यह कर्म एक प्रकार की मानसिक विक्षप्ति की तरफ ले जाता है। हत्या के मामले में आमतौर पर सजा उम्रकैद होती है। विशेष मामलों में निर्णय में कारण लिखकर मृत्युदंड भी दिया जा सकता है। अपीलार्थी उम्रकैद की सजा भुगत सकता है और उसे भविष्य में ऐसा अपराध दोबारा करने का मौका नहीं मिलेगा।''[54]

विनोद बनाम राज्य में 11-12 साल की रेणु के साथ प्रेमदत्त ने शिव मंदिर, अलीगढ़ में बलात्कार किया और उसके बाद हत्या। सत्र-न्यायाधीश ने हत्या के लिए फाँसी की सजा सुनाई, मगर उच्च न्यायालय के न्यायमूर्ति श्री गिरधर मालवीय और ए.बी. श्रीवास्तव ने फाँसी की सजा को आजीवन कारावास में बदलते हुए कहा, ''हमें लगता है कि यह केस फाँसी की अधिकतम सजा की माँग नहीं करता। अपीलार्थी जिसकी उम्र सिर्फ बाईस साल थी, ऐसा लगता है कि मृतका को अपने साथ हत्या करने के लिए नहीं बल्कि अपनी हवस पूरी करने के लिए ले गया था। हम महसूस करते हैं कि 'न्याय का उद्देश्य', अपराधी को उम्रकैद की सजा से पूरा हो जाएगा।''[55]

सिद्दिक सिंह बनाम महाराष्ट्र (1993 क्रिमिनल लॉ जरनल 2919) में 26 वर्षीय, फौजी जवान द्वारा चार महीने की बच्ची के अपहरण, बलात्कार और हत्या (लाश अंधे कुएँ में) के मामले में भी सजा उम्रकैद ही रही। हालाँकि न्यायमूर्तियों ने स्वीकारा 'हमारे लिए इससे अधिक जघन्य बलात्कार की कल्पना तक करना कठिन है।' निर्णय में जुम्मन खान का उल्लेख तक नहीं है।

बच्चियों से बलात्कार और हत्या के अनेक ऐसे भी मामले हैं जिनमें अभियुक्त को संदेह का लाभ देकर बाइज्जत बरी किया गया है। पाँच वर्षीय सुकुमारी के साथ बलात्कार और हत्या के अपराध के एक मामले में मुजरिम को रिहा करते हुए सर्वोच्च न्यायालय के न्यायमूर्ति श्री एस. रतनावेल पांडियन और के. जयचन्द्रा रेड्डी ने कहा, ''हम सचेत हैं कि एक गंभीर और संगीन अपराध हुआ है, लेकिन जब अपराध का कोई संतोषजनक प्रमाण न हो तो हमारे पास अभियुक्त को संदेह का लाभ देने के अलावा कोई विकल्प नहीं है, इसलिए इस मुकदमे में हम ऐसा करने को विवश हैं।'' (जहरलाल दास बनाम उड़ीसा राज्य, 1991 क्रिमिनल लॉ जरनल 1809)।

चौदह वर्षीय हरिजन लड़की माड़ी के साथ बलात्कार के बाद हत्या के एक और मामले में, मृत्युदंड को आजीवन कारावास में बदलते हुए सर्वोच्च न्यायालय के विद्वान न्यायमूर्ति श्री जी.टी. नानावती ने लिखा है, "लेकिन उपलब्ध साक्ष्य, उच्च न्यायालय द्वारा मृत्युदंड के कारणों को उचित नहीं ठहराते। साक्ष्यों से यह नहीं लगता कि अभियुक्त ने माड़ी को अचानक पकड़ लिया था और वह एकदम विवश थी। उसने अपनी सलवार पूरी तरह से उतार रखी थी जो शायद आवश्यक नहीं थी अगर वह केवल निवृत्त होने गई थी। घटनास्थल पर कोई पाखाना नहीं मिला। अगर उस पर इस प्रकार अचानक हमला हुआ था (जैसा कि उच्च न्यायालय ने माना है) तो वह पहले ही चिल्लाती न कि अपीलार्थी द्वारा बलात्कार शुरू करने के बाद... उसने अपनी सलवार ही नहीं उतारी हुई थी, बल्कि कुर्त्ता भी गर्दन तक चढ़ाया हुआ था... परिस्थितियाँ बताती हैं कि संभवतः आरंभ में वह स्वयं भी अपीलार्थी के कुछ हद तक आज़ादी ले लेने के प्रति अनिच्छुक नहीं थी। अपीलार्थी अपनी काम इच्छा नहीं रोक पाने के कारण लड़की की अनिच्छा के बावजूद आगे बढ़ गया। इस पर लड़की ने प्रतिवाद किया और शोर मचाना शुरू किया। लड़की को शोर मचाने से रोकने के लिए अपीलार्थी ने सलवार उसके गले में बाँध दी जिससे उसकी दम घुटने से मृत्यु हो गई।" (कुमुदी लाल बनाम उत्तर प्रदेश राज्य, III (1999) एस.एल.टी. 636)

माननीय न्यायमूर्ति के अनुसार लड़की कुछ हद तक 'छेड़-छाड़' के लिए तो उत्सुक थी मगर संभोग के लिए राजी नहीं थी। अगर यह सच माना जाये तो उसे सलवार उतारने की क्या जरूरत थी? चौदह वर्षीय लड़की की सहमति या असहमति का प्रश्न उठाना व्यर्थ है। बिना सलवार उतारे बलात्कार कैसे होता? क्या अभियुक्त कुर्ता ऊपर नहीं कर सकता? लड़की को चुप कराने के लिए सलवार से गला घोटा गया है।

बलात्कार और हत्या का उद्देश्य और कारण 'कामपिपासा या हवस शांत करना' और 'विक्षिप्त या मानसिक बीमारी' मानते हुए सजा कम करते निर्णयों से क्या 'न्याय का लक्ष्य' पूरा हो रहा है? हो जाएगा? सजा कम करने के लिए अगर अपीलार्थी की उम्र महत्त्वपूर्ण है, तो अधिकतम दंड के लिए बलात्कार और हत्या की शिकार बच्ची की उम्र और अपराध की जघन्यता को कैसे भुलाया जा सकता है? बच्चों से बलात्कार घृणित और जघन्यतम अपराध हैं, लेकिन इसका अर्थ यह नहीं है कि वयस्क महिलाओं से बलात्कार कम घृणित हैं।

न्याय का लक्ष्य

'न्याय का लक्ष्य' या 'उद्देश्य' पूरा हो या न हो, पुरुषों की हवस या कामपिपासा तो पूरी हो ही रही है। बच्चियों से बलात्कार में बढ़ोत्तरी का एक मुख्य कारण यह भी है कि युवा लड़कियाँ, बच्चियों की अपेक्षा अधिक विरोध कर सकती हैं, चीख सकती हैं और शिकायत कर सकती हैं। बलात्कारी पुरुष सोचता है—बच्चियाँ बेचारी क्या कर लेंगी? विशेषकर जब बलात्कार घर में पिता, भाई, चाचा, ताऊ या अन्य रिश्तेदारों द्वारा किया गया है। अक्सर

कम उम्र की बच्चियाँ, बलात्कार के कारण मर जाती हैं। हत्या और बलात्कार के अधिकांश मामलों में अभियुक्त बरी हो जाता है या सजा कम करवा पाने में सफल क्योंकि लड़की गवाही के लिए अदालत के सामने नहीं होती। ऐसे में हो सकता है (होता है) कि अदालत की सहानुभूति मृतक 'गुड़िया', 'मल्हार' या 'रेणु' की बजाय बलात्कारी बटोर ले जाए।

सजा के सवाल पर न्यायमूर्तियों के मानवीय दृष्टिकोण से 'न्याय का लक्ष्य' पूरा हो जाएगा—कहना कठिन है। लगभग सत्तर साल पहले लाहौर उच्च न्यायालय के एक न्यायमूर्ति ने चेतावनी देते हुए कहा था, ''औरतों पर हिंसा के अपराध के साथ, जो स्वयं अपनी रक्षा करने की स्थिति में नहीं हैं, सख्ती से निपटना पड़ेगा। यह अत्यंत दुखद स्थिति होगी, अगर अपराधियों को यह संदेश मिलता है कि औरतों के साथ हिंसा या बलात्कार करना कोई गंभीर मसला नहीं है और अगर वे अपेक्षाकृत कम कारावास की सजा भुगतने के लिए तैयार हों, तो वे हमेशा अपनी पाशविक कामनाओं को शांत कर सकते हैं।''[56] यानी, कम सजा की संभावना, हिंसक अपराधों को बढ़ावा देती है। देती रहेंगी। एक और न्यायमूर्ति के शब्दों में सजा कम करने का अर्थ 'असुरक्षित लड़कियों को समाज में भेड़ियों के सामने छोड़ देना ही होगा।'[57] क्या 'मानवाधिकार' सिर्फ खूँखार अपराधियों के लिए ही हैं? अपने बचाव में बालिग स्त्री को तो हत्या करने का कानूनी अधिकार है, मगर अबोध बच्चियाँ क्या करें?

इसी संदर्भ में इमरतलाल के मामले में मध्य प्रदेश उच्च न्यायालय के एक न्यायमूर्ति की विवशतापूर्ण टिप्पणी है, ''जब बलात्कार का अपराध सिद्ध हो जाये और वह भी छोटी उम्र की बच्ची के साथ तो ऐसे में अपराध की सजा कठोरता से दी जानी चाहिए। अपराधी को सिर्फ तीन साल कैद की सजा देने का अर्थ उसे 'पिकनिक' पर भेजने जैसा है, जैसा कि निचली अदालत ने इस केस में किया है। लेकिन चूँकि राज्य सरकार ने सजा को चुनौती नहीं दी है, इसलिए सजा बढ़ाई नहीं जा सकती।''[58] राज्य सरकार द्वारा 'सजा को चुनौती' न देने के कारण, अब तक न जाने कितने अपराधियों को 'पिकनिक' पर भेजना पड़ा है। कानूनी नियमों से बँधे न्याय की मजबूरी है !

राज्य सरकार द्वारा सजा को चुनौती न दिये जाने के कारण, अपराधी की सजा बढ़ाई नहीं जा सकती। मगर घटाई जा सकती है। सजा कम करने का कारण, कभी अपराधी की 'उम्र' है तो कभी 'नौकरी छूट जाना' या 'सामाजिक अपमान और बदनामी'। कुछ फैसलों की शुरुआत 'अधम, घृणित, जघन्य, भयावह, पाशविक वगैरह-वगैरह' से होती है। फिर 'पाशविक इच्छाओं, यौन आनंद, कामपिपासा और हवस शांत' करने के बाद, भारतीय स्त्री की पवित्रता, यौनशुचिता, प्रतिष्ठा, गरिमा, सम्मान, नैतिकता और सामाजिक मान-मर्यादा का पाठ पढ़ाती कुछ नजीरों में बेहतरीन भाषा के नमूने। अंत में ''यद्यपि अभियुक्त का अपराध बेहद घृणित और तिरस्कार योग्य है, लेकिन हम इसे अधिकतम सजा के लिए उपयुक्त नहीं मानते और दस वर्ष कारावास की वैकल्पिक सजा में बदल रहे हैं।''[59] क्योंकि अधिकतम सजा 'दुर्लभतम में दुर्लभ' मामलों में ही दी जानी चाहिए। स्कूल हैडमास्टर द्वारा दस वर्षीया बालिका से

बलात्कार की इस घटना ने 'गुरु-शिष्य के सम्माननीय संबंधों को कलंकित किया है।' लेकिन आजीवन कारावास की अधिकतम सजा 'उचित' नहीं हो सकती। न्यूनतम सजा से ही 'न्याय का लक्ष्य' पूरा हो जायेगा।

रामरूप दास बनाम राज्य के उपरोक्त मामले में विद्वान न्यायमूर्ति ए. पासायत और एम. पटनायक के निर्णय में सर्वोच्च न्यायालय के फैसलों की 'भाषा का जादू' भी देखा जा सकता है और 'जादुई भाषा' का कमाल भी। पूरा निर्णय उधार की भाषा में इस प्रकार लिखा गया है कि मुझ जैसे अनेक कानून के विद्यार्थी आश्चर्यचकित रह जाएँ। आधे से ज़्यादा निर्णय में तो सर्वोच्च न्यायालय की नजीरों का उल्लेख तक नहीं किया गया। लगता है न्यायमूर्तियों की मौलिक और अप्रकाशित रचना है। क्या ऐसे ही 'न्याय की भाषा' विकसित और समृद्ध होगी? जाहिर है—कैसे हो सकती है? स्त्री के विरुद्ध हिंसा के प्रति सहानुभूति और संवेदना की भाषा को टुकड़ों में काट-बाँटकर नहीं देखा जा सकता। परिपूर्णता में ही देखना होगा। यहाँ सर्वोच्च न्यायालय की नजीरों से आतंकित, न्यायिक विवेक सिर्फ विकल्प ढूँढ़ता दिखाई देता है। अपराध, अपराधी, तथ्यों, स्थितियों और परिस्थितियों को, न्याय की तुला पर तौलते हाथ काँपते नजर आते हैं। क्यों?

छह वर्षीय बालिका शिवानी के साथ पैंसठ वर्षीय वृद्ध पुरुष द्वारा बलात्कार के अपराध को जघन्यतम करार देते हुए भी, दिल्ली उच्च न्यायालय के न्यायमूर्ति श्री पी.के. बाहरी और एस.डी. पंडित ने सजा के सवाल पर कहा 'इस घटना के बाद अभियुक्त की पत्नी की मृत्यु हो गई है। वह तब से अब तक जेल में है। बहुत बूढ़ा है। आंशिक लिंगच्छेदन किया है। सहवास का केवल प्रयास किया है और बालिका के गुप्तांगों को बहुत ज़्यादा नुकसान नहीं पहुँचा है। इन परिस्थितियों पर विचार करने के बाद हम, उम्रकैद की सजा कम करके दस साल कारावास में बदल रहे हैं।'[60] अपराध संगीन है लेकिन...

आरोप झूठा है : गवाह 'ख़तरनाक'

एक अन्य मामले में छह वर्षीय मंजू के साथ मई 1988 को बलात्कार का प्रयास किया गया। सत्र न्यायाधीश ने मई, 1990 में तीन साल कैद और 500 रु. जुर्माना किया। लेकिन पंजाब और हरियाणा उच्च न्यायालय के विद्वान न्यायमूर्ति ने जनवरी, 1994 में गवाहों के बयान में विसंगतियों के आधार पर केस को झूठा मानते हुए, अभियुक्त को संदेह का लाभ देकर बरी कर दिया। न्यायमूर्ति ने कहा, "मंजू स्वयं बच्ची है और वह गवाहों की उस 'ख़तरनाक श्रेणी' में आती है, जिन्हें आसानी से उनके माता-पिता या बुजुर्ग अपने निजी स्वार्थों के लिए, बेबुनियाद आरोप लगाने के लिए बहका सकते हैं।" रिपोर्ट में मात्र पाँच घंटे की देरी को अस्वाभाविक मानते हुए न्यायमूर्ति ने लिखा, "यह तथ्य स्पष्ट तौर पर दर्शाता है कि अपीलार्थी को फँसाने के लिए काफी समय उपलब्ध था।"[61] 'बच्चे गवाह नहीं हो सकते'। उनकी गवाही 'ख़तरनाक' है। उन्हें बहकाना आसान है और 'निजी स्वार्थों' के लिए, माँ-बाप 'बेटी से

बलात्कार' का 'झूठा आरोप' भी लगा सकते हैं। बदलते भारतीय समाज की संरचना को समझने के लिए, ऐसे निर्णय वास्तव में ही 'उल्लेखनीय' हैं। विशेषकर समाजशास्त्र के विद्यार्थियों के लिए।

इसके विपरीत नौ वर्षीय रेखा के साथ बलात्कार के मामले में अभियुक्त ने अपने बचाव में तर्क दिया कि आपसी रंजिश की वजह से उसे सबक सिखाने के लिए झूठे मुकदमे में फँसाया गया है। कलकत्ता उच्च न्यायालय के न्यायमूर्ति श्री जे.एन. होरे और एस.पी. राजखोवा ने कहा, ''आपसी रंजिश का तर्क एक दुधारी तलवार की तरह है जो दोनों तरफ से काटती है... हमें लगता है कि इस बात की बहुत कम संभावना है कि अभियुक्त को ऐसे अपराध के झूठे इल्जाम में फँसाया गया हो, जिससे लड़की की प्रतिष्ठा और भविष्य प्रभावित होते हों और छोटे से आपसी झगड़े की वजह से सामाजिक दाग लगता हो।''[62] ऐसे घृणित अपराध में झूठे आरोप लगाना संभव है या नहीं, इसका सही जवाब बेटी के माँ-बाप ही दे सकते हैं।

एक और मामले में चौबीस साल के नवयुवक ने दस साल की स्कूल जाती लड़की के साथ, गन्ने के खेत में बलात्कार किया। अभियुक्त के वकीलों ने अपील में कहा, ''अभियुक्त की सही पहचान नहीं हुई है। रिपोर्ट देरी से दर्ज कराई गई है और अभियुक्त चौबीस वर्षीय नौजवान है, जिसके पास 'उज्ज्वल भविष्य' है। इसलिए सजा कम करने में नरम रुख अपनाया जाये।'' लेकिन उच्च न्यायालय के विद्वान न्यायमूर्ति श्री राधाकृष्ण राव ने कहा, ''यह एक भयंकर अपराध है जो सुबह आठ बजे, दिन दिहाड़े दस साल की मासूम बच्ची के साथ किया गया। यह उस लड़की का जीवनभर पीछा करता रहेगा। रहम का कोई कारण नहीं है।'' रिपोर्ट दर्ज कराने में देरी के तर्कों को रद्द करते हुए न्यायमूर्ति ने लिखा है, ''विशेषकर बलात्कार और छेड़छाड़ के मामलों में औरतें या उनके संबंधी स्वाभाविक रूप से थाने में रपट दर्ज कराने से पहले दो बार सोचते हैं। गाँवों में यह और अधिक होता है। क्योंकि इसमें पीड़िता के परिवार की प्रतिष्ठा और इज्जत जुड़ी हुई है।''[63]

गाँव के खेत में बेरहमी से बलात्कार के एक और केस में दस वर्षीया लड़की के साथ बलात्कार करने वाले बीस वर्षीय युवक के वकीलों ने बहस में कहा, ''गाँव में पार्टीबाजी की वजह से लड़की के बाप ने अभियुक्त को गलत मुकदमे में फँसाया है।'' लेकिन उच्च न्यायालय के न्यायमूर्ति ने अपने निर्णय में लिखा, ''कोई भी आदमी इस हद तक नीचे नहीं गिरेगा कि वह पार्टीबाजी की वजह से अपनी नाबालिग बेटी के भविष्य को, बलात्कार के आरोप लगाकर दाँव पर लगा दे।'' न्यायमूर्ति श्री डी.जे. जगन्नाध राजू की यह टिप्पणी भी महत्त्वपूर्ण है, ''खेत की रखवाली के लिए भेजी गई लड़की के साथ बहुत ही अमानवीय ढंग से बलात्कार किया गया है। इस तरह के अभियुक्त के साथ किसी भी प्रकार की सहानुभूति नहीं दिखाई जा सकती। याद रखना चाहिए कि ग्रामीण इलाकों में अकेली औरतें खेतों में कृषि कार्य करती हैं। अगर इस प्रकार के अभियुक्तों के साथ ढंग से व्यवहार नहीं किया गया तो खेतों में अकेली काम करनेवाली औरतों की कोई सुरक्षा या संरक्षा ही नहीं रह जायेगी।''[64]

छोटी उम्र की बच्चियों के साथ बलात्कार के मामलों में कुछ न्यायमूर्तियों की भाषा अपेक्षाकृत संयमित और संवेदनात्मक है। परंतु कुछ निर्णय पढ़ते हुए, अभी भी लगता है कि न्यायमूर्ति सिर्फ कानून और न्याय की भाषा ही जानते हैं। दस-बारह साल की बच्ची के अपहरण और बलात्कार के एक मामले में उच्च न्यायालय के न्यायमूर्ति श्री जी.एस.एन. त्रिपाठी डॉक्टरी रिपोर्ट का पोस्टमार्टम करते हुए कहते हैं ''तो मैं कह सकता हूँ कि लड़की काफी लंबे समय से संभोग की आदी थी'' और ''मैं सिर्फ इतना ही कहना चाहता हूँ कि यह एक भ्रष्ट चरित्र की लड़की थी और बिना अन्य प्रमाणों के, सिर्फ उसका बयान सजा सुनाने के लिए पर्याप्त नहीं।''[65] ऐसी 'भ्रष्ट चरित्र' की लड़की के आरोपों को 'विश्वसनीय' कैसे माना जा सकता है? ''विद्वान सत्र-न्यायाधीश को फौजदारी कानून का बिल्कुल कुछ ज्ञान ही नहीं था।'' वरना...ऐसे 'बेबुनियाद' मुकदमे में सजा सुनाता !

सजा देने का अधिकार नहीं

उच्च न्यायालय के माननीय न्यायमूर्तियों द्वारा लिखी कानून और न्याय की ऐसी 'मानवीय', 'संवेदनशील' और नैतिक संस्कारों से बँधी भाषा के बीच, मुझे दिल्ली की जिला अदालत के एक युवा मैजिस्ट्रेट श्री राजकुमार चौहान द्वारा सुनाया एक फैसला अक्सर याद आ जाता है। आठ वर्षीय चंदा के साथ, उसके अपने पिता द्वारा अप्राकृतिक मैथुन के मामले की वर्ष भर में सुनवाई समाप्त करने के बाद, मैजिस्ट्रेट चौहान ने अपने अविस्मरणीय निर्णय में लिखा था कि इस मुकदमे की सुनवाई के दौरान मुझे हमेशा यह अहसास होता रहा कि मैं स्वयं कटघरे में खड़ा हूँ। चंदा द्वारा अपने पिता के विरुद्ध लगाये गंभीर (पवित्र) आरोप, सचमुच आश्चर्यचकित करनेवाले थे और पिता का अपराध बेहद घृणित। लड़की की माँ सरस्वती की आँसूभरी चीखों और इस आत्मालाप को सुनने के बाद मेरा हृदय और आत्मा तक आहत ही नहीं बल्कि लहूलुहान हो गए कि अगर मुझे सपने में भी यह ख़याल आ जाता कि मेरा पति ऐसा दुष्कर्म करेगा तो मैं उसके बच्चों की माँ ही नहीं बनती। मैजिस्ट्रेट चौहान ने अपने निर्णय में संयुक्त परिवारों के विघटन, औद्योगीकरण से लेकर एकल परिवारों में पुरुष वर्चस्व की ऐतिहासिक और सामाजिक पृष्ठभूमि का उल्लेख करते हुए लिखा है कि न्यायाधीश की भूमिका तो शुरू ही तब होती है, जब खेत की मेड़ ही घास खा चुकी होती है।

खैर...अभियुक्त को पूर्ण रूप से दोषी मानते हुए श्री चौहान ने अपना फैसला मुख्य दंडाधिकारी को भेजा, जिन्होंने अभियुक्त को छह वर्ष सश्रम कारावास की सजा सुनाई। इसके विरुद्ध अभियुक्त ने सत्र-न्यायाधीश के यहाँ अपील दायर की और फिर जमानत पर छूट गया। कोई नहीं जानता कि अपीलों का अंतिम फैसला कब होगा। क्या होगा?

यहाँ यह बताना जरूरी है कि भारतीय दंड संहिता की धारा 377 (अप्राकृतिक मैथुन) की सुनवाई का तो अधिकार मैजिस्ट्रेट को है लेकिन उसे तीन साल कैद से अधिक सजा सुनाने का अधिकार नहीं है। जबकि इस अपराध के लिए अधिकतम सजा आजीवन कारावास या

दस साल कारावास और जुर्माना निर्धारित की गई है। या तो ऐसे मामलों की सुनवाई का अधिकार सत्र न्यायाधीश को होना चाहिए या फिर मैजिस्ट्रेट को सुनवाई का ही नहीं सजा देने का भी अधिकार हो। वरना...उचित न्याय कठिन है।

बहस दोबारा होऽऽ

नंदकिशोर रथ बनाम नंदा उर्फ अनंत चेरन साहेरा व अन्य[66] में 30 जनवरी, 1985 रात आठ बजे गाँव राँभा, जिला कटक, में आठ साल की लड़की चंपीना गाँव में कथक देखने जा रही थी कि रास्ते में अभियुक्त उसे पकड़कर घर ले गया और बलात्कार किया। खून में भीगी पैंट पहने लड़की घर पहुँची तो जाकर माँ को बताया। रात करीब नौ बजे पिता घर लौटे तो माँ-बेटी दोनों बैठी रो रही थीं। डॉक्टरी रिपोर्ट के अनुसार भी बलात्कार प्रमाणित हुआ, लेकिन सत्र न्यायाधीश ने अभियुक्त को बाइज्जत बरी कर दिया और कहा कि, "सिर्फ लड़की के बयान के आधार पर सजा नहीं दी जा सकती और बयान की पुष्टि अन्य प्रमाणों से नहीं हो रही है।" 1986 में सत्र न्यायाधीश के निर्णय के विरुद्ध लड़की के पिता ने उड़ीसा उच्च न्यायालय में पुनर्समीक्षा याचिका दायर की। सुनवाई के बाद उच्च न्यायालय के न्यायमूर्ति श्री बी. गोपालास्वामी ने मुकदमे के तथ्यों, गवाहों और प्रमाणों के साथ सर्वोच्च न्यायालय के अनेक फैसलों के आधार पर निर्णय दिया कि सहायक सत्र न्यायाधीश का निर्णय गलत तर्क और न्यायिक दृष्टिकोण की कमी का परिणाम है जो कानून की निगाह में उचित नहीं ठहराया जा सकता। सत्र न्यायाधीश ने अभियुक्त को छोड़कर गंभीर गलती की है और यह मानना भी गलत है कि पीड़ित लड़की की गवाही की पुष्टि के लिए अन्य प्रमाण उपलब्ध नहीं हैं।

चार साल बाद 14 अगस्त, 1990 को न्यायमूर्ति गोपालास्वामी ने मुकदमा, सत्र न्यायाधीश को दोबारा बहस सुनने व कानून के अनुसार शीघ्र-अति-शीघ्र निर्णय करने के लिए वापस भेज दिया। इसके बाद क्या (न्याय) हुआ—कहना कठिन है।

कर्नाटक राज्य बनाम महाबलेश्वर जी नामक[67] में अभियुक्त की उम्र अठारह साल और बलात्कार की शिकार लड़की पलाक्षी की उम्र 15 साल थी। लड़की नवीं कक्षा की छात्रा थी। 3 अक्टूबर, 1977 को दोपहर दो बजे के करीब लड़की स्कूल से लौट रही थी तो अभियुक्त उसे पकड़कर पास के जंगल में ले गया, जहाँ उसने जबरदस्ती बलात्कार किया। लड़की ने अपनी माँ और भाई को बताया कि अभियुक्त ने जंगल में ले जाकर जबरदस्ती उसे 'बरबाद' किया है।

गिरफ्तारी के बाद मुकदमे की शुरुआत होने से पहले ही पलाक्षी ने आत्महत्या कर ली और इसका लाभ मिला अभियुक्त को क्योंकि सत्र न्यायाधीश और उच्च न्यायालय ने पीड़िता (लड़की) की गवाही न होने की स्थिति में संदेह का लाभ देते हुए अभियुक्त को बलात्कार के अपराध से बरी कर दिया। हालाँकि चोट पहुँचाने के अपराध में सिर्फ चार महीने कैद की सजा सुनाई। राज्य सरकार द्वारा 1979 में दायर सुप्रीम कोर्ट में विशेष अनुमति याचिका की

सुनवाई के बाद न्यायमूर्ति श्री एस. रतनवेल पांडियन और एम.एम. पंछी ने कहा कि, ''सिर्फ इस कारण कि पीड़ित की मृत्यु हो गई है और वह गवाही के लिए उपलब्ध नहीं है अभियुक्त को बरी नहीं किया जा सकता। अगर अभियुक्त के अपराध को प्रमाणित करनेवाले अन्य साक्ष्य उपलब्ध हैं।'' सर्वोच्च न्यायालय ने उपलब्ध साक्ष्यों के आधार पर अभियुक्त को बलात्कार के अपराध का दोषी पाते हुए पाँच साल कैद की सजा सुनाई। यह दूसरी बात है कि राज्य सरकार द्वारा दायर 1979 की याचिका का फैसला 15 मई, 1992 तक सर्वोच्च न्यायालय के विचाराधीन पड़ा रहा।

बेटी से बलात्कार : 'क्षणिक उत्तेजना'

अब्दुल वहीद बहादुर अली शेख बनाम महाराष्ट्र राज्य[68] वो मुकदमा है जिसमें एक बाप ने खुद अपनी ही सात साल की बेटी प्रवीण के साथ 21 दिसंबर, 1985 की रात बलात्कार किया। अदालत में बाप के बचाव के लिए वकीलों ने बार-बार सात साल की बेटी से ही पूछा कि वह चीखी क्यों नहीं? चिल्लाई क्यों नहीं? शोर क्यों नहीं मचाया? वही 'बलात्कार' का अनिवार्य कर्मकांड। वही फिल्मी सीन और वह नहीं तो बलात्कार हुआ कहाँ? हर संभव कोशिश की यह प्रमाणित करने को कि उसने अपराध नहीं किया, जबकि सारे सबूतों और गवाहों के चेहरों पर अपराध साफ दिखाई दे रहा था।

1988 में सत्र-न्यायाधीश ने बलात्कार के अपराध में उम्रकैद की सजा सुनाई, लेकिन अपील में मुंबई उच्च न्यायालय के माननीय न्यायमूर्ति श्री एस.एम. दाऊद और एम.एफ. सलदाना ने 16 जनवरी, 1992 को आजीवन कारावास की सजा घटाकर 10 साल कैद कर दी। हालाँकि उच्च न्यायालय के न्यायमूर्तियों ने लिखा है, ''इस मुकदमे में सत्र न्यायाधीश ने काफी सख्त, गंभीर दृष्टिकोण अपनाया है और हमारे विचार से ऐसा ठीक ही किया है। इस तथ्य को ध्यान में रखते हुए कि यौन अपराध अपीलार्थी द्वारा अपनी ही नाबालिग बेटी के साथ किया गया है। यह कारण काफी हद तक अपराध की संगीनता को बढ़ाता है और हमारे विचार से सख्त सजा की ही नहीं बल्कि कड़ी सजा की माँग करता है...''

अपीलार्थी के वकील ने सजा कम करने के लिए एक तर्क यह भी दिया कि ''इस केस को उन केसों के बराबर नहीं समझना चाहिए, जिसमें बेबस औरतों व बच्चों पर हवस पूरी करने के लिए क्रूर ताकत का इस्तेमाल किया गया हो। तथ्यों के आधार पर ज़्यादा से ज़्यादा इसे क्षणिक उत्तेजना का अपराध माना जा सकता है।'' दूसरी तरफ सरकारी वकील का कहना था कि बाप द्वारा अपनी ही नाबालिग सात साल की बेटी के साथ बलात्कार से ज़्यादा घृणित और जघन्य अपराध और क्या होगा? इसलिए अपराधी को अधिकतम सजा दी जानी चाहिए।

न्यायमूर्तियों ने लिखा है, ''हम स्वीकार करते हैं, जैसा कि विद्वान सरकारी वकील ने दर्शाया है कि यह अपराध जघन्य भी है और क्रूरतापूर्ण भी, लेकिन यह भी आवश्यक है कि स्थितियों का संपूर्ण जायजा लेकर ही निर्णय करना चाहिए। अपीलार्थी झुग्गी में रहता है और

उसकी गरीबी ने उसे ऐसी कठिन हालात में डाल दिया है कि वह छोटी सी जगह में रहने को विवश है—इसे अनदेखा नहीं किया जा सकता। रिकार्ड बताता है कि उसकी पत्नी उसे तीन साल पहले ही छोड़ कर चली गई थी। अपीलार्थी समाज के सबसे निर्धन वर्ग का व्यक्ति है। शिक्षा से पूर्ण रूप से वंचित होने के कारण संघर्षपूर्ण जीवन व्यतीत करते हुए, उसे सामान्य बोध तक का अवसर नहीं मिल पाया... रिकार्ड पर ऐसा कोई तथ्य नहीं है कि अपीलार्थी की यौन अपराध करने की कोई पृष्ठभूमि हो। यहाँ तक कि दुर्व्यवहार तक की नहीं। दूसरी तरफ हम देखते हैं कि हालाँकि उसकी पत्नी उसे छोड़ गयी है फिर भी वह नाबालिग बच्चों को तैयार करके स्कूल भेजता है, खाना बनाता है या होटल से लाता है, सारा दिन काम करता है। कभी-कभी उनके लिए खिलौने लाता, जेब खर्च देता और रात को आकर खाना भी बनाता था। यह वो परिस्थितियाँ हैं जो हमें यह मानने के लिए कहती हैं कि अपीलार्थी की दयनीय स्थिति के कारण, उससे हुई यह क्षणिक भूल थी। एक तरफ अपराध सख्त से सख्त सजा की माँग करता है दूसरी तरफ ऐसे कारण हैं जो हमें 'उचित सीमा' में रहने को विवश कर रहे हैं। काफी ध्यान से विचार करने के बाद, हमारे विचार से दस साल कैद की सजा उचित और काफी रहेगी।'' क्या यहाँ 'इनसैस्ट' की 'थियरी' नहीं दी जा रही? परिस्थितियों का विवरण बलात्कार की वैधता बताने के लिए दिया जाता है। यह अक्सर होता है। हो रहा है।

पिछले कुछ सालों में पिता द्वारा, अपनी ही बेटी (या सौतेली बेटी) के साथ बलात्कार या यौन शोषण और उत्पीड़न के अनेक मामलों ने अदालत का दरवाजा खटखटाया है। इन मामलों में पिता किसी झुग्गी-झोंपड़ी में रहनेवाला अनपढ़ या निर्धन व्यक्ति नहीं। 1994 में गृह मंत्रालय के 'अंडर सेक्रेटरी' के.सी. जाखू एंड पार्टी के विरुद्ध बलात्कार अप्राकृतिक मैथुन, यौन शोषण और उत्पीड़न और अपहरण का केस दर्ज हुआ था। इसमें जाखू की छह वर्षीय बेटी का आरोप था कि उसके पिता उसे दफ्तर ले जाते। दफ्तर से अपने दोस्तों व महिला मित्रों के साथ होटल। वहाँ वे शराब पीते, ब्लू फिल्म देखते और सामूहिक संभोग करते। उसके पिता उसे भी शराब पिलाते, कपड़े उतारते और अँगुली योनि व गुदा में डाल देते। घर में भी रात को माँ व बहनों को बेहोश करने के बाद मुख मैथुन करते। सत्र-न्यायाधीश ने सब पर अप्राकृतिक मैथुन और मर्यादा भंग करने संबंधी आरोप तो लगाये, लेकिन बलात्कार का मुकदमा चलाने से इनकार कर दिया। इस निर्णय के विरुद्ध लड़की की माँ सुदेश जाखू ने दिल्ली उच्च न्यायालय में याचिका दायर की।

अदालती 'आशा और विश्वास'

मगर दिल्ली उच्च न्यायालय के विद्वान न्यायमूर्ति श्री जसपाल सिंह ने अपने निर्णय[68ए] में दुनिया भर के संदर्भ, शोध और निर्णयों का हवाला देते हुए कहा कि लिंगच्छेदन बलात्कार के अपराध की अनिवार्य शर्त है। निर्णय के अंत में दिशा निर्देश देते हुए माननीय न्यायाधीश

ने गंभीरतापूर्वक लिखा, ''बाल यौन शोषण अत्यंत गंभीर और नुकसानदेह अपराधों में से एक है। इसलिए सत्र न्यायाधीश को चाहिए कि वे इस केस को संवेदनशीलता से चलायें और यह भी सुनिश्चित करें कि मुकदमे की कार्यवाही न्यायसंगत हो। उन्हें ध्यान रखना चाहिए कि कोई भी ऐसा सवाल न पूछा जाए जो पेचीदा या उलझानेवाला हो...'' न्यायमूर्ति का यह निर्णय, सचमुच अनेक कारणों से पढ़ने योग्य है। एक जगह तो न्यायमूर्ति आत्मनिरीक्षण करते हुए कहते हैं, ''इट इज अपालिंग टू वाच द डैथ ऐगॅनि ऑफ ए होप। मिस्टर जेटली वांटेड मी टू पुश फॉरवर्ड टू द फ्यूचर्स फ्रंट लाइनर्स। टू हिम, परहैप्स, आई रिमेन एन ओल्ड गार्ड हैंकरिंग डाउन इन द बंकर्स ऑफ ट्रैडिशन।''

अख़बारों में 'बेटी से बलात्कार' की खबरें प्रायः प्रकाशित होती ही रहती हैं। कभी प्राइवेट कंपनी में मैनेजर (सुब्रतो राय) द्वारा अपनी अठारह वर्षीय बेटी से बलात्कार, कभी मध्यमवर्गीय (राजकुमार) द्वारा चौदह वर्षीय पुत्री के साथ बलात् संभोग, कभी स्कूटर ड्राइवर (अश्विनी सहगल) द्वारा आठ वर्षीय बेटी की 'इज्जत' बरबाद और कभी पिता व भाई दोनों ने मिलकर सोलह वर्षीय बहन-बेटी को अपनी हवस का शिकार बनाया। भारतीय समाज में भी अमानवीयकरण इस क़दर बढ़ गया है कि ऐसी खौफनाक दुर्घटनाओं की लगातार पुनरावृत्ति रुकने की संभावनाएँ समाप्त या लगभग शून्य हो गई हैं। अधिकांश मामलों में इसका एक मुख्य कारण पति-पत्नी के बीच तनाव, लड़ाई-झगड़ा या अलगाव है, दूसरा कारण है, बेटा न होने का दुख। बेटियाँ अपने ही घर में, अपने ही पिता, भाई या संबंधियों के बीच भयभीत, आतंकित और असुरक्षित हो जाएँ तो उसे न सम्मान से जीने का कोई रास्ता नजर आता है और न गुमनाम मरने का। बलात्कार की संस्कृति के सहारे पितृसत्ता अजर, अमर नजर आती है।

नारायण इराना पोतकंठी बनाम महाराष्ट्र[68बी]। में सात वर्षीय बच्ची के साथ बलात्कार के मामले में माननीय न्यायमूर्ति श्री एम.एस. वैद्य ने सजा के सवाल पर कहा है कि जब कानून में न्यूनतम सजा दस साल निर्धारित की गई है तो किसी भी आधार पर सजा कम करना न्यायोचित नहीं। मुकदमे के निर्णय में न्यायमूर्ति ने उल्लेख किया है, ''अंत में, दोनों पक्षों के वकीलों ने कहा कि बालिका बलात्कार के मामले लगातार बढ़ रहे हैं, विशेषकर इस क्षेत्र में। यह बताया गया कि जिला अदालतों द्वारा इस प्रकार के मामलों में बच्चों की गवाही और अन्य साक्ष्यों संबंधी कानूनी प्रावधान या आदेशों का सही ढंग से अनुपालन नहीं किया जा रहा है। इसी वजह से हमने इस बिंदु पर, विस्तार से विचार किया है। अगर उपरोक्त दलील तथ्यात्मक रूप से सही है तो यह आशा और विश्वास किया जाता है कि भविष्य में, सत्र अदालतें इस प्रकार के मामलों में सर्वोच्च न्यायालय और गुजरात उच्च न्यायालय के फैसलों के अनुसार ही कानून और प्रक्रिया का प्रयोग करेंगे।'' हम उम्मीद ही कर सकते हैं कि 'आशा और विश्वास' भरे ऐसे दिशा-निर्देश, सर्वोच्च न्यायालय से सत्र न्यायालय वाया उच्च न्यायालय शीघ्र समय से पहुँच जायेंगे।

इतनी सख़्त सज़ा न्यायोचित नहीं!

उल्लेखनीय है कि कम उम्र की लड़कियों के साथ बलात्कार करनेवाले युवक की उम्र, अगर पच्चीस साल से अधिक नहीं है तो अधिकांश मामलों में, इसी आधार पर न्यायमूर्तियों ने सजा कम की है। कुछ मामलों में तो इतनी कम कि पढ़-सुनकर आश्चर्य होता है। उदाहरण के लिए अभियुक्त की उम्र बाईस साल है और वह कोई पेशेवर अपराधी नहीं। इसलिए चार साल कैद की सजा घटा कर दो साल की जाती है।[69] अपराध के समय अभियुक्त की उम्र सोलह साल थी। इसलिए सजा घटाकर पच्चीस दिन कैद की जाती है, जो वह पहले ही भुगत चुका है।[70] अभियुक्त इक्कीस वर्षीय नौजवान है, जिसे पाँच साल कैद की सजा दी गई है। सात साल मुकदमा चलता रहा और अभियुक्त आठ महीने कैद काट चुका है। ऐसी हालत में उसकी सजा आठ महीने की काफी है। हाँ! कम सजा के बदले में 1000रु. जुर्माना देना पड़ेगा।[71] अभियुक्त की उम्र सिर्फ सत्रह-अठारह साल है। बलात्कार के अपराध में तीन साल कैद और एक हजार रु. जुर्माने की सजा घटाकर सात महीने कैद करना उचित है, जो वह पहले ही काट चुका है। जुर्माना देने की कोई जरूरत नहीं।[72] अभियुक्त की उम्र सोलह से अठारह वर्ष के बीच है। सजा में उदारता का अधिकारी है। पाँच साल कैद की सजा घटाकर ढाई साल करना न्यायोचित है। ढाई साल कैद में वह पहले ही रह चुका है।[73] अभियुक्त की उम्र सोलह साल और बारह साल की बच्ची से बलात्कार की सजा दो साल कैद। अपराधियों के प्रति मानवीय दृष्टिकोण को देखते हुए—एक साल कारावास और एक हजार रु. जुर्माना।[74] उम्र बाइस साल और नौ वर्षीया बालिका से बलात्कार की सजा सात साल कैद। बहुत हिंसा की है मगर गुप्तांगों पर कोई चोट नहीं। सजा कम करके पाँच साल जेल। 'न्याय का उद्देश्य' पूरा हो जायेगा।[75] दस साल की लड़की के साथ बलात्कार के अपराध में सत्रह वर्षीय युवक की सजा पाँच साल से कम करके चार साल कैद करने से भी 'न्याय का लक्ष्य' पूर्ण हो जायेगा।[76] अभियुक्त की उम्र मुश्किल से तेरह साल है। दो वर्षीय बच्ची के साथ बलात्कार की सजा चार साल कैद से घटाकर, एक साल कैद और दो हजार रु. जुर्माना किया जाता है। लंबी कैद की सजा अभियुक्त को कठोर अपराधी बना देगी। जुर्माना वसूल हो जाये तो रकम हर्जाने के रूप में लड़की की माँ को दे दी जाये। बाल अपराधियों के मामलों में समसामयिक अपराध शास्त्र के अनुसार मानवीय दृष्टिकोण अपनाना अनिवार्य है।[77]

किशोरों को जेल या सुधार गृह

बच्चियों से बलात्कार के मामलों में किशोरों और 'टीन एजर' युवकों की संख्या लगातार बढ़ती जा रही है। पंद्रह वर्षीय युवक द्वारा सात वर्षीय बच्ची के साथ बलात्कार के अपराध में सत्र न्यायाधीश ने दस साल कैद और पाँच सौ रु. जुर्माना की सजा सुनाई। लेकिन उच्च न्यायालय के न्यायमूर्ति ने 1990 में अपील स्वीकार करते हुए कहा, "अभियुक्त को जेल

भेजने का अर्थ, इसे खूँखार अपराधी बनाना होगा। किशोर न्याय अधिनियम, 1986 और दंड प्रक्रिया संहिता, 1973 की धारा 361 के अनुसार, किशोर अपराधियों को जेल में नहीं, बल्कि सुधार गृहों में रखा जाना चाहिए।'' अभियुक्त को तीन साल के लिए आंध्र प्रदेश ब्रोस्टल स्कूल में भेजने के आदेश देते हुए न्यायमूर्ति ने जुर्माना वापस करने के भी आदेश दिये।

अभियुक्त के वकील ने सजा कम करवाने का एक तर्क यह भी दिया था कि ''लड़का होटल में काम करता है और वयस्क यात्रियों को 'ब्लू फिल्म' व अन्य यौन क्रीड़ाएँ करते हुए देख-देखकर स्वयं भी अनुभव करने की इच्छा के फलस्वरूप ऐसा अपराध करने को उत्प्रेरित हुआ होगा। यह उसे छोड़ देने के लिए कोई उचित बहाना नहीं है, पर सजा के सवाल पर विचारणीय अवश्य है।'' बचाव पक्ष के वकील ने न्यायमूर्ति ओ. चिनप्पा रेड्डी द्वारा लिखी एक पुस्तक की भूमिका से दोहराया, ''आपराधिक कानून का उद्देश्य सिर्फ अपराधियों को पकड़ना, मुकदमा चलाना और सजा देना ही नहीं है, बल्कि अपराध के असली कारणों को भी जानना है। कानून का अंतिम ध्येय अपराधियों को सिर्फ सजा देना ही नहीं है। जब भी, जहाँ भी संभव हो उन्हें सुधारना भी है।''[78]

उपरोक्त निर्णय के विपरीत इसी उच्च न्यायालय के न्यायमूर्तियों ने कुछ साल पूर्व 1984 में कहा था, ''सर्वज्ञात तथ्य है कि इधर कमजोर वर्ग, उदाहरण के लिए स्त्रियों पर अपराधों की संख्या बेतहाशा बढ़ रही है और ऐसे अपराधों को रोकना एक समस्या बन गया है। अब यह राष्ट्रीय बहस का मुद्दा है कि औरतों पर बढ़ रहे हिंसक अपराधों को रोकने के लिए क्या उपाय किये जायें। अगर अपराधियों को 'प्रोबेशन ऑफ औफेंडर्स एक्ट' की लाभदायक धाराओं के अंतर्गत ऐसे अपराधों में भी छोड़ दिया जायेगा तो यह निश्चित रूप से औरतों के विरुद्ध अपराधों को बढ़ावा ही देगा। यही नहीं निर्दोष बच्चियों के विरुद्ध ऐसे अपराधों को रोकना एकदम असंभव हो जायेगा। अगर ऐसे अपराधों को नहीं रोका गया तो यह सामाजिक संतुलन व औरतों के स्वतंत्रतापूर्वक आने-जाने के लिए ही धमकी बन जायेगा। और समाज की सुरक्षा के लिए भयंकर ख़तरा।''[79]

निःसंदेह सामाजिक परिप्रेक्ष्य से परे हटते ही, न्यायमूर्ति की आँखों के सामने भ्रामक मिथ और मानसिक मकड़जाल छाने लगता है। गवाहों, साक्ष्यों, रिपोर्टों, दस्तावेजों और स्थितियों के बीच, तकनीकी विसंगतियाँ और अंतर्विरोध अनेक प्रकार से दिशाभ्रमित करते हैं। डॉक्टरी रिपोर्ट, पुलिस जाँच में घपले, सालों बाद गवाही में स्वाभाविक भूल, बचाव पक्ष के वकीलों द्वारा गढ़े तर्क (कुतर्क), नई-पुरानी हजारों नजीरें और वर्षों फैसला न होने (करने) का दबाव या अपराध बोध, यानी सब अभियुक्त के पक्ष में ही तो होता रहता है। जब तक संदेह से परे तक अपराध सिद्ध न हो, अभियुक्त को निर्दोष माना जायेगा, और पूरी व्यवस्था उसे बचाने में लगी रहती है। परिणामस्वरूप अधिकांश (96 प्रतिशत) अभियुक्त बाइज्जत रिहा हो जाते हैं या संदेह का लाभ पाकर मुक्त। जिन्हें बचाव का कोई (चोर) रास्ता नहीं मिल पाता, वो अपराधी भी किसी-न-किसी आधार पर न्यायमूर्ति से रहम की अपील मंजूर करवा ही लेते हैं।

सजा कम करने के अनेक 'उदारवादी' निर्णय उपलब्ध हैं। सजा बढ़ाने के फैसले अपवादस्वरूप ही मिल सकते हैं। कुछ मामलों में तो न्यायमूर्तियों द्वारा सजा कम करने का एकमात्र कारण है—सालों से अपील की सुनवाई या फैसला न होना। अब इतने साल बाद सजा देने से भी क्या लाभ?

संसद द्वारा बनाये संबंधित कानूनों की भाषा और परिभाषा दोनों ही, आमूल-चूल संशोधन माँगती है। मगर विधि आयोग द्वारा संशोधन की सिफारिशों पर राष्ट्रीय बहस बाकी है। कानूनी लूपहोल या गहरे गड्ढों के रहते, यौन हिंसा की शिकार स्त्री के साथ न्याय असंभव है। अक्सर यह कहा जाता है कि कानून तो बहुत बनाये गये हैं, लेकिन उनका पालन सही ढंग से नहीं हो रहा। काफी दार्शनिक अंदाज में यह भी बार-बार सुनने में आता है कि सिर्फ कानून बनाने से समस्या का समाधान नहीं हो सकता। नहीं होगा। समाधान के लिए समाज में जागरूकता, स्त्रियों में चेतना और पुरुष मानसिकता में बदलाव अनिवार्य है। बिना शिक्षा के यह सब कैसे होगा? सभी को शिक्षित करने योग्य संसाधन ही नहीं हैं। और ऊपर से देश की जनसंख्या लगातार बढ़ती जा रही है। ऐसे में सरकार या न्यायपालिका या कार्यपालिका भी क्या कर सकती है?

विकल्प की तलाश

दिल्ली के अतिरिक्त सत्र न्यायाधीश श्री एस.एम. अग्रवाल ने, 24 अगस्त, 1990 को जगदीश प्रसाद को साढ़े तीन वर्षीय ममता के साथ बलात्कार के अपराध में आजीवन कारावास की सजा सुनाई। 5 सितंबर, 1990 को यह भी निर्देश दिया कि "जब तक संसद ऐसे मामलों में अनिवार्य बंध्याकरण का कानून नहीं बनाती, मुझे लगता है कि जघन्य अपराध के अपराधियों को स्वैच्छिक रूप से बंध्याकरण के लिए प्रोत्साहित करने की कोई शुरुआत की जानी चाहिए, ताकि ऐसे लोगों को जेल में बंदी रखने की बजाय उनका कुछ लाभ/उपयोग उनके परिवार वाले उठा सकें। इसलिए मैं ऐसा निर्णय ले रहा हूँ कि अगर अपराधी जगदीश, स्वेच्छा से बंध्याकरण का ऑप्रेशन, किसी सरकारी अस्पताल से करवा ले (उच्च न्यायालय दिल्ली की पूर्व-सहमति से) तो उसकी कैद की सज़ा माफ मानी जायेगी।"

कानून और न्याय के इस ऐतिहासिक प्रथम 'क्रांतिकारी' फैसले की, बहुत दिनों तक राष्ट्रीय पत्र-पत्रिकाओं में चर्चा (बहस) होती रही। होनी ही थी।

निर्णय के खिलाफ अपील में उच्च न्यायालय के न्यायमूर्ति श्री पी.के. बाहरी ने पाया कि इस मामले में पुलिस के जाँच अधिकारियों ने शैतानीपूर्वक गड़बड़ियाँ (घपले) की हैं। हालाँकि सत्र-न्यायाधीश ने इनकी खूब प्रशंसा की है। बच्ची के योनिद्वार की झिल्ली थोड़ी फटी हुई पाई गई, लेकिन यह जरूरी नहीं है कि ऐसा अपीलार्थी द्वारा लिंगच्छेदन के कारण हुआ हो। सर्वज्ञात है कि इतनी छोटी बच्ची के गुप्तांगों पर हल्का-सा भी दबाव पड़ने से झिल्ली फट सकती है। ऐसा लगता है कि अभियुक्त अपनी हवस के कारण, लड़की से बलात्कार करना

चाहता था। मगर लड़की के माँ-बाप के मौके पर पहुँचने के कारण कर नहीं पाया। अभियुक्त बलात्कार करने का अपराधी नहीं, बल्कि बलात्कार का प्रयास करने का अपराधी है। अपीलार्थी की सज़ा भारतीय दंड संहिता की धारा 376 की अपेक्षा, धारा 511 के तहत बदली जाती है। वह साढ़े सात साल कैद की सजा पहले ही काट चुका है। अब उसे रिहा कर दिया जाये।

बंध्याकरण के विषय में न्यायमूर्तियों का विचार था, "विद्वान सत्र न्यायाधीश ने स्वेच्छा से बंध्याकरण का आदेश देकर ठीक नहीं किया। ऐसा आदेश पूर्णतया गैर-कानूनी है, क्योंकि उच्च न्यायालय के नियमों में ऐसा कोई प्रावधान नहीं है। न्याय मौजूदा कानून के आधार पर ही किया जाना चाहिए, न कि ऐसे संगीन अपराधों को रोकने के लिए क्या कानून होना चाहिए, के आधार पर। कानून में ऐसा कोई प्रावधान ही नहीं है कि अगर बलात्कार का अपराधी स्वेच्छा से बंध्याकरण करवा ले तो कानून द्वारा निर्धारित न्यूनतम सजा, अदालत द्वारा माफ़ की जा सकती है। वही सजा दी जानी चाहिए जो कानून निर्माताओं (संसद) ने निर्धारित की है। अतिरिक्त सत्र-न्यायाधीश को ऐसा प्रस्ताव जो कानून के अनुसार नहीं है देने से, अपने आपको रोकना चाहिए था।"[80]

विद्वान सत्र-न्यायाधीश द्वारा बंध्याकरण (कैस्ट्रेशन) के आदेश का असली उद्देश्य अभियुक्त के परिवार को लाभ पहुँचाना है या अपराधी का 'पुरुष चिन्ह' (लिंग) नष्ट करके अपमानित करना? ऐसा करके वे कोई 'नई शुरुआत' कर रहे हैं या महान् भारतीय संस्कृति की न्याय व्यवस्था के अतीत में लौट रहे हैं? कैस्ट्रेशन का अर्थ बंध्याकरण या बधिया करना है और बधिया सिर्फ़ बैल या बकरे जैसे जानवरों को ही किया जा सकता है। पुरुषों को बधिया नहीं किया जा सकता। हाँ! नसबंदी हो सकती है, लेकिन उससे संभोग क्षमता पर क्या असर पड़ेगा? ख़ैर...उच्च न्यायालय के न्यायमूर्तियों द्वारा ऐसे आदेश को गैरकानूनी ही ठहराया जाएगा। कानून और न्याय-सम्मत कैसे ठहराया जा सकता है? अब तो न ऐसा कोई नियम है और न कानून। बलात्कार का अपराध भले ही 'जघन्यतम और क्रूरतम' माना जाता हो, लेकिन सजा सख्त या कठोर होने की बजाय 'मानवीय' और 'न्यायोचित' ही होनी चाहिए। होती है। अपराधी, पितृसत्तात्मक समाज की गंदगी या कूड़ा है, लेकिन आखिर है तो उसी के पुत्राधिकारी। स्वयं अपने पुत्रों को 'नपुंसक' या 'पौरुषहीन' होने की सजा कैसे दें? सत्ता पर पूर्ण नियंत्रण के लिए 'बलात्कार का भय' या 'आतंक' भी तो बनाये रखना जरूरी है। वरना 'पुरुष वर्चस्व' ही समाप्त हो जायेगा। वैसे भी 'सभ्य समाज' में ऐसी सजा देना बर्बर और अमानवीय ही माना जाएगा। नहीं, ऐसे विकल्प समस्या का समाधान नहीं।

महान भारतीय संस्कृति

इस संदर्भ में सिर्फ इतना और कि प्राचीन भारत में "समान जाति की स्त्री के साथ बलात्कार करने पर पुरुष की संपूर्ण सम्पत्ति छीनकर व उसके गुप्तांग काटकर, उसे गदहे पर चढ़ाकर घुमाया जाता था। मगर हीन जाति की स्त्री के साथ बलात्कार में उपर्युक्त दंड का आधा दंड

ही दिया जाता था। यदि स्त्री उच्च वर्ग की होती थी तो अपराधी के लिए मृत्युदंड था और संपत्ति छीन ली जाती थी। स्त्री के साथ धोखे से संभोग करने पर पुरुष को संपूर्ण संपत्ति से वंचित करके उसके मस्तक पर स्त्री के गुप्तांग चिन्हित करके नगर से निष्कासित कर दिया जाता था... बृहस्पति ने नीची जाति के पुरुष द्वारा उपभोग की गई उच्च जाति की निर्दोष स्त्री को भी मृत्युदंड देने की व्यवस्था दी है। याज्ञवल्क्य और नारद के अनुसार जब कोई व्यक्ति किसी अविवाहित कन्या की इच्छा के विरुद्ध उससे संबंध रखता था तो उस व्यक्ति की दो अंगुलियाँ काट ली जाती थीं, किंतु कन्या के उच्चवर्णी होने की स्थिति में उस व्यक्ति की संपत्ति छीनकर उसे मृत्युदंड दिया जाता था। कौटिल्य ने इस संदर्भ में कुछ भेद किए हैं। जो पुरुष स्वजाति की अरजस्वला कन्या को दूषित करे, उसका हाथ कटवा दिया जाये अथवा चार सौ पण दंड दिया जाए। यदि कन्या मर जाए तो पुरुष को प्राण दंड दिया जाए। रजस्वला हो चुकी कन्या की स्थिति में पुरुष की मध्यमा व तर्जनी अँगुलियाँ काट दी जाए अथवा दो सौ पण दंड दिया जाए और कन्या का पिता, जो भी क्षतिपूर्ति चाहे उसे प्राप्त कराई जाये.. .वेश्या से बलात्कार का दंड बारह पण एवं दंड से सोलह गुना शुल्क, गणिका को देने का नियम था।

माता, मौसी, सास, भाभी, बुआ, चाची, ताई, मित्र पत्नी, शिष्य पत्नी, बहन, बहन-सी मित्र, पुत्रवधु, पुत्री, गुरु-पत्नी, सगोत्रा, शरणागत, रानी, संन्यासिनी, धाय, ईमानदार स्त्री एवं उच्चवर्णी स्त्री के साथ संभोग करने वाले पुरुष का गुप्तांग काट दिया जाता था।''[४]

बलात्कारी को मृत्युदंड

कुछ माह पूर्व गृहमंत्री लालकृष्ण आडवाणी ने भी 'हवाई घोषणा' की थी कि उनकी सरकार, बलात्कार के अपराधियों को मृत्युदंड देने का कानून बनायेगी। इस बयान की गंभीरता, राजनीतिक भाषा और संभावना को समझने के लिए सिर्फ यह जान लेना काफी होगा कि सर्वोच्च न्यायालय कई बार यह कह चुका है कि मृत्युदंड सिर्फ हत्या के 'दुर्लभतम में दुर्लभ' मामलों में ही दिया जाना चाहिए। परिणामस्वरूप आज तक दहेज हत्या या वधूदहन के एक भी मामले में फाँसी नहीं दी गयी है। ऐसे जिन मामलों में फाँसी की सजा सुनाई भी गई थी, वे उच्च न्यायालयों या सर्वोच्च न्यायालय के न्यायमूर्तियों ने आजन्म कैद में बदल दी। इसी प्रकार बच्चों से बलात्कार और हत्या के मामलों में भी (सिवा जुम्मन खान (1991) अपराधी को फाँसी की बजाय उम्रकैद की सजा ही सुनाई गयी है। ऐसी स्थिति में (सिर्फ) बलात्कार के अपराधी को मृत्युदंड कैसे दिया जा सकेगा? अगर बलात्कारी के लिए मृत्युदंड का प्रावधान भी बन जाए, तो क्या वैधानिक और न्यायिक दृष्टिकोण भी बदल जाएगा? संसद में बैठे पुरुष प्रतिनिधि क्या ऐसा कानून बनने देंगे? सहमति और 'बदचलनी' के कानूनी हथियारों का क्या होगा? दहेज हत्याओं में मृत्युदंड का प्रावधान समाप्त करके, उम्र कैद का कानून (धारा 304 बी) बनाने वाली 'पुरुष पंचायत', बलात्कार के अपराधियों को सजा-ए-मौत देने का

कानून बनाएगी ! कैसे? कब? विशेषकर जब दुनियाभर में मृत्युदंड समाप्त करने की बहस और मानवाधिकारों का शोर हो।

और अंत में...आत्मरक्षा

यशवंत राव बनाम मध्य प्रदेश राज्य[82] में अभियुक्त पर आरोप था कि उसने 5 अप्रैल, 1985 को लखनसिंह नाम के व्यक्ति की कुदाली से हत्या की है। सत्र न्यायाधीश ने अभियुक्त को हत्या का अपराधी तो नहीं माना लेकिन गंभीर चोट पहुँचाने के अपराध में, एक साल कैद की सजा सुनाई। मध्य प्रदेश उच्च न्यायालय ने अपील में यह सजा अब तक भुगती जेल की सजा में बदल दी, जिसके विरुद्ध अभियुक्त ने सर्वोच्च न्यायालय में विशेष अनुमति याचिका दायर की।

सर्वोच्च न्यायालय के न्यायमूर्ति श्री कुलदीप सिंह और योगेश्वर दयाल ने 4 मई, 1992 को अपने अभूतपूर्व ऐतिहासिक फैसले में लिखा है कि अभियुक्त को अपने बचाव का अधिकार है, जो इस मामले में भी लागू होता है, जब अभियुक्त की पंद्रह वर्षीय बेटी के साथ मृतक बलात्कार कर रहा था। न्यायमूर्तियों ने कहा कि अभियुक्त के बचाव में सबसे पहले पुलिस में दर्ज रपट है, जिसमें अभियुक्त ने शिकायत की है कि उसकी नाबालिग बेटी छाया घर के पिछवाड़े शौच के लिये गई थी, जहाँ मृतक ने उसे पकड़ लिया और शोर सुनकर वह वहाँ पहुँचा तो मृतक अपने बचाव में भाग खड़ा हुआ। इस तरह वह दीवार से टकराया और पथरीली जमीन पर गिरकर जख्मी हो गया।

सत्र न्यायाधीश का विचार था कि नाबालिग लड़की, जिसकी उम्र पंद्रह साल है, अपनी सहमति से जब लखन सिंह के साथ संभोग कर रही थी, तब अभियुक्त ने उसे चोट पहुँचाई है। लड़की खुद लखन सिंह को घर से बुलवाकर लाई थी। अभियुक्त ने अपनी बेटी को लखन सिंह के साथ संभोग करते देखा तो उसने उत्तेजना व गुस्से में मृतक पर हमला कर दिया।

सर्वोच्च न्यायालय ने अपने निर्णय में उल्लेख किया है कि अभियुक्त ने अपने बचाव के अधिकार का तर्क, सत्र न्यायाधीश के सामने भी रखा था। लेकिन सत्र न्यायाधीश ने सिर्फ इतना ही ध्यान दिया कि अभियुक्त ने चोट उत्तेजना और गुस्से में पहुँचाई है। इससे आगे मामले की जाँच नहीं की। इस बात से कोई फर्क नहीं पड़ता कि संभोग सहमति से हो रहा था या बिना सहमति के। तथ्य यह है कि छाया की उम्र पंद्रह साल थी और लखन सिंह द्वारा किया कृत्य भारतीय दंड संहिता, 1860 की धारा 376 उपधारा 6 के अंतर्गत बलात्कार ही माना जायेगा। पंचनामे से स्पष्ट है कि बलात्कार का प्रयास या संभोग पूरा नहीं हुआ था और इसी बीच अभियुक्त ने मृतक पर वार किया था। मेडिकल रिपोर्ट के अनुसार भी मृत्यु कुदाली से चोट लगने की वजह से नहीं हुई है, बल्कि 'लीवर' फटने से हुई है। कारण कुछ भी हो बचाव का अधिकार अभियुक्त को तब भी है, जब कोई उसकी बेटी के साथ बलात्कार कर रहा हो।''

सर्वोच्च न्यायालय का यह निर्णय बेहद महत्त्वपूर्ण निर्णय कहा जा सकता है, क्योंकि कानूनी अधिकारों के बारे में अनभिज्ञ गरीब माँ-बाप अक्सर ऐसे मौके पर बलात्कारी को खुद कुछ कहने-सुनने या मारने-पीटने की बजाय, थाने में जाकर शिकायत करते हैं। शायद डर भी लगता है कि कहीं खुद ही कानून के जंजाल में न फँस जायें। परंतु इस निर्णय से स्पष्ट है कि बेटी, बहू, बहन या किसी भी रिश्तेदार के साथ बलात्कार होता देखकर, बलात्कारी की हत्या तक कर देने में भी 'बचाव का अधिकार' (राइट ऑफ प्राइवेट डिफेंस) एक कानूनी अधिकार भी है और बलात्कारियों से निपटने का हथियार भी।

स्त्रियाँ स्वयं अपने बचाव में हथियार उठाने के कानूनी अधिकार का प्रयोग कर सकती हैं। दिल्ली में अभी कुछ दिन पहले, एक 14 वर्षीय लड़की ने बलात्कार का प्रयास करने वाले व्यक्ति की हत्या कर दी थी। निस्संदेह उसे अपने बचाव में, हत्या करने का अधिकार मिलेगा। बलात्कारी कानूनी प्रक्रिया में सजा से बच सकता है। लेकिन जिस दिन औरतें खुद हथियार उठा लेंगी, उसे कोई नहीं बचा सकता। दरअसल भेड़ियों के समाज में बच्चियों को असुरक्षित और निहत्था छोड़ने की बजाय उन्हें जूडो, कराटे और गोली, गँडासा, दरांती, चलाना सीखने या सिखाने की जरूरत है कि अपनी सुरक्षा में, अपने बचाव में की गई हत्या भी कोई अपराध नही है।

संदर्भ

1. महावीर बनाम राज्य, 55(1994) दिल्ली लॉ टाइंस 428
2. सिद्धेश्वर गाँगुली बनाम पश्चिम बंगाल, ए.आई.आर., 1958 सुप्रीम कोर्ट, 143
3. ए.आई.आर. 1927 लाहौर 858
4. ए.आई.आर. 1928 पटना 326
5. ए.आई.आर. 1963 पंजाब 443
6. 1963 क्रिमिनल लॉ जरनल 391
7. 4 आल इंडिया क्रिमिनल डिविजन 469
8. 1991 क्रिमिनल लॉ जरनल 939
9. वही, पृष्ठ 942
10. रफीक बनाम उत्तर प्रदेश (1980) 4 सुप्रीमकोर्ट केसस 262
11. ए.आई.आर. 1923 लाहौर 297
12. ए.आई.आर. 1980 सुप्रीम कोर्ट 559
13. 23 क्रिमिनल ला जरनल 475
14. ए.आई.आर. 1924 लाहौर 669
15. ए.आई.आर. 1927 रंगून 67
16. ए.आई.आर. 1934 कलकत्ता 7
17. ए.आई.आर. 1935 लाहौर 8
18. ए.आई.आर. 1939 रंगून 128
19. ए.आई.आर. 1944 नागपुर 363

20. ए.आई.आर. 1947 इलाहाबाद 393
21. ए.आई.आर. 1949 कलकता 613
22. ए.आई.आर. 1949 इलाहाबाद 710
23. ए.आई.आर. 1950 लाहौर 151
24. ए.आई.आर. 1950 नागपुर 9
25. ए.आई.आर. 1952 सुप्रीम कोर्ट 54
26. ए.आई.आर. 1955 पटना 3245
27. पडरिया बलात्कार कांड में न्यायाधीश ओ.पी. सिन्हा का फैसला
28. ए.आई.आर. 1977 सुप्रीम कोर्ट 1307
29. ए.आई.आर. 1970 सुप्रीम कोर्ट 1029
30. ए.आई.आर. 1973 सुप्रीम कोर्ट 343
31. तुकाराम बनाम महाराष्ट्र (ए.आई.आर. 1979 सुप्रीम कोर्ट 185)
32. फूलसिंह बनाम हरियाणा (ए.आई.आर. 1980 सुप्रीम कोर्ट 249)
33. भोगिन भाई हिरजी भाई बनाम गुजरात (ए.आई.आर. 1983 सुप्रीम कोर्ट 753)
34. ए.आई.आर. 1989 सुप्रीम कोर्ट 937
35. ए.आई.आर. 1990 सुप्रीम कोर्ट 538
36. ए.आई.आर. 1981 सुप्रीम कोर्ट 361
37. महाराष्ट्र बनाम चंद्रप्रकाश केवल चंद जैन, ए.आई.आर. 1990 सुप्रीम कोर्ट 658
38. ए.आई.आर. 1927 लाहौर 772
39. छिद्दा राम बनाम दिल्ली प्रशासन, 1992 क्रिमिनल ला जरनल 4073
40. ए.आई.आर. 1990 सुप्रीम कोर्ट 658
41. 1992 क्रिमिनल लॉ जरनल 715
42. ए.आई.आर. 1962 मद्रास 31, ए.आई.आर. 1991 सुप्रीमकोर्ट 207
43. 1992 क्रिमिनल लॉ जरनल 1666
44. 1994 क्रिमिनल लॉ जरनल 3044
45. 1988 (4) आर.सी.आर. (क्रिमिनल) 600
46. 1988 (4) आर.सी.आर. (क्रिमिनल) 207
47. 1988 (3) आर.सी.आर. (क्रिमिनल) 692
48. 1991 क्रिमिनल लॉ जरनल 2859
49. 1994 क्रिमिनल लॉ जरनल 248
50. 1994 क्रिमिनल लॉ जरनल 1529
51. 1983 आल क्रिमिनल लॉ रिपोर्ट 687
51. ए. 1987 (2) आल क्रिमिनल लॉ रिपोर्ट 844
52. 1991 क्रिमिनल लॉ जरनल 439
53. 1993 क्रिमिनल लॉ जरनल 852
54. 1994 क्रिमिनल लॉ जरनल 2360
55. विनोद कुमार बनाम राज्य, 1994 क्रिमिनल लॉ जरनल 2360
56. ए.आई.आर. 1929 लाहौर 584

57. 1977 क्रिमिनल लॉ जरनल 556
58. 1987 क्रिमिनल लॉ जरनल 557
59. रामरूप दास बनाम राज्य, 1993 क्रिमिकल लॉ जरनल 1000
60. जगदीश प्रसाद बनाम राज्य, 58(1995) दिल्ली लॉ टाइम्स 740
61. बलवान सिंह बनाम हरियाणा राज्य, 1994 क्रिमिनल लॉ जरनल 2810
62. रामचित राजभर बनाम पश्चिम बंगाल, 1992 क्रिमिनल लॉ जरनल 372
63. नाला राम बाबू बनाम आंध्र प्रदेश राज्य, 1992 क्रिमिनल लॉ जरनल 324
64. वी. लक्ष्मी नारायण बनाम पुलिस निरीक्षक, 1992 क्रिमिनल लॉ जरनल 334
65. ओमी उर्फ ओम प्रकाश बनाम उत्तर प्रदेश राज्य, 1994 क्रिमिनल लॉ जरनल 155
66. 1991 क्रिमिनल लॉ जरनल 835
67. 1992 क्रिमिनल लॉ जरनल 3786
68. 1993 क्रिमिनल लॉ जरनल 977
68. ए. 63A(1996) दिल्ली लॉ टाइंस 563
68. बी. 1994 क्रिमिनल लॉ जरनल 1752
69. फूल सिंह बनाम पंजाब राज्य, ए.आई.आर. 1980 सुप्रीम कोर्ट 249
70. 1979 चंडीगढ़ क्रिमिनल केसस 163
71. 1979 राजस्थान क्रिमिनल केसस 234
72. 1979 राजस्थान क्रिमिनल केसस 56
73. 1978 राजस्थान क्रिमिनल केसस 426
74. 1977(2) राजस्थान क्रिमिनल केसस 157
75. 1976 (1) राजस्थान क्रिमिनल केसस 310
76. 1976 राजस्थान क्रिमिनल केसस 258
77. काकू बनाम हिमाचल प्रदेश ए.आई.आर. 1976 सुप्रीम कोर्ट 1991
78. रीपिक रविन्द्र बनाम आंध्र प्रदेश, 1991 क्रिमिनल लॉ जरनल 595
79. इप्पिती त्रीनाथ राव बनाम आंध्र प्रदेश, 1984 क्रिमिनल लॉ जरनल 1254
80. जगदीश बनाम दिल्ली राज्य 57 (1995) दिल्ली लॉ टाइम्स 761
81. प्राचीन भारत में न्याय व्यवस्था, नताशा अरोड़ा।
82. 1992 क्रिमिनल लॉ जरनल 2779

स्त्री-छवि

प्रज्ञा और गर्भाशय के बीच

मृदुला गर्ग

कुछ समय पहले मैं एँजेला कार्टर का उपन्यास *वाइज़ चिल्ड्रेन* पढ़ रही थी। शेक्सपियर के कॉमेडी नाटकों की तर्ज़ पर लिखा यह उपन्यास, गहरी विदूषकीय दृष्टि से संपन्न है, जिसकी अंतर्धारा, आप जानते हैं, बेहद त्रासद होती है। दो बूढ़ी, जुड़वाँ बहनें, अपनी आत्मकथा कहती हैं। जीवन की एक-से-एक दुखद घटना का ज़िक्र करती हैं, फिर कहती हैं, पर यह त्रासदी नहीं है। ऐसे-ऐसे हमारा दिल बेवफ़ा प्रेमियों ने तोड़ा...पर वह त्रासदी नहीं है। शादी के मंडप पर पहुँचकर लौटना पड़ा...पर वह त्रासदी नहीं है। बचपन गरीबी में गुज़रा, पहनने को मात्र चड्डी, खाने को दलिया...पर वह त्रासदी नहीं है। काम की तलाश में दिन-रात भटके, जो मिला किया...पर वह त्रासदी नहीं है। सफलता के शिखर पर पहुंचकर एकदम खड्ड में गिरे...पर वह त्रासदी नहीं है। जमा-पूँजी, ज़मीन-जायदाद जलकर राख हुई...पर वह त्रासदी नहीं है। फिर त्रासदी क्या है? त्रासदी है, युवा संतान का असामयिक निधन। केवल वही। बच्चा चाहे अपना जाया हुआ हो या गोद लिया हुआ।

पश्चिमी उपन्यास का हवाला मैंने जानबूझकर दिया है। इसलिए कि, आज पश्चिम में, माँ के प्रति द्वेष, साहित्य की एक प्रमुख अंतर्धारा बन चुकी है, खासकर औरतों के लिखे उपन्यासों में। माँ की उपेक्षा, बेरुखी, प्रतिकूलता दुख देती है...पर वह त्रासदी नहीं है। त्रासदी का स्रोत है, अपना वंशज, बेटा हो या बेटी। माँ को महापात्र माननेवाले हिंदुस्तान में यह सच है ही, माँ को नकारने की कोशिश में लगे पश्चिमी देशों में भी है। सवाल उठता है, फिर हम बच्चे चाहते क्यों हैं? न हों तो दुख, तृषित शून्य का। हों तो दुख, चिंता, आशंका, भय का। होकर न रहें तो दुख, जीवित मृत्यु की यंत्रणा का। फिर भी हम बच्चे चाहते हैं। हर देशकाल में चाहते रहे हैं। यह मातृत्व की चाहत (सुख?), जो असंख्य दुखों को आमंत्रित करने को तत्पर रहती है, युगों से रहती आई है, सिर्फ़ नामाँकित बीस सदियों से नहीं, उससे पहले की अनेक अनलिखित सदियों से। क्या जो स्त्री का अतीत रहा है, वही उसका भविष्य भी रहेगा?

आप कहेंगे, बिल्कुल नहीं। तुम नाहक भावुक हो रही हो। एँजेला कार्टर भी भावुक हैं। करीब-करीब सभी लेखिकाएँ होती हैं। सच कहें तो लेखक भी। मातृत्व का जिक्र छिड़ते

ही, पूरा-का-पूरा साहित्य, मस्तिष्क की बजाय गर्भाशय से परिचालित हो उठता है। जिनके गर्भाशय नहीं है, उनका साहित्य भी; बल्कि उनसे ज़्यादा, जिनके हैं। मुझे लगता है, मनोभाजन तक पहुँचा हुआ असली द्वैत, मन-मस्तिष्क या शरीर और आत्मा के बीच नहीं है, प्रज्ञा और गर्भाशय के बीच है।

धरती में जड़ें जमाने को लालायित गर्भाशय, हमें धकेलता है तो हवा में पर मारने को आकुल प्रज्ञा, ऊपर खींचती है। प्रज्ञा की मारी औरत, प्रेम और सेक्स के द्वैत को बखूबी झेल जाती है; देह और मन को अलग-अलग खुश कर लेती है; व्यावहारिक और रचनात्मक जीवन के मनोविभाजन को भी साध लेती है। पर इसका क्या करे, गर्भ के इस आतंक का, जो मन-देह-मस्तिष्क, सबको नकारकर, ऐसे वायवीय यूटोपिया में जीने को बाध्य करता है, जहाँ आप स्व के घेरे से बाहर होते हैं। अब, जब गर्भधारण को स्वेच्छा से साधा जा सकता है, क्या उम्मीद की जा सकती है कि, एक दिन, औरत, अपनी इच्छित क़ैद से निकलकर फुर्र हो जाएगी? शायद। उम्मीद पर मुस्तकबिल कायम है।

अब तक आप इतना तो समझ ही गये होंगे कि मातृत्व पर लेख लिखना कितना दुष्कर काम है। उपन्यास लिखने से ज़्यादा। लीजिए अपना खंडन स्वयं कर दिया। *कठगुलाब* उपन्यास लिखा था तो मातृत्व के अनेक पक्षों को पात्रों ने खोला था। खंडित, अतृप्त, कलुषित, निकृष्ट मातृत्व के अनेक पक्ष स्वतः स्फूर्त, खुले थे। पात्रों के जीवन-ग्राफ के माध्यम से। वहाँ मंडन-खंडन की ही नहीं, स्वयं अपना विखंडन करने की छूट थी। लेख में ये सब विरोधाभासी आयाम मुझे खुद खोलने होंगे।

मातृत्व के अनेक आयाम ही नहीं हैं, हर आयाम, अनेक पूर्वग्रहों से जुड़ा हुआ है। ज़्यादातर पूर्वग्रह, मातृत्व को महिमा-मंडित करते हैं। युगों से करते आए हैं। पर बीसवीं सदी में उग्र नारीवाद ने जन्म लिया। मातृत्व को स्त्री के पाँव की बेड़ी बतलाया और एकदम विपरीत पूर्वग्रह को जन्म दिया। यहाँ तक कि गर्भपात के अधिकार को, नारी-स्वातंत्र्य का पर्याय बना दिया गया। विडंबना देखिए कि लड़ाई छिड़ी पश्चिम में, और गर्भपात का निर्बाध अधिकार मिल गया हिंदुस्तानी औरत को। न सत्ता, न आर्थिक संपन्नता, न निर्णय लेने की शक्ति या संस्कृति, बस गर्भ रहे तो छूट है कि, चाहो तो गिरा दो। चाहने की छूट हो न-हो, गिराने की छूट मिल गई। ज़ाहिर है, इस ग़ैर-मौज़ूँ माहौल में, कानूनी हक का जो हश्र हो सकता था, वही हुआ। भ्रूण में मादा की हत्या करने का बहाना मिल गया। जिन जो बोतल से निकला, तो वापस घुसेड़ना नामुमकिन था। कानून पर कानून ज़रूर बनते चले गए और लापरवाही से तोड़े जाते रहे। उन्हीं दिनों, 1970 के दशक में, मुझे याद है, मैंने एक प्रगतिशील लेखक से कहा था कि, परिवार नियोजन के लिए, गर्भपात का इस्तेमाल, स्त्री के स्वास्थ्य के लिए हानिकारक है, इसलिए स्त्री-विरोधी है। उनकी प्रतिक्रिया थी, भारतीय स्त्री बेवकूफ़ होती है। फ्रांसीसी औरतों को देखो, गर्भपात का अधिकार पाने के लिए सड़कों पर निकल आई हैं। बेचारे, तभी-तभी फ्रांस से लौटे थे।

आज फ्रांसीसी औरतें फिर अगुवाई कर रही हैं। पर आज का नारीवाद, मातृत्व को व्यापक संदर्भ दे रहा है। पोषक तत्त्व के रूप में मान्यता देकर, उसे स्त्री का सहजात गुण बतला रहा है। गर्भ गिराने के साथ-साथ, बिला विवाह ही नहीं, बिला पुरुष संसर्ग, गर्भधारण करने का अधिकार माँग रहा है।

पर पहले मूल बात कर लें। मूल रूप से स्त्री-पुरुष के मसले में, निर्विवाद तथ्य केवल एक है। यह कि, अपने गर्भ में रखकर, एकदम सीधे, प्रत्यक्ष तरीक़े से बच्चा प्राप्त करने की नैसर्गिक सामर्थ्य, केवल स्त्री को प्राप्त है। हमेशा से रही है। और यही एकमात्र जैविक सच्चाई है, जो औरत को मर्द से अलग करती है। सवाल यह है कि इसे सामर्थ्य कहा जाए कि असमर्थता? युगों तक स्त्री के पास बच्चा पैदा करने और उसे दूध पिलाने की सामर्थ्य तो थी, पर उस सामर्थ्य पर अधिकार नहीं था। क्योंकि, न चाहते हुए भी, पुरुष के संसर्ग मात्र से, गर्भ रह सकता था। स्त्री के लिए संभोग का आह्लाद, हमेशा, अनचाहे गर्भधारण की आशंका से आक्रांत रहता था। शायद इसीलिए पुरुष ने मातृत्व को इतना महिमामंडित किया होगा। तभी न, केवल उसी मातृत्व को गौरवान्वित किया गया, जो पुरुष के संरक्षण में, उससे विवाह करने के बाद प्राप्त होता है। बिला विवाह, उत्कट-से-उत्कट प्रेम की परिणति स्वरूप लिये गये मातृत्व को, कलंकित और कलुषित घोषित कर दिया गया। यानी महिमा, माँ बनने में नहीं थी, पुरुष को विधिवत पिता बनाने में थी। बिला विवाह, संतान होने पर, स्त्री चाहती तो पिता का नाम तक न बतलाती। बतलाती तो चाहे जिसका बतला देती। ऐसी निरंकुश सामर्थ्य, जिस सत्ता को जन्म देती, उससे बचने का, पुरुष के पास एक ही रास्ता था। सामर्थ्य को अपने संरक्षण और प्रभुत्व में ले ले। उसके बिना स्त्री, माँ बनने से डरे। माँ बनने से डरेगी तो संभोग से डरेगी, प्रेम करने से डरेगी, अपनी प्रकृति से डरेगी। डरेगी तो उस आह्लाद को नकारने लगेगी, जो प्रेम, संभोग और शिशु प्राप्ति, तीनों में निहित है; सिर्फ़ शिशु प्राप्ति में नहीं।

धीरे-धीरे माँ बनने की सहज इच्छा को, औरत ने, चादर, बुर्के, नकाब या घूँघट की तरह, अपने अस्तित्व पर ओढ़ लिया। शिशु जन्म नैसर्गिक न रहकर, सामाजिक कर्म बन गया। पहरेदारी पर पुरुष सत्ता बैठ गई। स्त्री की परिपूर्णता, श्रेष्ठता, सफलता, उसके 'अच्छी माँ' बनने से आँकी जाने लगी।

हज़ार और उपलब्धियाँ होने पर भी, उन उपलब्धियों को सामाजिक सम्मान मिलने पर भी, हर स्त्री का 'अच्छी माँ' होना अनिवार्य बना रहा। 'अच्छी' की परिभाषा भी सामूहिक और खासे ग़ैर-लचीले अंदाज़ में तय की जाती रही। आज जब औरतें, मज़े से गर्भपात करवा रही हैं, अविवाहित माँ बन रही हैं; और बेझिझक, कृत्रिम माध्यमों से गर्भधारण कर रही हैं, तब भी 'अच्छी माँ' की परिभाषा में खास अंतर नहीं आया है।

अच्छी माँ के रुक्ष, अनम्य चौखटे में जड़ी छवि को बनाये रखने में, साहित्य और कला ने अहम् भूमिका निभाई है। जीते जी माँ की चाहे जितनी उपेक्षा करो, मर जाए तो

उसे गौरवान्वित करते हुए, कविता-कहानी-उपन्यास ज़रूर लिखो। उसे प्रेरणा स्रोत बतलाओ, अपनी कृतियों को उसे समर्पित करो। पर यह जानने की कोशिश मत करो कि, एक इंसान के नाते, वह कितनी और औरतों जैसी थी (जिनमें तुम्हारी प्रेयसी और रखैल भी आती है)। और कितनी अन्य माँओं से भिन्न थी। 'माता हुई न कुमाता' का पाठ रटते रहो और भूल जाओ कि माँ को, तुम्हें खिलाने-पिलाने-दुलराने के अलावा, और भी काम थे। याद करो तो यह कि, बेचारी, अपना काम देर रात निबटाया करती थी, जिससे उजला दिन बच्चों को अर्पित किया जा सके। कुमाता हुई तो वह औरत, जो महत्त्वाकांक्षी थी और अपनी महत्त्वाकांक्षाओं को पूरा करने में, अप्रतिम रूप से सफल हुई थी। अंततः बेचारी को दुख-ही-दुख भोगता दिखलाया जाता था। 'अच्छी माँ' न बनने का अपराध-बोध, उसकी मानसिक शांति इतनी तबाह करता कि, उसे पागल करके छोड़ता। पर कला और साहित्य को क्या दोष दें? जितना जुल्म उन्होंने किया, उतना ही जीवन ने। एक बार छवि बन जाए तो जीवन में भी उससे छुटकारा पाना आसान नहीं है।

सफल-से-सफल स्त्री को, मैंने, माहवारी बंद होने के बाद की वय में, गहरे दुःख के साथ, उस बच्चे के लिए ललकते देखा है, जो युवावस्था में डंके की चोट पर, उसे चाहिए नहीं था। इसी वय में, बच्चोंवाली स्त्रियाँ, गठिया और जोड़ों के दर्द की शिकार होती पाई जाती हैं, क्योंकि उनके बच्चे, तब तक आत्मनिर्भर हो चुके होते हैं, और उन्हें माँ की ज़रूरत नहीं रहती। यहाँ नहीं, बूढ़ी माँ को अब उनके सहारे की ज़रूरत होने लगती है, और वे उसे बोझ समझकर बर्दाश्त करते हैं। उन्हें पालने-पोसने में अपनी प्रतिभा के उत्सर्ग के त्याग को याद करके, वह वैसे ही तड़पती है, जैसे उसकी सफल सहोदरा, अजन्मे बच्चे के लिए। काश, बच्चे की ख़ातिर सब कुछ छोड़ न दिया होता तो आज कुछ अपना होता; वही, जो बच्चा न होने पर, आज बेमानी लगता।

उन दोनों से अच्छी हालत तो उस औरत की होती है, जो बच्चे और नौकरीपेशा, दोनों सँभालने में, रात-दिन अपराधबोध से ग्रस्त रही थी कि, उसकी महत्त्वाकांक्षा, कहीं बच्चों की उपेक्षा तो नहीं करवा रही। या बच्चे, कहीं पेशे की कमतरी तो नहीं करवा रहे। कम-से-कम उसे तनी रस्सी पर चलने का रोमाँच तो मिला था।

असली विदूषकीय विडंबना यह है कि, रचित और फलित यथार्थ ही नहीं, स्वयं प्रकृति भी स्त्री के विरुद्ध जाती नज़र आ रही है। बीसवीं सदी शुरू हुई तो, औरत को अनचाहे मातृत्व के बोझ से आज़ाद करने के, अनेक नुस्ख़े ईजाद हुए। पर मात्र चाहने से गर्भ होने, और न चाहने से, न होने का प्रावधान न हो पाया। गर्भ न चाहने का मतलब रहा, किसी-न-किसी तरह, अपनी देह को यंत्रीकृत करना, चाहे गोली लेकर, बाहरी उपकरण इस्तेमाल करके या गर्भपात करवा के। स्वतंत्रता की अगली कड़ी और विद्रूप लेकर आई। जैसे-जैसे स्त्री, शिक्षित, पेशेवर और सफल होती गई और गर्भ-धारण स्थगित होता गया, गर्भाशय प्रतिशोध लेने लगा। आज संपन्न देशों में ही नहीं, भारत के समृद्ध तबक़ों में ही

नहीं निम्न-मध्य वर्ग में भी, सफल स्वस्थ गर्भ-धारण मुश्किल होता जा रहा है। प्रथम गर्भ धारण करने पर, पाँच में से एक का गर्भपात हो जाता है। यानी, 20 प्रतिशत का गर्भाशय झिल्ली शोध (एंडयोमिट्रयोसिस) को, जो औरत को गर्भवती नहीं होने देता, सफल स्त्रियों का रोग या गर्भ का प्रतिशोध कहा जाता है।

मेरे मन में एक सवाल उठता है। क्या एक समय ऐसा आएगा, जब स्त्री का गर्भाशय इतना कमज़ोर पड़ जाएगा और विज्ञान इतनी तरक्की कर लेगा कि, स्त्री के बजाय, पुरुष बच्चे को जन्म देने लगेंगे? पर मज़े की बात देखिए, अमरीका में, जहाँ भ्रूणों पर सबसे अधिक प्रयोग-शोध-परीक्षण हो रहा है, तमाम उन्नत, मनचाही, कृत्रिम गर्भधारण प्रणालियाँ वहीं स्त्री के गर्भाशय पर जाकर टिकती हैं। चाहे जितने परिवर्तन आएँ, जितनी पसंदगी, आज़ादी, अपनी मर्ज़ी हाथ लगे, भ्रूण का प्रत्यारोपण होगा तो महिला के ही गर्भाशय में। यानी, अब तक बच्चे को जन्म देने की, पुरुष की कोई भावी योजना भी नहीं है।

हाँ, भाई लोग अपनी लिखी किताब को अपना बच्चा बतलाते खूब पाए जाते हैं। बेचारे! जानते नहीं कि बच्चे को जन्म देना और पुस्तक या अन्य कलाकृति को रचना, दो एकदम अलग प्रक्रियाएँ हैं। एक में, देह प्रधान ही नहीं होती, पूरी तानाशाही चलाती है। दूसरी में, प्रज्ञा या मन प्रधान होते हैं। चुनाव हाथ से निकल भी जाए तो प्रभुत्व रचना के तर्क का रहता है, जो रचनाकार की चेतना में से उपजता है, सायास हो या अनायास। मन-चेतन के बाहर की कोई प्राकृतिक शक्ति उसका संचालन नहीं करती। फिर भी पुरुष ही नहीं, स्त्रियाँ भी, कभी-कभी पुस्तक को बच्चा बतला उठती हैं। बच्चे को पुस्तक, अलबत्ता, कभी किसी ने नहीं बतलाया।

क्या यह भी वही मातृत्व का शिकंजा नहीं है, जो पुरुष को ईर्ष्या से और स्त्री को सम्मोहन से, अपनी गिरफ़्त में लिये रहता है?

अगर भविष्य को छोड़ दें, तो अपने देश का 'आज' यह है कि करीब-करीब, हर हिंदुस्तानी औरत का असली माशूक़, उसका बेटा होता है। माशूक़ वह बला है, जिसमें कोई खामी नज़र नहीं आती; जिससे प्यार के बदले प्यार नहीं माँगा जाता; जो हाड़-माँस का होकर भी अशरीरी होता है। जिसकी हर ख़ता माफ़ होती है, हर जुल्म पोशीदा। मुश्किल तब होती है, जब जवान होने पर, यह माशूक़ खुद किसी और का आशिक़ बनने पर आमादा हो जाता है। उस हादसे से बचने के लिए, हिंदुस्तानी माएँ, वह-वह प्रपंच करती हैं कि बेटा हमेशा बच्चा बना रहता है। और प्रेयसी-पत्नी में माँ को ढूँढ़ता फिरता है। यहाँ तक कि, अपनी आशिक माँ की सेवा भी, वह, उसी से करवाता है, खुद नहीं करता। इस माँ-स्वरूपा प्रेयसी-पत्नी को, साहित्य, कला, रंगमंच और सिनेमा, सभी ने खूब महिमा-मंडित किया है और आज भी कर रहे हैं।

इतना सब कहने के बाद, आपको एक अनोखी माँ के बारे में भी बतला दूँ। उसे

बच्चों से क़तई लगाव नहीं था। बच्चे उसके हुए पूरे छह, पर सिर्फ़ इसलिए कि, पति को उनका शौक़ था। उसने न कभी बच्चों को दुलराया-बहलाया; न उनके लिए खाना बनाया-खिलाया। वह सब काम, खुशी-खुशी, पिता ने किये। ज़ाहिर है, एक-न-एक नौकर की मदद से। गए ज़माने में मध्यवर्ग को भी एकाध सेवक उपलब्ध हो जाता था। अचरज की बात यह थी कि 'अच्छी माँ' का कोई गुण न होने पर भी, उस औरत के ठेठ बनिया ससुरालवाले, उसकी ख़ासी इज़्ज़त करते थे। महज़ इसलिए कि वह बेहद ईमानदार थी और अच्छी मित्र भी थी। छुटपन में बच्चों में से एक-दो, माँ से नाखुश रहे, क्योंकि वह औरों से अलग थी। पर बड़े होते-होते, वे उसके अच्छे-सच्चे मित्र बन गए। मज़ा देखिए कि उसकी कहानी सुनाती हूँ तो फ़ेमिनिस्ट-से-फ़ेमिनिस्ट औरत, या तो विश्वास नहीं करती या उसे दोषी ठहराती है। नापसंद तो करती ही है। उसे सबका प्यार मिलना, उसे काव्यात्मक अन्याय लगता है। पता नहीं आपकी क्या प्रतिक्रिया रहेगी। चलिए, आपकी कुछ मदद कर दूँ। उसका विडंबनापूर्ण अंत भी सुना डालूँ। वह अनोखी औरत भी, उम्र के आख़िरी दौर में, अपने बेटे को माशूक बना बैठी। अनोखी थी, इसलिए बेटे को आशिक भी बनता देखना चाहती थी। पर हुआ सिर्फ़ यह कि बेटे पर पड़ते दुखों को अपनी रगों में महसूस करती, वह तिल-तिल कर मर गई। हो गया न काव्यात्मक न्याय। पर मैं भावुक हो रही हूँ। क्या हुआ अगर वह औरत मेरी माँ थी। मातृत्व पर लिखना कितना भी कठिन हो, भावुक नहीं न होना चाहिए।

स्त्री और सदी का अवसान

मृणाल पांडे

क्या एक सदी का ख़त्म होना एक लंबे नाटक का समापन जैसा होता है, कि पर्दा गिरने के साथ ही गहरे से उद्वेलित होते हुए भी दर्शक प्रेक्षागृह से बाहर अपनी सामान्य दुनिया में वापसी का उपक्रम करने लगें? शायद नहीं। बीता हुआ समय हमें उस तरह कभी मुक्त नहीं करता, जैसे कि एक कला रचना करती है। सचमुच के जीवन में इतिहास से मुक्ति असंभव है, ख़ासकर सदी के अंतिम चरण के उस इतिहास से, जिसने हमारी पूरी चेतना, हमारे मूल्यबोध और दृष्टि को गढ़ा है। हमारे जीने, बचे रहने और मरने के आधार और पैमाने तय किए हैं।

भारतीय स्त्री के परिप्रेक्ष्य में बीसवीं सदी के आख़िरी पाँच दशक, जो हमारे लोकतंत्र का लगभग पूरा इतिहास अपने वामन डगों से मापते हैं, एक महत्त्वपूर्ण अर्द्धाली बनाते हैं। इसी अर्द्धाली के पहले चार दशकों के दौरान स्त्रियों को मतदाता की प्रतिष्ठा मिली है, उनमें से जो पढ़ी-लिखी थीं, उनके मनों में राष्ट्र के भाग्यनिर्माण में सहभागिता के स्वप्न उभराए हैं और हर्षातिरेक के वे अनेक क्षण भी पैदा हुए हैं, जब उनकी प्रतिनिधियों ने दुर्गम लक्ष्य हासिल किए, पुराने रिकार्ड और भ्रांतियों को तोड़ा और समाज के सोच को सायास नई दिशा में मुड़ने को मजबूर किया। उधर तकनीकी और विज्ञान के निरंतर विकास ने आयुष्य दर बढ़ाई, बालमृत्यु दर घटाई, साक्षर स्त्रियों की संख्या में भारी बढ़ोतरी भी पैदा की। लेकिन सामान्य स्त्री का जीवन मात्र ताज़ा काग़ज़ी आँकड़ों की मार्फत उतार-चढ़ाव नहीं पाता, ठोस ऐतिहासिक और सामाजिक-राजनैतिक घटनाओं के लंबे साए भी उस पर लगातार पड़ते रहते हैं। लिहाज़ा स्त्रियों को कई किस्म के भय, पराधीनता और अंधविश्वासों से '90 के दशक तक आते-आते मुक्ति मिल तो चुकी थी, लेकिन गत दस सालों में कई युवा लड़कियाँ अपनी माँओं की स्वातंत्र्योत्तर उदारवादिता और बौद्धिक विरासत से बिदककर पुनः ब्यूटी-पेजेंटों, ताम-झाम भरे डिज़ायनर वैवाहिक समारोहों और एक सतही धार्मिकता (जैसे 'वास्तु' संबंधी धारणाएँ) अपनाने लगी हैं।

औरतों की दो पीढ़ियों की जद्दोजहद से ताज़ा पीढ़ी को स्वतंत्रचेता बनने की क्षमता तथा पारिवारिक जकड़बंदी से यानी जहाँ एक हद तक मुक्ति मिली है, वहीं कई एक

क्षेत्रों में औरतें एक विस्मयकारी ढंग से स्वेच्छया 'मेरी मरजी', कहते हुए पुनः एक नई प्रतिगामिता तथा विचारधाराओं के अंधयुग में प्रवेश कर रही हैं और सच कहें, तो स्त्रियों की स्थिति की आज एकमात्र यही एक उलटबाँसी नहीं है। गए वर्षों में देश की जनसंख्या के क्षेत्र में भी विचित्र विसंगतियाँ पैदा होती रही हैं। देश की जनसंख्या में तमाम योजनाओं के बावजूद इधर विस्फोटक बढ़ोतरी हुई, लेकिन स्त्री-पुरुष अनुपात में ऐसी घोर विकृति आई है, जो भविष्य के लिए एक ख़तरे की घंटी है। सरकारी जनगणना के आँकड़ों के अनुसार 1901 में जहाँ 1000 पुरुषों के पीछे 997 महिलाएँ थीं, सदी के अंत में मात्र 927 बच रही हैं। शोधार्थियों की राय में यह विसंगति प्राकृतिक कारणों से नहीं, एक तरफ लड़कियों तथा स्त्रियों के पोषण और स्वास्थ्य की सायास उपेक्षा और दूसरी तरफ कीमती वैज्ञानिक तकनीकी की मदद से कन्या भ्रूण तथा शिशुओं की हत्याओं के चलते उपज रही है। इसे निन्यानवे का फेर कहें या क्या, वैदिक काल से ही (जब अथर्ववेद में कहा गया कि पुत्री का जन्म होना हो, तो कहीं अन्यत्र हो, यहाँ तो, हे देव, पुत्र ही देना।) पुत्र-कामना के सन्निपात से ग्रस्त समाज में अब '99 तक आते-आते बेशर्म उपभोक्तावाद और सुविधापरस्ती की एक उत्कट लालसा भी बाज़ारबाद के विस्फोट के बाद आ जुड़ी है। इससे एक ओर तो दहेज का आकार, लेन-देन के निर्लज्ज ब्योरे, और कानून को चर्का देकर बहू की मार्फत भौतिक सुविधाएँ पाने के उत्पीड़क हथकंडे खूब बढ़े हैं, दूसरी ओर दहेज देने के कष्ट से माता-पिता को बचाने के नाम पर ऐसी वैज्ञानिक तकनीकें (जैसे गर्भजल-लिंग परीक्षण) जो गर्भस्थ शिशु का स्वास्थ्य जाँचने को विकसित की गईं, आज धड़ल्ले से लगभग पूर्ण सामाजिक-सांस्कृतिक स्वीकृति के साथ कन्याभ्रूणों के गर्भपात के लिए इस्तेमाल की जाने लगी हैं। अनेक अर्थशास्त्रियों, डॉक्टरों तथा बुजुर्गों द्वारा इसके पक्ष में निर्मम तर्क दिया जा रहा है, कि यदि लड़की को पाल-पोसकर ब्याहना माता-पिता के लिए इतना कष्टकर और यातनादायक बन गया है, तो क्यों न उसके जन्म का ही निषेध कर दिया जाए? इससे जनक-जननी भी निर्द्वंद्व होंगे और परिवार भी छोटे बनेंगे। ऐसे में यह मात्र तकनीकी दृष्टि से ही कहा जा सकता है, कि स्त्रियों के स्वास्थ्य शिक्षा और आयुष्य दर को विज्ञान की तरक्की ने सकारात्मक रूप से सँवारा और पुष्ट कर दिया है। कटु सत्य यह भी है, कि जहाँ सीमित वर्ग की महिलाओं की दशा सुधरी है, वहीं इन्हीं तकनीकों और बाज़ारवादी स्पर्धा के दबावों ने अधिसंख्य भारतीय औरतों के जीने के सवाल पर ही सवालिया निशान लगा दिया है। और यदि कालांतर में शुक्राणुओं में से पुत्रप्रसू क्रोमोजोम छाँटकर मनचाही संतान का सस्ता गर्भाधान कराना संभव हो गया (जिसकी पूरी संभावना है) तब तो बात गर्भपात क़ानून की ज़द से बाहर निकल आएगी और अचरज नहीं कि अगली सदी के अंत तक स्त्री-पुरुष अनुपात 1000:500 या उससे भी कम हो जाए। इस पर रोक कौन और क्यों लगाएगा? क्या कल्याणकारी राज्य? पर वह तो चलाचली की बेला में है।

पूरी मानवजाति भूमंडलीकरण के दबावों तले एकजुट होने और बाज़ारों द्वारा अनुशासित, विस्थापित होने को आज बाध्य है। राज्यसत्ता के परिसीमन तथा भूमंडलीकृत बाज़ारों के सहृदय पैरोकारों द्वारा तर्क जरूर दिया जा रहा है, कि इस नई व्यवस्था से मानवजीवन में राज्य और राज्य के संस्थानों का अवांछित हस्तक्षेप घटेगा, और उन्मुक्त होकर पूँजी जब अधिक तेज़ी से दौड़ेगी तो वह हमें लालफ़ीताशाही से मुक्त करेगी और हर किस्म के विकास को बदल देगी। इससे पुरुषों-स्त्रियों सभी का जीवन बेहतर होगा। लेकिन हम सब यह भी जानते हैं कि अनादिकाल से बाज़ार समता के निर्माता नहीं, विषमता के जनक और संवर्धक रहे हैं। और रहेंगे। उन्मुक्त पूँजीवाद अधिक पूँजी का सृजन भले ही करे, अंत में जाकर वह अमरीका से लेकर एशिया तक में अमीरों को ही और अमीर, और गरीब को और अधिक गरीब, उपेक्षणीय बनाएगा। धर्म की बेदख़ली के बाद बीसवीं सदी का कल्याणकारी समाजवाद ही वह इकाई था, जो एक हद तक लोकतंत्र की अंतरात्मा की आवाज़ बनकर अमीरों द्वारा एकाधिकार बटोरने पर अंकुश लगाता था, दो-दो महायुद्धों के बावजूद वही था जो गरीब और हाशिए पर खड़े मनुष्यों को शोषण के खिलाफ़ कानून की छत्रछाया और विशेष रियायतों का सहारा भी मुहैया करा पाया था। पर क्या आज राज्य अपनी लोकतांत्रिक सत्ता क्रमशः खोकर खुद को बाज़ार की ताक़त के बरक्स बेहद निस्तेज, निस्सहाय नहीं महसूस कर रहा है? और उस शून्य को भरने हर देश में बेहद काइयाँ, सतही और प्रतिगामी धार्मिक ताक़तें आगे आ रही हैं। वे वस्तुतः धर्म की खाल ओढ़े प्रतिगामी राजनीतिक विचारधाराएँ ही हैं, जिनके सीमित भौतिक स्वार्थ हैं। किसी किस्म के गहन दार्शनिक सरोकार नहीं। औरतों के लिए यह भारी ख़तरा है।

कुछ सीमित वर्गों को छोड़कर सोचें, तो जीवनीशक्ति, शिक्षा-दर और रोज़गार के स्थूल पैमानों पर स्त्रियाँ हमारे यहाँ ही नहीं दुनिया के हर देश में सबसे निचली श्रेणी की नागरिक हैं। ज्यों-ज्यों उद्योग-जगत् में पढ़े-लिखे हुनरमंदों का कब्ज़ा और कंप्यूटरीकृत ज्ञान का संरक्षण बढ़ा है, वे संगठित क्षेत्रों में बेदखल होती गई हैं। उधर इस बात के भी ठोस प्रमाण हैं कि कृषि तकनीकीप्रधान होती गई है, बुनकरी तथा निर्माणकार्यों में भी पारंपरिक किस्म के हस्तलाघव की ज़रूरतें घटी हैं और मशीनों का महत्त्व बढ़ा है। इससे पारंपरिक क्षेत्रों में कहीं भी औरतों के लिए ख़ास कामकाज नहीं बचा है। हुनरमंद बुनकरों या खेतिहरों के ओहदे से गिरकर वे आज चिंदी-चिथड़े बीननेवाली, फेरीवालियाँ या भूमिहीन मजदूरिनें-भर बनकर रह गई हैं। उनकी आमदनी और स्वास्थ्य स्तर दोनों घटे हैं और असुरक्षा बढ़ी है। बाज़ारवाद के इस दशक में औरतों के लिए यदि कोई कार्यक्षेत्र फैला है, तो वह है देह व्यापार का। और यह अनायास नहीं है कि थाईलैंड से भारत तक विकासशील देशों में स्त्री देह की मालदार पुरुषों द्वारा नितांत अमानवीय और घृणित ख़रीदफ़रोख़्त को अब उनके चंद स्वयंभू विदेशी पैरोकार स्वीकृत नारीवादी शब्दों के

मुलम्मे में लपेटकर कानूनन मान्य बनाने की चेष्टा कर रहे हैं! कहा जा रहा है कि अपनी देह पर हक सिर्फ स्त्री का है। यदि वह खुद इसे बेचना चाहे तो इसे सम्मानित कामगार की तरह खुलकर क्यूँ न बेचे? 'सेक्स-वर्कर' का खिताब लगाकर वेश्या को सम्मानजनक ढंग से रोज़ी-रोटी कमानेवाली स्वायत्त और संपन्न कामगार के रूप में मीडिया में भी खूब बेचा जा रहा है, और यही नहीं उनके लिए वैसी खास छूटों-रियायतों की भी पेशकश की जा रही है जैसी सामान्य मजदूरों को मिलती हैं। जिस देश में 60 प्रतिशत वेश्याएँ अबोध बच्चियाँ हों, और जबरन इस धंधे में दलालों द्वारा खरीद-बेचकर उतारी गई हों वहाँ पर व्यवसाय की दूध-मलाई तो दलाल और कोठामालिक ही उगाहते हैं। इन छूटों सबसीडियों से वेश्यावृत्ति की अँधेरी स्याह दुनिया में अंततः कौन लाभान्वित होगा, देखना कठिन नहीं। फिर भी कलकत्ते से दिल्ली तक नारीवादी मुहावरों में इस चतुर तिकड़म को एक स्त्री-हितकारी पैकेज के रूप में बेचा जा रहा है। यह पूरा प्रकरण आने वाले वक्त में बाज़ार और स्त्री के रिश्ते की सीमाओं-संभावनाओं का एक प्रतीकात्मक दस्तावेज़ है।

नारीवाद के झूठे नारे उछालकर उनके पीछे स्त्री के स्वत्व, उसके संपूर्ण व्यक्तित्त्व का ऐसा ही चतुर अस्वीकार हमें कई प्रजनन स्वास्थ्य संबंधी योजनाओं तथा प्रयासों में भी देखने को मिल रहा है, जहाँ स्त्री के मातृत्व से इतर जीवन की प्रायः अवहेलना करते हुए उसे मात्र बच्चे पैदा करने वाली एक इकाई, एक ऐसे 'टार्गेट' के रूप में स्थापित किया जा रहा है, जिसे 'टैकल' किए बिना जनसंख्या के बोझ तले तीसरी दुनिया रसातल में धँस जाएगी। मान्यता यह है, कि कोख को येन-केन नियंत्रित करके ही आबादी पर तुरंत अंकुश लगाया जा सकता है, लिहाज़ा पहले कोख को औरत का निजी धन बनाकर प्रचारित किया जाए और फिर औरत को फुसलाकर कोख को पश्चिम में अस्वीकृत गर्भाधान निरोधकों के ताबड़तोड़ प्रयोग से बंध्या बना लिया जाए। दरअसल ऐसी तमाम विसंगतियों की जड़ यह है, कि राज्य के स्तर पर ही नहीं अकादमिक स्तर पर भी हम अभी भी स्त्रियों के हित और प्रगति को भौतिक स्तर पर ही परिभाषित करने पर आमादा हैं। स्त्रियों के मानसिक संसार, उनकी लंबी जीवनयात्रा के विभिन्न पड़ावों में बदलती हुई उनकी रिश्तेदारियों, उनकी निजी भावनाओं, प्रेम, अनुभूति, वात्सल्य, आशंका, दुविधा इन सबको लेकर हमारे योजनाकारों और काफी हद तक नारीवादी लॉबी के सरकारी और राजनीतिक प्रवक्ताओं में किसी भी तरह की गहरी दिलचस्पी या आदर का अभाव दीखता है। स्त्रियाँ पूरे समाज को जितनी आत्यंतिकता से और जितने सारे स्तरों पर ऊष्मा और साहचर्य देती रही हैं, उन सबको क्या हम मात्र रोटी-कपड़ा-मकान और जाति आधारित प्रतिनिधित्व से ही जोड़कर समेट या व्याख्यायित कर सकते हैं?

इस बिंदु पर आकर नई सदी की भोर में भारत में नारीवादी सोच और अभिव्यक्ति की वर्तमान स्थिति पर तटस्थ निर्मम विचार करना ज़रूरी बनता है। अपने मूल में नारीवाद एक विचारधारा से कहीं आगे जाकर एक स्त्री द्वारा अपने और दुनिया के बारे में अलग

तरह से सोचने का ऐसा तरीका है, जो स्त्री तथा पुरुष दोनों के लिए मात्र पुरुषों की बनाई परंपरा के समाँतर नया सोचने और रचने की नई-नई राहें खोलता है। यह एक विडंबना ही है कि सदी के अंत तक आते-आते, (कुछ स्त्रियों की नासमझी और कुछ राजनेताओं तथा संदिग्ध समाजसेवियों की समझदारी के कारण) नारीवादी विमर्श प्रायः हर जगह वाद-विवाद, पक्ष-विपक्ष, मेरा-तेरा की और ममत्वहीन दुर्धर्ष भाषा का इस्तेमाल करता दीखने लगा है। यह गहरी बीमारी का लक्षण है। पुरुषों जैसे तेवर और पुरुषों की पारंपिक शब्दावली दरअसल नारीवाद के पूरे जैविक विकास को समेटने और अभिव्यक्त करने को नाकाफी हैं। पुरुषों द्वारा बनाई और चलाई जा रही चरित्रहीन राजनीति, भ्रष्ट-लोलुप समाज, विकृति और अपसंस्कृति उगलता मीडिया यह सब अपनी-अपनी तरह से पुरुषों के लिए भी भाषा और सोच को स्खलित करते रहे हैं। नारीवादी यदि उसी भ्रष्ट भाषा को जस का तस पूरमपूर उधार ले लें, तो वे उसी स्खलन से कैसे बचेंगी? महोबा में चरणशाह की भयावह मौत इसी वजह से कई नारीवादियों को उसके स्याह जीवन और मानवीय विवशताओं को समझने और तिलमिलाकर उसका प्रतिकार करने की बजाय मीडिया और राजनैतिक दलों के साथ एक निहायत बेवकूफ़ी भरे वाद-विवाद में उलझाए दे रहीं हैं। चरणशाह की जाति क्या थी? अथवा तकनीकी रूप से वह 'सती' हुई या उसने आत्मघात किया, यह तय करना और फिर धरने देकर सरकार से या उसे वैसा सर्टिफिकेट दिलवाना या सती-निरोधक कानून में संशोधन की माँग करना और सती को संस्कृति से जोड़ना बस यही मीडिया प्रतिनिधियों और राजनैतिक गुटों की नाक का सवाल बन गया है। चरणशाह कैसे मरी के बजाय क्यों मरी, और उस मौत के आईने में हमारे राज-समाज की क्या शक्ल नज़र आ रही है, इस पर न बराबर चर्चा हुई है। लिहाज़ा स्त्रियों के कई पैरोकारों और कई नारीवादी धड़ों को स्पष्ट करने का जोखिम उठाकर भी कहना ही होगा, कि नारीवाद यदि एक सत्य है तो उस सत्य का स्वांग करनेवाले भी कम नहीं हैं। इस स्वांग का मोह त्यागना ही होगा, राजनैतिक सरपरस्ती जाए तो जाए।

आनेवाली सदी में औरतों के हक़ में एक ही बात जाती है, कि विश्व में आज किसी एक सरकार अथवा राजनैतिक विचारधारा के पास युगांतरकारी दबाव लाने का माद्दा नहीं बचा है। आज सिएटल में अमरीका के अपने ही नागरिक सड़कों पर उतरकर राज-समाज की आत्यंतिक पूँजीवादी अवधारणाओं को सरेआम पलीता लगा रहे हैं, और योरोप के किसान भी बहुराष्ट्रीय कंपनी करगिल द्वारा परखनली में गढ़े गए ख़तरनाक 'टर्मिनेटर' बीजों को समंदर में फेंक चुके हैं। इस अर्थ में संसार में ताक़त के वर्तमान समीकरणों में अभी हल्के ही सही, पर बुनियादी बदलावों के पूर्वाभास हमें मिलने लगे हैं। सूचनाओं और साधनों का एक नया अनमोल और सस्ता भंडार भी आज सर्वसुलभ है, जो ताक़त के भ्रष्ट और आततायी बनने की ख़बर समय रहते जनता को दे देता है। अब स्त्रियों और तमाम कमज़ोर वर्गों के समर्थकों को गंभीरता से यह भी सोचना होगा, कि सूचनाओं के

इस पूरे ज़खीरे का सही इस्तेमाल करने की समझ जनता की मार्फत राज-समाज और बाज़ार में कैसे बनाई जाए? डब्लू.टी.ओ. वार्ताओं की विफलता साबित करती हैं कि जनमत के समयानुसार दबावों के आगे बड़ी से बड़ी पूँजीवादी ताक़तें, साज़िशें नाकाम हो सकती हैं। लेकिन वार्ताओं के खिलाफ प्रदर्शन करनेवालों की आक्रामक हिंसा और उनमें से कई के निहायत आत्मकेंद्रित बयान इस ख़तरे की चेतावनी भी देते हैं, कि बिना मानसिक परिष्कार के सिर्फ़ विरोध के लिए किए गए विरोध से कोई रचनात्मक राह पैदा करना नामुमकिन है।

नारीवाद न तो राजनीति की चेरी है, न ही उसकी दुश्मन! उसकी चिंता के मूल में वे जीवनमूल्य हैं जो स्त्रियों समेत पूरी मानव जाति के हित में हैं। जो स्त्रियों और उनके समर्थक सभी गुटों को न सिर्फ राज-समाज की ज़्यादती से बल्कि कई बार खुद अपने ही अतिवादी स्वरूपों से भी बचा सकते हैं! हम उम्मीद करेंगे कि आनेवाले समय में नारीवाद नकली नाटकीय जुझारूपने के तेवर त्यागकर एक उदार संवेदनशीलता और संतुलित बुद्धि से अपने चारों ओर उस परिवेश का जायज़ा लेगा, जो आज ज़्यादा से ज़्यादा पैसा कमाने की छातीफाड़ अमानवीय और जीवन विरोधी स्पर्धा में पगलाया हुआ है। इसके लिए ज़रूरी बनेगा कि नारीवाद सिर्फ़ राजनीति ही नहीं, अर्थजगत्, तकनीकी विज्ञान और मीडिया सभी के प्रतिनिधियों से जुड़े अपने लिए कुछ झूठे पूर्वग्रहों को साहसपूर्वक त्यागे और पूरी मानवजाति के पक्ष में खड़े होने और विहंगम पड़ताल करने का ठोस आधार बनाए।

कुल मिलाकर अब एक स्त्री की कोऽहं 'मैं कौन हूँ'? 21वीं सदी में इस जिज्ञासा को मात्र औरतों की भौतिक ज़रूरतों के निर्धारण और जातिवादी वर्गीकरण से ऊपर उठकर आध्यात्मिक और भौतिक दोनों क्षेत्रों में एक कहीं बड़ी विकलता और समवेत खोज का हिस्सा बनना पड़ेगा। अगर स्त्रियाँ यह नहीं कर सकीं, तो फिर मानव की पहचान का सच्चा सवाल हमेशा धर्म, जाति और संप्रदाय की भूलभुलैया में ही भटकता रह जाएगा।

स्त्री : सृजन और अस्मिता बोध

राजी सेठ

सिद्धांत के स्तर पर यद्यपि यह बात बहुत प्रीतिकर नहीं लगती कि लेखन के क्षेत्र में लेखकों या लेखिकाओं में भेद किया जाए, क्योंकि सृजन जिस प्रकार की मानसिक सक्रियता का परिणाम है, वह दोनों में एक-सी है और वह सृजन-परिणाम भी रचना में निहित अर्थवत्ता के अनुपात से नापा जाता है, जातिगत विशिष्टताओं से नहीं। फिर भी भेद का प्रश्न यदि उठता है तो मुख्यतः रचनात्मक प्रतिभा की मूल प्रकृति को जानने के लिए, जो अपनी क्रियाशीलता में उन दोनों के लेखन में प्रायः किन्हीं तत्त्वों की भिन्नता के रूप में प्रकट होती है, जैसे—कथ्य का चुनाव, किन्हीं चीज़ों के प्रति भिन्न प्रकार की एकाग्रता या उदासीनता, कुछ पूर्वग्रह, चिंताएँ और सरोकार। इसका तात्कालिक संबंध अपने-अपने अनुभववृत्तों से जुड़ाव तो है ही, परंतु इसका मुख्य और महत्त्वपूर्ण आधार एक सामाजिक सांस्कृतिक वितान में उन दोनों का ऐसे स्थल पर स्थित होना जहाँ से परिवेश की प्राथमिकताएँ भिन्न-भिन्न, दबाव और तनाव के केंद्र अलग-अलग, स्वीकृति के स्थल और संस्कार अलग, अधिकारों-कर्तव्यों का विधान अलग, परिणाम में व्यक्तित्त्व की बुनावट अलग-अलग और अंततः तो जहाँ पहुँचना है उसका संघर्ष भी जुदा-जुदा। पुरुष स्वीकृति है, स्त्री स्वीकृति के लिए लड़ रही है।

यहाँ उद्देश्य, दोनों के बीच के भेद के बिंदुओं का विस्तार करके करुणा की बाँट-तौल करना नहीं परंतु व्यक्तित्त्व के उन घटकों की ओर इंगित करना है जो दोनों में जीवन को देखने और समझने के रवैये को भिन्न कर देते हैं, और उसी अनुपात में लेखन के भेद को भी रेखांकित करते हैं। यहीं से, इसी बिंदु से, उस भेद को समझा जा सकता है जो स्त्री-लेखन और पुरुष-लेखन के मूल में है।

ड्राइंग की कक्षा में मॉडल के रूप में, सामने मेज पर रखे हुए एक ही गमले को हर विद्यार्थी अपने दृष्टिकोण से देखते रहने की स्वतंत्रता रखता है, उससे यही उपेक्षा भी की जाती है। गमले की निरपेक्ष वस्तुगतता का उसके लिए अर्थ नहीं है क्योंकि उसे उस वस्तु के यथार्थ में अपने संपर्क के बिंदु का अंकन करना है, दूसरे के बिंदु का नहीं। फिर जीवन तो बहुत बड़ा कैनवास है और यथार्थ का प्रकाशन एक जटिल प्रक्रिया, उसे मात्र

अपने दृष्टिकोण से जीवन को जाँचने की अनिवार्यता कह देना उसका सरलीकरण कर देना है। उससे वस्तुतः अभिव्यक्ति के उस विधान में स्त्री की पूरी बुनावट, उसके जातीय संस्कार, जीवन से उसका संपर्क बिंदु, सब कुछ आ जाता है। वह बिंदु उसका ही हो सकता है, दूसरे का नहीं।

स्त्री-लेखन पर यह आरोप कि यह संभावनापूर्ण नहीं है, सीमित यथार्थ को लेकर चलता है, या चारदीवारियों के बीच ही घुमड़ता रहता है, उसे और उसके यथार्थ को लेकर गहरे प्रश्न उपस्थित करता है, यह बात काफी हद तक सच है। स्त्री के यथार्थ सीमित हैं तो भी यही यथार्थ उसका अपना है, यहीं उसके अस्तित्त्व की सामाजिक सांस्कृतिक सच्चाई है। विकास का नियम अपनी जड़ों को छोड़कर नहीं चलता। एक पौधा भोजन के लिए अपनी ही जमीन को वापस जाता है और वहीं से पनपने का आधार पाता है। देखना यह है कि कहीं वह उसी जमीन में ठहर तो नहीं जाता जहाँ वह मात्र बीज या अंकुर रूप है। यहाँ भी महत्त्व है तो इस बात का कि क्या वह अपनी ज़मीन में ही डूब तो नहीं जाती? क्या उसका लेखन उसके अपने अस्तित्त्व और परिवेश से आगे की यात्रा करता दीखता है? या वह अपनी परिस्थितियों का अपनी योग्यता से अतिक्रमण कर पा रही है?

यहाँ एक और बात स्पष्ट कर देना आवश्यक है कि अतिक्रमण का अर्थ अपने अनुभव संदर्भ से कूदकर किसी दूसरे के अनुभव-संदर्भ में जा सकना नहीं, बल्कि अपने अनुभव के केंद्र से अर्थ का आकाश पहचानने की चेतना है। अतिक्रमण की स्थिति आनुभविक, आँतरिक और सोच के बड़े पैमानों को खोलनेवाली होती है। उपस्थित संदर्भ में, स्त्री की चुनौती समीकरण को छोड़कर पुरुष के समीकरण को पाना नहीं बल्कि अपने सत्य में से बृहत सत्य की परिधि तक जाना है। यह पाना सदा अपनी जमीन, अपने परिवेश और अपने अनुभव यथार्थ में से ही हो सकता है। आखिर पुरुष भी अपने ही केंद्र से, अपने परिवेश के अहसास के साथ अपनी लेखन-यात्रा में प्रवृत्त होता है। वह भी तो इस संसार की लगभग आधी जनसंख्या का प्रतिनिधित्व करनेवाले नारी-तत्त्व के सत्य से नहीं जूझता। पता नहीं क्यों यह तथ्य आज तक किसी को चौकानेवाला नहीं लगा।

मूल प्रश्न तो लेखन के बीच के सीमित यथार्थ का न होकर स्त्री के...अपने संसार, अपने परिवेश, अपनी स्थिति का है कि आखिर वह इतनी सीमित क्यों है और उतनी समाजोन्मुखी क्यों नहीं। कहना न होगा कि इस प्रश्न के उत्तर के लिए सामाजिक न्याय का जायज़ा लेना होगा। क्या किसी भी स्त्री को आज तक पूरी शिद्दत और इंवाल्वमेंट से यह लग पाया है कि इस संसार के दुख-दर्द (राजनैतिक हों या आर्थिक) उपचार-समाधान, स्थिति या गति के लिए वह किसी रूप में किसी स्थल पर, किसी भी कारण से उत्तरदायी है। उसके कुछ करने या न करने से किसी भी महत्त्वपूर्ण क्षेत्र (घर को छोड़कर) या स्तर पर...राष्ट्रीय, अंतर्राष्ट्रीय...कुछ विशेष फ़र्क़ पड़ता है। ऐसे किसी भी उत्तरदायित्व या

अधिकार का न लग पाना ऐसी अ-निजी उदासीन में युगों से बने होने का क्या उसकी मानसिकता फलतः उसके लेखन से कोई संबंध नहीं है? क्या यह सब स्थितियाँ उसके जीवन की मूल चिंताओं, प्रेरणाओं और घटकों के रंग-रूप को प्रकाशित नहीं करतीं। जिस पर ऐसा होते होने के पीछे कोई इक्का-दुक्का कारण न होकर उसकी परंपरा का एक पूरा इतिहास है...सामूहिक और क्रियाशील। कहना न होगा, यह प्रश्न सामाजिक है साहित्यिक नहीं। साहित्यिक पक्ष तो मात्र परिणाम है।

पिछले बीस-पच्चीस वर्षों में इस स्थिति में कुछ अंतर अवश्य आया है फिर भी अभी एक स्वतंत्र जिज्ञासु, आत्मविश्वास से भरी पूर्ण स्त्री की तस्वीर न उभरकर ऐसी संघर्षशील नारी की तस्वीर उभरती है जिसके घरेलू दायित्व वहीं के वहीं हैं (उसकी शक्ति का अधिकतम उपयोग करनेवाले) और स्वतंत्रता चाहने के लिए जिसने एक 'बड़ा बाहर' अपने सर पर ओढ़ लिया है। इस दोहरे श्रम की थकान और टूटन को साथ लिये वह अपने इतिहास और अपने भविष्य के बीच एक आशातीत वर्तमान रचने के लिए उत्सुक सतत जूझ रही है। यह सच है कि उसका मुँह प्रकाश आनेवाली खिड़की की तरफ है, परंतु उसके पैर भी दलदल से लड़ रहे हैं।

यह स्थिति कितनी हास्यास्पद है कि समाज एक जातिगत स्तर पर जिन चीज़ों को जीने का अधिकार नहीं देता लेखन के...(वह भी ऐसा लेखन जो पिछले कुछ वर्षों के संघर्ष और अस्मिता की अनिवार्यता के अहसास की यातना में से पाया और रक्त की तरह निचोड़ा गया है) क्षेत्र में स्त्री से उसके अंकन या चित्रण की अपेक्षा करता है...जैसे बड़े दायरे, राजनैतिक चेतना, आर्थिक द्वंद्वों की भीतरी समझ, नैतिक प्रश्नों की उदार नई व्याख्याएँ, समानता-स्वतंत्रता के प्रश्न (विरोधाभास देखिए) और विद्रोह कर सकने और समाज को बदल सकने का क्रांतिधर्मी स्वप्न। इनमें से यदि एक-एक मुद्दे को केंद्र में रखकर, स्त्री की वास्तविक सामाजिक स्थिति से उसके वैपरीत्य पर विचार किया जाए तो काफी यातना देने वाले तथ्य हाथ लगेंगे और अस्मिता के लिए लड़ती जाति के संघर्ष का बड़ा करुण समाज-शस्त्र तैयार किया जा सकेगा।

इसके अतिरिक्त यह भी कितना बड़ा विरोधाभास है कि एक ओर अनुभव की प्रामाणिकता और यथार्थ के ईमानदार आकलन के नारे लगाए जाएँ और दूसरी तरफ जिस तरह का यथार्थ हाथ में हो, जैसा अनुभव प्रामाणिक हो, उसे सीमित कहकर अस्वीकार कर दिया जाए और जमीन से टूटी हुई अपेक्षाओं का एक खोखला शोर हवा में बाँध दिया जाए।

अभी तो जो लिखा जा रहा है वही प्रामाणिक है...क्या उसमें दासता की पूरी घुटन...वही छटपटाहट...वही मर्यादाओं को ललकारे जाने की कसमसाहट, वही आँतरिक टूटन...उसी छोटेपन में पिसते होने का दर्द, वही करवट लेते हुए अस्तित्त्व की अस्मिता के प्रश्न प्रतिबिंबित नहीं होते जो स्त्री के अस्तित्त्व को वास्तविकता में घेरे हुए हैं। वास्तविकता की जैसी जमीन पैरों के नीचे है, जैसा जल है, जैसे बीज हैं उनमें से ऊपर

लिखे प्रश्नों और चिंताओं के पौधे नहीं उगाए जा सकते यह तय है। वस्तुतः वह अपने जीवन-अनुभव से सटकर चल रही है। यह बात विचारणीय है कि पुरुष का लेखन भी जब उसके अपने जीवन से बहुत सटकर चलता है तो उसके भीतर का स्वप्नद्रष्टा परिवर्तनकामी विजनरी भी उस वास्तविकता की चपेट में आ जाता है और वह साहित्य या समाज को मूल्यात्मक स्तर पर कुछ नहीं दे पाता। क्या उसका भी सारा लेखन पूरी तरह रेलेवेंट है और उन सब अपेक्षाओं को पूरा करता है जो उससे की जाती है।

वास्तव में इस समय स्त्री का पहला संकट अपनी अस्मिता को पाने का संकट है और जहाँ या जितना यह अहसास हाथ आया भी है वहाँ भी अस्वीकृति के दंश और प्रमाणित करने की चुनौती के साथ। लेखन में सक्रिय स्त्री, चाहे सामाजिक स्तर पर पूरे स्त्रीत्व का प्रतिनिधित्व करती है, परंतु उपलब्धि के स्तर पर वह सामान्य नारी की अपेक्षा अपनी अस्मिता के अहसास के ज़्यादा निकट है अतः अपेक्षाकृत आत्मविश्वास भी, इस अहसास का समर्थन पाने की भूमिका तैयार करना उसके जीवन-संघर्ष का ही भाग नहीं उसके लेखन-संघर्ष का भी भाग है।

साधारणतया अपनी अस्मिता के प्रति विश्वास और उससे उपजा हुआ चैतन्य, लेखन में आँतरिक ऊर्जा के रूप में काम आता है, जबकि स्त्री-लेखन की स्थिति अभी यह है कि उसकी घुटन और पीड़ा, साहित्य में उसकी वाणी का पर्याय बन रही है, उसका विश्वास नहीं। संतोष इस बात का जरूर है कि अभिव्यक्ति का यह तेवर और छूट (जो कुछ वर्षों पहले स्त्री को उपलब्ध नहीं थी) किसी स्तर पर, उसकी पीड़ा-मुक्ति का साधन बनेगी। इसमें से गुजर चुकना अपने इतिहास-आलेखन की पीड़ा में से गुजर चुकना है।

सोचना यह है कि नारी-लेखन की इस प्रावस्था को पारंपरिक स्त्रीत्व से उबरने का आधिकारिक इतिहास-लेखन-काल क्यों न समझा जाए। क्यों उसे उन सब अनुभव-वृत्तों से टूटने के लिए ललकारा जाए जो उसके नितांत अपने और प्रामाणिक हैं, जिन्हें वह अच्छी तरह जानती-समझती भी है, जो एक तरह से उसकी मुक्ति-यात्रा के माइलस्टोन भी हैं। यात्रा का सारा रास्ता कोई कूदकर पार नहीं कर सकता, उसे चलकर ही पार करना पड़ता है, और यह कदम-कदम चलना निशान बना रहा है...परिवर्तन की प्रक्रिया में से गुजरते होने के।

समझ में नहीं आता कि निस्त्रीकरण पर, अस्वाभाविक रूप से इतना जोर क्यों दिया जाता है, जबकि वास्तविक जीवन में भी दोनों...स्त्री-पुरुष...की भूमिका एकात्म होने की न होकर पूरक होने की है। स्त्री अपने लेखन में जिस सत्य को प्रकाशित करती है, वह पुरुष के सत्य का पूरक क्यों न माना जाए, और एक तस्वीर दोनों के अपने-अपने क्षेत्र में न बनकर, एक संपूर्ण की तरह दूसरे स्तर और स्थल पर क्यों न पहचानी जाए। क्यों एक का दूसरे की वास्तविकता के पक्ष में बदल जाना जरूरी समझा जाए या उसी पैमाने से उसे अच्छा-बुरा साबित किया जाए। किसी का भी ऐसा करना अपने वैशिष्ट्य को खो देना है।

प्रश्न उठता है कि वस्तुओं और स्थितियों की आखिर एक अपनी भीतरी मूल्यवत्ता या वस्तुगतता भी तो कुछ होती है, वह संपूर्ण होती है और उसे उसी रूप में देखा जाना चाहिए। आंशिक या अपने हिस्से के सत्य की दृष्टि से देखने वाला वस्तुओं की पूर्णता और वस्तुगतता को कैसे माप सकता है। परंतु सच यह है कि स्थिति जो होती है, वही होती है, वस्तुएँ जैसी होती हैं, वही वैसी रहती हैं जब तक हमारी चेतना किसी अर्थ द्वारा उसे चुनती या संदर्भ नहीं देती, या हमारा ज्ञान उन्हें प्रकाशित नहीं करता। वस्तुओं के ज्ञान में मुख्य है हमारी मानसिक प्रबुद्धता और संबंध समायोजन की आंतरिक क्षमता। उसका होना भी वस्तुओं को प्रकाशित करता है चाहे वह स्वयं प्रकाशमान नहीं भी होती। किस बिंदु पर पहुँचकर किसकी चेतना वस्तुओं के अर्थ को प्राणवान कर पाती है, उसकी पहचान जरूरी है क्योंकि यह स्थिति आत्मगत भी है और वस्तुगत भी। सृजक की पहचान भी देती है, वस्तु की भी।

असल में देखना यह है कि किस तरह से स्त्री को वह सांस्कृतिक भूमि (जो पुरुष को युगों से उपलब्ध है) मिले, जिसमें अपने अस्तित्त्व और परिवेश से बड़े प्रश्न सोचे, समझे, पचाए जा सकें और कुछ वैसे ही सरोकार उसके लेखन में भी प्रतिबिंबित हों, मात्र दफ्तरों, दुकानों में काम करती हुई नारी स्वतंत्र नहीं है, क्योंकि स्वतंत्रता का अहसास आंतरिक होता है। वह अपने प्रति विश्वास में से गुजरता हुआ दूसरों में अपना समर्थन और स्वीकार भी जगाता है। स्वतंत्रता का अधिकार व्यावसायिक दक्षता का पर्याय न होकर उपलब्धि के स्तर का होता है और अपनी मौलिकता के अतिरिक्त बौद्धिक सजगता् और दायित्व के बोध को प्रकाशित करता है। अपने मानसिक क्षितिज का विस्तार करने की प्रेरणा स्त्री स्वातंत्र्य की इच्छुक, स्त्री के भीतर से मिले, यह जरूरी है। यह ठीक है कि साहित्य में, अनुभव की प्रामाणिकता के आधार पर किया गया लेखन, साहित्य को एक प्रकार से छद्म से बचा लेता है, परंतु इस बात की आड़ में स्त्रियों को अपने बचाव की भूमिका ढूँढ़ने लगना बेईमानी तो है ही आत्मघाती भी है।

बड़ा लिखने के लिए बड़ी जानकारी से जुड़ना जरूरी है। आत्मदया और आत्मपीड़न के तार पर साधा हुआ अपने पारंपरिक स्वरूप के प्रति आक्रोश एक स्टेज के बाद निःसत्व हो जाता है। इस यातना को...कि इतिहास या परंपरा ने नारी को कुंठा के सिवा कुछ नहीं दिया...एक निषेधात्मक आक्रोश के रूप में अपने व्यक्तित्त्व पर झेलते रहने और साहित्य के दोहते रहने के आत्मपीड़क दबाव से जितनी जल्दी मुक्ति मिले अच्छा है। इस पीड़ा से उबरने के बाद ही एक तटस्थ, खुले बौद्धिक जगत् पूर्ण रवैये का निर्माण हो सकता है और जिसके तहत अपने आस-पास की हर सामाजिक समस्या को अपने ही दायित्व के रूप में देखा जा सके और अपनी पीड़ा-मुक्ति के लिए साहित्य को अस्त्र बनाने की ज़रूरत न पड़े।

स्वतंत्रता और अस्मिता की ज़रूरत को यदि मुख्य माना जाएगा तो स्वतंत्रता की

पहली अनिवार्यता होगी आत्म-संपन्नता और दायित्वबोध। स्वतंत्रता जीवन में मिले या पन्नों पर उसका अहसास जगाया जाए...इसका एक यही अर्थ निकलता है। आत्म-संपन्न व्यक्ति अपना अधिकार स्वयं कमा लेता है और दायित्व के प्रति सजग होता है। बल्कि लेखन के क्षेत्र में आ जाने पर तो यह दायित्व दोहरा हो जाता है। समाज के प्रति तो होता ही है, अपने प्रति भी बढ़ जाता है, क्योंकि लेखक ही वह प्राणी है जिसमें समाज का उपभोग्य रचाया जाता है। किसी संत ने एक बार प्रार्थना की थी, ''मेरा शरीर और मन तुम्हारा घर है, प्रभु, इसलिए मैं उसे पवित्र रखना चाहता हूँ।'' ऐसी आत्मलिप्तता लेखन में अति आवश्यक है। जानकारी के बड़े क्षितिज से अपने को जोड़ना और आत्म-संपन्नता के प्रति जागृत होना ही लेखक की आत्मचिंता का स्वरूप है, और समाजोन्मुखता का भी। जहाँ तक स्त्री का प्रश्न है, उसके सामने भी (जब वह लेखन में आ ही गई है) चुनौती का यही रूप है कि वह अपने को अधिक से अधिक बुद्धि-संपन्न और जानकार बनाए ताकि साहित्य में जो उसके द्वारा छने वह अर्थवान हो। स्त्री की चिंता आत्म-निर्भरता, आत्म-संपन्नता के लिए होनी चाहिए न कि सामाजिक स्थिति के अभिशाप को एक बचाव की तरह इस्तेमाल करके करुणा बटोरने की। कहना न होगा कि आत्मनिर्भर होने पर, सामाजिक स्तर पर उसकी भूमिका स्वतः बदल जाती है क्योंकि जो ढाँचा उसके पराधीन होने की वास्तविकता पर खड़ा है वह स्वतः ढह जाता है और वह इन मर्यादाओं को अपने आप लाँघ जाती है जो एक पराधीन मानसिकता के कारण पनपती रही है। यह अतिक्रमण ही बड़े अहसासों से जुड़ने की जमीन है और नारी लेखन के बेहतर भविष्य की भी।

●●●